utb 2104

D1672465

Eine Arbeitsgemeinschaft der Verlage

Böhlau Verlag · Wien · Köln · Weimar
Verlag Barbara Budrich · Opladen · Toronto
facultas · Wien
Wilhelm Fink · Paderborn
A. Francke Verlag · Tübingen
Haupt Verlag · Bern
Verlag Julius Klinkhardt · Bad Heilbrunn
Mohr Siebeck · Tübingen
Ernst Reinhardt Verlag · München
Ferdinand Schöningh · Paderborn
Eugen Ulmer Verlag · Stuttgart
UVK Verlag · München
Vandenhoeck & Ruprecht · Göttingen
Waxmann · Münster · New York
wbv Publikation · Bielefeld

Annette Leonhardt

Grundwissen Hörgeschädigtenpädagogik

Mit 100 Übungsaufgaben und zahlreichen Abbildungen und Tabellen

4., vollständig überarbeitete Auflage

Ernst Reinhardt Verlag München

Annette Leonhardt, Prof. Dr. habil., seit 1992 Professorin an der Ludwig-Maximilians-Universität München; etliche internationale Forschungsaufenthalte (u.a. Japan, Kanada, Slowakei, Tschechien, Äthiopien und USA); zahlreiche Veröffentlichungen zu verschiedenen Teilgebieten der Gehörlosen- und Schwerhörigenpädagogik; 2010 Hear the World Award, 2012 Preis der Pädagogischen Stiftung Cassianeum, 2012 Bundesverdienstkreuz, 2016 Erhalt des Signets „Bayern barrierefrei – Wir sind dabei" als Anerkennung der wissenschaftlichen Arbeit zur Umsetzung der Barrierefreiheit.

Außerdem im Ernst Reinhardt Verlag erschienen:
Truckenbrodt, T., Leonhardt, A.: Schüler mit Hörschädigung im inklusiven Unterricht. Praxistipps für Lehrkräfte (2. Aufl. 2016, ISBN 978-3-497-02613-5)
Leonhardt, A. (Hg.): Frühes Hören (2012, ISBN 978-3-497-02288-5)

Hinweis: Soweit in diesem Werk eine Dosierung, Applikation oder Behandlungsweise erwähnt wird, darf der Leser zwar darauf vertrauen, dass die Autorin große Sorgfalt darauf verwandt hat, dass diese Angabe dem Wissensstand bei Fertigstellung des Werkes entspricht. Für Angaben über Dosierungsanweisungen und Applikationsformen oder sonstige Behandlungsempfehlungen kann vom Verlag jedoch keine Gewähr übernommen werden.

Die Wiedergabe von Gebrauchsnamen, Handelsnamen, Warenbezeichnungen usw. in diesem Werk berechtigt auch ohne besondere Kennzeichnungen nicht zu der Annahme, dass solche Namen im Sinne der Warenzeichen- und Markenschutz-Gesetzgebung als frei zu betrachten wären und daher von jedermann benutzt werden dürften.

Die Deutsche Nationalbibliothek verzeichnet diese Publikation in der Deutschen Nationalbibliografie; detaillierte bibliografische Daten sind im Internet über <http://dnb.d-nb.de> abrufbar.
UTB-ISBN 978-3-8252-5062-1

Einbandgestaltung: Atelier Reichert, Stuttgart
Cover unter Verwendung eines Fotos von © iStock.com/artisteer
Satz: ew print & medien service gmbh, Würzburg

Printed in EU

Ernst Reinhardt Verlag, Kemnatenstr. 46, D-80639 München
Net: www.reinhardt-verlag.de E-Mail: info@reinhardt-verlag.de

Inhalt

Vorwort zur vierten Auflage

Wenn die vierte Auflage eines Buches erscheint, ist das einerseits erfreulich und andererseits zugleich die Möglichkeit, den Inhalt des Buches zu aktualisieren, damit er zum Zeitpunkt der Drucklegung dem gegenwärtigen Erkenntnisstand entspricht sowie die Gegebenheiten und fachlichen Diskussionen der Zeit widerspiegelt. Die Entwicklungen und Veränderungen im Bereich der Hörgeschädigtenpädagogik sind weiterhin rasant, geprägt werden sie derzeit durch die schulpolitisch angestrebte Umsetzung von schulischer Inklusion.

Die Hörgeschädigtenpädagogik kann dabei nicht nur auf eine lange Tradition als Fach, das sich für Menschen mit Hörschädigung stets über die Lebensspanne zuständig fühlte, sondern auch auf eine solche in der (speziellen) (Aus-)Bildung von Pädagogen, hohe Interdisziplinarität und breite internationale Ausrichtung verweisen.

Entsprechend der Erstkonzeption des vorliegenden Buches, auch wenn es jetzt unter dem neuen Titel „Grundwissen Hörgeschädigtenpädagogik" erscheint und dadurch eine Erweiterung des Umfangs möglich wurde, setzt die Schrift kein spezielles Wissen voraus und möchte Grundlagen vermitteln. Für Detailwissen wird spezielle, weiterführende Fachliteratur empfohlen. Die gute Akzeptanz der ersten drei Auflagen bestätigt, dass der eingeschlagene Weg richtig war.

Auch bei der vierten Auflage stand Frau Hannelore Raudszus in gewohnter Weise bei der technischen Bearbeitung des Manuskriptes hilfreich zur Seite. Ihr gilt mein besonderer Dank ebenso wie Frau Annika Löffler vom Ernst Reinhardt Verlag, die die Überarbeitung des Manuskriptes mit viel Geduld begleitete.

Meinem Lehrstuhlteam danke ich für die Anregungen und Impulse, die dazu beitrugen, das Manuskript weiterzuentwickeln.

München, im August 2018
Annette Leonhardt

Vorwort zur ersten Auflage

Hildegard Wehler vom Ernst Reinhardt Verlag hatte eine Idee – und ich war begeistert! Meine Begeisterung normalisierte sich, als ich mich im universitären Alltag zwischen Lehre, Forschung, Symposien, Drittmitteleinwerbung und universitärer Selbstverwaltung wiederfand. Dennoch: Die Idee, eine UTB-Reihe „Einführung in die X-Pädagogik" mit Lehrbuchcharakter für Erstsemester bzw. Studienanfänger herauszugeben, empfand ich als derart sinnvoll, dass ich diese nicht den alltäglichen Aufgaben opfern wollte.

Während es mittlerweile vielfältige, oft sehr spezifische Publikationen zu Teilgebieten der Hörgeschädigtenpädagogik – welche letztendlich für eine vergleichsweise kleine Personengruppe zuständig ist – gibt, ist es für Studienanfänger und ebenso für Personen, die sich kurz über das Fachgebiet informieren wollen, noch immer recht schwierig, auf Literatur zu stoßen, die nicht oder kaum auf Vorwissen aufbaut. Hier besteht ein Mangel! Eine Ausnahme bildet das Buch von Wisotzki: „Grundriß der Hörgeschädigtenpädagogik" (1994). Ergänzend sei noch auf Pöhle: „Grundlagen der Pädagogik Hörbehinderter" (1994) verwiesen, das jedoch als Studientext der Universität Potsdam keine Verbreitung über den Buchhandel erfährt.

Das vorliegende Buch soll der konzipierten UTB-Reihe gemäß einen Überblick über das Fachgebiet geben. Sein Inhalt konzentriert sich auf Themen, die für die Hörgeschädigtenpädagogik in einer gewandelten Wirklichkeit grundlegend wichtig sind und aktuelle Anforderungen und Herausforderungen für sie darstellen. Es ist der Versuch einer zusammenfassenden Beschreibung, die theoretische Positionen ebenso wie Aspekte der praktischen Arbeit einschließt. Gleichzeitig wird die Absicht verfolgt, das Spezifische in der (sonder-)pädagogischen Arbeit mit Hörgeschädigten zu kennzeichnen. So soll jedem Leser zugleich eine grundlegende Orientierung über die Tätigkeit eines Hörgeschädigtenpädagogen gegeben werden. Durch die neuen Entwicklungen, u. a. im Bereich der Pädoaudiologie, der Cochlea Implantat-Versorgung, der Spracherwerbsforschung und der Linguistik, kristallisieren sich heute neue Aufgabenfelder für die Hörgeschädigtenpädagogen heraus. Sie verlassen mehr und mehr die traditionelle Rolle als Lehrer einer Gehörlosen- und Schwerhörigenschule und finden sich in Bereichen wie der Frühförderung, der mobilen Dienste sowie der vor-, neben- und nachschulischen Betreuung wieder. Auch die Andragogik und die Gerontologie sind Gebiete, die hörgeschädigtenspezifisches Wissen erforderlich machen – sei es in der bisher noch zu sehr vernachlässigten Weiterbildung hörgeschädigter und ertaubter Berufstätiger oder in der Arbeit mit Senioren, die der pädagogischen Unterstützung bedürfen, um die sozialen Folgen ihrer häufig erst im höheren Alter eingetretenen Hörschädigung zu bewältigen und weiterhin ein sinnerfülltes Leben zu führen.

Die Hörgeschädigtenpädagogik befindet sich gegenwärtig (noch immer) – wie keine andere sonderpädagogische Fachrichtung – in einem Spannungsfeld der Meinungen und Auseinandersetzungen, deren Polarisierung sich (optimistisch gesehen) gerade etwas „aufzuweichen" beginnt. Um dieses Spannungsfeld und die Hintergründe, die dazu geführt haben, verständlicher werden zu lassen, schien es geboten, die historische Entwicklung vergleichsweise umfänglich aufzubereiten. Eine spezifische Diskussion kann jedoch nur im Rahmen von wissenschaftlichen Fachbeiträgen geführt werden, die die Ebene einer „Einführung" verlassen hat.

Das Bestreben, die Teilaspekte des Fachgebietes möglichst in ihrer Gesamtheit zu erfassen, und andererseits die Notwendigkeit, sich hinsichtlich des Umfanges auf ein vertretbares Maß zu begrenzen, erlauben nicht, auf Detailfragen einzugehen. Hier sei auf ergänzende und fortführende Literatur verwiesen.

Die Entstehung eines Buches bedarf stets der Zusammenarbeit mit Helfern im Hintergrund: Danken möchte ich Frau Hannelore Raudszus. Sie übernahm, wie schon so oft, die schreibtechnische Herstellung des Manuskripts. Ihre Ausdauer und ihre Geduld scheinen stets unerschöpflich. Immer behält sie den Überblick und ist gleichermaßen „Seele und Motor" unseres gemeinsamen Vorhabens. Frau Cornelia Kapfhammer, wissenschaftliche Assistentin am Lehrstuhl für Gehörlosen- und Schwerhörigenpädagogik der Ludwig-Maximilians-Universität München, erwies sich als unermüdliche Helferin bei den Literaturrecherchen. Ihr sei herzlich gedankt dafür! Von der Bibliothek für Hör- und Sprachgeschädigtenwesen, Leipzig, möchte ich Frau Leichter, Herrn Müller und Herrn Winkler danken. Ebenso sei Frau Hildegard Wehler vom Verlag für die zuverlässige und so wichtige Verlagsarbeit gedankt. Danken möchte ich ihr aber auch dafür, dass sie mich von Anfang an in die neue UTB-Reihe einbezog. Es war mir eine Freude, hier mitwirken zu können.

München, im August 1999
Annette Leonhardt

Hinweise zur Benutzung dieses Lehrbuches

Dieses Lehrbuch soll das notwendige Basiswissen für eine Hörgeschädigtenpädagogik vermitteln. Am Ende jedes Kapitels sind Übungsaufgaben
angefügt zur eigenen Lernkontrolle. Ein Glossar ist im Anhang abgedruckt.
Zur schnelleren Orientierung wurden in den Randspalten Piktogramme benutzt, die folgende Bedeutung haben:

 Definition

 Beispiel

 Informationsquelle

 Übungsaufgaben am Ende der Kapitel

Online-Zusatzmaterial
Die Antworten zu den Übungsaufgaben gibt es unter
www.utb-shop.de und www.reinhardt-verlag.de.

1 Wer ist hörgeschädigt?

Hören ist eine Fähigkeit, deren Bedeutung der Mensch mit einem voll funktionsfähigen Gehör fast immer unterschätzt. Spontan macht sich kaum jemand Gedanken darüber, in welchem Maß die Beziehung zwischen Individuum und Umwelt beeinträchtigt wird, wenn das Hören ausfällt oder nur eingeschränkt möglich ist. Je länger man jedoch über eingeschränktes oder ausgefallenes Hören nachdenkt, umso mehr wird die Tragweite bewusst: Der zwischenmenschliche Kontakt erlebt erhebliche Beeinträchtigungen; die Kommunikation mit anderen Menschen kann nicht ungehindert ablaufen.

Für den Normalhörenden ist es in der Regel etwas Selbstverständliches, dass er die Sprache anderer Menschen hören und verstehen kann, dass er sein eigenes Sprechen und Singen zu hören und zu kontrollieren vermag und dass es ihm zu jeder Zeit möglich ist, eine Vielzahl von Klängen und Geräuschen (z. B. Tierlaute, Naturerscheinungen, Warnsignale, Maschinenlärm) wahrzunehmen. Den Wert des Hörens für die Entwicklung eines Menschen erkennt man eigentlich erst dann, wenn die Funktionstüchtigkeit des Hörorgans herabgesetzt oder wenn es gänzlich funktionsuntüchtig ist.

Einige *Fallbeschreibungen* sollen erste Informationen bieten und mögliche Auswirkungen illustrieren. Lassen wir – um eine konkrete Anschauung der Situation zu vermitteln – fünf sehr unterschiedliche Beispiele wirken:

Fallbeschreibung 1: Johannes L., 4;6 Jahre, hochgradig schwerhörig beiderseits

Johannes kam als erstes Kind nach komplikationsloser Schwangerschaft auf die Welt. Er entwickelte sich zunächst außerordentlich gut. Er war gleichaltrigen Kindern in vielen Entwicklungsschritten überlegen, so konnte J. mit 6 Monaten krabbeln und mit 9 Monaten frei laufen. Er war aufgeweckt und freundlich.

Mit ca. 9 Monaten begann er zu lallen und babbelte Silben wie „dadada". Mit 1;6 Jahren sprach er einige (wenige) Wörter, z. B. Auto, hei (heiß), gah (Kran) oder dada (Papa). Sein Wortschatz vergrößerte sich jedoch nicht. So konnte J. mit knapp 2 Jahren noch immer keine weiteren Wörter sprechen. Da J. sich aber in allen anderen Bereichen gut weiterentwickelte, waren die Eltern zunächst nicht beunruhigt und dachten, wie auch Verwandte und Freunde der Familie, dass er zum Sprechenlernen etwas länger brauche.

Da J. aber auch nicht auf das Zurufen seines Namens reagierte, wurden die Eltern zunehmend verunsichert, und es kam ihnen der Gedanke, dass er vielleicht nicht gut hören könne. Sie stellten J. daraufhin dem Kinderarzt vor, der ihnen zunächst riet, noch ein Vierteljahr abzuwarten und, falls J. dann noch nicht spricht, einen Hörtest machen zu lassen.

Da J. nach diesen 3 Monaten immer noch nicht mehr sprach, überwies der Kinderarzt die Eltern an die für den Wohnort zuständige Universitätsklinik, um dort einen Hörtest und eine BERA (Hirnstammaudiometrie) durchführen zu lassen.

Der Verdacht der Schwerhörigkeit bestätigte sich: J. war beidseitig hochgradig schwerhörig.

J. bekam mit 2;6 Jahren die ersten Hörgeräte. Zeitgleich setzte die Früherziehung mit einer Stunde pro Woche ein. Die Hörgeräte wurden von J. von Anfang an gut akzeptiert; es zeigte sich sehr bald, dass er mit ihnen etwas wahrnehmen kann. Er reagierte auf Zurufe und sprach nach zwei Monaten Wörter nach. Sein Wortschatz begann rasch anzuwachsen.

Im folgenden halben Jahr wurden noch andere Hörgeräte ausprobiert. Die Hörgeräte, die er heute trägt (mit 4;7 Jahren), besitzt er seit dem 3. Lebensjahr.

Mit 3;6 Jahren kam J. in einen Waldorfkindergarten. Seit dieser Zeit wuchs sein Wortschatz rasch an. Er kommt im Kindergarten gut zurecht, kann sich mit den anderen Kindern verständigen und wird von ihnen akzeptiert. Für sein Alter hat er einen vergleichsweise umfänglichen Wortschatz und spricht vollständige Sätze. Seine Aussprache ist oft noch verwaschen, sein Sprachverständnis ist gut.

Die Entwicklungsperspektiven sind gegenwärtig noch offen. Die Eltern hoffen auf einen Besuch der allgemeinen Schule (nach: HörEltern 1998, 7–9).

 Fallbeschreibung 2: Kristina Sch., hochgradig schwerhörig, an Taubheit grenzend, Studentin des Lehramts an Sonderschulen mit der vertieft studierten Fachrichtung Gehörlosenpädagogik

Sie beschreibt ihr Leben so: „Der Hörverlust ist auf der rechten Seite etwa 95 dB und auf der linken Seite 110 dB. Ich habe nur sehr geringe Hörreste, die ich aber mit meinen HdO-Geräten beiderseits sehr gut verwerten kann.

Als ich ungefähr 9 Monate alt war, bekamen meine Eltern langsam den Verdacht, dass ich nicht hören könne. Sie bemerkten, dass ich immer weniger und monotoner lallte, anstatt in die 2. Lallperiode zu gelangen. Außerdem habe ich immer seelenruhig weitergeschlafen, obwohl in der Nachbarschaft die Kinder sehr laut waren. Daraufhin experimentierten meine Eltern selbst mit mir, ob ich auf Geräusche reagieren würde. Das war sehr schwierig, da ich relativ schnell mit den Augen bin. Da sich ihr Verdacht bestätigte, wurden sie vom Kinderarzt zu einem HNO-Arzt vermittelt. Nach dessen Diagnose, dass ich ‚stocktaub' sei, wurde ich in die Universitätskliniken in Würzburg überwiesen. Dort wurde dann die Diagnose ‚hochgradige, an Taubheit grenzende Schwerhörigkeit' gestellt. Für meine Eltern war es natürlich ein großer Schock. Dennoch fassten meine Eltern den Entschluss, dass sie mich nicht als Behinderte behandeln wollten, sondern wie ein normales hörendes Kind. So war für sie der wichtigste Grundsatz: ‚Wir werden unser Kind so behandeln, als ob es nicht behindert wäre.' Damit ist gemeint, dass sie mich nicht übermäßig behüten wollten oder mir etwas erlaubten, was sie mir normalerweise nicht erlaubt hätten, und dies nur taten, weil sie Mitleid mit mir hatten, so nach dem Motto: ‚Ach, lass das Kind, es kann ja nicht hören.'

Ich war in meinen ersten Lebensjahren ein recht ‚wildes' Kind: Ich rannte oft durch den Garten oder spielte mit meinem Vater. Ich hatte auch viele hörende Spielkameraden. Mein Vater hat mich oft durch die Luft geworfen, auf dem Spielplatz habe ich wie jedes andere Kind herumgetobt. Mir kam damals nie ins Bewusstsein, dass ich nicht normal höre wie die anderen Kinder.

Mit etwa 11 Monaten habe ich mein erstes Hörgerät bekommen: ein Taschengerät. Ich habe es sehr oft getragen. Es ist so zum festen Bestandteil meines Lebens geworden, dass ich mich heute sehr unwohl und hilflos fühle, wenn ich nichts höre.

Zu diesem Zeitpunkt kam ich zur Frühförderung an die Frühförderstelle in Würzburg. So mussten wir regelmäßig nach Würzburg fahren, da wir damals noch in Hofheim in den Haßbergen wohnten.

Wenn ich (etwa mit 2 Jahren) etwas wollte, beispielsweise Limo, dann habe ich es mit einer Geste und einem Gesichtsausdruck ausgedrückt. Meine Mutter hat mir daraufhin Limo gegeben und dabei ‚Limo' gesagt und dabei meine Aufmerksamkeit auf ihren Mund gezogen. Immer wieder hat sie mir die Namen von den verschiedenen Dingen genannt. Immer, wenn ich zu ihr geschaut habe, hat sie mit mir gesprochen, auch wenn ich ‚nichts' hörte. Wenn ich nicht geschaut habe, hat sie nichts gesagt. So lernte ich allmählich das Absehen und mein Restgehör zu verwerten.

Auch hat meine Mutter mich auf diverse Geräusche aufmerksam gemacht, zum Beispiel auf Hammerschläge, wenn mein Opa etwas zusammengebaut hat. Oder auf den Krach der Bohrmaschine, wenn mein Vater ein Loch in die Wand gebohrt hat. Kurze Zeit später nahm ich den Bohrlärm sehr deutlich wahr.

Mit der Zeit habe ich versucht, das, was meine Mutter mir sagte, nachzuahmen. Ein Beispiel: Wir gingen oft spazieren. Immer, wenn meine Mutter uns fertig angezogen hatte, sagte sie: ‚Ab die Post', und wir gingen los. Etwa mit 2 Jahren sagte ich dann etwas, das wie ‚abberpod' klang. Dazu kam, dass ich mit 2 Jahren eine kleine Schwester bekam, die, wie sich später herausstellte, auch eine hochgradige, an Taubheit grenzende Schwerhörigkeit hat. So bekam ich mit, dass meine Mutter sie genauso behandelte wie mich.

Ich möchte hier betonen, dass ich nichts anderes kannte als das, was mir meine Mutter beibrachte. Es fiel mir nicht auf, dass ich anders sprach als die anderen Kinder oder dass ich das Sprechen anders lernte als andere Kinder. Für mich war dies der ganz normale Alltag.

Zum Sprechenüben benutzten wir auch zu Hause einen Phonator. Einmal haben meine Schwester und ich mit unseren Puppen Sprechunterricht gespielt. Da war ich etwa 4 Jahre alt. Daran erkennt man ganz deutlich, wie sehr diese Geräte und das Sprechenlernen in unser Leben integriert waren, dass wir es als etwas ganz Normales angesehen haben.

Zum Beispiel dachte ich immer, dass Kinder nicht telefonieren können, nur die Erwachsenen, da ich ja keine Kinder telefonieren gesehen habe. Als ich dann ein Kinderlexikon zu meinem 8. Geburtstag bekam, sah ich unter dem Wort ‚Telefon' ein Bild, wie ein Junge mit seinem Vater telefonierte. Da wurde mir klar, dass andere Kinder telefonieren können bzw. später können werden. Ich habe dann meine Mutter gefragt und sie hat es bestätigt. Da war ich schon etwas traurig, und mir wurde meine Hörbehinderung richtig bewusst, vielleicht zum ersten Mal.

Der tägliche Umgang mit der Sprache hat mir sehr viel gebracht, da ich es nicht als ‚Du musst', sondern als etwas Alltägliches empfunden habe. Beim Essen zum Beispiel haben wir oft miteinander gesprochen. Dies war und ist immer noch für meine Eltern und mich das Wichtigste. Meine Mutter kannte mein Wortschatzniveau gut, und so verwendete sie Wörter, die ich kannte, und fügte so nach und nach neue Wörter hinzu. Dabei bewegte sie sich an der obersten Grenze meines Wortschatzes.

Was auch ganz wichtig war, ist, dass wir oft Bilderbücher angesehen haben. Meine Mutter hat mir oft vorgelesen, so sah ich, dass die Geschichten aus den Büchern kamen. Oft waren wir in der Stadtbücherei, um Bilderbücher anzusehen. Hinzu kommt, dass meine Eltern beide sehr gern lesen und so zu Vorbildern für mich wurden. Zuerst waren da die reinen Bilderbücher, dann die Bilderbücher mit Text, dann verschwanden die Bilder allmählich, dann hatte ich Bücher, die noch einige Bilder beinhalteten, zum Beispiel Enid-Blyton-Bücher, schließlich las ich dann auch bilderlose Bücher.

Als ich in die Dr.-Karl-Kroiß-Schule Würzburg kam, besaß ich bereits einen sehr großen Wortschatz, ich konnte auch sprechen, aber sehr verwaschen. Das richtige Artikulieren habe ich dann in der Schule gelernt. Dort wurde lautsprachlich unterrichtet, aber für mich war das nichts Neues und somit auch nicht so anstrengend und mühevoll wie für andere gehörlose Kinder.

Als ich in der Schule lesen lernte, konnte ich meinen riesigen Wortschatz noch besser verwenden. Und ich las gern! Dies hat höchstwahrscheinlich zu einem relativ guten Grammatikverständnis und einer weiteren Verbreiterung meines passiven Wortschatzes beigetragen. Lesen tue ich immer noch sehr gerne. Und ich finde, es hat mir sehr viel gebracht.

Nach der Schule war immer ‚Erzählstunde' beim Mittagessen. So erfuhr meine Mutter auch, wie weit ich in der Schule gekommen bin und hat an dem neu Gelernten angeknüpft, um das Gelernte zu vertiefen.

Wichtig war: Ich wurde ganz normal behandelt und erzogen, als ob ich keine Hörbehinderung hätte, und nebenbei wurde mir im normalen Alltag die Sprache beigebracht, ich kannte also nichts anderes. Ich empfand das Sprechenlernen nicht als ‚Du musst', sondern als etwas ganz Normales, Spielerisches. Die Bücher waren mir bei der Erlernung und Vertiefung der deutschen Sprache und Grammatik eine sehr große Hilfe" (aus: Schunk 1998, 198ff).

Mit dem Aufkommen des Neugeborenenhörscreenings kommt es zu Veränderungen:

 Fallbeschreibung 3: Die Mutter von Matthias, 16 Jahre, im Säuglings-/Kleinkindalter beidseitig mit Cochlea Implantaten versorgt, berichtet:

Matthias erkrankte an seinem ersten Lebenstag an einer Neugeboreneninfektion, die durch eine Therapie mit Antibiotika behandelt wurde. Wahrscheinlich ist durch diese antibiotische Behandlung das Innenohr beidseits geschädigt worden. In der Universitätsklinik W., in der Matthias auf die Welt kam, wurde damals bei allen Neugeborenen bereits eine BERA durchgeführt, obwohl das Neugeborenenhörscreening zu dieser Zeit noch nicht verpflichtend war. Er war in der Untersuchung auffällig, die Verdachtsdiagnose einer hochgradigen Schwerhörigkeit wurde gestellt.

Im Alter von gut vier Monaten fand eine Untersuchung in Narkose statt und die Verdachtsdiagnose bestätigte sich. Matthias war hochgradig schwerhörig, an Taubheit grenzend.

An diesem Tag ging für meinen Mann erst einmal die Welt unter. „Wie wird das mit der Schule, der Ausbildung, dem Studium, der Arbeit, dem Leben für ihn?" Er dachte in ganz anderen Dimensionen als ich. Aber wir hatten viel Glück im ‚Unglück'. Wir waren in der HNO-Universitätsklinik W. sehr gut aufgehoben. Die Vernetzung zur Frühförderstelle für Hörgeschädigte war ausgezeichnet und wir bekamen dort zeitnah einen Termin. Matthias erhielt seine ersten Hörgeräte. Unsere ‚Frühförderin' war wieder ein Glückstreffer! Sie hat uns vor allem in den ersten Monaten in unserem normalen Umgang mit Matthias bestärkt und Hilfestellungen gegeben. Er hat sich trotz der Hörschädigung zu einem äußerst fröhlichen und aufgeweckten (im wahrsten Sinne des Wortes) Säugling entwickelt. Im Alltag, der Frühförderung und den Hörtests in der Pädaudiologie hat sich dann schon relativ schnell gezeigt, dass er nicht ausreichend von den Hörgeräten profitieren konnte. Wir wurden über die verschiedenen Möglichkeiten, u. a. eine Versorgung mit Cochlea Implantaten (CI) informiert. Für diese Möglichkeit haben wir uns dann relativ schnell entschieden. Im Alter von gut acht Monaten erhielt Matthias sein erstes CI, was damals noch eher ungewöhnlich war. Die nächsten sechs Wochen waren geprägt von erwartungsvoller Unruhe, dann war der große Tag der Erstanpassung des Sprachprozessors gekommen: der ‚Anschluss an die akustische Umwelt'. Das war für uns ein unvergesslicher Moment! Das CI wurde eingeschaltet, Matthias hob den Kopf und schaute erstaunt. Er hat das CI von da an am Kopf belassen, war aufmerksam bei den Anpassungen und begeistert von seinem ‚geräuschvollen' Alltag, vor allem aber von der Frühförderung. Die Sprachentwicklung verlief rasant. Nach ein paar Wochen das erste bzw. die ersten Wörter: ‚Dreht sich'. Dann kam eigentlich fast täglich ein neues Wort, schnell kleine Sätze, zum Teil schneller als bei gleichaltrigen Normalhörenden. Etwa zeitgleich begann die Rehabilitationsmaßnahme im CIC in W. Anfangs war er in einer Gruppe mit lauter Kindergarten- und Schulkindern. Kleinkinder mit CIs gab es damals noch kaum.

Ein halbes Jahr nach der ersten CI-Operation sollte die OP auf der anderen Seite folgen. Intraoperativ stellte sich jedoch heraus, dass Matthias eine versteckte Mastoiditis (Entzündung des Warzenfortsatzes) hatte und die Implantation zunächst nicht erfolgen konnte. Knapp ein Jahr nach seinem ersten CI erhielt er dann sein zweites. Unsere Rehagruppe verjüngte sich, es waren endlich mehr Gleichaltrige wie Matthias mit CIs versorgt.

Aus beruflichen Gründen mussten wir zu Beginn der Kindergartenzeit unsere gewohnte Umgebung und unser gutes Netzwerk hinsichtlich der Versorgung von Matthias verlassen. Der Kindergarten in unserem neuen Wohnort war bereit, ihn als ‚Integrationskind' aufzunehmen und es hat wunderbar geklappt. Die Frühförderung lief in größeren Abständen weiter, ebenso die Reha in W. Die regelmäßigen Treffen mit ‚Gleichgesinnten' und Betroffenen war und ist für ihn genauso wie für mich sehr wichtig. Freundschaften sind entstanden.

Wermutstropfen waren eine notwendige Revisionsoperation und häufige Ausfälle des Sprachprozessors bzw. der externen Technik. Nach dem Kindergarten wurde er in die allgemeine Grundschule bei uns im Wohnort eingeschult.

Zum Zeitpunkt der Erstellung des Berichtes konstatiert die Mutter: Durch die frühe CI-Versorgung ist ihm (und uns) mittlerweile ein weitgehend ‚normales' Leben ermöglicht worden. Matthias geht offensiv und selbstbewusst mit seiner Hörschädigung um.

Fallbeschreibungen über Erwachsene mit Hörschädigung:

Fallbeschreibung 4: Frau X, Mitglied eines Schwerhörigenkreises, schwerhörig
Sie berichtet: „Wie es mir als Schwerhöriger in einem Wartezimmer erging. Heftige Schmerzen im Kopf zwangen mich, den Arzt aufzusuchen. Das linke Ohr war durch eine Erkältung fast taub, am rechten trage ich eine Hörhilfe. Da ich mich auf diese nicht völlig verlassen kann …, schrieb ich alle Beschwerden auf einen Zettel, den ich bei der Anmeldung abgab. Dem Schalter gegenüber nahm ich Platz. Wenn dem Aufruf niemand folgte, fragte ich den Patienten neben mir, ob mein Name gefallen sei. Ich sei noch nicht dran, wurde mir entgegnet. Nach fast drei Stunden vergeblichen Wartens ging ich gleich den anderen für eine knappe Stunde nach Hause, um das Mittagessen anzusetzen; 15 Patienten waren noch vor mir. Als ich zurückkam, waren es noch fünf. Diese wurden nacheinander aufgerufen, zwei nach mir Angemeldete folgten, worauf ich im Sprechzimmer fragte, ob meine Karte verlegt sei. Fünfmal sei ich aufgerufen worden, aber niemals gekommen, sagte der Doktor vorwurfsvoll. Ich entschuldigte mich, dass ich den Aufrufen nicht gefolgt sei, und wies auf meine schriftliche Mitteilung hin.

Einer Sehschwachen gegenüber wären die Patienten wohl hilfsbereiter gewesen als mir, der Schwerhörigen. Ähnliches geschieht täglich und stellt unser Vertrauen zu gesunden Menschen auf eine harte Probe" (aus: Fink 1989, 13f).

Fallbeschreibung 5: Martina J., CI (Cochlea-Implantat)-Trägerin, promoviert, tätig in
einem großen pharmazeutischen Unternehmen

Frau J. war von Geburt an schwerhörig. Die Ursachen dafür sind unbekannt. Mit 7 Jahren erhielt sie ihr erstes Hörgerät, was aus heutiger Sicht als sehr spät einzuschätzen ist. Mit Hilfe ihrer Mutter, die sich sehr um ihr Kind bemühte, lernte sie gut und verständlich sprechen und wurde trotz ihrer Schwerhörigkeit altersgemäß in eine allgemeine Schule am Wohnort eingeschult.

Es stellte sich bald heraus, dass die Schwerhörigkeit progredient verlief. Dies konnte zunächst durch neue, leistungsstärkere Hörgeräte, die ca. alle 4–5 Jahre angepasst wurden, ausgeglichen werden. Im Schulalter nahm Frau J. die fortschreitende Schwerhörigkeit noch nicht bewusst wahr oder – so beschreibt sie es aus heutiger Sicht – sie wurde von ihr ignoriert, da sie so sein wollte, wie die anderen Kinder ihrer Klasse auch.

Trotz ihrer erheblichen Hörprobleme konnte Frau J. erfolgreich das Abitur ablegen, studieren und promovieren. Ab ihrem 30. Lebensjahr bekam Frau J. regelmäßig alle 2–3 Jahre Hörstürze, bei denen sich jedesmal ihr Gehör gravierend verschlechterte. Diese ca. 10–12 Jahre andauernde Phase endete mit einem weiteren Hörsturz, in dessen Folge sie auditiv kaum noch etwas wahrnehmen konnte. Ihr selber war zu diesem Zeitpunkt noch nicht bewusst, dass sie „taub" geworden war. Mit Hilfe ihrer sehr leistungsfähigen Hörgeräte konnte sie noch immer einige tiefe Töne und Signale erfassen, was sie damals als „hören" interpretierte und aus heutiger Sicht als ein „Kitzeln am Trommelfell" beschreibt.

Bereits vor ihrer endgültigen Ertaubung hatte Frau J. vom „Cochlea Implantat" gehört. Sie glaubte jedoch, dass man absolut taub sein müsse, ehe eine Implantation in Frage kommt. Nach näheren Erkundungen stellte sich heraus, dass bei Frau J. eine Implantation sinnvoll zu sein schien, und so ließ sie sich, etwa 1 3/4 Jahre nach der Ertaubung, implantieren. Als Gründe für ihre Entscheidung gibt sie an: „Ich wollte die Isolation, in die ich durch meine Ertaubung geraten war, nicht bedingungslos ertragen und war bereit, einen Versuch und auch ein Risiko einzugehen, um meine Lage zu ändern. Ich spürte als Ertaubte nicht nur meine eigenen Probleme, sondern auch die Probleme, die die Normalhörenden in meiner Umgebung (Familie/Freunde und Kollegen) mit mir hatten.

Ich konnte schon immer relativ gut absehen – das erforderte jedoch nach meiner Ertaubung ständige höchste Aufmerksamkeit, da die Kommunikation fast ausschließlich über ‚Sehen' erfolgte. Klar, dass bei dieser Anspannung und Dauer-Konzentration die Achtsamkeit mal nachließ. Entsprechend mühsam wurde infolgedessen dann die Kommunikation mit mir, wenn ich müde wurde. Absehen allein funktioniert auch nur gut im Zweiergespräch. Wenn mehrere Personen an der Unterhaltung teilnehmen, ist der Faden schnell verloren und die Unterhaltung fand dann meist – trotz aller Proteste – über meinen Kopf hinweg statt."

Die Operation verlief komplikationslos und dauerte ca. 1 1/2 Stunden. Bereits am nächsten Tag konnte Frau J. ohne größere Schwierigkeiten aufstehen.

Schon eine Woche nach der Operation wurde der Sprachprozessor das erste Mal kurz ausprobiert, um zu wissen, ob das Implantat funktioniert. Frau J. beschreibt ihren ersten Höreindruck so: „Es war für mich ein unglaubliches (beeindruckendes) Erlebnis, ganz alltägliche Geräusche zu erkennen und zuordnen zu können. Z. B. das Klingeln eines Telefons oder das Plätschern von fließendem Wasser aus dem Wasserhahn. Ich war überwältigt – das hatte ich nicht erwartet. Nach einer halben Stunde musste ich das Gerät dann leider wieder abgeben, da der Heilungsprozess vor Dauereinsatz des CIs weiter fortgeschritten sein sollte."

Die eigentliche Anpassung des Sprachprozessors erfolgte ca. vier Wochen nach der Operation.

Ein halbes Jahr nach der Implantation und der Sprachprozessoranpassung beschrieb Frau J. ihr Hören so: „Ich habe die letzten fünf Jahre vor der Operation weniger gehört als jetzt, Vogelgezwitscher, Signaltöne meines Autos, wenn der Sicherheitsgurt nicht geschlossen ist – das alles hörte ich schon lange nicht mehr. Aber jetzt.

Ich konnte mich noch gut erinnern, wie die Geräusche klangen, das kam mir bei der Gewöhnung an das CI zugute.

Als ich das CI neu bekam, klang eine menschliche Stimme etwa so wie eine Computer-Stimme. Ein bisschen künstlich, höher im Ton – aber doch verständlich. Vereinfacht wurde mir das Verstehen durch das Absehen. Je länger ich das CI trage, um so natürlicher erscheinen mir die Geräusche und die Sprache.

Zu Beginn schienen mir die Geräusche bei viel höheren Frequenzen aufzutreten, als ich in Erinnerung hatte, z. B. im Straßenverkehr. Er schien eher zu pfeifen, zu quietschen und zu kreischen als zu brummen. Auch ein Lastwagen dröhnte nicht, sondern kreischte/zwitscherte wie eine streitende riesige Vogelschar. Inzwischen klingt dies aber alles so, wie ich es von früher her kenne.

Musik klingt dagegen immer noch sehr konfus. Ich habe mich darauf eingestellt, dass es länger dauert, bis ich damit zurecht komme. Musikstücke mit nur einem Instrument sind einfacher zu erkennen als ein von einem Orchester gespieltes Stück. Es ist mir jedoch schon gelungen, am Rhythmus und anhand einiger Töne ‚The Yellow Submarine' von den Beatles aus dem Radio zu identifizieren. Nachdem ich früher Klavierunterricht hatte, probiere ich natürlich auch aus, wie Klaviertöne mit dem CI klingen. Zunächst glaubte ich, dass mein Klavier verstimmt sei. Der einzelne Ton klingt auch nicht ganz rein. Ich bin jedoch optimistisch, dass es nach einiger Gewöhnungszeit immer besser klappen wird.

Telefonieren kann ich heute schon. Dass ich dazu in der Lage bin, gibt mir sehr viel Unabhängigkeit und Selbstständigkeit, Gelassenheit, die ich jahrelang vermisste."

Wie hat sich das Leben für Frau J. – fünf Jahre nach der Implantation – verändert? Sie beschreibt es folgendermaßen:

„Vieles ist leichter geworden. Ich fühle mich gelassener, habe mehr Lebensmut, bin zuversichtlicher, fröhlicher und belastbarer als vorher. Es ist für mich ungeheuer befreiend, dass ich nun nicht mehr soviel um Hilfe bitten muss, sondern selber anderen auch helfen kann. Mein neues Selbstbewusstsein bereitete bisher niemandem Probleme. Beispielsweise kann ich telefonieren, um Termine mit dem Friseur, dem Arzt oder mit Freunden zu vereinbaren. Eigentlich Selbstverständlichkeiten für Normalhörende, aber ein Problem für stark Schwerhörige und Ertaubte."

Frau J. ist in einem pharmazeutischen Unternehmen in der Entwicklung von Diagnostischen Einsatzstoffen tätig. Hier arbeitete sie auch schon vor ihrer Implantation. Diese Arbeitsstelle erfordert viel mündliche Kommunikation, z. B. um Arbeitsvorgänge zu besprechen oder Ideen in Diskussionen mit Kollegen und Mitarbeitern entwickeln zu können. Sie sieht ihre Situation heute so.

„Mit dem Implant kann ich einfach aktiver und spontaner reagieren und auch aktiver an Diskussionen/Gesprächen teilnehmen. Besonders erleichternd ist, dass ich nun vieles telefonisch regeln kann, was früher nur umständlich über Umwege (Auftragstelefonat, Fax, Brief) möglich war.

Die Kommunikation ist für alle leichter geworden, deshalb ist das CI nicht nur für mich, sondern für alle Menschen in meiner Umgebung ein Gewinn" (nach einem gemeinsamen Gespräch der Autorin mit der CI-Trägerin).

Aus den fünf sehr unterschiedlichen Beschreibungen wird ersichtlich, dass die Auswirkungen und das individuelle Erleben, „hörgeschädigt zu sein", sehr verschieden sein kann. Sie machen zugleich deutlich, dass die Bezeichnung „hörgeschädigt" begrifflich unterschiedliche Störungen des Hörorgans zusammenfasst. Darüber hinaus weist praktisch jeder Hörgeschädigte hinsichtlich seines Hörschadens und seiner kommunikativen Situation individuelle Unterschiede und Auffälligkeiten auf.

Reflektiert man einmal darüber, wie oft uns Menschen mit einer Hörschädigung begegnen, müssen wir alsbald zu dem Schluss kommen, dass es weit häufiger geschieht, als es auf den ersten Blick scheint: Im täglichen Leben begegnen uns immer wieder Menschen, die Schwierigkeiten haben, Lautsprache zu verstehen. Manche von ihnen fallen durch unangemessen lautes, andere durch schlecht verständliches oder unverständliches Sprechen oder auch gehäuftes Nachfragen auf. Einige von ihnen tragen Hörgeräte, die durch die Weiterentwicklungen der letzten Jahre inzwischen so klein sind, dass sie für andere kaum noch sichtbar sind. Schließlich begegnen wir auch Menschen, die sich nicht lautsprachlich, sondern durch Gebärdensprache verständigen.

Darüber jedoch, was eingeschränktes Hören oder „Nicht-hören-Können" für die Betroffenen tatsächlich bedeutet und wie es ihr Leben beeinflusst, sagen die äußerlich auffälligen Merkmale kaum etwas aus. Was dem Hörenden und nicht Sachkundigen auffällt, sind lediglich Symptome. Die eigentliche „Behinderung" liegt in den inneren psychischen Bedingungen. Sie ergibt sich aus den erheblich veränderten, beeinträchtigten und den teilweise gestörten zwischenmenschlichen Kontakten und Beziehungen. Sehr bekannt ist das Zitat von Immanuel Kant (1724–1804):

> „Nicht sehen trennt von den Dingen, nicht hören trennt von den Menschen" (Zitate von Immanuel Kant, o. J.).

Vielleicht kann dieses Zitat die erheblichen Auswirkungen eines eingeschränkten oder ausgefallenen Gehörs verdeutlichen. Insbesondere unterliegt der zwischenmenschliche Kontakt wesentlichen Veränderungen und auch Einschränkungen. Pöhle schätzt die Situation Hörgeschädigter folgendermaßen ein:

> „Taubheit bzw. hochgradige Schwerhörigkeit und das Unvermögen, sich laut- (Anm. d. Verf.) sprachlich ungehindert äußern zu können, sind für Nichtbehinderte praktisch nicht vorstellbar; deshalb wird auch kaum eine Behinderung hinsichtlich ihrer psychischen Belastung so sehr unterschätzt wie eine Hörbehinderung; und es gibt wohl keine Gruppe behinderter Menschen, die in so krasser Weise Fehlbeurteilungen unterliegt wie Hörbehinderte" (1994, 1).

Zusammenfassung

Die Fallbeschreibungen vermitteln Informationen über Personen mit sehr unterschiedlichen Hörschädigungen. Sie machen deutlich, dass die Bezeichnung „hörgeschädigt" sehr verschiedene Störungen des Hörorgans zusammenfasst. Darüber hinaus weist praktisch jeder Hörgeschädigte hinsichtlich seines Hörschadens und den daraus resultierenden Auswirkungen individuelle Unterschiede und Auffälligkeiten auf.

Frage zum Einstieg:

Reflektieren Sie die fünf Fallbeschreibungen. Welches Fazit können Sie in Bezug auf Hörschäden daraus ableiten?

2 Ziel und Gegenstand der Hörgeschädigtenpädagogik

2.1 Pädagogische Kennzeichnung von Gehörlosigkeit, Schwerhörigkeit und Ertaubung

Schwerhörige, gehörlose oder ertaubte Personen sowie Personen nach der Versorgung mit einem Cochlea Implantat (CI) – von sich selbst auch als ‚CI-Träger' bezeichnet – bilden die Gruppe der (peripher) Hörgeschädigten. Ihnen gemeinsam ist die Minderung oder (in selteneren Fällen) der Ausfall des Hörvermögens.

Zum Aufgabenbereich der Hörgeschädigtenpädagogik gehören seit Ende des letzten Jahrtausends auch Schüler mit Auditiven Verarbeitungs- und Wahrnehmungsstörungen (AVWS), einer Höreinschränkung bei an sich normalem Hörvermögen. Es handelt sich um eine zentrale (Wahrnehmungs- und Verarbeitungs-)Störung, die vorzugsweise in schulischen Lernkontexten eine Rolle spielen. Eine periphere Schädigung des Gehörs liegt hier nicht vor.

> Begriffsbestimmungen von Schwerhörigkeit, Gehörlosigkeit und Ertaubung sind eine wichtige Grundlage für die pädagogische, therapeutische, medizinische und psychologische Versorgung der betroffenen Menschen und damit letztendlich auch für ihre soziale und menschliche Anerkennung in der Gesellschaft, für ihre Rehabilitation und Inklusion.

Schwerhörigkeit
Gehörlosigkeit
Ertaubung

Die Auffassungen darüber, ob jemand beispielsweise „gehörlos" oder „schwerhörig" ist, sind aus der Sicht der Medizin, aus der Sicht der Pädagogik und aus der Sicht der Betroffenen oft abweichend: Aus der Sicht der Medizin wird jede Funktionsstörung des Hörorgans erfasst, während sich die Pädagogik auf solche beschränkt, die die Beziehung zwischen Individuum und Umwelt beeinträchtigen und damit soziale Auswirkungen auf den Betroffenen haben.

Aus der Sicht eines Teils der Betroffenen wird im Zusammenhang mit der seit den 1980er Jahren stattfindenden wissenschaftlichen Auseinandersetzung um die Gebärdensprache und der damit verbundenen Emanzipationsbewegung der Gehörlosen versucht, die Begriffe „Gehörlosigkeit" und „gehörlos sein" ebenfalls terminologisch zu bestimmen. Ein Mensch mit Hörschädigung kann sich, unabhängig vom Ausmaß der Hörschädigung, selbst als „gehörlos" definieren, wenn er sich dieser kulturellen Minderheit zugehörig fühlt. Ihre Anknüpfungspunkte sind dabei, dass Gehörlose eine eigene Sprache (die Gebärdensprache) und eine eigene Kultur (in Fachkreisen Gehörlosenkultur genannt) haben. Aus der amerikanischen Literatur ist bekannt, dass „deaf" bezogen auf das Individuum (also bzgl. der vorhandenen Sinnesschädigung) und „Deaf" im Sinne der Gemeinschaft und der Minoritätenkultur gebraucht wird (s. auch Padden/Humphries 1991, 10). Die Interessen der Gehörlosen werden verbandsmäßig durch den Deutschen Gehörlosenbund (gegründet 1950 „als Rechtsnachfolger des Reichsverbandes der Gehörlosen Deutschlands [REGEDE]") vertreten (Deutscher Gehörlosen-Bund e. V. o. J.).

Ebenso ist eine verstärkte Öffentlichkeitsarbeit der erwachsenen Personen, die mit einem Cochlea Implantat versorgt sind, zu beobachten. Sie versuchen, ihre Interessen und Bedürfnisse durch die bundesweite Deutsche Cochlea Implantat Gesellschaft e. V. (DCIG e. V.), der zeitlich nachfolgenden Gründungen von Regionalverbänden (z. B. in Baden-Württemberg, Sachsen-Anhalt, Berlin-Brandenburg, Bayern und die Hannoversche Cochlea Implantat Gesellschaft e. V.), zahlreiche Selbsthilfegruppen und letztendlich durch die Gründung einer europäischen Vereinigung, der European Association of Cochlear Implant Users (EURO-CIU), zum Ausdruck zu bringen und entsprechende Unterstützung zu finden.

2000 gründete sich der Verein der Lautsprachlich Kommunizierenden Hörgeschädigten Deutschlands (LKHD) nach dem Schweizer Vorbild Lautsprachlich Kommunizierende Hörgeschädigte (LKH). Auch die Mitglieder dieser Gruppe definieren sich selbst – hier als „hörgeschädigt" –, obwohl nahezu alle Gründungsmitglieder nach der klassischen Einteilung (Kap. 3.2) laut Audiogramm gehörlos, bestenfalls an Taubheit grenzend schwerhörig sind. Ihr Hauptanliegen war es, Menschen mit Hörschädigung eine Integration in die „hörende" Gesellschaft zu ermöglichen bzw. zu erleichtern. Wesentliche Motivation zur Gründung des Vereins war, dass die Zahl von lautsprachlich kommunizierenden Hörgeschädigten kontinuierlich stieg, diese Tatsache aber in der Öffentlichkeit zu diesem Zeitpunkt kaum wahrgenommen wurde. Sie wollten einen Verein, in dem sich die Betroffenen selbst für die Lautsprache und die Integration in die hörende Gesellschaft einsetzen. Mit der Einführung des universellen Neugeborenenhörscreenings und der deutlich verbesserten Versorgung mit Hörsystemen sahen die Mitglieder der LKHD wesentliche Teile ihrer Forderungen als erfüllt an und wurden (zumindest nach außen) nicht mehr aktiv.

Der DSB (Deutscher Schwerhörigenbund) sieht sich als „bundesweiter Selbsthilfeverband schwerhöriger und ertaubter Menschen" (Deutscher Schwerhörigenbund o. J.). Er vertritt die Interessen der schwerhörigen Menschen, fühlt sich aber auch für ertaubte Menschen, CI-Träger oder Menschen mit Tinnitus zuständig. Der DSB wurde 1901 in Berlin gegründet und ist damit eine der ältesten Selbsthilfe-Organisationen Deutschlands (a. a. O.).

Außenstehende – gemeint sind hier Personen, die keinen oder nahezu keinen Kontakt zu Menschen mit Hörschädigung haben – verfügen oft über völlig falsche Vorstellungen über „Gehörlose", „Schwerhörige" und „Ertaubte". So stellen sie sich Gehörlose zumeist als Personen vor, die überhaupt keine auditiven Empfindungen haben (also gar nicht hören). Schwerhörige sehen sie oft als Personen, mit denen man sehr laut und überdeutlich sprechen muss. Dass Schwerhörige, bei denen lautes und deutliches Sprechen hilfreich ist, nur eine geringe Anzahl aller Schwerhörigen ausmachen, ist kaum bekannt. Falsch ist auch die Vorstellung, dass ein Hörgerät einen Hörverlust ausgleichen kann. Ein Hörgerät vermag Qualität und Quantität der auditiven Eindrücke wesentlich zu verbessern, es bleibt aber auch bei optimaler Hörgeräteanpassung und -versorgung ein verändertes Hören. Darüber, welche Personen zu den Ertaubten zählen, haben die meisten eine klare Vorstellung, nicht jedoch von den Problemen, die eine Ertaubung für die Betroffenen mit sich bringt.

Tab. 1: Bestimmung des Grades der Behinderung (GdB) aus den prozentualen Hörverlusten beider Ohren (aus: Feldmann 2006,124). Die Eckwerte für die Einstufung sind:

20 %	GdB für einseitige Taubheit
80 % GdB	für beidseitige Taubheit
von 20 bis 40 % GdB	für beidseitige mittelgradige Schwerhörigkeit
von 40 bis 60 % GdB	für beidseitige hochgradige Schwerhörigkeit
von 80 bis 100 % GdB	für angeborene oder in der Kindheit erworbene Taubheit

Rechtes Ohr	Hörverlust in %	Normalhörigkeit 0–20	Geringgradige Schwerhörigkeit 20–40	Mittelgradige Schwerhörigkeit 40–60	Hochgradige Schwerhörigkeit 60–80	An Taubheit grenzende Schwerhörigkeit 80–95	Taubheit 100
Normalhörigkeit	0–20	0	0	10	10	15	20
Geringgradige Schwerhörigkeit	20–40	0	15	20	20	30	30
Mittelgradige Schwerhörigkeit	40–60	10	20	30	30	40	40
Hochgradige Schwerhörigkeit	60–80	10	20	30	50	50	60
An Taubheit grenzende Schwerhörigkeit	80–95	15	30	40	50	70	70
Taubheit	100	20	30	40	50	70	80

(Diagonalwerte: 10, 20, 40, 60, 80)

Linkes Ohr

Die Auswirkungen einer Hörschädigung können in verschiedenen Bereichen sehr unterschiedlich sein. Folglich ergeben sich unterschiedliche Sichtweisen, ob eine Hörschädigung beispielsweise für Zwecke der Sozialleistung, aus pädagogischen Gründen oder aus medizinischer Sicht zu werten ist. So gibt es für die einzelnen Bereiche des gesellschaftlichen Lebens unterschiedliche Definitionen, Bezeichnungen und Abgrenzungen, die zudem vom jeweiligen Stand der gesellschaftlichen Entwicklung (z. B. entsprechend dem Niveau fürsorgerechtlicher Leistungen) abhängig sind. Die Problematik wird auch deutlich durch die wiederkehrenden Diskussionen um den Grad der Behinderung (GdB). Die Bewertung der *tatsächlichen Auswirkungen* der Hör*behinderung* ist schwierig, da es ein objektives Maß nicht gibt. Die Feststellung des GdB aufgrund einer Hörschädigung erfolgt anhand der Ergebnisse audiometrischer Untersuchungen. Nach dem Schwerbehindertengesctz (SchwbG) wird das Ausmaß einer Behinderung in Prozentwerten ausgedrückt, die angeben, in welchem Umfang die individuelle Integrität eines Menschen durch die Behinderung(en) beeinträchtigt wird.

Grad der Behinderung Dieses abstrakte Maß wird als Grad der Behinderung (GdB) bezeichnet. Für Schwerhörigkeit wird der GdB nach der sog. Feldmann-Tabelle ermittelt (Tab. 1). Diese geht auf Vorschläge von Feldmann aus den 1960er Jahren zurück und wurde kontinuierlich weiterentwickelt. Mit ihrer Hilfe lässt sich der prozentuale Hörverlust aus der Hörweitenprüfung bestimmen.

Die Problematik der Einstufung zeigt sich auch darin, dass bei Vorliegen mehrerer Behinderungen rein rechnerisch die Summe der einzelnen GdB größer sein kann als 100 %, anerkannt werden aber immer nur maximal 100 %.

Ein internationaler Vergleich zeigt Ähnliches. Hinzu kommt, dass auch heute noch in verschiedenen Ländern unterschiedliche Begriffsbestimmungen existieren.

Die Schwierigkeiten beim Gebrauch von Behinderungsbegriffen und die damit verbundenen sprachlichen Wertungen zeigen sich auch in der internationalen Klassifikation der Krankheiten (ICD; International Statistical Classification of Diseases and Related Health Problems). Diese wird von der Weltgesundheitsorganisation (WHO) herausgegeben (kurz auch als Internationale Klassifikation der Krankheiten bezeichnet). 2018 ist die ICD-11 erschienen. Die International Classification of Functioning, Disability and Health (ICF) (deutsch: Internationale Klassifikation der Funktionsfähigkeit, Behinderung und Gesundheit) ist ebenfalls eine Klassifikation der Weltgesundheitsorganisation (WHO) und dient fach- und länderübergreifend als einheitliche und standardisierte Sprache zur Beschreibung des funktionalen Gesundheitszustandes, der Behinderung, der sozialen Beeinträchtigung und der relevanten Umgebungsfaktoren eines Menschen. Mit ihr sollen die bio-psycho-sozialen Aspekte von Krankheitsfolgen unter Berücksichtigung der Kontextfaktoren erfasst werden. Die ICF besteht aus vier eigenständigen parallelen Klassifikationen, den vier Komponenten: Körperfunktionen (bodyfunctions), Körperstrukturen (bodystructures), Aktivitäten und Partizipation (daily activities) sowie Umweltfaktoren (environmental factors).

Die ausschlaggebende Zieldimension der Rehabilitation der Menschen mit Behinderung und Krankheit sowie von Behinderung bedrohten Menschen ist die Verbesserung der *Partizipation*, d.h. die Teilnahme am normalen Leben in Familie, Beruf und Gesellschaft. Damit steht – im Kern – der soziale Aspekt von Behinderung im Vordergrund.

Eine gutachterliche Bewertung kindlicher Hörschädigungen ist Ptok (2009) zu entnehmen (Tab. 2).

Tab. 2: Gutachterliche Bewertung kindlicher Schwerhörigkeiten (Ptok 2009, 17)	**GdE (MdE)**
1 Taubheit beiderseits (Hörreste für Lauterkennung nicht verwertbar, mittlerer Hörverlust für Töne nach Röser durch Schallempfindungsstörung über 90 dB)	
a) seit Geburt oder nach Frühertaubung (vor dem 9. Lebensjahr)	**100 %**
b) nach Ertaubung vor voll gefestigtem Sprachbesitz und vor Abschluss der Schulbildung (9. – 18. Lebensjahr)	**90 %**
c) bei sprachlichen Spätfolgen einer Spätertaubung (nach dem 18. Lebensjahr) mit schlechter Sprachverständlichkeit	**80 %**
2 Hörrestigkeit auf dem besseren Ohr (entspricht etwa der Möglichkeit zur Erkennung von Vokalen, mittlerer Hörverlust für Töne durch Schallempfindungsstörung 90 – 80 db)	
a) bei Eintritt der Hörrestigkeit vor dem 9. Lebensjahr	**90 %**
b) bei Eintritt der Hörrestigkeit im 9. – 18. Lebensjahr	**80 %**
c) bei sprachlichen Spätfolgen einer nach dem 18. Lebensjahr eingetretenen Hörrestigkeit mit schlechter Sprachverständlichkeit	**80 %**
3 An Taubheit grenzende Schwerhörigkeit auf dem besseren Ohr (Satzverständnis ohne Absehen der Sprache möglich zwischen laut am Ohr und 0,25 m, mittlerer Hörverlust für Töne durch Schallempfindungsschwerhörigkeit 80 – 60 dB, bei Schallleitungskomponente ggf. auch über 80 dB)	
a) bei Eintritt des Schwerhörigkeitsgrades vor dem 9. Lebensjahr mit eingeschränktem Wortschatz	**80 %**
b) bei normalem Wortschatz bzw. Eintritt des Schwerhörigkeitsgrades nach dem 18. Lebensjahr und schlechter Sprachverständlichkeit durch gehörbedingte Artikulationsstörung	**70 %**
4 Hochgradige Schwerhörigkeit auf dem besseren Ohr (sicheres Satzverständnis bei Umgangssprache zwischen 0,25 m und 1 m, mittlerer Hörverlust für Töne ohne Berücksichtigung der Art der Schwerhörigkeit 60 – 50 dB), bei eingeschränkter Sprachverständlichkeit durch gehörbedingte Artikulationsstörung je nach Schwerhörigkeitsgrad auf dem schlechteren Ohr	**55 – 60 %**
5 Mittelgradige Schwerhörigkeit auf dem besseren Ohr (Satzverständnis bei Umgangssprache zwischen 1 und 4 m, mittlerer Hörverlust für Töne 50 – 40 dB), bei eingeschränkter Sprachverständlichkeit durch gehörbedingte Artikulationsstörung je nach Grad der Schwerhörigkeit auf dem schlechteren Ohr	**40 – 50 %**

(Anmerkungen: Das Schwerbehindertengesetz verwendet den „Grad der Behinderung" [GdB] an Stelle von „Minderung der Erwerbsfähigkeit" [MdE]. Der reine Zahlenwert ist jedoch identisch. Der Unterschied ist formal: Die Minderung der Erwerbsfähigkeit wird in einem Prozentsatz angegeben, der Grad der Behinderung ohne [z. B.: MdE=5 %, GdB=50]).

Die Aussage „nach Röser" (Spalte 2, 2. Zeile quer) meint die Ermittlung des prozentualen Hörverlustes aus dem Tonaudiogramm. Röser hat dafür drei Tabellen erarbeitet: für den regelmäßigen und unregelmäßigen Hörschwellenverlauf sowie für die Lärmschwerhörigkeit. Die ersten beiden kommen bei Kindern zur Anwendung.)

Aus pädagogischer Sicht sind Abgrenzungen besonders problematisch, weil die Anforderungen des pädagogischen Prozesses von sehr komplexer Natur sind. Dennoch kann auf eine Begriffsbestimmung von Gehörlosigkeit, Schwerhörigkeit und Ertaubung nicht verzichtet werden, u. a. deshalb, weil die Erziehung, Bildung und Förderung im Kindes- und Jugendalter die Entwicklung der Persönlichkeit entscheidend, letztendlich maßgeblich, beeinflussen.

Hörschädigung

Eine Hörschädigung im pädagogischen Sinne besteht also dann, wenn der Ausprägungsgrad des Hörverlustes bzw. die Auswirkungen des Hörschadens derart sind, dass das Kind sich nicht ungehindert entwickeln und entfalten kann. Es besteht sozusagen eine Widerspruchslage zwischen Kind und Umwelt, die es entwicklungs- und persönlichkeitsfördernd zu beeinflussen gilt.

Differenzierung der Schüler mit dem Förderschwerpunkt Hören

Historisch gesehen begann man etwa zur Jahrhundertwende (19./20. Jh.), gehörlose und schwerhörige Schüler zu trennen und sie in entsprechenden (getrennten) Einrichtungen zu beschulen. Bis dahin galten sie als taubstumm (Kap. 15.4). (Der Begriff „taubstumm" konnte sich bis in die 1950er/1960er Jahre für Gehörlose halten; in den letzten Jahren wird vereinzelt auch wieder „taub" – besonders von den Betroffenen selbst – benutzt. In der Medizin wird er seit jeher verwendet.) Die aus heutiger Sicht als „schwerhörig" bezeichneten Schüler befanden sich zur damaligen Zeit in den Taubstummenanstalten oder (oft als Schulversager) in den Volksschulen (Kap. 15.3). Eine hörgerätetechnische Versorgung, wie wir sie heute kennen, gab es zur damaligen Zeit nicht. Mit der Wende zum 20. Jahrhundert waren die diagnostischen Möglichkeiten und der Erkenntnisstand dann so weit fortgeschritten, dass eine Differenzierung der Hörschäden möglich wurde. (Das erste Audiometer wurde 1878 vorgestellt [Feldmann 2003; Böhme / Welzl-Müller 2005]; schrittweise begannen sich Verfahren zu entwickeln, mit denen Art und Ausmaß einer Hörschädigung erfasst werden konnten.) Es sei an dieser Stelle aber auch darauf verwiesen, dass eigentlich von Beginn der Bildungsversuche mit taubstummen Schülern an immer wieder bei einem Teil der Schüler Hörreste vermutet und diese auch vereinzelt genutzt wurden.

Die Aufteilung in gehörlose und schwerhörige Schüler erfolgte danach, ob die Teilnahme am Unterricht auf auditivem Weg (also über das Hören) möglich war oder nicht. Bereits Ende des 19. Jahrhunderts forderte Bezold eine Trennung der gehörlosen und schwerhörigen Schüler (Kap. 15). Als wesentliche Begründung für die Notwendigkeit der Entwicklung von (eigenständigen) Schwerhörigenschulen gab er an, dass der künstliche Weg des Spracherwerbs im Gehörlosenunterricht nicht dem natürlichen Weg der Schwerhörigen entsprach.

Diese grundsätzlichen Überlegungen (nicht jedoch die Untergliederung in Schwerhörigen- und Gehörlosenschulen) haben sich bis in die Gegenwart hinein gehalten. Auch heute noch unterscheidet man danach, ob für das Kind mit Hörschädigung das Erlernen der Lautsprache auf natürlichem (also imitativem) Weg möglich ist (schwerhörige Kinder) oder nicht (gehörlose Kinder). Zum Erlernen der Lautsprache stehen den Kindern heute leistungsfähige Hörsysteme (digitale Hörgeräte/Cochlea Implantate) zur Verfügung. Bei korrektem Ablauf des Neugeborenenhörscreenings wird ein Kind mit angeborener Hörschädigung nun bei diesem erkannt und mit spätestens vier bis sechs Monaten mit Hörgeräten versorgt. Bei einer hochgradigen Hörschädigung kommt ggf. ein Cochlea Implantat (Kap. 7) in Frage. Letztendlich können die heutigen Schüler mit Hörschädigung nicht mit jenen, die um die Jahrhundertwende eine Schule für Hörgeschädigte besuchten, verglichen werden.

Die Auffassungen über Gehörlosigkeit, Schwerhörigkeit und Hörschädigung sind aufgrund gewonnener Erkenntnisse, veränderter Sichtweisen und zahlreicher Forschungsergebnisse neu zu beleuchten. Beeinflusst werden die aktuellen Erklärungen und Beschreibungen durch die sich seit den 1980er/90er Jahren entwickelten Diskussionen

– um die Selbstbestimmung der Gehörlosen, aus deren Sicht sich jeder als gehörlos definieren kann, der sich dieser Gruppe (i. S. einer kulturellen Minderheit) zugehörig fühlt, und
– durch das Wissen über die Reifung des zentralen Hörsystems (und auch durch die praktischen Erfahrungen), die belegen, dass Hören mehr als die Verarbeitung von Schallereignissen durch das Ohr ist. In erster Linie ist Hören die Auswertung dieser Schallereignisse durch das Gehirn. Dazu braucht das Kind mit Hörschädigung den frühzeitigen Zugang zum Hören, die bewusste Zuführung externer akustischer Reize und eine entsprechende pädagogische Begleitung und Förderung.

Aus diesen beiden Ansätzen heraus wird deutlich, dass klassische Einteilungen in „gehörlos" und „schwerhörig" zunehmend zu hinterfragen waren. Hinzu kommt, dass Entwicklungsverläufe nicht mit dem Hörstatus korrelieren: So können bei gleicher Art und annähernd gleichem Ausmaß eines Hörschadens völlig unterschiedliche Entwicklungsverläufe bei einzelnen Kindern zu beobachten sein.

Die „Empfehlungen zum Förderschwerpunkt Hören", die von der Ständigen Konferenz der Kultusminister der Länder in der Bundesrepublik Deutschland am 10. Mai 1996 beschlossen wurden, haben die „Empfehlungen für den Unterricht in der Schule für Gehörlose (Sonderschule)" vom 30. Mai 1980 und die „Empfehlungen für den Unterricht in der Schule für Schwerhörige (Sonderschule)" vom 30. August 1981 aufgehoben. In den „Empfehlungen zum Förderschwerpunkt Hören" wird durchgängig von *hörgeschädigten* Kindern und Jugendlichen gesprochen. Zur sonderpädagogischen Förderung in Sonder-/Förderschulen wird ausgeführt:

„Kinder und Jugendliche mit den Förderschwerpunkten im Bereich des Hörens, der auditiven Wahrnehmung, des Spracherwerbs, der Kommunikation sowie des Umgehen-Könnens mit einer Hörbeeinträchtigung, deren Förderung in allgemeinen Schulen nicht ausreichend gewährleistet werden kann, werden in Schulen für hörgeschädigte Kinder und Jugendliche in entsprechenden Bildungsgängen unterrichtet … Von besonderer Bedeutung ist im Blick auf die Lernerfolge der förderbedürftigen Schüler und Schülerinnen das ver-

antwortungsvolle Zusammenwirken einer Schule für Gehörlose und einer Schule für Schwerhörige im gleichen Einzugsbereich" (1996, 377).

Einleitend wurde vorangestellt, dass die schulische Förderung von Kindern und Jugendlichen mit den Förderschwerpunkten in den genannten Bereichen alle Schulstufen und Schularten einbezieht. Sie habe zu einer Vielfalt von Förderformen und Förderarten geführt. Bereits zu diesem Zeitpunkt (Mitte der 1990er Jahre) wurde dem gemeinsamen Lernen von Schülern mit und ohne Behinderung ein größerer Stellenwert als je zuvor eingeräumt, ebenso den vorbeugenden Maßnahmen, die Entwicklungsverzögerungen und Fehlentwicklungen verhindern, mindern oder weitergehende Auswirkungen einer Hörschädigung vermeiden sollen. Dazu sollen sofort nach dem Erkennen der Hörschädigung Fördermaßnahmen einsetzen. Da dies außer bei erworbenen Hörschädigungen heute unmittelbar nach der Diagnose erfolgt (diese soll umgehend nach Auffälligkeiten beim Neugeborenenhörscreening eingeleitet werden), wird der Frühförderung ein expliziter Stellenwert zugewiesen (Kap. 11).

Die Ursachen für eine Hörschädigung sind unterschiedlicher Art (Kap. 3.3). Hörschädigungen können angeboren sein (genetisch bedingt bzw. prä- oder perinatal auftretend) oder im Laufe des Lebens eintreten.

Unabhängig davon, welche Ursache für eine Hörschädigung besteht oder in welchem Alter sie eintritt, sind stets Maßnahmen zu ergreifen, die zu einem mehr oder weniger großen Teil pädagogischer Natur sind. Ziele, Inhalte, Methoden und Organisationsformen dieser speziellen Maßnahmen sind Gegenstand der Hörgeschädigtenpädagogik (Kap. 2.3).

Zusammenfassung

Die Schwierigkeiten, Menschen mit Hörschädigung wirkungsvoll zu helfen und zu unterstützen, zeigen sich bereits in dem Versuch, Gehörlosigkeit und Schwerhörigkeit zu definieren. Diese definitorischen Klärungsversuche sind keine bloße Begriffsspielerei, sondern weisen die Richtung für Hilfen und Unterstützung, die den Kindern, Jugendlichen und Erwachsenen mit Hörschädigung geboten oder angeboten werden müssen.

Vor allem die Pädagogen waren seit den 1990er Jahren bemüht, die allein an Beeinträchtigungen (Defiziten) und Förderbedarf orientierten Definitionen zu überwinden. So schließt man Auswirkungen mit ein, die „im pädagogischen Sinn wesentlich sind" oder „die Teilhabe an der Gesellschaft (die zwangsläufig eine Gesellschaft der Hörenden ist) beeinträchtigen" oder man betrachtet die „besonderen (individuellen und sozialen) Bedingungen, unter denen, z. B. in der Schule, gelernt werden muss". Diese Begriffsbestimmungen schließen ein, dass die Beeinträchtigungen, die sich aus dem eingeschränkten oder (in Ausnahmefällen) vollständig ausgefallenen Hören ergeben, die geistige, emotionale und soziale Entwicklung und Stabilität der Betroffenen nachhaltig beeinflussen. Bezogen auf Kinder bedeutet das, dass ihre Förderung nicht auf den Ausgleich oder die Kompensation des eingeschränkten oder ausgefallenen Hörens beschränkt bleiben darf, sondern eine vielseitige und umfassende Persönlichkeitsentwicklung in den Mittelpunkt gestellt werden muss. Daraus ergibt sich für die Förderzentren, Förderschwerpunkt Hören eine im Vergleich zur allgemeinen Schule erweiterte Aufgabenstellung, die sich beispielsweise in einer größeren Variationsbreite im Fächerangebot, in der Ausdehnung der Grundschulzeit um ein Schuljahr, in den Curricula und in der Leistungsbeurteilung zeigen kann. Zugleich soll der Unterricht das soziale Lernen und die Entwicklung einer positiven Selbsteinschätzung unterstützen. Das Förderzentrum, Förderschwerpunkt Hören (einschließlich seiner Abteilungen für Frühförderung und Elementarerziehung, Pädagogisch-Audiologischer Beratungsstelle und Mobiler Sonderpädagogischer Dienst) ist vollumfänglich auch für alle Kinder und Jugendlichen mit Förderbedarf Hören in inklusiven Settings zuständig.

Trotz der aufgeworfenen Problematik sind Begriffsbestimmungen unumgänglich, da nur bei einer klar definierten Ausgangsbasis eine wissenschaftliche Verständigung und ein gezieltes praktisches Handeln möglich werden. Der einzelne Begriff muss so klar definiert sein, dass der Spielraum für subjektive Interpretation gering ist, wohl aber kann man unterschiedliche Definitionen entsprechend unterschiedlicher Sichtweisen oder unterschiedlicher Bezugssysteme einbringen.

2.2 Ziele der Hörgeschädigtenpädagogik

Es wird nicht möglich sein, im Rahmen der Ausbildung für pädagogische Berufe die Fähigkeit zu vermitteln, die richtige Handlungsanweisung aus *vorgegebenen übergeordneten gesellschaftlichen Zielen* abzuleiten. Das Studium der Pädagogik bietet jedoch Wissen über Voraussetzung und Folgen des pädagogischen Handelns (Lenzen 2004, 20ff). Betrachtet man im Gegensatz dazu aber *konkrete Ziele (Absichten)*, so können diese die Effektivität pädagogischen Handelns erhöhen. In diesem Sinne ist nachfolgende Reflexion zu betrachten.

Bevor die Bestimmung des Begriffs Hörgeschädigtenpädagogik durch Kennzeichnung des Ziels (Kap. 2.2) und des Gegenstandes (Kap. 2.3) vorgenommen wird, sollen die Begriffe Pädagogik, Sonderpädagogik und Inklusive Pädagogik skizziert werden. Eine umfängliche Bestimmung dieser Begriffe ist der entsprechenden Fachliteratur zu entnehmen. Die hier vorgelegten Fassungen dienen dazu, eine gedankliche Diskussionsbasis zu schaffen. Die Voranstellung scheint sinnvoll, da die Hörgeschädigtenpädagogik als Teilgebiet der Sonderpädagogik gesehen wird, die sich wiederum als Teilgebiet der (Allgemeinen) Pädagogik versteht. Im gegenwärtigen Sprachgebrauch etabliert sich Inklusive Pädagogik als Transformation der Sonderpädagogik (Biewer 2017).

Pädagogik

„Pädagogik" bezeichnet die Lehre, Theorie und die Wissenschaft von der Erziehung und Bildung der Kinder und der Erwachsenen in unterschiedlichen pädagogischen Feldern wie Familie, Kindergarten, Schule, Freizeit und Beruf. Pädagogik hat sich ursprünglich auf das Kind (von griechisch pais agein, wörtlich: Führung des Knaben bzw. Kindes vom Haus zur Übungsstätte) beschränkt. Seit dem Vordringen der Pädagogik in viele Bereiche der Gesellschaft wurde sie auf die Erwachsenen ausgedehnt (dort auch als Andragogik oder Geragogik bezeichnet).

Der Terminus „Pädagogik" wird umgangssprachlich synonym mit „Erziehungswissenschaft" verwendet. Die Einführung und Durchsetzung von „Erziehungswissenschaft" war mit der Intention verknüpft, den Übergang einer vorwiegend geisteswissenschaftlich ausgerichteten „Pädagogik" zu einer erfahrungswissenschaftlichen (empirisch-analytischen) und damit – so die Absicht der Vertreter dieser Richtung – zu einer exakteren Disziplin werden zu lassen.

**Sonderpädagogik
Heilpädagogik
Behindertenpäd-
agogik, Inklusive
Pädagogik u. a.**

„Sonderpädagogik" (auch als Behindertenpädagogik, Förderpädagogik, Heilpädagogik, Rehabilitationspädagogik und ferner als Rehabilitation, Normalisierung, Integration und zunehmend als inklusive Pädagogik bezeichnet) ist die Theorie und Praxis sowie Wissenschaft einer speziellen Pädagogik.
Der älteste Begriff ist „Heilpädagogik". Orientiert am allgemeinpädagogischen Gedanken einer „heilenden Erziehung", entwickelte sie sich spätestens seit Mitte des 18. Jahrhunderts zu einer eigenständigen Disziplin, wenn der Begriff „Heilpädagogik" auch erst in der 2. Hälfte des 19. Jahrhunderts auftauchte.

Die genannten Bezeichnungen werden oft synonym verwendet. Dennoch muss angemerkt werden, dass Abweichungen in den Grundintentionen zu erkennen sind. So setzt beispielsweise die Heilpädagogik ihren Akzent auf das sinnerfüllte Leben der Betroffenen, die Sonderpädagogik stellt die spezifischen Aufgaben der betreuenden Institutionen in den Mittelpunkt und die Behindertenpädagogik reflektiert die sozialpsychologische und gesellschaftstheoretische Entstehung und Funktion von Behinderung. Gemeinsam benennen sie jedoch den Tatbestand des pädagogischen Bemühens, Menschen mit Behinderungen bei ihrem Hineinwachsen und Leben in der Gesellschaft zu unterstützen.

Direkt durchgesetzt hat sich keine der Bezeichnungen, wenn auch Sonderpädagogik seit den 1960er Jahren die am häufigsten benutzte war. In dieser Zeit etablierte sich auf der Basis des Gutachtens des Schulausschusses der KMK zur Ordnung des Sonderschulwesens ein differenziertes Sondersystem für alle Behinderungsarten (vgl. Gutachten zur Ordnung des Schulwesens 1960). Während sich damals die Sicht vorzugsweise auf die (Sonder-)Schule richtete und die Sonderpädagogik vorzugsweise eine (Sonder-)Schulpädagogik war, haben sich die Aufgaben dieser „speziellen Pädagogik" und die Anforderungen an sie mehr und mehr erweitert und damit auch ihre Aufgabenfelder. Sie umfasst heute bewusst alle Altersstufen und Lebensbereiche.

Gegenwärtig orientiert man sich verstärkt an Begriffen wie Prävention, Inklusion und Rehabilitation oder auch inklusive Pädagogik (vereinzelt Inklusionspädagogik), u. a. auch deshalb, weil man sich vom Gedanken einer „Sonder"-beschulung mehr und mehr gelöst hat und die Inklusion des Kindes und Jugendlichen mit sonderpädagogischem Förderbedarf in allgemeinen Einrichtungen in den Vordergrund stellt.

Inklusive Pädagogik

Biewer (2017, 204) definiert Inklusive Pädagogik als

„Theorien zur Bildung, Erziehung und Entwicklung, die Etikettierung und Klassifizierungen ablehnen, ihren Ausgang von den Rechten vulnerabler und marginalisierter Menschen nehmen, für deren Partizipation in allen Lebensbereichen plädieren und auf eine strukturelle Veränderung der regulären Institutionen zielen, um der Verschiedenheit der Voraussetzungen und Bedürfnisse aller Nutzer/innen gerecht zu werden".

Nachfolgend wird zunächst noch mit dem Begriff „Sonderpädagogik" weitergearbeitet, da mit ihm gegenwärtig noch die größte Allgemeinverständlichkeit gewährleistet ist. Es ist jedoch davon auszugehen, dass – wie schon wiederholt in der Geschichte der Pädagogik, die sich mit Kindern und Jugendlichen mit besonderem Förderbedarf befasst – es zu begrifflichen Neuerungen kommt. Sonderpädagogik wird, so von Stechow 2016, klassisch als „Pädagogik für besondere Schulen" gesehen. Das traf jedoch für die Hörgeschädigtenpädagogik niemals zu. Sie hat sich seit ihren Anfängen stets für „über die Lebensspanne" zuständig gefühlt und weicht damit von ihrem Grundverständnis von der Mehrheit der anderen sonderpädagogischen Fachrichtungen ab (Kap. 15).

Abbildung 1 stellt die einzelnen sonderpädagogischen Teildisziplinen in der Form vor, wie sie aktuell noch an den meisten sonderpädagogischen Ausbildungsstätten (i.S. einer „Fachrichtung") – allerdings mit großen Unterschieden (s. Schwerpunktheft „Studium der Sonderpädagogik in Zeiten der Inklusion" 2018) – gelehrt werden. Die Bezeichnung der Teildisziplinen (Fachrichtungen) stimmt nicht immer mit der Bezeichnung der Sonderschularten überein: So studiert man in Bayern das Lehramt für Sonderpädagogik mit der vertieft studierten Fachrichtung Geistigbehindertenpädagogik, arbeitet aber am Förderzentrum bzw. an der Förderschule, Förderschwerpunkt geistige Entwicklung oder ist für Schüler mit Förderbedarf geistige Entwicklung in inklusiven Settings tätig, ebenso wie man das Lehramt für Sonderpädagogik mit der vertieft studierten Fachrichtung Verhaltensgestörtenpädagogik studiert, der Schüler aber am Förderzentrum bzw. der Förderschule, Förderschwerpunkt soziale und emotionale Entwicklung, lernt oder in inklusiven Einrichtungen betreut wird.

Gehörlosen- oder Schwerhörigenpädagogik bzw. Hörgeschädigtenpädagogik kann man an den Universitäten in Berlin (als Gebärdensprach- und Audiopädagogik), Hamburg (Pädagogik bei Beeinträchtigung des Hörens/Gebärdensprache), Köln (Förderschwerpunkt Hören und Kommunikation) und München (Gehörlosen- und Schwerhörigenpädagogik) sowie an der Pädagogischen Hochschule Heidelberg (Hörgeschädigtenpädagogik) studieren. Mitunter sind Schwerpunktsetzungen für den schulischen Bereich (also einem Studium des Lehramts) oder dem vor-, neben- bzw. außer- oder nachschulischen Bereich möglich (z.B. in München und Köln). Des Weiteren studiert man in Berlin, Hamburg, Köln und Heidelberg zusätzlich eine weitere sonderpädagogische Fachrichtung (was eine gewisse Breite mit sich bringt), während man in München (noch) eine Fachrichtung (diese dafür vertieft) studiert, was wiederum zu einer höheren Spezialisierung führt.

Ausbildung der Hörgeschädigtenpädagogen

Abbildung 1 spiegelt nicht alle möglichen Teildisziplinen wider. So hat sich seit Mitte des 19. Jahrhunderts eine Taubblindenpädagogik entwickelt, die sich Ende des 20. Jahrhunderts als Taubblinden-/Hörsehgeschädigtenpädagogik formierte. Einen eigenen Studiengang dafür gibt es in Deutschland nicht, allerdings ist ein Studienschwerpunkt Taubblindenpädagogik/Hörsehbehindertenpädagogik an der Pädagogischen Hochschule Heidelberg im Entstehen. In Einrichtungen für Taubblinde bzw. Hörsehgeschädigte tätige Lehrer studieren meist Gehörlosen- bzw. Schwerhörigen- *oder* Blinden- bzw. Sehgeschädigtenpädagogik *oder* beide Fach-

Weitere sonderpädagogische Teildisziplinen

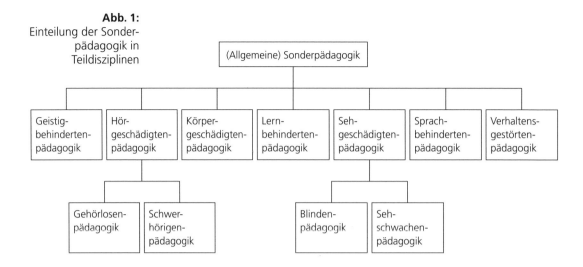

Abb. 1:
Einteilung der Sonder-
pädagogik in
Teildisziplinen

richtungen, obwohl Taubblindheit bzw. Hörsehschädigung ein völlig eigenständiges Erscheinungsbild hat. Auch für eine Pädagogik bei Krankheit gibt es kein eigenständiges Studium.

Klauer nimmt in seiner Publikation noch die Schwerstbehindertenpädagogik mit auf, die von dem Verfasser des Kapitels (Anstötz) aber als Zweig der Geistigbehindertenpädagogik beschrieben wird (1992, 150).

Eine weitere Sichtweise ist die, dass auch die Hochbegabtenpädagogik als sonderpädagogische Fachrichtung anzusehen sei. Das basiert auf dem Grundgedanken, dass sich die Sonderpädagogik mit Kindern, Jugendlichen und Erwachsenen befasst, die besondere Aufmerksamkeit, Förderung und Zuwendung benötigen. Dazu gehören (zweifelsfrei) auch die Hochbegabten. Die Zugehörigkeit der Hochbegabtenpädagogik zur Sonderpädagogik wird in Deutschland z.B. vertreten durch Hoyningen-Süess (1989) und Feger (1990), indirekt auch durch Klauer (1992), der in seinem Buch „Grundriß der Sonderpädagogik" neben den (bekannten) sonderpädagogischen Fachrichtungen der Hochbegabtenpädagogik ein eigenständiges Kapitel (verfasst von Feger) einräumt. Damit schloss man sich grundsätzlichen Überlegungen aus den USA an. Dort ist die Hochbegabtenpädagogik Bestandteil der Sonderpädagogik („special education", wörtlich übersetzt: Sondererziehung; in jüngster Zeit wird im englischsprachigen Raum statt „special education" zunehmend von SEN „Special Education Needs" gesprochen) und fester Bestandteil der Lehreraus- und -weiterbildung.

Ziel der Hörgeschädigten-pädagogik
Das Ziel der Hörgeschädigtenpädagogik ist es, Gehörlose, Schwerhörige, im Sprachbesitz Ertaubte, CI-Träger, aber auch Mehrfachbehinderte mit Hörschäden zu befähigen, sich durch eigenes aktives soziales Tätigsein zu verwirklichen, ihre Identität zu finden und sich sozial zu integrieren. Da Integration als wechselseitiger (hier: zweiseitiger) Prozess anzusehen ist, müssen die Hörenden zur Integration der Hörgeschädigten beitragen.

Wenn das gesellschaftlich angestrebte Ziel der Inklusion erreicht ist, haben sich die Strukturen den individuellen Bedürfnissen angepasst. Das, was aktuell in den Schulen vorgefunden wird, ist (noch) Integration (Leonhardt 2011a), obwohl von Inklusion und inklusiven Schulen gesprochen wird. Als Teilziele der Hörgeschädigtenpädagogik werden – unter Beachtung der subjektiven Voraussetzungen – des Weiteren angesehen:

- das Erwerben einer umfassenden Bildung;
- die Entwicklung und Ausformung ihrer Persönlichkeitsqualitäten, um ihnen eine uneingeschränkte Teilnahme und Teilhabe am Leben der Gesellschaft zu ermöglichen;
- die Entscheidungskompetenz des Hörgeschädigten, in welcher der sozialen Gruppierungen er leben möchte (in der lautsprachlich geprägten Gemeinschaft Hörender, in der vorwiegend gebärdensprachlich kommunizierenden Gemeinschaft der Gehörlosen, inmitten der Gruppe von Schwerhörigen oder auch durch einen häufigeren Wechsel seiner Bezugssysteme in Abhängigkeit seines jeweils aktuellen Bedürfnisses oder Anliegens).

Das *Hauptziel* der Hörgeschädigtenpädagogik ist, dem Hörgeschädigten (unabhängig von Art und Ausmaß des Hörschadens) den Erwerb kommunikativer Kompetenzen zu ermöglichen. Damit wird es ihm möglich, sprachliche Interaktionen durchzuführen und sich mit Gesprächspartnern dialogisch zu verständigen. Das Erwerben einer kommunikativen Kompetenz ist letztendlich Voraussetzung für das Erreichen und Verwirklichen aller anderen (bereits genannten) Zielaspekte. Ohne eine angemessene sprachliche, kommunikative und soziale Kompetenz ist weder das Aneignen kultureller Werte, noch die Ausformung seiner Persönlichkeit, noch die selbstständige, von äußerer Hilfe unabhängige Lebensführung (z.B. zur Absicherung der Existenz) möglich.

Hauptziel: Kommunikative Kompetenz

2.3 Gegenstand der Hörgeschädigtenpädagogik

Die Frage nach dem Gegenstand einer Wissenschaft läuft darauf hinaus zu kennzeichnen, womit sich diese Wissenschaft beschäftigt. Die Antwort sollte möglichst in Form einer Definition gegeben werden.

Der Kennzeichnung des Gegenstandes der Hörgeschädigtenpädagogik soll, in Anlehnung an das Vorgehen im letzten Kapitel, zunächst die Bestimmung des Gegenstandes der (Allgemeinen) Pädagogik, der Sonderpädagogik und dann der Inklusionspädagogik vorangestellt werden.

Eine Literaturanalyse hat ergeben, dass es offensichtlich im Rahmen der Pädagogik schwierig ist, eine Gegenstandsbestimmung zu formulieren, die eine weitgehende Zustimmung der Vertreter der oft sehr unterschiedlichen Richtungen und Strömungen innerhalb der Pädagogik findet. So belassen es Kron et al. (2013, 18ff) bei einer Aufzählung und teilweisen Beschreibung von 11 Gegenstandsbereichen der Pädagogik. Auch die recht umfängliche Bestimmung des Begriffs „Pädagogik" im Band 2 des Nachschlagewerkes „Pädagogische Grundbegriffe" (hrsg. von Lenzen 1989) lässt eine direkte Gegenstandsbestimmung aus. Eine konkrete Formulierung ist auch nicht bei Lassahn (2000) und Schröder (1992) zu finden.

Vermutlich beruhen die Schwierigkeiten einer Fassung des Gegenstandsbereiches darauf, dass die (Allgemeine) Pädagogik sich in zahlreiche, mehr oder weniger eigenständige, Subdisziplinen aufgegliedert hat, die wiederum für sich einen relativ abgrenzbaren Gegenstandsbereich reklamieren.

Im Gegensatz dazu herrscht jedoch beispielsweise in der Psychologie trotz ihrer unterschiedlichen Schulen und Teilgebiete ein weitgehender Konsens darüber, was der Gegenstand des Faches ist (Zimbardo / Gerrig 2004, 3).

Nachfolgend wird die Gegenstandsbestimmung für die Allgemeine Pädagogik von Keßler / Krätzschmar (1993, 3 und 5) vorgestellt, die für weitere Überlegungen geeignet erscheint:

Allgemeine Pädagogik

Die Allgemeine Pädagogik beschäftigt sich mit übergreifenden Fragestellungen, erforscht das Wesen pädagogischer Prozesse, und sie erfasst die historischen Dimensionen erziehungswissenschaftlicher Inhalte. Sie reflektiert gesellschaftliche, philosophische und anthropologische Ursprünge und Grundlagen in ihrem Gegenstandsbereich.

Die Gegenstandsbestimmung für Sonderpädagogik scheint ähnlich schwierig zu sein – vgl. Bleidick 1974, 192–207; Gerspach 1989, 73–88; Marx 2001, 1394–1396; Kobi 2004, 127–135; Bach 1995, 11 und Haeberlin 1998, 25–44. Bedingt scheint das durch den jeweiligen theoretischen Ansatz und die darauf aufbauenden Überlegungen. Nachfolgend sollen zwei der genannten vorgestellt werden:

Gegenstand der Behindertenpädagogik nach Bleidick

Bleidick (er verwendet den Begriff Behindertenpädagogik) sieht das sonderpädagogische Gegenstandsgebiet in den drei Gegenstandsfeldern

▪ Behinderung,
▪ Behinderung der Erziehung,
▪ Erziehung der Behinderten.

Die drei aufeinander bezogenen Inhalte des Gegenstandes werden wie folgt gefasst:

1. Bei der Bestimmung des Begriffs Behinderung wird von einer pädagogischen Systematik ausgegangen. Es wird sich also auf jene eingeschränkt, die pädagogisch relevant sind, „d. h. die sich als Behinderungen des Erziehungsgeschäfts erweisen und der besonderen Erziehung der von ihnen Betroffenen bedürfen" (1974, 193).
2. Behinderung der Erziehung. Die Behinderung schlägt sich als eine intervenierende Variable der Erziehung nieder. Es liegt eine „Störung der Bildsamkeit" (Bildungsbehinderung) vor.
3. Erziehung der Behinderten. Angesichts der Beeinträchtigungen des Bildungsprozesses ist es notwendig, auf diese Erschwerung der Erziehung

„einzugehen". Dies ist mit den üblichen Mitteln der Pädagogik nicht zu leisten. Die Erziehung der Behinderten ist „besondere Erziehung", Sondererziehung (1974, 193).

In späterer Literatur von Bleidick (1998, 27–29) ist die Begrifflichkeit und damit die Formulierung entsprechend der allgemeinen Entwicklung aktualisiert. Der wissenschaftliche Grundgedanke bleibt aber erhalten.

Der Begriff der Behinderung ist für die Pädagogik der Behinderten zentrales Bestimmungsmoment. Bildlich gesprochen „unterbricht" die Behinderung zunächst den Vorgang der Erziehung. Bleidick beschreibt das an Beispielen:

> „Der blinde Schüler kann die Tafel nicht sehen, auf der der Lehrer für die übrigen Schüler der Klasse etwas anschreibt. Der Gehörlose ist im buchstäblichen Sinne nicht ‚ansprechbar'. Der Geistigbehinderte besitzt nicht die Aufnahmefähigkeit, die für das Erlernen bestimmter Kulturfunktionen erforderlich erscheint" (27).

Der Kerngedanke des Behinderungsbegriffs wird darin gesehen, dass Behinderung eine „intervenierende Variable des Erziehungsvorgangs" ist.

> „Gemeint ist damit, dass die Behinderung die Lernbedingungen in entscheidender Weise verändert. Aus diesem Sachverhalt bezieht die Sondererziehung ihren **Auftrag.** Mit der Erschwerung des Lerngeschehens soll nämlich nicht gesagt sein, dass ein Defekt, ein Mangel, eine funktionelle Störung die Ziele der Erziehung und des Unterrichts dauerhaft verstellen oder ihr Erreichen unmöglich machen. Man kann das so definieren: Ein pädagogischer Begriff von Behinderung liegt dann vor, wenn sich der Educandus aufgrund seiner Behinderung nicht mit den ‚üblichen' Mitteln erziehen und unterrichten lässt und spezieller, ‚besonderer' pädagogischer Verfahrensweisen bedarf" (28).

Unterricht und Erziehung sind erschwert; sie unterliegen besonderen Bedingungen. Erziehung i.w.S. meint die Zusammenfassung aller beeinflussenden Maßnahmen, mit denen Ältere auf Jüngere als noch zu Erziehende einwirken. „Behinderung als *intervenierende Variable des Erziehungsvorgangs* bezeichnet … die Gesamtveränderung der pädagogischen Förderung" (28). Erziehung i.e.S. ist gemeint, wenn Unterricht und Erziehung gegenübergestellt werden:

> „Unterricht meint hier den Bildungsvorgang, der im engeren Sinne als Lernen umschrieben wird. Erziehung meint die Führung zur Mündigkeit, womit soziale Selbstständigkeit und soziale Eingliederung gemeint sind" (28).

Bleidick kommt zu folgenden Bestimmungen: Definition der Behinderung im pädagogischen Sinne: Als behindert im pädagogischen Sinne gelten Kinder, Jugendliche und Erwachsene, deren Lernen und deren soziale Eingliederung erschwert sind (1998, 29). Als Gegenstand bestimmt er:

> Gegenstand der Behindertenpädagogik ist das Lernen und die soziale Eingliederung angesichts erschwerten Lernens und erschwerter sozialer Eingliederung.

Gegenstand der Sonderpädagogik nach Bach

Bach (er verwendet den Begriff Sonderpädagogik) sieht den Gegenstand der Sonderpädagogik folgendermaßen: „Sonderpädagogik erstreckt sich

- auf *alle Arten der Beeinträchtigungen* (also nicht nur auf Behinderungen, sondern ebenso auf Störungen, Gefährdungen und Sozialrückständigkeiten),
- auf *alle Formen* von Beeinträchtigungen (und nicht nur auf intellektuelle, sondern ebenso auf sensorielle, motorische und anderen Formen),
- auf *alle Altersstufen* (und nicht nur auf die Kindheit, sondern ebenso auf das Säuglings- und das Erwachsenenalter) und
- auf *das ganze Erziehungsfeld* (und nicht nur auf die Schule, sondern ebenso auf das familiäre und auf andere Erziehungsfelder)" (1995, 11) (Abb. 2).

Unter „Beeinträchtigung" versteht Bach die Erschwerung der Personalisation und Sozialisation eines Menschen. Gekennzeichnet ist sie objektiv durch Unregelhaftigkeiten in den Bereichen des Erziehungsprozesses. Liegt diese objektive Feststellung noch nicht vor, spricht man von „Auffälligkeit".

Gegenstand der Inklusionspädagogik nach Sander

Sander (2003) baut seine Gegenstandsbestimmung von Inklusionspädagogik auf einer Gegenstandsbestimmung von Integrationspädagogik auf. Gegenstand der Integrationspädagogik ist nach ihm „die gemeinsame Erziehung und Unterrichtung nichtbehinderter und behinderter Kinder und Jugendlicher" (313). Er plädiert für ein über Integration hinausgehendes Verständnis von Inklusion und definiert:

> Gegenstand der Inklusionspädagogik ist … die gemeinsame Erziehung und Unterrichtung aller Kinder und Jugendlicher mit welchen pädagogischen Bedürfnissen auch immer (a.a.O).

Gegenstand der Hörgeschädigtenpädagogik

Folgt man der gedanklichen Kette, dass die Hörgeschädigtenpädagogik ein Teilgebiet der Sonderpädagogik und der sich aus ihr entwickelnden Inklusionspädagogik ist und diese wiederum ein Teilgebiet der Pädagogik sind, so sind der Hörgeschädigtenpädagogik deren Gegenstandsbereiche immanent.

Es sei an dieser Stelle noch einmal betont, dass sich Pädagogik, und damit auch die Hörgeschädigtenpädagogik, auf *alle* Phasen des Lebensalters bezieht. Ein Hörschaden kann zu jedem Zeitpunkt des Lebens eintreten, so z. B. prä- oder perinatal oder als Folge eines Hörsturzes in der Lebensmitte oder auch als Folge des Alterns (Altersschwerhörigkeit). Entspre-

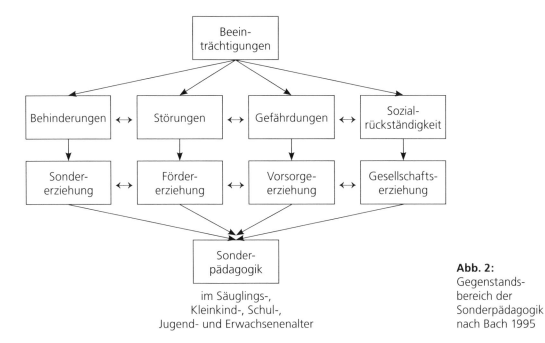

Abb. 2:
Gegenstands-
bereich der
Sonderpädagogik
nach Bach 1995

chend muss auch die Gegenstandsbestimmung der Hörgeschädigtenpädagogik vorgenommen werden.

In Anlehnung an die oben genannte Gegenstandsbestimmung von
Bleidick könnte man die der Hörgeschädigtenpädagogik folgendermaßen
formulieren:

Der Gegenstand der Hörgeschädigtenpädagogik sind die besonderen
Bedingungen des Lernens und der sozialen Eingliederung und Inklusion
von Kindern, Jugendlichen und Erwachsenen mit Hörschädigung. Für die
wissenschaftstheoretische Diskussion ist folgende Überlegung lohnens-
wert: Bei der Gegenstandsbestimmung der Hörgeschädigtenpädagogik ist
die der allgemeinen Pädagogik um die Dimension, die sich aus dem dynamischen Charakter einer Hörbehinderung resp. Hörschädigung ergibt, zu
erweitern (Pöhle 1994, 37).

Unter dem „dynamischen Charakter der Hörbehinderung wird verstanden, dass Auffälligkeiten (z. B. im Verwenden der Sprache oder im sozialen
Verhalten) dem Hörgeschädigten nicht wesenseigen sind. Sie haben sich herausgebildet, weil die anatomisch-physiologischen Entwicklungsvorausset-
zungen des Hörgeschädigten (z. B. des hörgeschädigten Kindes) und seine
Entwicklungsbedingungen einander nicht bzw. nicht hinreichend entsprechen. Da sie jedoch Ergebnis eines Prozesses sind, lassen sie sich auch durch
prozessuale, fördernde pädagogische Einwirkungen verändern" (18).

Große (2001, 17f) teilt bei seiner Gegenstandsbestimmung die Hörgeschädigtenpädagogik (dort Hörbehindertenpädagogik) in Erkenntnisstufen ein.
Die 1. Ebene (=Realbereich) bildet das spezifische erzieherische Handeln

mit und für den hörgeschädigten Menschen (=Gegenstand). Auf der 2. Ebene bildet der Realbereich den Gegenstand der gedanklichen Reflexion. Der Mensch mit Hörschädigung ist als konstitutives Element des Bildungs- und Erziehungsprozesses eingeordnet und besitzt als solcher Relevanz. Auf der 3. Ebene ist die Hörgeschädigtenpädagogik als Wissenschaft Gegenstand.

Der bisher geführten Diskussion soll sich folgende Überlegung anschließen: Die Hörgeschädigtenpädagogik sieht nicht die eingeschränkte, veränderte oder im Extremfall ausgefallene auditive Perzeption als ihren Gegenstand, sondern die bestehenden *Entwicklungspotenziale*. Die folgende Gegenstandsdefinition für die Hörgeschädigtenpädagogik dürfte heute weitgehende Zustimmung finden:

Hörgeschädigten-
pädagogik

Gegenstand der Hörgeschädigtenpädagogik ist das Gewährleisten einer allumfassenden und uneingeschränkten Entwicklung Hörgeschädigter durch hörgeschädigtenspezifische Bildung, Erziehung, Förderung und (Re-)Habilitation.

Rehabilitation meint hier einen interdisziplinär angelegten Prozess, der die Auswirkungen der Hörschädigung auf das Leben der Betroffenen mindern will. Habilitation leitet sich vom Verb habilitare ab und bedeutet jemand befähigen, geschickt oder geeignet machen.

Die Hörgeschädigtenpädagogik will von ihrem Selbstverständnis her nicht nur beschreibend, sondern gegebenenfalls auch gestaltend tätig sein. Damit verfügt sie gleichermaßen über einen allgemeinen wie auch angewandten Wissenschaftszweig.

Forschung und Praxis der Hörgeschädigtenpädagogik akzentuierten in den vergangenen Jahren vor allem den hörgerichteten Spracherwerb und die bilinguale Erziehung, aktuell wenden sie sich eher Fragen der inklusiven Beschulung insbesondere unter den Aspekten der Beschulung lautsprachlich und gebärdenprachlich kommunizierender Schüler zu (Leonhardt 2018a).

Alle sonderpädagogischen Teildisziplinen sind auf interdisziplinäre Zusammenarbeit angewiesen, insbesondere aber die Pädagogiken der Sinnesbehinderten (also die Hörgeschädigtenpädagogik und die Sehgeschädigtenpädagogik). Gleichsam werden sie von „außen" (also von anderen Wissenschaftsdisziplinen oder von allgemeinen bildungspolitischen Bestrebungen) beeinflusst und zu neuen Denkansätzen veranlasst. Beispielhaft seien für die vergangenen Jahre Forschungsergebnisse aus der Linguistik über die Gebärdensprache und Entwicklungen im Rahmen der HNO-Heilkunde im Zusammenhang mit den Cochlea Implantationen genannt. Für die aktuellen Entwicklungen sind vorrangig die bildungspolitischen Bemühungen zur Umsetzung der UN-Behindertenrechtskonvention hervorzuheben.

Weiterführende Literatur zur Theoriebildung der Sonderpädagogik: – *Biewer (2017): Grundlagen der Heilpädagogik – Bleidick (1974): Pädagogik der Behinderten – Bleidick (1998): Einführung in die Behindertenpädagogik, Band I. – Bleidick (1999): Behinderung als pädagogische Aufgabe – Dederich et al. (2016): Handlexikon der Behindertenpädagogik – Haeberlin (2005): Grundlagen der Heilpädagogik. – Hedderich et al. (2016): Handbuch der Inklusion und Sonderpädagogik. – Kobi (2004): Grundfragen der Heilpädagogik. – Moser/Sasse (2008): Theorien der Behindertenpädagogik. – Speck (2008): System Heilpädagogik. – Für einen allgemeinen Überblick über die Sonderpädagogik bietet sich an: Klauer (1992): Grundriß der Sonderpädagogik.*

2.4   Übungsaufgaben zu Kapitel 2

Warum sind möglichst exakte Begriffsbestimmungen (z. B. von Gehörlosigkeit und Schwerhörigkeit) unumgänglich?   **Aufgabe 1**

Aus der Sicht der Medizin und aus der Sicht der Pädagogik wird der Begriff „hörgeschädigt" unterschiedlich bestimmt. Worin besteht der wesentliche Unterschied?   **Aufgabe 2**

Wann entwickelten sich eigenständige Schwerhörigenschulen? Wonach sollte die Trennung in gehörlose und schwerhörige Schüler erfolgen?   **Aufgabe 3**

Worin zeigt sich die erweiterte Aufgabenstellung des Förderzentrums, Förderschwerpunkt Hören im Vergleich zur allgemeinen Schule?   **Aufgabe 4**

Welche Teilgebiete der Sonderpädagogik sind Ihnen außer der Hörgeschädigtenpädagogik bekannt?   **Aufgabe 5**

Was ist als Hauptziel der Hörgeschädigtenpädagogik anzusehen?   **Aufgabe 6**

Was ist der Gegenstand der Hörgeschädigtenpädagogik?   **Aufgabe 7**

Erarbeiten Sie sich anhand der Ausführungen in Kapitel 2 und durch Zuhilfenahme weiterer Fachliteratur (z. B. Lenzen [2004], Bleidick u. a. [1998], Wisotzki [1994] und Claußen [1995]) folgende Übersicht: **Aufgabe 8**

	Allgemeine Pädagogik	Sonderpädagogik	Hörgeschädigtenpädagogik
Begriff (Was ist …?)			
Aufgabe/Ziel (Wozu braucht man …?; Was beabsichtigt …?)			
Gegenstand (Womit beschäftigt sich …?)			

3 Hörschäden im Kindes- und Jugendalter

Die Situation eines Kindes, das von Geburt an hörgeschädigt (gehörlos, hochgradig hörgeschädigt oder schwerhörig) ist, und eines Kindes, das sehr frühzeitig das Gehör verliert, unterscheidet sich grundlegend von den Verhältnissen, die für den im Erwachsenenalter ertaubten oder schwerhörig gewordenen Menschen gelten. In den Kapiteln 1 und 4 sind die Auswirkungen eines Hörschadens auf die emotional-volitive, geistige, körperliche, soziale und sprachliche Entwicklung dieser Kinder beschrieben. Die frühestmögliche Erkennung eines Hörschadens ist unter diesen Gesichtspunkten eine bedeutungsvolle Aufgabe. Deshalb hat der Gesetzgeber die Grundlagen dafür geschaffen, dass in der gesetzlichen Krankenversicherung ein umfangreiches und an den einzelnen Entwicklungsphasen des Kindes orientiertes Früherkennungsprogramm angeboten wird. Dieses für Säuglinge und Kleinkinder geschaffene Programm umfasst zehn ärztliche Untersuchungen in der Zeit von der Geburt bis zur Vollendung des sechsten Lebensjahres zu festgelegten Terminen. Das Früherkennungsprogramm enthält auch Maßnahmen zur Früherkennung von Hörschäden. Die Untersuchungen sollen nach den Vorgaben der „Kinder-Richtlinien" von denjenigen Ärzten vorgenommen werden, „welche die vorgesehenen Leistungen auf Grund ihrer Kenntnisse und Erfahrungen erbringen können, nach der ärztlichen Berufsordnung dazu berechtigt sind und über die erforderlichen Einrichtungen verfügen" (Kinder-Richtlinie 2017, 6).

3.1 Anatomische und physiologische Vorbemerkungen

Anatomie des Ohres

Das, was gewöhnlich als Ohr bezeichnet wird, ist das statoakustische Sinnesorgan (gr. Statikos = auf das Gleichgewicht bezogen; gr. akoustikos = das Gehör betreffend). Wie der Name es bereits ausdrückt, sind hier zwei Sinnesorgane (Hörorgan, Gleichgewichtsorgan) auf engem Raum kombiniert. Sie haben verschiedene Funktionen.

Am Ohr werden drei Abschnitte unterschieden (Abb. 3): äußeres Ohr, Mittelohr und Innenohr.

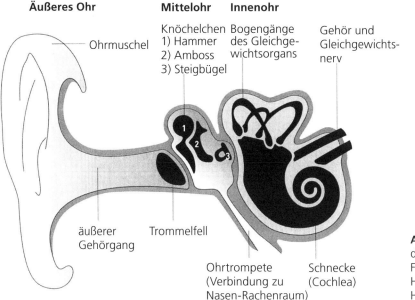

Äußeres Ohr

Ohrmuschel

Mittelohr **Innenohr**

Knöchelchen Bogengänge   Gehör und
1) Hammer   des Gleichge- Gleichgewichts-
2) Amboss   wichtsorgans   nerv
3) Steigbügel

äußerer   Trommelfell
Gehörgang

Ohrtrompete   Schnecke
(Verbindung zu   (Cochlea)
Nasen-Rachenraum)

Abb. 3: Aufbau des Ohres (aus: FORUM BESSER HÖREN: moderne HÖRSysteme, 14)

Zum äußeren Ohr werden Ohrmuschel und Gehörgang gezählt. Die Ohrmuschel besitzt mit Ausnahme des Ohrläppchens ein Gerüst aus elastischem Knorpel. Sie hat die Form eines Schalltrichters, der sich zum äußeren Gehörgang immer mehr verjüngt, d. h., der Anfangsteil des äußeren Gehörganges wird von einer rinnenförmigen Fortsetzung des Ohrmuschelknorpels gebildet, die durch das Bindegewebe zu einem geschlossenen Gang ergänzt wird (Abb. 4). Den Abschluss bildet das schräg in den Gehörgang eingelassene Trommelfell. Das Trommelfell ist eine häutige Membran mit einem Durchmesser von 9–11 mm. Es ist normalerweise so zart, dass die Gebilde des Mittelohres hindurchschimmern (Abb. 5).

Das äußere Ohr (Auris externa)

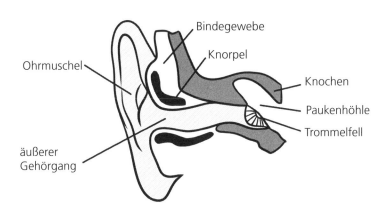

Bindegewebe

Knorpel

Ohrmuschel

Knochen

Paukenhöhle

Trommelfell

äußerer
Gehörgang

Abb. 4: Längsschnitt des äußeren Gehörganges

Abb. 5:
Ein rechtes
Trommelfell

Das Mittelohr
(Auris media)

Hauptbestandteil des Mittelohrs (Abb. 6) ist die Paukenhöhle, ein spaltförmiger (schmaler hoher) Raum des Felsenbeins. Es wird lateral vom äußeren Ohr (Trommelfell) und medial vom Innenohr begrenzt. Die Paukenhöhle ist mit Schleimhaut ausgekleidet und beim gesunden Menschen mit Luft gefüllt.

Quer durch den oberen Teil der Paukenhöhle zieht vom Trommelfell zur Wand des Innenohrs die gelenkig miteinander verbundene Kette der Gehörknöchelchen: Hammer, Amboss und Steigbügel. Der Hammer ist durch seinen Handgriff mit dem Trommelfell verwachsen. Sein Köpfchen trägt eine Gelenkfläche, an die sich der Ambosskörper anlagert. Der Amboss sieht ähnlich aus wie ein Backenzahn mit zwei Wurzeln. Der längere dieser Ambossschenkel ist gelenkig mit dem Steigbügel verbunden. Die Fußplatte des Steigbügels ist bindegewebig im ovalen Fenster der Vorhofswand befestigt, so dass sie beweglich bleibt. Zwei Muskeln regulieren die Bewegungen der Gehörknöchelkette: der Hammermuskel, der das Trommelfell spannt, und der Steigbügelmuskel. Beide Muskeln sind Antagonisten: Der Hammermuskel zieht bei Auftreffen eines Schalls das Trommelfell nach innen und drückt das Fußstück des Steigbügels in das Vorhoffenster: Er bewirkt so eine erhöhte Empfindlichkeit der Überleitung. Der Steigbügelmuskel hebelt das Fußstück des Steigbügels aus dem Vorhoffenster heraus und verursacht dadurch eine Dämpfung der Überleitung. Beide Muskeln regulieren also den Spannungszustand des Schallleitungsapparates.

Die Ohrtrompete ist eine 3–4 cm lange Röhre, auch Eustachische Röhre genannt. Sie geht von der Vorderwand der Paukenhöhle ab und mündet in

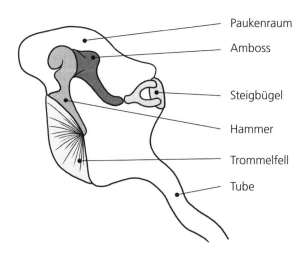

Paukenraum

Amboss

Steigbügel

Hammer

Trommelfell

Tube

Abb. 6: Querschnitt durch das Mittelohr

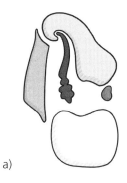 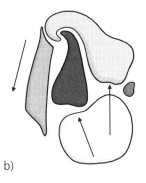

a)   b)

Abb. 7: Öffnung der Tube durch die Muskeln
a) geschlossene Tube
b) offene Tube

den oberen Teil des Nasen-Rachen-Raumes. Bei jedem Schluckakt (oder auch beim Sprechen von k-Lauten und Gähnen) wird durch Muskelzug die Ohrtrompete erweitert (Abb. 7), so dass zwischen Mittelohr und Nasen-Rachen-Raum ein ständiger Luftaustausch erfolgen kann. (Somit erfolgt ein Luftdruckausgleich zwischen Mittelohr und Rachen.)

Das innere Ohr ist in die Felsenbeinpyramide eingelagert (Abb. 8). Es wird wegen seiner verwirrenden Vielfalt auch als Labyrinth bezeichnet. Es besteht aus zwei miteinander in Verbindung stehenden funktionellen Teilen, den Gleichgewichtsorganen (mit Vorhof und den drei Bogengängen) und dem Hörorgan in der Schnecke (Cochlea). Gleichgewichtsorgan und Hörorgan reagieren auf sehr feine Druckänderungen und stehen funktionell in enger Beziehung zueinander. Beide Sinnesorgane befinden sich im häutigen Labyrinth.

Das Innenohr (Auris interna)

Das häutige Labyrinth ist ein System von Blasen und Kanälen, das allseitig von einer sehr harten Knochenkapsel (knöchernes Labyrinth) umgeben ist. Das häutige Labyrinth ist mit Endolymphe (visköse, d.h. klebrige Flüssigkeit) gefüllt. Das knöcherne Labyrinth enthält eine wasserklare Flüssigkeit, die Perilymphe, in der das häutige Labyrinth schwimmt.

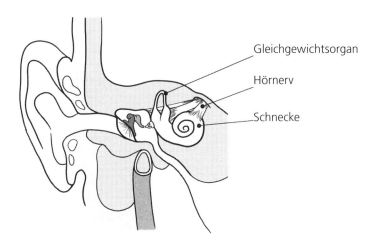

Gleichgewichtsorgan

Hörnerv

Schnecke

Abb. 8: Das Innenohr

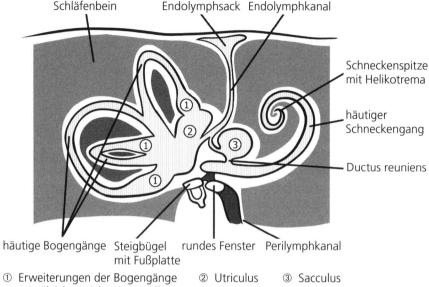

Schläfenbein   Endolymphsack Endolymphkanal

Schneckenspitze
mit Helikotrema

häutiger
Schneckengang

Abb. 9: Schema
des häutigen
Labyrinths: Die
endolymphatischen
Räume sind
hellgrau, der
Knochen dunkel-
grau und die
perilymphatischen
Räume weiß

Ductus reuniens

häutige Bogengänge Steigbügel   rundes Fenster Perilymphkanal
mit Fußplatte

① Erweiterungen der Bogengänge   ② Utriculus   ③ Sacculus
mit Gleichgewichtssinneszellen

Alle Räume des häutigen Labyrinths stehen durch feine Kanälchen miteinander in Verbindung. Die Perilymphe und die Endolymphe im häutigen
Labyrinth stehen nicht miteinander in Verbindung.

Das knöcherne
Labyrinth
Zentrales Mittelstück des knöchernen Labyrinths ist der Vorhof (Vestibulum). Nach vorn geht das Vestibulum in die knöcherne Schnecke (Cochlea)
über und an seiner Rückwand münden die knöchernen Bogengänge. Die
laterale Wand des Vorhofes entspricht der medialen Wand der Paukenhöhle und enthält zwei Öffnungen: das ovale Fenster und das runde Fenster.

Das häutige
Labyrinth
Das häutige Labyrinth besteht aus vier Teilen:

- *Sacculus*
- *Utriculus*   } (gehören zum Gleichgewichtsorgan)
- die *3 Bogengänge*
- der häutige *Schneckengang*   (gehört zum Hörorgan)

Utriculus und Sacculus sind zwei kleine Säckchen, die gemeinsam im
knöchernen Vorhof liegen. Beide enthalten in einem umschriebenen
Wandabschnitt Sinnesepithel. Auch in jedem Bogengang liegt jeweils eine
quere Leiste mit Sinnesepithel. Durch Verschieben der Endolymphe werden bei Bewegungen und Lageänderungen des Körpers die Sinneszellen
gereizt. Von den Sinneszellen im Vorhof wird die Erregung durch den Vor-
hofnerv des Gleichgewichts- und Hörnervs (Nervus vestibulocochlearis)
zum Gehirn weitergeleitet.

Die häutige Schnecke enthält das Cortische Organ. Das Cortische Organ erstreckt sich in spiraligem Verlauf von der Basalwindung bis zur Kuppelwindung der Schnecke. Es ist das Sinnesepithel des Hörorgans und besteht ebenfalls aus Sinnes- und Stützzellen. Schallwellen, die auf das Trommelfell treffen, versetzen dies in Schwingungen. Diese werden durch die Kette der Gehörknöchelchen zum ovalen Fenster geleitet und durch die Steigbügelplatte auf die Endolymphe des Innenohrs übertragen, wodurch die Sinneszellen des Cortischen Organs gereizt werden. Der Schneckennerv des Gleichgewichts- und Hörnerven (Nervus vestibulocochlearis) leitet die Erregung zum Gehirn. Der Gleichgewichts- und Hörnerv hat also – ebenso wie das Ohr – eine doppelte Funktion.

Der Gleichgewichts- und Hörnerv (Nervus vestibulocochlearis) bildet gemeinsam mit 11 weiteren Hirnnerven das periphere Nervensystem des Kopfes. Das periphere Nervensystem hat die Aufgabe, die nervösen Erregungen weiterzuleiten.

Periphere Nerven enthalten im Allgemeinen sowohl afferente (sensorische) Nervenfasern, die dem Zentralnervensystem (ZNS) Informationen aus der Um- und Innenwelt zuleiten, als auch efferente (motorische) Nervenfasern, deren periphere Zielgebiete Drüsen und die Muskulatur sind.

Hörnerv und zentrale Hörbahnen

Die von den Sinneszellen des Cortischen Organs zum Ganglion spirale (Ganglien sind Ansammlungen von Nervenzellen, in denen die Nervenfasern ihren Ursprung haben) ziehenden Fasern geben dort die von ihnen geleiteten Reize auch an andere Nervenzellen weiter. Die Nervenfasern des 1. Neurons (Neuron = Gesamtheit der Zellfortsätze mit der dazugehörigen Ganglienzelle) verlaufen gemeinsam als Hörnerv in das Schädelinnere, wo sie in das Gehirn an dessen Unterseite eintreten. (Diesen Vorgang hat der Hörnerv mit den von den Gleichgewichtsorganen kommenden Nervenfasern gemeinsam.)

Nach Eintritt in den oberen Anteil des verlängerten Rückenmarks ziehen die Fasern des Hörnervs in ein aus mehreren Teilen bestehendes Ganglion, das als Nucleus cochlearis bezeichnet wird. Hier beginnt das zentrale Hörsystem.

Vom Nucleus cochlearis ziehen nun zentrale Hörbahnen über verschiedene Kerne (Nuclei) zum Zwischenhirn und von hier zur Hirnrinde, wobei der größere Teil der Bahnen auf die andere Hirnseite hinüber wechselt („kreuzt"). (Ein Prinzip, das bei allen wesentlichen Nervenbahnen zu beobachten ist.)

Eine Vorstellung von der Kompliziertheit der Führung der zentralen Hörbahnen im Gehirn vermittelt die vereinfachende Darstellung in Abb. 10. Die Abbildung zeigt, dass Impulse von einem Ohr zu beiden Hörrindenzentren geleitet werden.

Die Hörrinde liegt anatomisch in einer Querwindung des Schläfenlappens und wird Heschlsche Querwindung genannt. Die gürtelförmig an diese primäre Hörrinde angrenzenden Hirnareale werden als sekundäre Hörrinde bezeichnet.

In der Hörrinde (Abb. 12) findet die bewusste Verarbeitung der Höreindrücke statt.

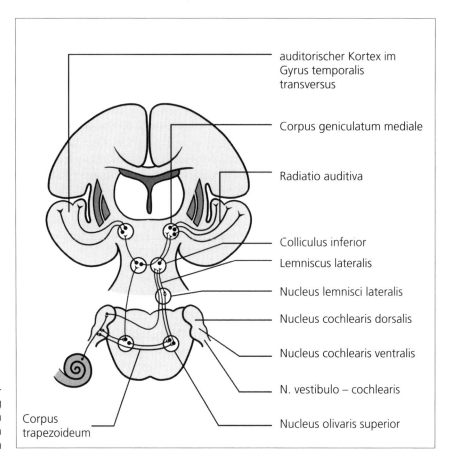

auditorischer Kortex im
Gyrus temporalis
transversus

Corpus geniculatum mediale

Radiatio auditiva

Colliculus inferior

Lemniscus lateralis

Nucleus lemnisci lateralis

Nucleus cochlearis dorsalis

Nucleus cochlearis ventralis

N. vestibulo – cochlearis

Nucleus olivaris superior

Corpus
trapezoideum

Abb. 10: Schematische Darstellung der zentralen afferenten Hörbahnen

Abb. 11 (links): Seitenansicht des Gehirns mit Großhirn, Kleinhirn und Übergang zum Rückenmark

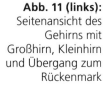

Hörrinde

Kleinhirn

Kleinhirn-
brückenwinkel

Pons (Brücke)

Medulla oblongata
(verlängertes Mark)

Rückenmark

Hören = Heschlsche
Querwindung
= primäre Hörrinde

Gleichgewicht
Sehen
Kleinhirn

Abb. 12 (rechts): Die Hörrinde

Physiologie des Hörens

Unter Physiologie des Hörens versteht man die Lehre von den Hörfunktionen. Diese werden wahrgenommen durch das periphere Gehör- und Gleichgewichtssystem, das zentrale Hörsystem und das zentrale vestibulare System.

Die Schallwellen erreichen das Hörorgan hauptsächlich über die Ohrmu- **Äußeres Ohr**
schel, die als Schalltrichter dient (Abb. 3). Der Schall wird hier aufgefangen
und gebündelt und gelangt durch den Gehörgang zum Trommelfell. Die
auftreffenden Schallwellen versetzen das Trommelfell in Schwingungen.

Der Schall setzt auch den ganzen Schädel in Schwingungen, die direkt
auf die Hörschnecke übertragen werden (man spricht von Knochenleitung). Sie spielt physiologisch kaum eine Rolle, doch wird sie zur Diagnose
herangezogen und kann zur Hörgeräteversorgung genutzt werden.

Zwischen dem Auftreffen des Schalls am linken und rechten äußeren
Ohr liegt (aufgrund ihres Abstandes zueinander) eine minimale Zeitdiffe-
renz. Dadurch werden eine Raumorientierung und die Ortung der Schallquelle möglich.

Die Schwingungen werden über die Gehörknöchelkette weitergegeben **Mittelohr**
(Abb. 6). Der Hammergriff, der mit dem Trommelfell fest verwachsen ist,
gibt die Schwingungen an den dahinter liegenden Amboss weiter. Dieser
wiederum überträgt die Schwingungen auf den Steigbügel. Der Steigbügel
leitet die Schwingungen über die Steigbügelplatte als Druckbewegung an
das ovale Fenster weiter. Es entsteht so eine Druckwelle, die die Perilymphe
(Flüssigkeit im knöchernen Labyrinth) des Innenohrs in Schwingung bringt.

Die Aufgabe der Gehörknöchelkette ist die möglichst verlustarme
Übertragung des Schalls von einem Medium mit niedrigem Wellenwiderstand (Luft) zu einem mit hohem Wellenwiderstand (Flüssigkeit; Abb. 13
und Abb. 14). Dieser Schallwellenwiderstand wird Impedanz genannt.

Die Binnenohrmuskeln (Trommelfellspannmuskel und Stapediusreflexmuskel) sind eine Schutzfunktion des Ohres gegen zu laute Höreindrücke. Sie sind in der Lage, die Schallübertragung der Gehörknöchelkette zu verändern. Teils wird die Übertragung leisen Schalles verbessert,
teils die Übertragung lauten Schalles gebremst und die Nachschwingun-
gen der Knöchelchen gedämpft. Wenn der eintreffende Schall zu laut und
von langer Dauer ist, kontrahieren sich die Binnenohrmuskeln und verstei-
fen die Gehörknöchelkette.

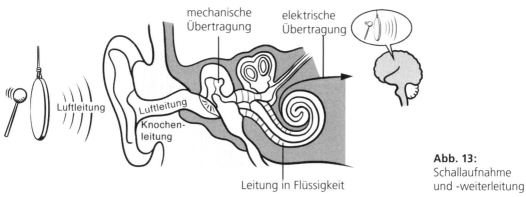

Abb. 13:
Schallaufnahme
und -weiterleitung

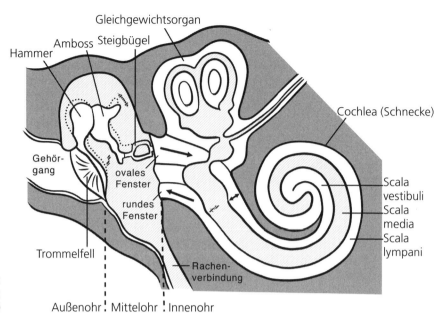

Abb. 14:
Schallweiterleitung
(Ausschnitt)

Innenohr Das ovale Fenster gerät durch die Druckbewegung, die durch die Schwingungen der Steigbügelplatte entstehen, ebenfalls in Schwingung. Dadurch entsteht eine Wanderwelle in der Schnecke. Tiefe Frequenzen erzeugen nahe der Schneckenspitze eine Auslenkung, hohe Frequenzen nahe der Basis der Cochlea (Richtung ovales Fenster).

Die Schnecke (Cochlea) ist hauptsächlich ein flüssigkeitsgefüllter Schlauch mit einer Membran (Basilarmembran genannt), die der Länge nach mitten durch sie hindurchläuft. Die Flüssigkeit innerhalb der Cochlea wird in wellenartige Bewegungen versetzt, wenn – wie eingangs erwähnt – die Fußplatte des Steigbügels gegen das ovale Fenster an der Basis der Schnecke vibriert. Diese Wellenbewegung der Flüssigkeit setzt sich der Länge des aufgerollten Schlauches nach fort, um das Ende herum und zurück zur Basis auf der anderen Seite, wo sie vom runden Fenster absorbiert wird (Abb. 14).

Durch ihre Bewegung versetzt die Flüssigkeit die Basilarmembran in wellenartige Bewegung. Diese Bewegung beugt die kleinen Sinneshaare, die sich an den Sinneszellen der Schnecke befinden. (Die Sinneszellen der Schnecke werden Corti-Organ oder Hörorgan genannt.) Die Sinneszellen verwandeln die mechanischen Schwingungen der Basilarmembran in neurale Aktivität, indem sie, wenn sie sich beugen, Nervenenden reizen.

Der physikalische Reiz ist nunmehr in einen Nervenreiz transformiert.

Zur Erklärung der Umwandlung von Schallwellen in Empfindungen (Hörempfindungen) gibt es verschiedene Hörtheorien. Diese sind aber nicht in der Lage, gleichzeitig alle Einzelheiten des Hörvorgangs zu erklären. Jede erklärt einen Teil des Vorgangs. Die genaue Erforschung ist infolge der geringen Ausmaße des Hörorgans und der Winzigkeit der von ihm verarbeiteten Kräfte schwierig. Eine der bekanntesten Hörtheorien stammt von Georg von Békésy (1899–1972; 1961 Nobelpreis). Seine sogenannte Wanderwellentheorie löste die bis dahin gültige Vorstellung von Hermann von Helmholtz (1821–1894) (Resonanzhypothese) ab. Die Wanderwellentheorie von von Békésy gilt inzwischen auch nicht mehr als ausreichend und wird ergänzt durch eine Verstärkertheorie. Diese geht davon aus, dass erst durch den Einfluss der äußeren Haarzellen eine ausreichend hohe Trennschärfe der Frequenzen erreicht werden kann. Ferner ermöglichen die äußeren Haarzellen eine Verstärkung des ansonsten zu geringen Reizes für die inneren Haarzellen bei einem Schalldruck unter 50 (−80) dB (Götte 2010). Daher werden die äußeren Haarzellen als „cochleäre Verstärker" bezeichnet.

(Weiterführende Informationen dazu sind Goldstein [2002, 371f], Lenarz/Boenninghaus [2012, 24f], Lindner [1992, 91f], Plath [1992, 37f], Probst [2008 a, 151], Schmidt/Lang [2007, 343f] und Gerrig [2016, 129f] zu entnehmen.)

Hörtheorien *(margin note)*

Schallintensität, Dauer (Entfernung der Schallquelle), Schallfrequenz(en) und Schallrichtung werden vom Ohr aufgenommen und zur Weiterleitung im Hörnerv kodiert.

Reizfortleitung und zentrale Schallverarbeitung *(margin note)*

Im Verlauf der Hörbahn (Nervenverbindungen zwischen Cortischem Organ [=Hörorgan] in der Cochlea [=Schnecke] des Innenohres und dem Hörzentrum in der Hirnrinde (Abb. 10)) findet bereits eine komplizierte Verarbeitung der aufgenommenen akustischen Informationen statt. Während die Umformung im Mittelohr- und Innenohrbereich noch als analoge Informationswandlung angesehen werden kann, lässt sich die neuronale Weiterverarbeitung der Signale mit einer digitalen und sogar strukturbildenden vergleichen (Lindner 1992, 89).

Die Nervenimpulse verlassen die Cochlea in einem Faserbündel (= Hörnerv). Diese Fasern haben Schaltstellen (=Synapsen) im Nucleus cochlearis (Kap. 3.1) des Gehirnstammes. Von da aus laufen 60 % der eintreffenden Informationen zur gegenüberliegenden Gehirnhälfte, der Rest bleibt auf der ursprünglichen Seite. Auf ihrem Weg zum auditiven Cortex (Hörrindenzentrum) durchlaufen die auditiven Signale noch eine Reihe weiterer Kerne (Nuclei).

Wichtige Umschaltstationen der Hörbahnen *(margin note)*

Für die Ausreifung des auditorischen Cortex spielen die ersten vier Lebensjahre die entscheidende Rolle. Ein adäquater akustischer Stimulus ist die Voraussetzung für einen Erwerb der Lautsprache. Im auditorischen Cortex entstehen die Schalllokalisation und die Schallbilderkennung. Die

Bedeutung erste Lebensjahre *(margin note)*

Schalllokalisation gelingt durch das zeitlich verzögerte Eintreffen des Schalls und dem Lautstärkeunterschied zwischen beiden Ohren. Die Schallbilderkennung – für das menschliche Gehör ist das wichtigste Schallbild die Lautsprache – ist eine kognitive Großhirnfunktion, die erlernt ist. (Zur Bedeutung der frühen Hörerfahrung siehe Kral 2012.)

Das akustische Hörrindenzentrum liegt im Bereich des Schläfenhirns in unmittelbarer Nachbarschaft zur Körpergefühlssphäre, zum Broca-schen Sprachzentrum und zum akustischen Sprachzentrum.

3.2 Arten und Ausmaß von Hörschäden

Funktionsstörungen im Bereich des Hörorgans, der Hörbahnen oder der Hörzentren bewirken eine Schwerhörigkeit oder eine Gehörlosigkeit. Das Wissen darüber allein reicht nicht aus, um eine entsprechende (z. B. medizinische oder pädagogische) Intervention einleiten zu können. Ebenfalls wichtig ist es, über Art und Ausmaß des Hörschadens Bescheid zu wissen. Dies ist aus medizinischer Sicht für die Art der Behandlung, aber auch zur Abschätzung des Grades der Behinderung (s. Tab. 1) notwendig. Für den Hörgeräteakustiker bietet die Kenntnis dieser Daten eine wesentliche Grundlage für die Anpassung von Hörgeräten. Dem Hörgeschädigtenpädagogen vermittelt es eine erste Orientierung, wobei aufgrund einer Diagnose, insbesondere bei jüngeren Kindern, nicht voreilig auf mögliche Entwicklungsverläufe geschlossen werden darf. Es sind folgende Arten der Hörschädigung zu unterscheiden:

Arten der Hörschädigung
a) Schallleitungsschwerhörigkeit
b) Schallempfindungsschwerhörigkeit (auch: Sensorineurale Schwerhörigkeit)
c) Kombinierte Schallleitungs-Schallempfindungsschwerhörigkeit
d) Gehörlosigkeit
  a) bis d) zählen zu den peripheren Hörschäden. Des Weiteren gibt es zentrale Hörstörungen. Zu den bekanntesten und pädagogisch relevanten gehören
e) die Auditiven Verarbeitungs- und Wahrnehmungsstörungen (AVWS).

a) Schallleitungsschwerhörigkeit (auch Mittelohrschwerhörigkeit oder konduktive Schwerhörigkeit)
Schwerhörigkeiten dieser Art sind im schallzuleitenden Teil des Ohres lokalisiert, d. h., dass der Schall das Innenohr nicht ungehindert erreichen kann. Es liegt eine Funktionsstörung des Gehörgangs, des Trommelfells oder des Mittelohres vor, die meist als Folge von Mittelohrentzündungen oder von Infektionskrankheiten, die auf das Mittelohr übergegriffen haben, entstanden sind.

Abbildung 15 zeigt normale Knochenleitungswerte. Daraus kann geschlossen werden, dass das Innenohr und die zentrale Verarbeitung von Schallreizen normal funktionieren. Für die Luftleitung zeigt sich ein Hörverlust, der weitgehend linear verläuft. Die Lage von Knochenleitung und

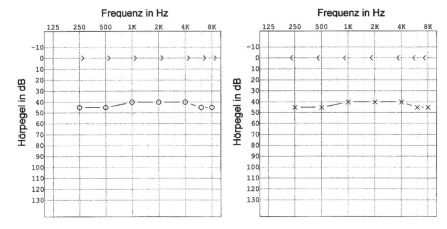

Abb. 15: Schallleitungsschwerhörigkeit

Luftleitung zueinander beschreibt man als Luftleitungs-Knochenleitungs-Differenz. Bei einer Schallleitungsstörung ist der Hörverlust in allen Frequenzen etwa gleich groß; ihre Folge ist leiseres Hören. Diese Art von Schwerhörigkeit ist mittels Hörgeräten gut auszugleichen. Eine lineare Intensitätsverstärkung bewirkt hier, dass das gesamte Sprachfeld in den Bereich des Hörens rückt. Schallleitungsschwerhörigkeiten kann man zudem medizinisch in fast allen Fällen soweit therapieren, dass auch ohne technische Hilfen (Hörgeräte) ein soziales Gehör vorhanden ist. Daher besuchten diese Kinder seit jeher einen allgemeinen Kindergarten oder eine allgemeine Schule. Eine hörgeschädigtenspezifische Begleitung ist dabei zu gewährleisten. Liegt allerdings eine weitere Behinderung vor, so ist mit nachteiligen Auswirkungen auf die Gesamtentwicklung des Kindes weit eher zu rechnen, so dass dies bei der pädagogischen Begleitung und Förderung entsprechend Berücksichtigung finden muss.

b) Schallempfindungsschwerhörigkeit (auch Sensorineurale Schwerhörigkeit)

Die Schallempfindungsschwerhörigkeit (auch Sensorineurale Schwerhörigkeit) beruht auf pathologischen Veränderungen des Cortischen Organs oder retrocochleär der nervalen Hörbahn. Deswegen sind zwei Formen zu unterscheiden: die sensorische (auch cochleäre) Schwerhörigkeit und die neurale (auch retrocochleäre) Schwerhörigkeit. Die beiden Schädigungsformen können auch gleichzeitig auftreten.

Das Tonaudiogramm (Abb. 16) weist für Luft- und Knochenleitung den gleichen Hörverlust aus, d.h., es besteht keine Luftleitungs-Knochenleitungs-Differenz.

Aus dem Kurvenverlauf kann man entnehmen, dass die Störung entweder im Innenohr oder von da aus zentralwärts liegt. Um den genauen Ort der Funktionsstörung zu finden, bedarf es einer Differenzialdiagnostik durch spezielle audiologische Tests.

Die Hörschwelle verläuft bei einer sensorineuralen Schwerhörigkeit nicht linear, die höheren Frequenzen sind stärker betroffen. Schallereignisse, insbesondere die Lautsprache, werden zumeist verzerrt wahrgenommen, weil Teilbereiche des Sprachfeldes (insbesondere die hochfrequenten

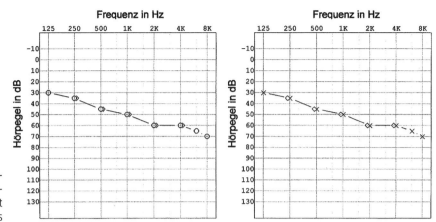

Abb. 16: Mittel-
gradige Innenohr-
schwerhörigkeit
beidseits

Sprachanteile) unterhalb der subjektiven Hörschwelle liegen. Diese sind jedoch für das Verstehen von Sprache wichtig. Es liegt also eine Beeinträchtigung der auditiven Differenzierungsfähigkeit vor, wodurch z.B. Sprachlaute nicht adäquat aufgenommen werden können.

Eine einfache lineare Verstärkung der Intensität, z.B. durch lautes Sprechen, bietet dem von dieser Art betroffenen schwerhörigen Menschen keine Hilfe. Hörgeräte können eine wirkungsvolle Hilfe sein. Voraussetzungen für einen wirklichen Hörgewinn sind jedoch eine gründliche audiologische Diagnostik durch den HNO-Arzt, eine sorgfältige Anpassung der Hörgeräte durch den Akustiker sowie eine Hörerziehung bzw. ein Hörtraining (Kap. 10.1), die bzw. das auf die individuelle audiologische Situation abgestimmt ist.

Die Ursachen der sensorineuralen Schwerhörigkeit sind vielfältig. Sie kann vererbt sein, kann pränatal eintreten (z.B. Erkrankung der Mutter während der Schwangerschaft an Röteln oder Toxoplasmose), perinatal (z.B. durch Asphyxie) oder postnatal (z.B. durch Meningitis, Encephalitis, toxische Stoffwechselstörungen, häufige und länger andauernde Lärmeinwirkung) (weiterführende Informationen Kap. 3.3).

Überschwellige
Hörstörungen   Im Zusammenhang mit der sensorineuralen Schwerhörigkeit ist noch auf zwei Formen überschwelliger (bedeutet *über* der Hörschwelle des Betroffenen liegende) Hörstörungen hinzuweisen, die die Wahrnehmung und die zentrale Verarbeitung hörbarer Schallerscheinungen zusätzlich erschweren: Bei der sensorischen (oder cochleären) Schwerhörigkeit findet man als typisches audiometrisches Merkmal das Recruitment. Bei der neuralen (oder retrocochleären) Schwerhörigkeit tritt die pathologische Verdeckung auf.

Recruitment   Das Recruitment wird durch Innenohr-Haarzellenstörungen verursacht und bewirkt einen pathologischen Lautheitsausgleich. Leise Schallerscheinungen werden nicht gehört, wenn sie unterhalb der Hörschwelle liegen. Signale oberhalb der Hörschwelle werden gut erkannt und im Bereich um 80 dB werden sie ebenso laut empfunden wie von Normalhörenden. Da aber der Abstand zwischen (der herabgesetzten) Hörschwelle und der

Schmerzschwelle verringert ist, wird die Unbehaglichkeitsschwelle eher erreicht. Das Recruitment ist oft nicht über die gesamte Frequenzbreite verteilt, sondern betrifft nur bestimmte Bereiche des Frequenzspektrums, die den geschädigten Haarzellenabschnitten der Basilarmembran entsprechen. Dadurch erhöht sich die Kompliziertheit der individuellen auditiven Wahrnehmung weiter. Meist ist das Recruitment mit starken Hörverlusten verbunden, so dass bei Kindern die Auswirkungen auf die Sprachentwicklung erheblich sein können. Bei enger Dynamik (das ist der Bereich zwischen Hörschwelle und Unbehaglichkeitsschwelle) kann die Hörgeräteanpassung schwierig sein, weil leicht Verzerrungen auftreten. Bei optimaler Verstärkung kann man jedoch ein gutes Sprachgehör erreichen.

Die pathologische Verdeckung ist eine abnorme auditive Ermüdung, d.h., unter Geräuschbelastung verschlechtert sich die Hörschwelle des Betroffenen. Laute Schallerscheinungen werden als sehr leise empfunden oder verschwinden ganz. Der Betroffene hat erhebliche Schwierigkeiten, sprachlichen Nutzschall vom Störlärm bzw. Nebengeräuschen zu erkennen. Damit ist das Verstehen von Sprache weitgehend beeinträchtigt. **Pathologische Verdeckung**

Wenn neben einer Schallleitungsstörung noch eine Funktionsstörung des Innenohres besteht, spricht man von kombinierter Schwerhörigkeit oder kombinierter Schallleitungs-Schallempfindungsschwerhörigkeit oder kombinierter Mittelohr- und Innenohrschwerhörigkeit. Die drei Bezeichnungen werden in der Fachliteratur parallel verwandt. Bei dieser Form der Schwerhörigkeit weist das Audiogramm (Abb. 17) sowohl einen herabgesetzten Verlauf der Knochenleitungskurve als auch der Luftleitungskurve aus, zwischen beiden liegt jedoch eine Differenz. Der Hörverlust für die Luftleitung ist immer größer als der für die Knochenleitung. Die Schallempfindungsschwerhörigkeit dominiert jedoch und bestimmt das Wahrnehmungsgeschehen. **c) Kombinierte Schallleitungs-Schallempfindungs-schwerhörigkeit**

Gehörlosigkeit ist eigentlich keine gesonderte Hörstörung, sondern beruht auf einem hochgradigen Schallempfindungsschaden. Anders ausgedrückt: Die sensorische oder neurale Schwerhörigkeit bedeuten im Ex- **d) Gehörlosigkeit**

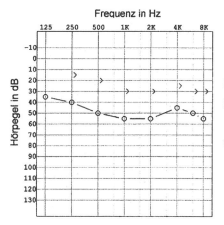 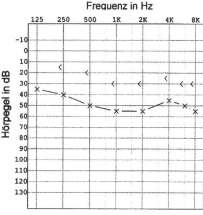

Abb. 17: Hörverlustaudiogramm einer kombinierten Schwerhörigkeit beidseits

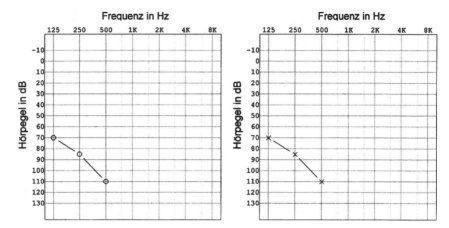

Abb. 18: Beispiel für ein Hörverlust-audiogramm bei Gehörlosigkeit beidseits

tremfall eine praktische Taubheit oder Gehörlosigkeit (Abb. 18). Eine absolute Taubheit, bei der keinerlei Hörreste mehr vorhanden sind, ist sehr selten und tritt eigentlich nur dann auf, wenn der Hörnerv oder das primäre Hörzentrum zerstört sind. Ungefähr 98 % der Menschen, die als „gehörlos" bezeichnet werden, verfügen über Hörreste (Pöhle 1994, 12). Diese Hörreste sind jedoch so gering, dass Lautsprache auf natürlichem (imitativem) Wege nicht oder bei Verwendung von digitalen Hörgeräten nur unter bestimmten Bedingungen, d. h. durch spezifische Förderung und Erziehung, erlernt werden kann. Die heute möglich gewordenen frühzeitigen und bilateralen Cochlea Implantat-Versorgungen eröffnen inzwischen vielen dieser Kinder – bei entsprechender hörgeschädigtenpädagogischer Begleitung – einen über das Hören vollzogenen Spracherwerb (Kap. 7 und 11). Lange Zeit galt als Gehörlosigkeit, wenn der Hörverlust im Hauptsprachbereich (liegt zwischen 500 und 4.000 Hz) größer als 90 dB war. Durch die Entwicklung der modernen Hörgerätetechnik und durch die Effektivität auditiv-verbaler Frühförderung ist diese Definition aus pädagogischer Sicht nicht mehr haltbar (Diller 1991; Pöhle 1994).

Ausmaß des Hörverlustes   Neben der Art des Hörschadens wird das Ausmaß des Hörverlustes (gemessen in Dezibel [dB] als Maß der für die Tonwahrnehmung oder das Sprachverstehen notwendigen relativen Lautstärkeerhöhung) ermittelt. Bestimmt wird die Hörschwelle mit einem Audiometer, mit Hilfe dessen ein Audiogramm grafisch erstellt wird (Kap. 5). Die Hörschwelle kennzeichnet den Schalldruck der Töne, der gerade so groß ist, dass eine Hörempfindung ausgelöst wird. Bei Menschen, die gut hörend sind, liegt sie bei ungefähr 0 dB, als definierter durchschnittlicher Mittelwert von jungen Erwachsenen, die in ihrem Leben keine außergewöhnlichen Ohrenerkrankungen hatten und keinem besonderen Lärm ausgesetzt waren. Bei einem Hörverlust zwischen 20–40 dB spricht man von leichter, zwischen 40–60 dB von mittlerer und zwischen 60–90 dB von einer extremen oder hochgradigen Schwerhörigkeit. Als Resthörigkeit (Gehörlosigkeit und Taubheit) bezeichnet man Hörschäden, bei denen der Hörverlust im Haupt-

Tab. 3: Grade/Ausmaß eines Hörverlustes

Luftleitungsschwelle im Hauptsprachbereich (500 bis 4.000 Hz)	Bezeichnung des Ausmaßes
0 dB	normalhörend
20–40 dB	leichtgradig
40–60 dB	mittelgradig
60–90 dB	hochgradig
über 90 dB	an Taubheit grenzend/gehörlos

sprachbereich über 90 dB liegt (Tab. 3). Ermittelt wird der Hörverlust (auch: Schweregrad einer Hörschädigung), indem man vom besseren Ohr das arithmetische Mittel des Hörverlustes bei 500, 1.000, 2.000 und 4.000 Hz (= Hauptsprachbereich) errechnet.

Dringend anzumerken ist, dass die Einteilung nach dem Ausmaß des Hörverlustes nur von begrenztem Wert ist, da die individuellen Auswirkungen und Folgeerscheinungen auch bei etwa gleichem Hörverlust und gleicher Art des Hörschadens sehr unterschiedlich sein können. Daher sollten nach der Diagnose nicht voreilig Prognosen über mögliche Entwicklungsverläufe betroffener Kinder gegeben werden.

Zum Vergleich sollen einige Lautstärken für bestimmte Schallereignisse angegeben werden. Tab. 4 gibt dem Leser eine ungefähre Vorstellung von dem Ausmaß eines Hörverlustes.

Tab. 4: Beispiele für dB-Lautstärke (s. auch Lindner 1992, 40; Plath 1992, 68)

Dezibel	entspricht
0 dB	Hörschwelle normalhörender Personen
30 dB	Rauschen von Bäumen
40 dB	gedämpfte Unterhaltung
60 dB	Staubsauger, Rundfunkmusik
80 dB	starker Straßenlärm
100 dB	sehr laute Autohupe
120 dB	Flugzeugmotoren in 3 m Abstand
130 dB	schmerzender Lärm

e) AVWS   Auditive Verarbeitungs- und Wahrnehmungsstörungen (AVWS) liegen vor, wenn bei normalem peripheren Gehör (normale Hörschwelle im Tonaudiogramm) zentrale Prozesse des Hörens gestört sind. Das bedeutet, dass bei den betroffenen Personen trotz einer normalen Hörschwelle höhere Funktionen des Hörens, wie beispielsweise Sprachverstehen in Ruhe und in Störlärm, oder die Schalllokalisation gestört sind.

Auditive Verarbeitungs- und Wahrnehmungsstörungen fallen meist erst im Schulalter auf. Die Häufigkeit wird auf 2 bis 3 % geschätzt, wobei Jungen doppelt so häufig wie Mädchen betroffen sind.

Die Ursachen für AVWS sind noch weitgehend ungeklärt. Genannt werden genetische Ursachen, eine verzögerte Hörbahnreifung (durch zeitlich zurückliegende Schallleitungsschwerhörigkeiten im Säuglings- und Kleinkindalter), umgebungsbedingte Faktoren, schulische Einflüsse und solche der Raumakustik sowie akustische Reizüberflutungen (Böhme 2006; Lindauer 2009; Nickisch 2010).

3.3   Ursachen

Nach Biesalski und Collo (1991) sind bei etwa 40 % der Kinder keine sichere Ursache ihrer Hörschädigung festzustellen, d.h., die Hörschädigung ist unbekannter Ätiologie. Matulat (2018) führt etwa ein Drittel auf Komplikationen während der Geburt oder Infektionen in der Schwangerschaft zurück.

Die Ursachen können nach verschiedenen Gesichtspunkten eingeteilt werden, siehe z. B. Abb. 19.

Eine andere Möglichkeit der Einteilung wäre die nach dem Ort der Störung:

Äußerer Gehörgang
- Aplasie (Organanlage [hier: Gehör] vorhanden, aber Entwicklung ausgeblieben)
- Gehörgangsatresie (angeborener Verschluss des Gehörgangs)
- Anotie (fehlende Ohrmuschel)
- Mikrotie (Kleinheit der Ohrmuschel)
- Cerumen obturans (Ohrenschmalzpfropf)

Trommelfell
- Fehlbildung
- Retraktion (Zurück- oder Zusammenziehen des Trommelfells)
- starke Vernarbung
- sehr große Perforation (Durchbruch)

Paukenhöhle
- Fehlbildung
- Exsudat (entzündungsbedingter Austritt von Flüssigkeit und Zellen aus Blut- und Lymphgefäßen)
- entzündliche Erkrankungen
- Blutungen

Cochlea
- Fehlbildungen
- Entzündungen
- biochemische Veränderungen, z. B. Vitamin-A-Mangel
- intracochleäre Druckstörungen

Nucleus cochlearis (Nervenfortsätze)
- Aplasie (s. o.)
- toxische Degeneration

Zentrale Hörbahn und kortikale Hörregion
- angeborene und erworbene Hörschäden

(in Anlehnung an Biesalski/Collo 1991, 124)

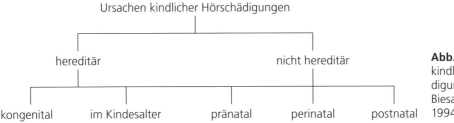

Abb. 19: Ursachen kindlicher Hörschädigungen (nach: Biesalski/Frank 1994, 68)

Seidler (1996) teilt in seiner Darstellung der Ursachen für therapieresistente Schwerhörigkeiten nach Ursachen für Schallleitungsschwerhörigkeit und Ursachen für sensorineurale Schwerhörigkeit ein. Seine Ausführungen könnte man wie in Abbildung 20 verdichten.

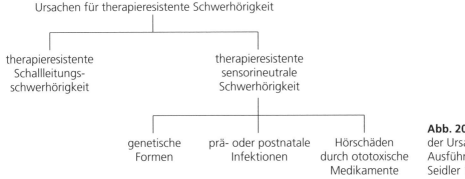

Abb. 20: Einteilung der Ursachen (nach Ausführungen von Seidler 1996)

Die häufigste Einteilung der Ursachen ist die nach dem Zeitpunkt des Eintretens der Hörschädigung, also ob die Hörschädigung pränatal, perinatal, postnatal oder im Erwachsenenalter eingetreten ist.

Eine pränatale Hörschädigung ist entweder erblich bedingt oder sie ist durch Erkrankung der Mutter während der Schwangerschaft (z. B. Masern, Keuchhusten, Röteln) hervorgerufen worden. Aber auch Alkohol-,

Pränatal

Nikotin- und Drogenmissbrauch, (missbräuchliche) Verwendung von Beruhigungsmitteln und Antibiotika sowie die Einnahme ototoxischer Medikamente können ebenso zu Hörschäden führen wie schwere Diabetes der Mutter oder schwere Blutungen während der Schwangerschaft.

Perinatal　Perinatal umreißt den Zeitraum kurz vor, während oder nach der Entbindung. Kaschke (2012, 57) benennt dafür den Zeitraum 24. Schwangerschaftswoche bis zum 7. Lebenstag nach der Geburt. Eine perinatale Hörschädigung kann durch Frühgeburt oder Schädelverletzungen verursacht werden, ebenso durch Atemstillstand mit längeren Wiederbelebungsmaßnahmen, Sauerstoffmangel während der Geburt, Infektionen oder durch eine im Zusammenhang mit der Geburt auftretende Neugeborenengelbsucht hervorgerufen werden.

Postnatal　Eine postnatale Hörschädigung tritt häufig infolge einer Infektionskrankheit ein. Als solche wären beispielhaft zu nennen: Hirn- und Hirnhautentzündung, Diphtherie, Mumps, Scharlach und Masern. Außerdem können postnatale Schädigungen durch Schädelverletzungen verursacht werden. Im Erwachsenenalter entstehen Hörschädigungen seltener durch Krankheiten, sondern eher durch Hörsturz (zumeist stressbedingt; Thurnher et al. [2011] verweisen auf 5 bis 20 von Hörsturz Betroffenen je 100.000 Menschen im Jahr), infolge des Alterns (als Altersschwerhörigkeit) oder als Folge andauernden starken Lärms (Lärmschwerhörigkeit). Eine Schwerhörigkeit kann progredient (fortschreitend) verlaufen, so dass eine vollständige Ertaubung eintreten kann.

Schorn (1998a, 95) verweist für kindliche Schwerhörigkeit auf Missbildungen des äußeren und des Mittelohres, die mit einer Schallleitungsschwerhörigkeit einhergehen. Beispiele hierfür wären Gehörgangsatresie, doppelter Gehörgang, Aplasie oder Dysplasie (Fehlbildung) des Trommelfells, Dysplasie der Paukenhöhle und Felsenbeindysplasie oder im Rahmen von Syndromen, z. B. Cockayne-Syndrom (Kombination von Zwergwuchs, Schwerhörigkeit und Retinitis pigmentosa), Down-Syndrom (Trisomie 21 – numerische Chromosomen-Aberation, intellektuelle Beeinträchtigungen, häufig mit Schallleitungsschwerhörigkeit verbunden), Goldenhar-Syndrom (Missbildungen im Gesicht, Augen- und Ohrmissbildung, Gehörgangsatresie).

Kindliche Innenohrschwerhörigkeit teilt sie in kongenitale (angeborene) und erworbene Schwerhörigkeiten ein.

Kongenitale Schwerhörigkeiten

▦ Kongenitale nicht progrediente monosymptomatische Schwerhörigkeiten
▦ Kongenitale progrediente monosymptomatische Schwerhörigkeiten
▦ Kongenitale polysymptomatische Schwerhörigkeiten (Syndrome)
　– Schwerhörigkeit mit Missbildung am äußeren Ohr
　– Schwerhörigkeit mit Augenerkrankungen
　– Schwerhörigkeit mit Nierenerkrankungen
　– Schwerhörigkeit mit Schilddrüsenerkrankungen
　– Schwerhörigkeit mit Hauterkrankungen
　– Schwerhörigkeit mit Skeletterkrankungen
　– Schwerhörigkeit mit Mukopolysaccharidosen (Stoffwechselanomalien)
　– Schwerhörigkeit mit chromosomalen Anomalien

Erworbene Schwerhörigkeiten

▓ Intrauterin erworbene Schwerhörigkeiten
▓ Perinatal erworbene Schwerhörigkeiten
▓ Postnatal erworbene Schwerhörigkeiten
  (Beispiele dafür Tab. 6)

Tabelle 5 stellt von der Vielzahl mit Schwerhörigkeit einhergehender Syndrome (im Gesamtschrifttum werden mehr als 350 beschrieben) sieben kurz vor, wobei das letzte streng genommen kein Syndrom, sondern eine Assoziation ist. Die ersten fünf wurden ausgewählt, da diese nach Biesalski/Collo (1991, 125) am bekanntesten sind und daher wohl am häufigsten auftreten. Somit werden diese dem Hörgeschädigtenpädagogen am ehesten begegnen. Die Trisomie 21 wird aufgeführt, da es im Deutschen Zentralregister für kindliche Hörstörungen (DZH) von allen dort erfassten Syndromen mit Abstand am häufigsten vorkommt (gefolgt vom Waardenburg-, Goldenhar-, Franceschetti- und Usher-Syndrom) (Spormann-Lagodzinski

Tab. 5: Darstellung ausgewählter Syndrome

Bezeichnung	benannt nach	Audiologische Symptomatik	Erscheinungsbild (typische Symptome, Besonderheiten)
Waardenburg-Syndrom Inzidenz: 1:4.500	Petrus Johannes Waardenburg, 1886 – 1979, holländischer Ophthalmologe und Genetiker	kongenitale Schwerhörigkeit beidseits, unterschiedlich ausgeprägt, meist mittelgradige Schwerhörigkeit	einhergehend mit Hauterkrankung, Fehlbildungssyndrom infolge genabhängiger früh-embryonaler Entwicklungsstörungen (Erbleiden), fakultative Pigmentstörungen von Iris, Haut und Haaren; weiße, große Stirnlocke; charakteristische Gesichtsveränderungen: innerer Augenwinkel lateral verlagert; flacher, breiter Nasenrücken, zusammen wachsende Augenbraue
Franceschetti-Syndrom (Synonym: Treacher-Collins-Syndrom) Inzidenz: 1:50.000	Adolf Franceschetti, 1896 –1968, Ophthalmologe, Zürich und Genf (E. Treacher Collins, 1862 – 1932,Chirurg, London)	ein- oder beidseitige hochgradige Mittelohrschwerhörigkeit, einseitige, selten beidseitige Innenohrschwerhörigkeit unterschiedlichen Ausmaßes möglich	einhergehend mit Skeletterkrankung, Fehlbildungssyndrom mit charakteristischem Gesicht (vererbt), Mikrotie und Gehörgangsatresie; laterales Lidkolobom (Spalt des Lids); antimongoloide Lidspaltenstellung, Vogelgesicht, hypoplastisches Jochbein, Makrostomie (Fehlbildung mit seitlicher Erweiterung der Mundspalte), Zahnstellungsanomalien; starke Ausprägungsschwankungen
Pendred-Syndrom Inzidenz: ca. 7,5: 100.000	Vaughan Pendred, 1869 –1946, britischer Arzt	kongenitale hochgradige Schwerhörigkeit beidseits, Progredienz bis zur Gehörlosigkeit	einhergehend mit Schilddrüsenerkrankung, erblich bedingt, angeborene oder im Kindesalter manifest werdende Innenohrschwerhörigkeit (manchmal schubweise), Struma („Kropf")-Beginn frühkindlich; Jodfehlverwertung

Fortsetzung S. 60 →

Bezeich-nung	benannt nach	Audiologische Symptomatik	Erscheinungsbild (typische Symptome, Besonderheiten)
Usher-Syndrom Inzidenz: 3–4,5: 100.000	Charles Howard Usher,1865 – 1942, Ophthalmologe	angeborene oder frühmanifeste Innenohrschwerhörigkeit oder Gehörlosigkeit	einhergehend mit Augenerkrankung, vererbtes Krankheitsbild mit charakteristischer Kombination von (meist) Gehörlosigkeit und Retinitispigmentosa (vom Rand der Netzhaut zum Zentrum langsam fortschreitend kommt es zur Einlagerung von Pigmentkörperchen und damit zur Lichtundurchlässigkeit), beginnend mit Nachtblindheit, später Gesichtsfeldeinschränkung beidseits bis Erblindung (ca. ab 40. Lebensjahr); dem Pädagogen können betroffene Schüler durch Orientierungsschwierigkeiten bei Dämmerlicht und Dunkelheit oder „Tolpatschigkeit" (z. B. Stolpern über Gegenstände, da Gesichtsfeld eingeschränkt) auffallen
Alport-Syndrom Inzidenz: 1:5.000– 10.000	Arthur Cecil Alport, 1880–1959, Arzt, Südafrika	progrediente bilaterale Schwerhörigkeit, Ertaubung möglich	einhergehend mit Nierenerkrankung, vererbtes Krankheitsbild mit charakteristischer Kombination von Nierenleiden und Schwerhörigkeit, Augenanomalien möglich (häufig Grauer Star), Veränderung im Hören (und beim Sehen) Ende des ersten Lebensjahrzehnts
Trisomie 21 (auch: Down-Syndrom)	Trisomie (dreifaches) Chromosom 21, bzw. John Langdon Haydon Down, 1826 – 1896, Arzt, London	gehäuft Schallleitungsschwerhörigkeit aber auch Schallempfindungs- oder kombinierte Schwerhörigkeit	geistige Behinderung, rundlicher Minderwuchs, schräge Augenstellung, breite Nasenwurzel, gehäuft Herzfehler (50 %), 60–70 % haben Hörschädigung
CHARGE-Assoziation (auch -Syndrom) Inzidenz: 0,1–0,2: 10.000	Anfangsbuchstaben der englischen Wörter C – Coloboma (Kolobom des Auges), H – Heart Anomaly (Herzfehler), A – Choanal Atresie (Choanal-atresie), R – Retardation (vermindertes Längenwachstum und Entwicklungsverzögerung), G – Genital Anomalis (Anomalie der Geschlechtsorgane), E – Ear Anomalies (Fehlbildungen des Ohres)	Schallleitungs- oder Schallempfindungs- oder kombinierte Schwerhörigkeit von unterschiedlichem Ausmaß	einhergehend mit verlangsamter Gesamtentwicklung der Kinder liegen eine Hör-Seh-Schädigung plus weitere Symptome (z. B. Gesichtslähmung, Fehlen des Geschmacks, Probleme beim Schlucken, verstärkte Infektanfälligkeit u. a. m.) neben den Merkmalen, die die Namensgebung schufen, vor

Fortsetzung Tabelle 5

2003). Bei Trisomie steht die geistige Behinderung im Vordergrund, so dass Hörschäden leicht übersehen werden können.

Die CHARGE-Assoziation soll vorgestellt werden, weil sie in den letzten Jahren für die Hör-(und Seh-)geschädigtenpädagogen an Bedeutung gewonnen hat.

> *Weiterführende Informationen zu den in Tab. 5 genannten und zu zahl-*
> *reichen anderen Symptomen sind zu finden bei Gross (1981): Differentialdiagnose der Syndrome mit Schwerhörigkeit und Retinopathia. – Kessler (1989): Fehlbildungen in der Otolaryngologie. – Leiber (1996): Die klinischen Syndrome. – Bunck (1998): Das Usher-Syndrom – Diagnostik, pädagogische Einflußnahme und Maßnahmen bei Betroffenen. – Lehnhardt (1998a): Hereditäre Hörstörungen und Syndrome. – Naumann/Scherer (1998): Differentialdiagnose in der Hals-Nasen-Ohren-Heilkunde. – Zorowka (2008): Pädaudiologie.*

Tab. 6 enthält eine Übersicht mit möglichen Ursachen für Hörschäden (z.T. wurden sie im Kapitel bereits erwähnt). Die vorgenommene Reihenfolge innerhalb der Spalten ist subjektiv, d.h., sie entspricht weder der Häufigkeit des Vorkommens noch anderen Ordnungskriterien. Es erfolgt hier nur eine Aufzählung. Zur Begriffsklärung sollte bei Bedarf im Glossar nachgelesen werden.

Tab. 6: Zusammenstellung möglicher Ursachen für Hörschäden

Pränatale Ursachen	Perinatale Ursachen	Postnatale Ursachen
erblich bedingte Hörschäden, zahlreiche Syndrome, siehe z. B. Tab. 4, Erkrankungen der Mutter während der Schwangerschaft an – Röteln – Masern – Keuchhusten – Toxoplasmose – konnatale Lues – Zytomegalie – schwere Diabetes – toxische Schäden (Drogen-, Alkohol- und Nikotinmissbrauch, Antibiotika) – ototoxisch wirkende Medikamente – craniofaciale Anomalien (auch Kiefer- Gaumen-Spalten) – endokrinologische Störungen – ionisierende Strahlen	Geburtsgewicht unter 1500 g, Frühgeburt, Hypoxie, Neugeborenenasphyxie, Schädelverletzungen, Sepsis und/oder Meningitis, Neugeborenengelbsucht, Blutgruppenunverträglichkeit, Infektionen	Meningitis, Encephalitis, Otitis, Zoster oticus, Dystrophie, Mumps, Masern (selten), Scharlach (selten), Diphtherie, bakterielle tympanogene Labyrinthitis, Lyme-Borreliose, Toxoplasmose, Lues, HIV-Infektion, Knall- und Explosionstrauma, Hörsturz, Morbus Menière, Presbyakusis, Schädel-Hirn-Trauma, Aminoglykosidbehandlung

Tab. 7: Ursachen für Schallleitungs-/Schallempfindungsschwerhörigkeiten (nach Nagel/Gürkov 2009, 8)

	Schallleitungsschwerhörigkeit	Schallempfindungsschwerhörigkeit
angeboren	Fehlbildungen der Ohranlage und der Gehörknöchelchen	– Vererbung – intrauterine Rötelinfektion
erworben	– äußeres Ohr: Cerumen, Otitis externa – Mittelohr: Paukenerguss, Trommelfelldefekte, Cholesteatom, Otosklerose	– perinatal: Hypoxie, Ikterus – Trauma: Lärm, Kopfverletzung, postoperativ
		– Entzündung: chronische Otitis, Cholesteatom, Otosklerose, Meningitis, Masern, Mumps, Lues – Alter: Presbyakusis – Medikamente: Antibiotika, Zytostatika etc. – neoplastisch: Akustikusneurinom – andere: Morbus Menière

Abschließend sei noch die Einteilung von Nagel/Gürkov (2009) erwähnt. Sie benennen Ursachen für die Schallleitungsschwerhörigkeit und die Schallempfindungsschwerhörigkeit und differenzieren zwischen angeborenen und erworbenen Schwerhörigkeiten. Zugleich verweisen sie darauf, dass bei einer sensorineuralen Schwerhörigkeit (Schallempfindungsschwerhörigkeit) oftmals keine spezifischen Ursachen angegeben werden können.

 Zur Ergänzung siehe Friedrich/Bigenzahn/Zorowka (2008): Phoniatrie und Pädaudiologie, 350–360. – Kompis (2016): Audiologie, 71f. – Probst/Grevers/Iro (2008): Hals-Nasen-Ohren-Heilkunde, 181–185. – Thurnher et al. (2011): HNO-Heilkunde, 120.

3.4 Häufigkeit

Die Aussagen über die Verbreitung von Hörschäden sind sowohl in der nationalen als auch in der internationalen Literatur sehr unterschiedlich. Ebenso ergibt die ältere und jüngere Fachliteratur des In- und Auslandes in den angeführten Zahlenwerten ein sehr uneinheitliches Bild. Die Gründe dafür sind in tatsächlichen regionalen und epochalen Unterschieden, in Unzulänglichkeiten in den Erfassungsmethoden, in Abgrenzungs- und Klassifikationsproblemen bis hin zu unterschiedlichen Auffassungen, ob behebbare Schallleitungsschwerhörigkeiten und einseitige Hörschädigungen mit zu erfassen sind oder nicht, zu sehen. Ein weiterer Grund für statistische Differenzen sind tatsächlich vorhandene Abweichungen und Veränderungen. So ändern sich der Stand der medizinischen Erkenntnis und Versorgung, die gesundheitspolitische Aufklärung und die sozio-ökonomischen Verhältnisse.

Weltweit beträgt die Häufigkeit von persistierenden Hörschädigungen bei Kindern zwischen 90 und 1.300 pro 100.000 (vgl. Finckh-Krämer et al. nach Streppel et al. 2006). Die Häufigkeit kindlicher Hörschädigungen mit einem Hörverlust von mindestens 35 dB auf dem besseren Ohr liegt weltweit zwischen 100 und 600 pro 100.000 (Gross et al. 2000). In Ländern der Dritten Welt scheint die Prävalenz aufgrund häufigerer entzündlicher Innenohrschädigung, ototoxischer Einflüsse und Epidemien (z. B. Meningitis) höher zu sein. Aber auch innerhalb der EU werden Unterschiede gefunden.

Krüger verweist in diesem Zusammenhang (1991, 27) auf eine – wenn auch schon ältere – Vergleichsstudie in neun westeuropäischen EU-Staaten (veröffentlicht 1979, demzufolge sind von Deutschland nur die alten Bundesländer erfasst), auf eine durchschnittliche Rate von 0,09 % signifikanter Hörschädigungen im Kindesalter. In der Studie war versucht worden, alle damals Achtjährigen (Geburtsjahrgang 1969) mit einem Hörverlust von über 50 dB auf dem besseren Ohr zu erfassen. Die offensichtlichen Schwierigkeiten einer Erfassung zeigten sich darin, dass trotz vergleichbarer sozialpädiatrischer und sozialpolitischer Gegebenheiten man in Belgien auf 0,07 % und in Dänemark auf 0,15 % Hörschädigungen in diesem Alter kam, was in diesem Ausmaß wohl kaum tatsächlichen Unterschieden entsprach. Heute geht man in den westlichen Industrieländern von einer Häufigkeit von ca. 100 bis 300 Fälle permanenter kindlicher Hörschäden bei 100.000 Neugeborenen aus (Spormann-Lagodzinski et al. 2002). Thurnher et al. (2011, 120) geben für Österreich ein gehörloses Kind auf 1.000 Neugeborene an. Generell scheinen die Angaben zur Häufigkeit von Hörschädigungen in den entwickelten Ländern auch in der Gegenwart noch immer sehr stark zu variieren. Matulat (2018) begründet das mit echten Unterschieden zwischen den Untersuchungsgruppen (Regionen, Ländern) und der Frage, was als Hörschädigung definiert wird.

Epidemiologie und Demographie

Trotz der genannten Schwierigkeiten soll auf verschiedene Angaben verwiesen werden, um einerseits einen generellen Überblick über die Situation zu vermitteln und andererseits auf die bereits in vorangegangenen Kapiteln erwähnte Heterogenität der Gruppe der Menschen mit Hörschädigung zu verweisen.

Um einen ersten Überblick zu schaffen, wie viele Menschen mit Hörschädigung es in Deutschland gibt, soll die Statistik „Sozialleistungen Schwerbehinderte Menschen", herausgegeben vom Statistischen Bundesamt, herangezogen werden. Das Statistische Bundesamt erhebt seit 1979 alle zwei Jahre eine Bundesstatistik über die Menschen mit Behinderung. Die nachfolgenden Daten sind der Ausgabe von 2017 entnommen. Die dort aufgeführte Tabelle „Schwerbehinderte Menschen am 31.12.2015 nach Art der schwersten Behinderung und Altersgruppen, 1.2.1 Insgesamt" ist in Tabelle 8 wiedergegeben. Zum Vergleich werden die Daten von 2007 aufgeführt.

Statistik: Deutschland

Die Gesamtanzahl wird noch untergliedert in einzelne Altersgruppen: unter 4 Jahren, von 4 bis 6 Jahren, von 6 bis 15 Jahren, von 15 bis unter 18 Jahren, von 18 bis 25 Jahren und von da in Zehnjahresschritten bis „75 Jahre und mehr". Sie geben Auskunft darüber, wie viele Personen sich von der Gesamtanzahl in der jeweiligen Altersgruppe befinden. Beispielhaft werden vier Altersgruppen vorgestellt (Tab. 9). Während die Zahlenangaben in den ausgewählten Altersgruppen im Vergleich zu den Vorjahren

Tab. 8: Anzahl der Hörgeschädigten insgesamt (Statistisches Bundesamt 2007 und 2017)

Lfd. Nr.	Art der schwersten Behinderung	insgesamt 2007	insgesamt 2017
…			
…			
26	Taubheit (allein)	25.436	28.449
27	Taubheit kombiniert mit Störungen der Sprachentwicklung und entsprechenden Störungen der geistigen Entwicklung	21.761	21.587
28	Schwerhörigkeit, auch kombiniert mit Gleichgewichtsstörungen	213.298	253.528
…			
…			

Tab. 9: Anzahl der Hörgeschädigten in ausgewählten Altersgruppen (Statistisches Bundesamt 2017)

Lfd. Nr.	Art der schwersten Behinderung	davon im Alter von …			
		unter 4	6 – 15	35 – 45	75 u. mehr
…					
…					
26	Taubheit	259	1.092	2.944	6.454
27	Taubheit kombiniert mit Störungen der Sprachentwicklung und entsprechenden Störungen der geistigen Entwicklung	306	1.460	2.902	2.549
28	Schwerhörigkeit, auch kombiniert mit Gleichgewichtsstörungen	300	2.001	7.371	99.479
…					
…					

variieren, zeigt sich ein durchgängig deutlicher Anstieg bei allen drei ausgewählten Arten der schwersten Behinderung (Spalte 2) in der Altersgruppe „75 Jahre und mehr". Die Angaben spiegeln damit demographische Veränderungen in unserer Gesellschaft wider, auf die es zu reagieren gilt.

Hörschädigungen gehören – bezogen auf die Gesamtbevölkerung – zu den verbreitetsten körperlich-funktionellen Beeinträchtigungen. Lärmbedingte Erkrankungen stehen – bei vermutetem weiteren raschen Ansteigen – schon seit langem an der Spitze aller Berufskrankheiten (Neubert 1970 in Richtberg 1980, 5). Nach Lüdtke (1989, 42) nimmt die Lärmschwerhörigkeit (nach den Hautkrankheiten) die zweite Stelle bei den Berufskrankheiten ein.

Mit einem insgesamten Anwachsen der Zahl der Menschen mit Hörschädigung ist in Zukunft weiter zu rechnen, u. a. aufgrund allgemein zunehmender Lärmbelästigung (z. B. im Straßenverkehr, im Beruf) oder auch aufgrund veränderten Freizeitverhaltens (stundenlanges übermäßig lautes Hören mit Kopfhörern oder häufiger Besuch von dröhnenden Diskotheken oder beispielsweise Pop- und Metal-Konzerte).

Krüger (1991, 26) verweist auf verschiedene Studien in den USA und kommt zu folgender Aussage: **Statistik: USA**

> „Regelmäßige Erhebungen in den USA erbringen gegenwärtig Prozentsätze von 7–8 % an Personen mit Hörproblemen ('some difficulty hearing, including tinnitus') und dies mit zunehmender Tendenz und Hochrechnungen auf 12 % im Jahre 2050. Etwa die Hälfte davon, d. h. 3,5 %, ist von einem bilateralen signifikanten Hörverlust betroffen. Als ‚deaf' (gehörlos und hochgradig schwerhörig, so daß sprachliche Kommunikation allein über das Gehör nicht möglich ist) werden rund 2 Millionen (knapp 1 %) eingestuft, davon 1/5 (400.000) mit einer Ertaubung vor dem 20. Lebensjahr (prevocational) und 1/10 (200.000) vor dem 3. Lebensjahr (prelingual)."

Der gleiche Autor verweist auf 60.000 Gehörlose (1991, 26) in der Bundesrepublik Deutschland, während Wisotzki 80.000 Gehörlose angibt (1998, 36), wobei aus beiden Angaben nicht hervorgeht, ob sich die Zahlen auf die alten Bundesländer oder die gesamte BRD beziehen. Arnold und Ganzer (2011) geben für die BRD (darin sind folglich alle Bundesländer erfasst) die Zahl mit ca. 20.000 Gehörlosen an.

Der Deutsche Schwerhörigenbund (DSB) sprach 2009 (DSB 2009) und 2017 (DSB 2017) von je 14 Millionen Menschen mit Hörschädigungen in Deutschland, wovon rund 2,5 Millionen Hörgeräteträger seien (DSB 2009).

Abbildung 21 gibt einen Überblick über die Altersverteilung. Aus der Abbildung wird ersichtlich, dass von allen nennenswert Hörgeschädigten etwa die Hälfte im Erwerbsalter (20 bis 60 Jahre) steht. Im Alter über 60 Jahre **Statistik: Altersverteilung**

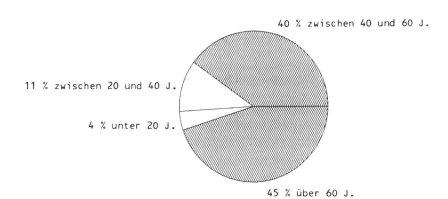

Abb. 21: Altersverteilung der Hörgeschädigten (aus: Krüger 1991, 26)

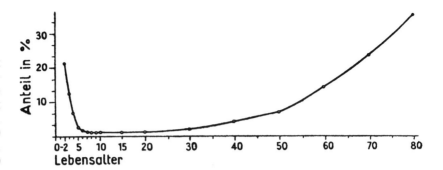

Abb. 22: Übersicht über die Lebensalter, in denen die Gehörlosigkeit eintritt (bzw. festgestellt wird) (aus: Heese 1961, 14)

sind fast ebenso viele (45 %) betroffen und nur ein geringer Teil, nämlich 1/25 oder 4 %, sind im Kindes- und Jugendalter.

Heese (1961, 13f) verwies darauf, dass die Lebensalter, in denen Gehörlosigkeit oder Ertaubung am häufigsten eintritt, im frühen Kindes- und im höheren Alter liegen. Von ihm stammt Abbildung 22, die ein sprunghaftes Anwachsen von Hörschäden jenseits des 50. Lebensjahres zeigt. Ähnliche Aussagen trifft Heese auch in späteren Publikationen. So verweist er auf „im Erwachsenenalter mehr als 0,05 % Gehörloser der Jahrgänge mit stark zunehmend höherem Prozent-Anteil nach dem fünften Lebensjahrzehnt" (Heese 1995, 87).

Für den Altersabschnitt 0–5 Jahre (Abb. 22) sei darauf verwiesen, dass zum Zeitpunkt der Veröffentlichung der Abbildung (1961) die Früherkennung von Hörschäden nicht mit heutigen Maßstäben gemessen werden kann.

Auf Basis der Statistik der Schwerbehinderten aus dem Jahr 2001 erstellten Streppel et al. (2006) Abbildung 23. Erfasst wurden hier Personen mit einem Behinderungsgrad von mindestens 50 %. Aus der Abbildung werden – wie schon bei Heese 1961 – ein deutliches Ansteigen ab etwa dem fünften Lebensjahrzehnt und eine höhere Betroffenheit von Männern deutlich.

Statistik: Beginn des 20. Jahrhunderts

Aus historischer Sicht sei noch auf Statistiken Anfang des 20. Jahrhunderts verwiesen:

- Nach der Volkszählung des Deutschen Reiches 1900 machten die „Taubstummen" einen Anteil von 0,86 % aus; es gab also 8,6 Taubstumme auf 10.000 Einwohner. Für das Jahr 1925 wird ein Anteil von 0,69 %, also 6,9 Taubstumme auf 10.000 Einwohner, angegeben (Schumann 1929, 13). Heese (1961, 12) gibt unter Verweis auf die gleiche Volkszählung für das Jahr 1925 0,73 % an (unter Bezug auf: Statistik d. Dtsch. Reiches. Bd. 419 [Die Gebrechlichen im Dtsch. Reich n. d. Zählung v. 1925/26] Berlin [Statist. Reichsamt 1932, 408]).
- Bereits Schumann (1929, 13) verwies auf erhebliche Abweichungen in den Durchschnittszahlen unterschiedlicher Länder. Beispielhaft sei auf folgende Angaben verwiesen:
  - Niederlande (1869): 3,35 Taubstumme auf 10.000 Einwohner
  - Luxemburg (1922): 5,98 Taubstumme auf 10.000 Einwohner
  - Schweiz (1870):   24,50 Taubstumme auf 10.000 Einwohner
  - USA (1890/1910): 6,5/4,48 Taubstumme auf 10.000 Einwohner.

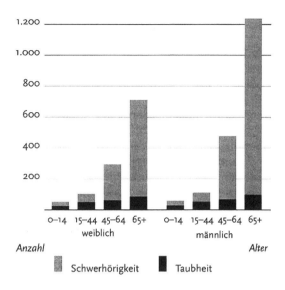

Abb. 23: Schwerbehinderte mit Taubheit bzw. Schwerhörigkeit als schwerster Behinderung pro 100.000 der Bevölkerung 2001 (Streppel et al. 2006, 8)

Aus allen Statistiken wurde deutlich, dass Hörschädigungen keine seltenen Ausnahmeerscheinungen sind, schon rein quantitativ verdienen sie größere Beachtung.

Bei den Angaben des Statistischen Bundesamtes (Tab. 8 und 9) ist zu beachten, dass hier nur Menschen mit Hörschädigung erfasst sind, die nach dem Schwerbehindertengesetz anerkannt sind. Demzufolge ist von einer weit größeren Anzahl Betroffener auszugehen.

Wie bereits ausgeführt, enthält die Gesamtgruppe der Menschen mit Hörschädigung nur einen vergleichsweise geringen Teil im Kindes- und Jugendalter. Die grundsätzliche Problematik der sehr unterschiedlichen Zahlenangaben verschiedener Statistiken bleibt auch hier bestehen.

Statistik: Kinder und Jugendliche

Eysholdt (2015) betont, dass es in Deutschland keine genauen Studien über die Prävalenz kindlicher Schwerhörigkeit (es werden hier offensichtlich alle kindlichen Hörschädigungen, also auch die Gehörlosigkeit, gemeint) gibt, abgesehen von epidemiologisch angreifbaren Untersuchungen von Patienten-Interessenverbänden. Schätzungen über die Anzahl von Kindern mit Hörschädigung in sonderpädagogischen Einrichtungen belaufen sich auf etwa 80.000 Kinder, über deren Hörverlust und Altersverteilung wenig bekannt ist.

Nach einer Analyse aktueller angloamerikanischer Studien beziffert Eysholdt (2015) die Inzidenz *angeborener* Hörschädigung mit 1:10.000. Hinzu kommen *erworbene* Formen kindlicher Hörschädigungen, die Hirnreifung und Spracherwerb stören (können). Das Risiko für kindliche Hörschäden von 50 dB Hörverlust (und darüber hinaus) kann pauschal mit 1:1.000 angesetzt werden. Gross et al. (1999) sprechen in diesem Zusammenhang von einer Häufigkeit kindlicher Hörstörungen zwischen 0,9 und 13 %. Um die Datenlage zu verbessern, begann man mit dem Aufbau eines „Deutschen Zentralregisters für kindliche Hörstörungen (DZH)“. Das Zentralregister entstand 1994 als ein drittmittelfinanziertes Projekt und hat 1996 damit begonnen, Kinder mit persistierenden (bleibenden) Hörschäden flächendeckend in der Bundesrepublik zu erfassen. Es befindet sich an der Klinik für Audiologie und Phoniatrie am Universitätsklinikum Benjamin Franklin (Berlin) und hat sich zur Aufgabe gestellt, mit Hilfe eines Patientenregisters eine möglichst realistische Darstellung der epidemiologischen, sozialdemographischen und medizinischen Situation von Kindern mit Hörschädigung zu geben. Nach 20 Jahren waren 14.239 Kinder und (mittlerweile) Erwachsene erfasst. Für die Geburtsjahrgänge 1985–1989 (Kohorte I, n=922) betrug das durchschnittliche Alter bei Diagnosestellung 6,2 ± 4,4 Jahre, für die Geburtsjahrgänge 2010–2014 (Kohorte II, n=1.123) 1,3 ± 1,3 Jahre und für die Geburtsjahrgänge 2015–2017 (Kohorte III, n=230) 0,4 ± 0,3 Jahre (Kugelstadt et al. 2017). Diese Entwicklung betraf am deutlichsten geringgradige Hörschäden, also jene mit weniger als 40 dB Hörverlust. Das Alter bei Diagnosestellung und die Zeit bis zur therapeutischen Versorgung konnten also deutlich reduziert werden.

Probst (2008b, 181) nennt für Hörschäden von relevantem Ausmaß eine Häufigkeit von ca. 1 von 1.000 Neugeborenen bei der Geburt. In den folgenden Lebensjahren steigt die Zahl der Kinder mit bleibenden Hörschäden um 50–90 %. Im Schulalter sind dann etwa zwei von 1.000 Kindern betroffen. Nicht eingerechnet sind hier vorübergehende Hörstörungen, die im Kleinkind- und Vorschulalter (insbesondere durch Mittelohrentzündungen) gehäuft vorkommen. Eysholdt (2015, 435) verweist aus medizinischer Sicht darauf, dass eine „Schwerhörigkeit im Kindes- und Jugendalter als relativ häufige Erkrankung angesehen werden“ muss.

Die Tabellen 10–12 stellen – trotz der gegenwärtig noch immer bestehenden Schwierigkeiten – den Versuch dar, dem Leser ein ungefähres Bild über die Häufigkeit des Vorkommens von Hörschäden im Kindes- und Jugendalter zu vermitteln. Ein völliger Verzicht auf derartige Zahlenangaben wird nicht möglich sein, da sie z. B. als Grundlage für sozialpädiatrische, schulpolitische oder organisatorische Maßnahmen genutzt werden müssen.

Tab. 10: Angaben zum Anteil hörgeschädigter Kinder und Jugendlicher in der BRD

Literatur	betrachtete Population	Anteil der betrachteten Population	Bezugspopulation
Krüger (1982, 38)	kindliche Hörstörungen	3 – 5 %	alle altersgleichen Kinder und Jugendlichen
Krüger (1991, 27)	mittel- bis hochgradig schwerhörige und gehörlose Kinder	0,1 – 0,5 %	alle Gleichaltrigen

Tab. 11: Angaben zum Anteil gehörloser Kinder und Jugendlicher (geordnet nach dem Erscheinungsjahr der zitierten Literatur; Anmerkung: Die Publikation von Bach 1995 [inzwischen in 15. Auflage], aus der Heese zitiert wurde, scheint seit Jahren nicht neu bearbeitet worden zu sein)

Literatur	betrachtete Population	Anteil der betrachteten Population	Bezugspopulation
Sander (1973, 60)	gehörlose Schüler der Klasse 1 – 10	0,05 %	altersgleiche Schul-pflichtige
Pöhle (1990, 42)	gehörlose Kinder	0,044 %	Gesamtheit der Schulpflichtigen
Krüger (1991, 27)	gehörlose Schüler	0,04 %	alle Gleichaltrigen
Pöhle (1994, 23)	Gehörlose	0,04 – 0,05 %	Geburtsjahrgang
Biesalski (1994, 53)	hochgradig hörgeschädigte Kinder, die Sprache spontan nicht erlernen können	0,03 – 0,04 %	Kinder von 1 bis 12 Jahren
Heese (1995, 87)	gehörlose Kinder und Jugendliche	0,05 %	Schulpflichtalter
Wisotzki (1998, 36)	gehörlose Kinder und Jugendliche	0,04 %	schulpflichtige Bevölkerung

Tab. 12: Angaben zum Anteil schwerhöriger Kinder und Jugendlicher (geordnet nach dem Erscheinungsjahr der zitierten Literatur; Anmerkung: Die Publikation von Bach 1995 [inzwischen in 15. Auflage], aus der Jussen zitiert wurde, scheint seit Jahren nicht neu bearbeitet worden zu sein)

Literatur	betrachtete Population	Anteil der betrachteten Population	Bezugspopulation
Sander (1973, 66)	sonderschulbedürftige Schwerhörige der Klassen 1 – 10	0,25 – 0,30 %	altersgleiche Schul-pflichtige
Jussen (1974, 211)	sonderschulbedürftige Schwerhörige im Grundschulalter	0,25 %	altersgleiche Schul-pflichtige
Pöhle (1990, 43)	schwerhörige und im Sprachbesitz ertaubte Kinder, die die Schwerhörigenschule besuchen	0,11 %	Gesamtheit der Schulpflichtigen

Fortsetzung S. 70 →

Literatur	betrachtete Population	Anteil der betrachteten Population	Bezugspopulation
Jussen (1995, 115f)	schwerhörige Kinder und Jugendliche	4 – 6 %	alle Kinder und Jugendliche
	sonderschulbedürftige schwerhörige Kinder und Jugendliche	0,25 %	schwerhörige Kinder im schulpflichtigen Alter
Biesalski (1994, 53)	mittelgradig schwerhörige Kinder	0,5 – 1 %	Kinder von 1 – 12 Jahren
	leichtgradig schwerhörige Kinder (zumeist schallleitungsbedingte Hörstörungen)	3 – 4 %	Kinder von 1 – 12 Jahren

Fortsetzung Tabelle 12

Die Tabellen können ein ungefähres Bild der Anzahl der Kinder mit Hörschädigung vermitteln. Im Schuljahr 2015/16 besuchten ca. 45 % aller sich im Schulalter befindlichen Kinder und Jugendlichen mit Hörschädigung die allgemeine Schule (nach KMK 2016a, b) – für die die sonderpädagogische Begleitung sichergestellt werden muss. Nicht erfasst werden von genannten Statistiken all jene Kinder, die zwar hörgeschädigt sind, aber ohne sonderpädagogische Begleitung – zum Teil sogar unerkannt – allgemeine Einrichtungen besuchen. So verweist Claußen (1995, 19) auf eine erhebliche Dunkelziffer von Kindern, die nicht als schwerhörig bekannt werden.

Rechnet man den Personenkreis mit einseitigen und geringen beidseitigen Hörschäden hinzu und beachtet man, dass zum Vorkommen zentraler Hörstörungen kaum Zahlen vorliegen, muss die insgesamte Zahl von Kindern und Jugendlichen mit Hörschädigung tatsächlich als relativ hoch angesehen werden.

Statistik: Förderschulbesuch
Abschließend sollen noch einige Informationen über den Anteil der eine Förderschule (früher Sonderschulen) bzw. ein Förderzentrum besuchenden gehörlosen und schwerhörigen Schüler (bezogen auf die Gesamtzahl der Schüler an Förderschulen im Pflichtschulalter) gegeben werden (Tab. 13). Nachdem der Anteil der Schüler an Förderschulen (insgesamt) bis 1975 stark angestiegen war, hat er sich seither kaum verändert; er liegt bei knapp über 4 % (Cortina et al. 2003, 766f). Seit dem Schuljahr 1999/2000 wird auch die Zahl der Schüler mit Förderbedarf an allgemeinen Schulen erfasst. Sie schwankt je nach Förderschwerpunkt und Bundesland erheblich. Danach liegt die Quote aller Schüler, die entweder an Förderzentren oder an allgemeinen Schulen sonderpädagogische Förderung erhalten, bei über 5 Prozent (Cortina et al. 2003, 768). Zu entnehmen ist der Tabelle auch, dass der Anteil der Schüler mit Hörschädigung (neben

Tab. 13: Schüler an Sonderschulen in Prozent aller Schüler im Alter der Vollzeitschulpflicht (Klassenstufen 1–10) in den Jahren 1975–2003 (Anmerkung: bis 1990 früheres Bundesgebiet, ab 1995 Deutschland) (KMK 2005 a und frühere Jahre in Cortina et al. 2008, 522)

Schulbesuchsquoten nach Förderschwerpunkten 1975 bis 2003[1]							
Förderschwerpunkte	**Schulbesuchsquoten[2]**						
	1975	**1980**	**1985**	**1990**	**1995**	**2000**	**2003**
Lernen	3,21	2,89	2,53	2,13	2,42	2,53	2,58
Sonstige	0,93	1,30	1,66	1,90	1,86	2,07	1,90
Sehen							
Blinde	0,04	0,02	0,02	0,02	0,04	0,06	0,05
Sehbehinderung		0,03	0,04	0,03			
Hören							
Gehörlose	0,10	0,05	0,05	0,4	0,11	0,12	0,12
Schwerhörige		0,08	0,09	0,08			
Sprache	0,10	0,17	0,28	0,36	0,34	0,38	0,40
Körperliche und motorische Entwicklung	0,10	0,16	0,21	0,24	0,21	0,23	0,26
Geistige Entwicklung	0,40	0,55	0,64	0,59	0,62	0,71	0,79
Emotionale und soziale Entwicklung	0,14	0,12	0,13	0,25	0,24	0,28	0,34
Kranke	0,07	0,07	0,10	0,12	0,09[a]	0,10	0,17
Förderschwerpunkt übergreifend bzw. ohne Zuordnung		0,08	0,12	0,17	0,21	0,19	0,11
Zusammen	4,14	4,19	4,20	4,03	4,28	4,60	4,84

[1] Bis 1990 früheres Bundesgebiet, ab 1995 Deutschland
[2] Schüler an Förderschulen in Prozent aller Schüler im Alter der Vollzeitschulpflicht (Klassenstufen 1 bis 10)
[a] Ohne Sachsen

den Schülern mit Sehschädigung) im Verhältnis zur Gesamtzahl der Schüler, die eine Förderschule besuchen, vergleichsweise gering ist. (Etwa die Hälfte der Schüler mit sonderpädagogischem Förderbedarf sind solche mit Förderbedarf Lernen. Sie besuchen Klassen bzw. Förderschulen für Lernbehinderte.)

Interessant scheinen noch einige ergänzende Informationen, auf die in verschiedener Literatur verwiesen wird. Sie sollen mit angeführt werden, da sie die bereits getroffenen Aussagen ergänzen und differenzieren. Nachfolgende Ausführungen basieren vorzugsweise auf Krüger (1991), der sich wiederum auf verschiedene weitere Literatur stützt.

Bei den Menschen mit Hörschädigung überwiegt das männliche gegenüber dem weiblichen Geschlecht etwa im Verhältnis 5:4 (neben Krüger auch Wisotzki 1998, 36). Wisotzki begründet das damit, dass Jungen insgesamt häufiger von den genannten Ursachen für Hörschädigungen (Kap. 3.3) betroffen werden als Mädchen.

Geschlechterverteilung

Nach Krüger tritt der Unterschied verstärkt bei der schwerhörigen Schülerschaft auf; bei Gehörlosen ist dieser Überschuss männlicherseits recht gering.

Beide Aussagen finden sich in den Datensätzen des Deutschen Zentralregisters für kindliche Hörstörungen (DZH) bestätigt. Deren statistische Auswertung lässt erkennen, dass der prozentuale Anteil der Jungen höher ist als der von Mädchen: Von den gemeldeten Kindern und Jugendlichen mit beidseitiger Hörstörung sind 54,5 % männlich. Bei der Aufschlüsselung nach Geschlecht und Grad der Hörschädigung ist der Jungenüberhang bei leichten und mittleren Hörstörungen etwas deutlicher (Spormann-Lagodzinski et al. 2003).

Widersprüchliche Aussagen gibt es zur Geschlechterverteilung bei Personen mit Altersschwerhörigkeit: Krüger (1991, 28) spricht mit Bezug auf das o. g. Verhältnis von 5:4 von einer gewissen Umkehrung dieses Verhältnisses bei der Altersgruppe über 65 Jahren. Tesch-Römer/ Wahl (1996, 7) verweisen in ihrer Publikation auf die Framingham-Studie, die Personen mit Hörschädigung über 60 Jahre erfasste. Von den betroffenen Personen waren 32,5 % Männer und 26,7 % Frauen, so dass Männer eine höhere Prävalenzrate zeigen.

Pearson et al. (1995 nach Spormann-Lagodzinski et al. 2003) stellen fest, dass bei Männern der altersbedingte Hörverlust früher einsetzt und schneller fortschreitet als bei Frauen. Diese Aussage gilt auch dann noch, wenn Personen mit möglicher Lärmschwerhörigkeit ausgeschlossen werden.

Schumann (1929, 14) verweist mit Blick auf die Volkszählung von 1900 auf „54,1 % männliche Taubstumme bei sonstigem, nicht unbeträchtlichem Überwiegen des weiblichen Geschlechts". Des Weiteren sind bei ihm folgende Zahlenverhältnisse zu finden:
1906 in Bayern 52,6 % männlich, 47,4 % weiblich
1910 in den USA 54 % männlich, 46 % weiblich

Schichtzugehörigkeit Wie auch bei anderen Gruppen von Schülern mit sonderpädagogischem Förderbedarf lässt sich bei der Gruppe der gehörlosen, insbesondere aber bei den schwerhörigen Schülern in der Bundesrepublik Deutschland eine deutliche Überrepräsentation der niedrigen Sozialschichten der Elternhäuser feststellen (Krüger 1991, 28). Wisotzki (1998, 37) spricht davon, dass bei der Gruppe der Gehörlosen die untere soziale Schicht leicht überrepräsentiert ist.

Mit Bezug auf amerikanische Studien verweisen Streppel et al. (2006, 10) darauf, dass auch das soziale Umfeld während der frühkindlichen Entwicklung die Häufigkeit einer Hörschädigung beeinflusst. In sozial schwachen Gebieten wurden die höchsten Inzidenzen gefunden.

Familiensituation In Bezug auf die Familiensituation Gehörloser kann auf drei Prozentwerte verwiesen werden:

- 90 % kommen aus Familien, in denen keine weiteren Familienmitglieder hörgeschädigt sind.
- 90 % heiraten einen Partner mit Hörschädigung (Krüger 1991, 29) bzw. einen gehörlosen Partner (Wisotzki 1998, 37).
- 90 % aller Kinder aus Ehen, in denen beide Partner gehörlos sind, sind hörend.

Einer Erhebung von Große (2003) zufolge benutzen von den Familien, in denen beide Eltern oder ein Elternteil gehörlos ist, 2,3 % die Deutsche Gebärdensprache als primäres Kommunikationsmittel.

3.5   Übungsaufgaben zu Kapitel 3

In welche drei Abschnitte wird das Ohr grob unterteilt?	**Aufgabe 9**
Wie erfolgt die Schallaufnahme und -weiterleitung im Ohr?	**Aufgabe 10**
Was versteht man unter „Physiologie des Hörens"?	**Aufgabe 11**
Warum sind frühe Hörerfahrungen für die Ausreifung des auditorischen Cortex wichtig?	**Aufgabe 12**
Welche Arten der Hörschädigung sind zu unterscheiden?	**Aufgabe 13**
Für welche der Arten von Hörschädigung besteht vorrangig sonderpädagogischer Förderbedarf?	**Aufgabe 14**
Wie stellt sich eine a) Schallleitungsschwerhörigkeit b) Schallempfindungsschwerhörigkeit c) kombinierte Schallleitungs-Schallempfindungsschwerhörigkeit im Audiogramm dar?	**Aufgabe 15**
Wie wurde die Hörschwelle bei (normal-)hörenden Menschen festgelegt?	**Aufgabe 16**
Wie kann man das Ausmaß des Hörverlustes einteilen?	**Aufgabe 17**
Nennen Sie Ursachen von Hörschäden!	**Aufgabe 18**
Was lässt sich über die Verbreitung von Hörschäden (Häufigkeit) aussagen?	**Aufgabe 19**

4 Beschreibung des Personenkreises

Will man sich mit dem Personenkreis der Menschen mit Hörschädigung be-schäftigen, wird man nicht umhin kommen, sich auf verschiedenen Betrach-tungsebenen mit den *Auswirkungen* der Hörschädigung auseinander zu set-zen. Neben medizinischen Aspekten (Kap. 3.2) sind im Wesentlichen sprachliche und psychosoziale Merkmale zu berücksichtigen. Die letzten beiden sollen nun nachfolgend näher beleuchtet werden, da erst durch eine gedankliche Zusammenfassung *aller* Gesichtspunkte die Grundlagen für ein pädagogisches und damit zugleich rehabilitatives Bemühen gegeben sind.

"Den" Hörgeschädigten gibt es nicht Obwohl versucht wird, die einzelnen Gruppierungen von Menschen mit Hörschädigung näher zu beschreiben, muss angemerkt werden, dass die Er-scheinungsbilder beim jeweiligen Betroffenen und ihre psychosoziale Situa-tion infolge der Vielzahl der Faktoren, die am Zustandekommen der Hör-schädigung beteiligt sind und aufgrund der sehr unterschiedlichen Intensität und Zeitdauer, mit denen diese wirken, ein sehr breites Spektrum aufwei-sen. Es ist de facto nicht möglich, von *dem* Gehörlosen, *dem* Schwerhörigen oder *dem* Ertaubten zu sprechen. Möglich sind dagegen, übergreifende Merkmale, die gehäuft zu beobachten sind, zu verdichten. Die Auswirkun-gen einer Höreinschränkung oder eines Hörverlustes sind individuell sehr verschieden und kaum vergleichbar, so dass eindeutige Zuordnungen (Kap. 2.1) zu hinterfragen sind. Ebenso erweist sich das persönliche Erle-ben der Höreinschränkung als sehr unterschiedlich.

Entsprechend differenziert muss die Entwicklungsproblematik der Menschen mit Hörschädigung gesehen werden. Unter pädagogischem As-pekt ist es trotz aufgeworfener Überlegungen sinnvoll, mehrere Gruppie-rungen nach der *Spezifik des Förderbedarfs* zusammenzufassen. Kriterien dieser Einteilung bzw. Zuordnung zu bestimmten Gruppen sind vorrangig die verbliebenen Hörkapazitäten, die Fähigkeit zur verbalen Kommunika-tion bzw. deren Entwicklungsstand und die Verwendung der Gebärden-sprache als führendes Kommunikationsmittel.

Beim Versuch, die einzelnen Gruppen zu charakterisieren, ergibt sich die Notwendigkeit, stark zu verallgemeinern und mit vorrangigen Beob-achtungen und sich häufenden Erscheinungen zu operieren. Für eine allge-meine Orientierung ist das zunächst ausreichend. Hörgeschädigtenspezifi-sche Bildung, Erziehung und Förderung verlangen nach weiterem differenzierten Wissen über die individuelle psychosoziale Situation, ins-besondere über die Fähigkeit, vorhandene Hörkapazitäten auszunutzen, den Stand der geistig-sprachlichen Entwicklung und über den Entwicklungsverlauf jedes Kindes mit Hörschädigung.

Inwieweit psychosoziale Folgen auftreten, durch die sich aus dem Hörschaden eine Hörbehinderung entwickelt, hängt von mehreren determinierenden Faktoren ab: **Vom Hörschaden zur Hörbehinderung**

Art und Ausmaß des Hörschadens: Es ist zu unterscheiden zwischen der Schallleitungsschwerhörigkeit (=Mittelohrschwerhörigkeit), der Schallempfindungsschwerhörigkeit (=sensorineurale Schwerhörigkeit oder Innenohrschwerhörigkeit), der kombinierten Schallleitungs- und Schallempfindungsschwerhörigkeit (kurz kombinierte Schwerhörigkeit) sowie der Gehörlosigkeit bzw. Taubheit (Kap. 3.2). **Faktor 1**

Hörgeschädigtenpädagogisch bedeutsam sind vor allem die Innenohrschwerhörigkeit, die kombinierte Schwerhörigkeit und die Gehörlosigkeit. Biologisch gesehen ist die Gehörlosigkeit eine (sehr) hochgradige sensorineurale Schwerhörigkeit oder kombinierte Schwerhörigkeit, bei der der Hörverlust im Hauptsprachbereich (zwischen 500 und 4.000 Hz) über 90 dB liegt.

Die Beeinträchtigung der auditiven Perzeption ist umso stärker, je höher der Grad, also das Ausmaß der Schwerhörigkeit ist. Die Verwertbarkeit der Hörreste (also der noch vorhandenen Hörkapazitäten) insbesondere für das Sprachverstehen hängt nicht allein von dem in Dezibel gemessenen Hörverlust ab, sondern vor allem davon, in welchem Frequenzbereich der auditive Analysator überhaupt noch auf akustische Reize anspricht (Neimann 1978). Hinzu kommen die sehr unterschiedlichen Fähigkeiten und Begabungen Betroffener, aus den vorhandenen Hörkapazitäten Nutzen ziehen zu können.

Zeitpunkt des Eintretens eines Hörschadens: Von wesentlicher Bedeutung für die Entwicklung der Persönlichkeit ist das Lebensalter, in dem ein Hörschaden eintritt. Je früher das geschieht, desto gravierender sind in der Regel die Auswirkungen auf die Entwicklung. Starke und hochgradige Hörschäden, die angeboren, unter der Geburt oder im frühen Kindesalter, noch vor oder während des (Laut-)Spracherwerbs eingetreten sind, belasten die Entwicklung des Kindes erheblich, zumal Kleinkinder noch nicht über die erforderlichen Regulationsmechanismen verfügen, um aktiv auf die Gestaltung der Wechselbeziehungen mit ihrer sozialen Umwelt Einfluss nehmen und der Hörbehinderung entgegenwirken zu können (Fallbeschreibung 1 bis 3, Kap. 1). **Faktor 2**

Eine gewisse Sonderstellung haben die gehörlosen Kinder gehörloser Eltern inne, da hier (zumindest im familiären Rahmen) eine ungehinderte Kommunikation (zumeist über die Gebärdensprache) von Anfang an ablaufen kann.

Beim Eintritt eines Hörschadens nach Abschluss des Spracherwerbs (ca. 3./4. Lebensjahr) oder zu einem noch späteren Zeitpunkt sind die lautsprachlichen Kompetenzen und die kognitiven Funktionen bereits deutlicher ausgeprägt. Die Problematik besteht vor allem darin, dass der Hörschaden die psychosoziale Situation der Betroffenen häufig kurzfristig (oft sogar schlagartig) verändert, ihre kommunikativen Möglichkeiten stark einschränkt und dadurch eine sehr umfängliche psychische Belastung bewirken kann. Hier hat sich seit den 1990er Jahren zunehmend das Cochlea Implantat (Kap. 7) als hilfreich erwiesen.

Faktor 3 **Das Vorhandensein einer oder mehrerer weiterer Behinderungen:** Eine weitere bzw. mehrere zusätzliche Behinderungen können die Auswirkungen eines Hörschadens auf die gesamte Entwicklung erheblich verstärken. Die einzelnen Behinderungen wirken (sofern sie sich überhaupt klar voneinander abgrenzen lassen) nicht additiv oder nebeneinander, sondern haben in ihrer Auswirkung potenzierenden Charakter.

Mehrfachbehinderungen treten in uneinheitlichem Umfang, unterschiedlich schwer und in vielfach variierenden Kombinationen auf. Prinzipiell ist ein Hörschaden (unabhängig von Art und Ausmaß) in Verbindung mit jeder anderen Behinderung denkbar. Die zahlenmäßig größten Gruppen bilden aus schulischer Sicht die gehörlosen Schüler mit weiterem Förderbedarf im Lernen sowie die schwerhörigen Schüler mit weiterem Förderbedarf im Lernen. Die bekannteste und für den Außenstehenden beeindruckendste Gruppe der Mehrfachbehinderung ist die der Menschen mit Taubblindheit, wenn auch tatsächliche Taub-Blindheit sehr selten vorkommt. Sehr viel häufiger dagegen gibt es die Hör-Seh-Schädigung. Eine mit einem Hörschaden kombinierte Sehschwäche bereitet beispielsweise Schwierigkeiten beim Erlernen der Absehfertigkeit und setzt der visuellen Lautsprachperzeption objektive Grenzen; auch die Gebärdensprache kann nicht oder nur sehr eingeschränkt wahrgenommen werden. Cerebralparesen und andere Bewegungsbehinderungen können das Ausbilden der Sprechfertigkeiten, aber auch das Benützen manueller Zeichen (z. B. von Gebärden) erschweren oder auch unmöglich machen. (Weiterführende Informationen über Mehrfachbehinderte mit Hörschäden können der von Leonhardt 1998a herausgegebenen Publikation entnommen werden.)

Faktor 4 **Soziale Entwicklungsbedingungen:** Die Auswirkungen eines Hörschadens werden wesentlich durch das soziale Umfeld mitbestimmt. Dazu gehören zunächst die engeren Bezugspersonen, also die Familie des Betroffenen, aber auch alle anderen Förderung, Betreuung und Unterstützung leistenden Personen und Institutionen (Kap. 12). Dies könnte beispielsweise für ein Kleinkind mit Hörschädigung die Pädagogisch-Audiologische Beratungsstelle und für den Erwachsenen, der schwerhörig geworden ist, der Absehkurs an der Volkshochschule oder beim Schwerhörigenverband sein. Die Qualität der von diesen Einrichtungen geleisteten Arbeit kann auf das Wohlbefinden und die Minimierung möglicher negativer Auswirkungen des Hörschadens erheblichen Einfluss ausüben.

Bei frühzeitigem Beginn hörgeschädigtenpädagogischer und therapeutischer Einflussnahme, bei ihrer kontinuierlichen Fortführung und bei angemessener Intensität und Qualität können Auffälligkeiten in der psychischen Entwicklung vermieden oder möglichst gering gehalten werden.

Unzureichende soziale Förderung und Unterstützung kann dagegen bewirken, dass sich Auffälligkeiten in der Entwicklung und / oder im Verhalten wesentlich stärker ausprägen und sich ggf. negativ auf die Persönlichkeitsstruktur auswirken.

Auch die Qualität der Hörsysteme und anderer Kommunikationshilfen und der Nutzen, den der Einzelne aus ihnen ziehen kann, bestimmt die Wechselbeziehungen Individuum – Umwelt. Der tatsächliche Wirkungsgrad der technischen Hilfe hängt nicht allein von den technischen Parametern ab, entscheidend sind die subjektiven Voraussetzungen, unter denen das Hören mit Hörgeräten oder Cochlea Implantaten zielgerichtet aufgebaut und das Interesse an akustischen Erscheinungen geweckt (bei Kindern) oder erhalten (bei Spätbetroffenen) wird.

4.1　Schwerhörige

Schwerhörigkeit kann zu jedem Zeitpunkt des Lebens eintreten. Sie ist nicht wie die Gehörlosigkeit (Kap. 4.2) auf die prälinguale Entwicklungsetappe festgelegt. Dadurch sowie durch die verschiedenen Arten und das Ausmaß einer Schwerhörigkeit (Kap. 3.2) ist es äußerst schwierig, schwerhörige Menschen zu charakterisieren. Die relativ große Schwankungsbreite in der Perzeptionsleistung und in der sprachlichen Entwicklung erschwert ihre Beschreibung und veranlasst dazu, auf Erscheinungen hinzuweisen, die im Einzelfall auftreten können, aber nicht unbedingt auftreten müssen.

Allen Schwerhörigen gemeinsam ist die Abweichung in der auditiven Perzeption. Unter pädagogischem Aspekt werden Menschen als schwerhörig bezeichnet, deren Schädigung des Hörorgans die Wahrnehmung akustischer Reize so beeinträchtigt, dass sie Lautsprache mit Hilfe von Hörsystemen aufnehmen und ihr eigenes Sprechen – wenn auch mitunter nur eingeschränkt – über die auditive Rückkopplung kontrollieren können. Für die Auswirkungen der Schwerhörigkeit auf den Entwicklungsverlauf Betroffener und für die fachpädagogische Beurteilung dieser sind die Zeitfaktoren und die spontan wirkenden sozialen Entwicklungsbedingungen von großer Bedeutung, so dass ihre psychosoziale Situation und ihre Erscheinungsbilder sehr differenziert zu sehen sind.

Schwerhörig

Mittelgradige Schallleitungsstörungen führen aufgrund der geringeren Intensität der Höreindrücke bzw. der schlechteren Diskriminationsmöglichkeit in Hörschwellennähe zu unvollständigem Hören. Insbesondere werden dabei unbetonte Teile der Rede (Endsilben, Partikel usw.) schlecht aufgefasst. Die Konstanz der Wahrnehmung akustischer Sprachzeichen bleibt jedoch erhalten, da keine Klangveränderungen eintreten. Der Betroffene hört leiser, der Höreindruck erfährt damit eine quantitative Beeinträchtigung. Durch Distanzverringerung bzw. elektroakustische Verstärkung ist ein weitgehender Ausgleich dieser Hörschädigung möglich.

Menschen mit erworbener Schallleitungsschwerhörigkeit, die über den vollen Sprachbesitz und die Fähigkeit zum Ergänzen und Kombinieren

Auswirkungen bei Schallleitungsschwerhörigkeit

verfügen, sind folglich bei der Sprachwahrnehmung kaum beeinträchtigt. Anders verhält es sich bei Kindern, die von Geburt an eine Schallleitungsschwerhörigkeit haben, deren Sprache sich erst entwickeln muss. Ihre Spontansprache zeigt – insbesondere wenn diese nicht frühzeitig erkannt wird – häufig Auffälligkeiten. Da Endsilben, Endkonsonanten, Präpositionen, Konjunktionen, Flexionsendungen der Nomen, Verben und Adjektive, Artikel usw. weniger gut gehört werden, kann es zu entsprechenden Auffälligkeiten bei deren Sprachproduktion kommen. Eine schnellstmögliche HNO-ärztliche Behandlung und Hörgeräteversorgung ist angebracht, um derartige Erscheinungen zu verhindern.

Die Artikulation der Personen mit Schallleitungsschwerhörigkeit ist nicht sonderlich betroffen. Mitunter werden die Sprachakzente verändert, besonders die Melodie und Dynamik. Da die Schallleitungsschwerhörigkeit heute weitgehend durch otologische Behandlung operativ therapiert und – falls dies nicht möglich ist – durch Hörgeräte relativ gut ausgeglichen werden kann, hat sie – sofern sie nicht als Komponente einer Mehrfachbehinderung auftritt – weniger hörgeschädigtenpädagogische Relevanz. Dennoch gehören sie zum Aufgabengebiet eines Hörgeschädigtenpädagogen.

Auswirkungen bei Schallempfindungsschwerhörigkeit Eine Schallempfindungsschwerhörigkeit bewirkt neben der quantitativen Beeinträchtigung vor allem eine qualitative Veränderung der auditiven Wahrnehmung. Es kommt zu einem „verzerrten" Hören, das insbesondere das Verstehen von Sprache mehr oder minder stark erschwert, da die gehörten Laute stark deformiert sind. Es kann (bei Nichtverwenden von Hörgeräten) bis zum Nichtverstehen von Sprache führen.

Bei dieser Hörschädigung ist die Fähigkeit, hohe Töne zu hören, herabgesetzt, im Extremfall können sie nicht wahrgenommen werden. Betrifft die Hörschädigung charakteristische Formanten der Sprachlaute, so werden diese nicht mehr sicher unterschieden. Von den Konsonanten sind insbesondere die Zischlaute betroffen, ihr scharfes Geräusch wird gedämpft. Unter den Vokalen leiden das i und e; auch die Umlaute ö und ü sowie die Unterscheidung von u und ü sind betroffen.

Dadurch, dass einzelne Gebiete des Schallspektrums nicht oder nur gemindert empfunden werden können, kommt es zu Klangverzerrungen und Klangentstellungen, die die Differenzierbarkeit der Sprechlaute herabsetzen. Die Merkmalsbreite der gehörten Sprache wird ärmer. Der Betroffene verliert die Fähigkeit, einzelne Laute, also auch Wörter, akustisch zu unterscheiden. Infolgedessen kann er auch den Sinn der Wörter und Sätze nicht verstehen. Er hört relativ gut die tieferen Töne, so dass er die Sprechstimme vernehmen, aber die einzelnen Teile des Gesprochenen nicht unterscheiden kann. Die Betroffenen beschreiben ihr Hören häufig so: „Ich höre, aber ich verstehe nicht." Das Hören wird in geräuschvoller Umgebung weiter erschwert, da hier zusätzliche Ansprüche an die Differenzierungsfähigkeit gestellt sind.

Demzufolge haben Personen mit Schallempfindungsschwerhörigkeit Probleme in der Sprachauffassung. Da die Höreinbußen, wie beschrieben, in den höheren Frequenzen im Allgemeinen stärker werden (bis hin zum totalen Ausfall), kommt es zu qualitativen Veränderungen und Klangentstellungen der wahrgenommenen Sprache, weil sich nämlich die Laute gerade in den höherfrequenten Formanten charakteristisch voneinander unterscheiden. Vorhandene Hörreste im unteren Frequenzbereich (bei an Taubheit grenzenden Fällen) reichen dann nur noch aus, dass die Vokale irgendwie gehört, aber nicht mehr voneinander unterschieden werden können.

Zusammenfassend kann gesagt werden: Das Wesentliche ist die *Verzerrung* der Sprache, die einen Verlust an Merkmalen bewirkt, die für die Analyse und Synthese sprachlicher Zeichen notwendig sind. Das Ausmaß der Verzerrung hängt vom subjektiven Verlauf der Hörschwelle ab, d.h. davon, welche Frequenzgebiete des Sprachfeldes im und welche außerhalb des hörbaren Bereiches liegen.

Für frühkindlich sensorineural schwerhörige Kinder bedeutet das einen erschwerten und teilweise auch deutlich eingeschränkten Spracherwerb. Diese Kinder bedürfen einer (frühzeitig beginnenden, d.h. sofort nach dem Erkennen des Hörschadens einsetzenden) hörgeschädigtenpädagogischen Förderung, was seit Einführung des Neugeborenenhörscreenings zunehmend gesichert ist. Insbesondere die hochgradige oder extreme Schallempfindungsschwerhörigkeit kann ohne hörgeschädigtenpädagogische Förderung einen erheblichen Rückstand beim Erlernen und Aneignen der Lautsprache und der allgemeinen Entwicklung zur Folge haben. Im Extremfall kann die Sprachentwicklung sogar nahezu vollkommen ausbleiben. Bei optimaler Förderung lassen sich hingegen sprachliche Entwicklungsrückstände und Auffälligkeiten minimieren.

Auffälligkeiten in der Sprachentwicklung

Nachfolgend werden mögliche Auffälligkeiten in der sprachlichen Entwicklung beschrieben. Sie sind erfahrungsgemäß umso geringer, je früher die hörgeschädigtenspezifische Förderung einsetzt (Kap. 11 und 12.2). Durch Kennzeichnung dieser wird ein tieferes Verständnis über die Auswirkungen derartiger Hörschädigungen erhofft. Die Aussagen beruhen auf Becker/Sovák (1983), Heese (1962), Jussen (1974), Krüger (1982), Lindner (1992), Pöhle (1994) und Wirth (2000). Einen ersten Überblick gibt Tab. 14, die in Anlehnung an Probst (2008b, 185) entstand.

a) Sprechweise

Die Schallempfindungsschwerhörigkeit wirkt sich auf die Artikulation bereits in stärkerem Maße aus. Die Folgen richten sich danach, wie groß der Formantenbereich ist, der von dem Hörverlust betroffen ist. Da das Gehör in seinen Kontrollfunktionen eingeschränkt ist, können einzelne Laute (z.B. die Zischlaute) falsch gebildet werden; betroffen können bei dieser Art von Schwerhörigkeit aber auch die Vokale sein. Es mangelt oft an der Prägnanz der Artikulation, so dass die Lautbildung verwaschen klingt. Beim Sprechen kann es zum Fehlen oder zur falschen Bildung von Sprachlauten und Lautverbindungen kommen, wobei vor allem (wie bereits erwähnt) die Zischlaute und die Verschlusslaute sowie mit ihnen in Zusammenhang stehende Lautverbindungen betroffen sind.

Tab. 14: Auswirkungen auf die Sprachentwicklung

Ausmaß des Hörverlustes	Auswirkungen auf das Hören gesprochener Sprache	Auswirkung auf die Sprachentwicklung
20 – 40 dB leichte Schwerhörigkeit	stimmlose Konsonanten und Zischlaute werden nicht deutlich gehört	Artikulationsstörungen, Verzögerung des Spracherwerbs, Dyslalien
40 – 60 dB mittelgradige Schwerhörigkeit	die Mehrzahl der Sprachlaute wird nicht gehört	Sprachentwicklungsstörung mit Dysgrammatismus, Wortschatzdefizit, schlecht verständlichem Sprechen
60 – 90 dB hochgradige Schwerhörigkeit		spontane Sprachentwicklung bleibt aus

Die Sprechweise zeigt gehäuft eine fehlende oder falsche rhythmische und dynamisch-melodische Akzentuierung. Es wird mitunter zu monoton, verlangsamt oder (in seltenen Fällen) überhastet gesprochen.

Durch die beschriebenen Auffälligkeiten in der Sprechweise wird die Sprechverständlichkeit eingeschränkt. Es fehlen den lautsprachlichen Äußerungen häufig die für die sozial-kommunikativen Beziehungen wesentlichen prosodischen Merkmale. Die lautsprachlichen Äußerungen schwerhöriger Kinder sind oft wenig strukturiert. Damit schränkt sich aber auch ihre pragmatische Wirkung ein.

Insgesamt kommt es zu einer mangelhaften Beherrschung des phonologischen Systems der jeweiligen Sprache.

b) Entwicklung des Wortschatzes

Der individuelle Wortschatz der Kinder kann (in Abhängigkeit von verschiedenen Faktoren, so beispielsweise vom Ausmaß der Hörschädigung, dem sozialen Umfeld und der Qualität der Frühförderung) gegenüber dem der gleichaltrigen Kinder, die gut hörend sind, in mehr oder weniger großem Umfang eingeschränkt sein, das betrifft sowohl den aktiven als auch den passiven Wortschatz. Dabei sind nicht alle Wortarten gleichermaßen betroffen. Zum sicheren Besitz gehören zum überwiegenden Anteil Nomen, die Gegenständliches bezeichnen, also Personen, Lebewesen, Dinge usw. Ebenso werden Verben mit inhaltlichem Bezug auf erlebte oder vorstellbare Vorgänge und Handlungen am ehesten erlernt. Mehr Schwierigkeiten bereitet das Aneignen von Wörtern, deren Bedeutung sich auf Abstraktes bezieht (sog. Abstrakta). Auch werden Wörter mit bildhafter oder übertragener Bedeutung schwerer in den individuell verfügbaren Sprachbesitz übernommen.

Zu den Wortarten, die am häufigsten fehlen oder fehlerhaft angewendet werden, zählen Adverbien, Präpositionen und Konjunktionen. Sie sind

Träger von Beziehungsbedeutungen, die sich nicht unmittelbar veranschaulichen lassen, sondern nur durch analytisches Betrachten und Vergleichen von Situationen, Vorgängen und Handlungen zum geistigen Besitz werden. Sie sind aber sowohl für das Sprachverständnis als auch für den sprachlichen Ausdruck bedeutsam, da sie die zwischen realen und ideellen Sachverhalten bestehenden Beziehungen sprachlich vermitteln.

Neben einem begrenzten Wortschatz ist auch eine falsche Wortwahl zu beobachten. Diese ist u. a. auf das unzureichende Erfassen der Wortbedeutung zurückzuführen. Auch Oberbegriffe und synonyme Bezeichnungen werden weniger eingesetzt.

Schwierigkeiten ergeben sich für Kinder mit Schallempfindungsschwerhörigkeit auch beim Erlernen grammatischer Formen und syntaktischer Strukturen.

c) Entwicklung des Sprachformenschatzes

Aufgrund ihrer Höreinbußen können sie lautsprachliche Strukturen nur bruchstückhaft und unvollständig wahrnehmen. Ihnen gehen so vor allem die unbetonten Teile der Lautsprache verloren. Dies sind aber häufig die grammatischen Morpheme, die für das Erfassen von sachlichen Beziehungen und Sinnzusammenhängen bedeutsam sind. In der Lautsprache dieser Kinder zeigen sich gewisse Unsicherheiten bei der Deklination von Nomen und der Konjugation von Verben. Daneben werden syntaktische Strukturen oft vereinfacht oder sind in der gebotenen Form unvollständig. Zu diesen agrammatischen und dysgrammatischen Äußerungen kommt es durch die lückenhafte Verfügbarkeit der syntaktischen Regeln und flexivischen Formmittel, was wiederum auf den mangelhaften auditiven Input zurückzuführen ist.

Während das Kind mit einem voll funktionsfähigem Gehör die verschiedenen Flexionsformen und die syntaktische Strukturierung unterschiedlicher Satzmuster mit typischen Wortstellungen und grammatikalischen Fügungen weitgehend imitativ und beiläufig in interaktional-kommunikativen Handlungen erlernt, müssen dem schwerhörigen Kind diese bewusst vermittelt werden. Dazu bedarf es entsprechender Unterstützung durch Eltern, Pädagogen und andere Bezugspersonen.

Eine weitere Ursache für die Auffälligkeiten im Sprachformenschatz kann auch in dem oft deutlich geringeren „Sprachumsatz" der schwerhörigen Kinder gesehen werden. Sie wenden ihren individuellen Wort- und Sprachformenschatz im Vergleich zu Kindern mit gutem Gehör meist weniger aktiv an. Infolgedessen verinnerlichen sie die erlernten Sprachformen nicht oder nicht ausreichend, um diese jederzeit – automatisiert – für den Sprachgebrauch zur Verfügung zu haben.

Die beschriebenen Auffälligkeiten im Wortschatz und im Sprachformenschatz führen zwangsläufig zu Schwierigkeiten bei der Sinnentnahme aus Gesprochenem (lautsprachlichen Informationen) und aus Texten (schriftsprachlichen Informationen). Pöhle (1967, 13f) stellt als „Spezifik der Sinnerfassung bei schwerhörigen Kindern" heraus, dass selbst bei guter technischer Leseleistung und bekanntem Wortmaterial erhebliche Schwierigkeiten

d) Sinnentnahme aus Gesprochenem und aus Texten

bei der Sinnentnahme aus Sätzen und größeren Sprachganzen bestehen, was sich vor allem durch das mangelhafte Erfassen von Beziehungsbedeutungen begründet. Die interindividuellen Schwankungen bei den Leistungen sind unvergleichlich größer als bei Hörenden.

Auswirkungen bei kombinierter Schwerhörigkeit

Bei gleichzeitigem Bestehen einer Schallleitungs(Mittelohr-)schwerhörigkeit und einer Schallempfindungs(Innenohr-)schwerhörigkeit auf demselben Ohr spricht man von kombinierter Schwerhörigkeit, auch von kombinierter Schallleitungs-Schallempfindungsschwerhörigkeit oder kombinierter Mittel- und Innenohrschwerhörigkeit. Der Betroffene hört leiser und verzerrt.

Die dominante Wirkung wird durch die Schallempfindungskomponente bestimmt, so dass die Auswirkungen ähnlich der Schallempfindungsschwerhörigkeit sind. Daher ist es nicht erforderlich, sie hier erneut zu beschreiben. (Siehe also Teilkapitel „Auswirkungen bei Schallempfindungsschwerhörigkeit".)

Anmerkung: Die Gruppe der Schwerhörigen ist äußerst heterogen, demzufolge ist sie ausgesprochen schwer zu beschreiben. Der Personenkreis reicht vom „fast normalhörenden" bis hin zum – lt. Audiogramm – gehörlosen Menschen, der über gute Lautsprachkompetenzen verfügt und sich auditiv orientieren kann. Selbst bei von Art und Ausmaß vergleichbaren Hörschädigungen sind die individuellen Auswirkungen äußerst verschieden und nur begrenzt miteinander vergleichbar.

Die beschriebenen sprachlichen Auffälligkeiten schwerhöriger Kinder sind unter dem Aspekt der *Kennzeichnung des Förderbedarfs* zu verstehen. Letztendlich wird die Entwicklung von einer frühzeitigen und kontinuierlichen Frühförderung, deren Qualität und vom sozialen Umfeld des Kindes beeinflusst. Genannte Faktoren wirken auf die Sprachentwicklung des Kindes nachhaltig. Sofern nicht eine Mehrfachbehinderung vorhanden ist, z.B. eine zusätzliche Lernbehinderung, Sehschädigung oder sozial-emotionale Störung, und soweit die sozialen Bedingungen ausgewogen und insgesamt der Entwicklung förderlich sind, können sich die kognitiven und mnestischen Funktionen sowie das soziale Verhalten schwerhöriger Kinder bei vorhandener sprachlicher und kommunikativer Kompetenz gut entwickeln.

Bei Kindern, deren Schwerhörigkeit prä-, peri- oder postnatal (aber prälingual) aufgetreten ist, kommt es in Abhängigkeit vom Zeitpunkt des Einsetzens der Frühförderung und deren Qualität zu mehr oder weniger umfänglichen Auffälligkeiten in der sprachlichen Entwicklung. Für Schwerhörige, deren Hörschädigung erst im späteren Jugend- oder Erwachsenenalter oder gar erst im höheren Lebensalter eintritt, besteht das Hauptproblem im Bewältigen der nicht selten plötzlich veränderten sozial-kommunikativen Situation. Hier gilt es, vorhandene Kommunikationskompetenzen zu erhalten (Kap. 14.2).

4.2 Gehörlose

Gehörlos

Als gehörlos bezeichnet man Menschen, bei denen im frühen Kindesalter (prä-, peri- oder postnatal) vor Abschluss des Lautspracherwerbs (also prälingual) eine so schwere Schädigung des Gehörs vorliegt, dass seine Funktionstüchtigkeit hochgradig bis total beeinträchtigt ist. Infolgedessen kann sich die Lautsprache nicht natürlich auf auditiv-imitativem Weg entwickeln. Dennoch sind auch gehörlose Kinder in der Lage, Lautsprache zu erwerben und lautsprachlich (unter Ausnützung des Absehens) zu kommunizieren. Die dominierende Rolle bei der Sprachauffassung Gehörloser hat der visuelle Analysator, der durch den auditiven Analysator unterstützt wird. Um das Sprechen zu erlernen, bedürfen sie fachpädagogischer Anleitung und Hilfe. Ohne spezifische pädagogische Förderung würde die Lautsprachentwicklung von diesen Kindern gänzlich ausbleiben, daher rührt auch der inzwischen veraltete Begriff „taubstumm". Die Sprechweise Gehörloser bleibt auch bei guter Förderung auffällig, da ihnen die Möglichkeiten auditiver Eigenkontrolle weitgehend verschlossen sind. Sie haben mehr oder weniger große Schwierigkeiten im Beherrschen der rhythmisch-dynamischen Akzentuierung und können die Sprechmelodie kaum erlernen. Einer Vielzahl von Gehörlosen gelingt es dennoch, eine gute Sprechverständlichkeit zu erreichen. Auch die Aneignung und ständige Erweiterung des Wortschatzes der Lautsprache und der grammatisch-syntaktischen Sprachformen ist Aufgabe der speziellen Förderung. Das Niveau der Lautsprachkompetenz, das der einzelne Gehörlose erreicht (sowohl der Grad seiner Sprechverständlichkeit und seiner Lautsprachperzeption als auch der Umfang seines Wort- und Sprachformenschatzes und dessen Beherrschung zum aktiven und passiven Gebrauch) hängt neben den eingangs erwähnten Faktoren (Kap. 4 bis 4.1) auch von endogenen Faktoren (z.B. Sprachgefühl) ab. Um gehörlose Kinder zum Erlernen der Lautsprache zu motivieren, sind kommunikative Erfolgserlebnisse besonders wichtig. Sie vermitteln ihnen die Erfahrung, dass ihnen die in besonderen Fördersituationen und im Unterricht erlernte Lautsprache hilft, sich mit hörenden Menschen zu verständigen und mit ihnen in Kontakt zu treten.

Die in älterer Literatur (z.B. Becker/Sovák 1983 und Wirth 2000) wiederholt beschriebenen Auffälligkeiten in der Artikulation Gehörloser (z.B. Artikulation mit übertriebener Kraft und Anspannung, übertriebene Lippenbewegungen, falsche Artikulationsmuster der Zunge, übermäßiges Öffnen des Mundes beim Sprechen) sind bei Kindern heute nur noch selten anzutreffen. Sie waren letztendlich in hohem Maß auf zu spätes Einsetzen der Förderung der Sprechfertigkeiten und auf klassische Vorgehensweisen beim Vermitteln dieser im Artikulationsunterricht zurückzuführen. Es gelingt heute besser – allerdings nur bei frühzeitig einsetzenden Fördermaßnahmen –, zu natürlichen Sprechbewegungsabläufen zu gelangen bzw. diese zu erhalten. Voraussetzung dafür ist eine frühzeitige Versorgung mit Hörsystemen, die sicherstellt, dass das Kind mit hochgradiger Hörschädigung nicht erst „verstummt", sondern sein angeborenes, instinktives Lallen fortführen und ausbauen kann. Das ist seit der Einführung des Neugeborenenhörscreenings weitestgehend gegeben.

Für eine pädagogische Betrachtung sollte man aufgrund von Forschungsergebnissen aus der Hörphysiologie und aufgrund von Erkenntnissen aus der Gebärdensprachbewegung über eine (biologische) Definition von „gehörlos", nach der der Hörverlust im Frequenzbereich zwischen 500 und 4.000 Hz mehr als 90 dB beträgt, hinausgehen. Mit dieser (klassischen) Definition werden nämlich zwei Aspekte nicht berücksichtigt (Kap. 2.1):

– das Emanzipationsstreben der Gehörlosen und
– grundlegende Erkenntnisse aus der neurophysiologischen Forschung.

Kennzeichnung aus der Sicht der Gehörlosenbewegung: Aus dem Emanzipationsstreben der (erwachsenen) Gehörlosen heraus kann sich ein Hörgeschädigter, unabhängig vom Ausmaß der Hörschädigung, selbst als gehörlos definieren, wenn er sich dieser Gruppe zugehörig fühlt (Kap. 2.1). Der Erstspracherwerb im Rahmen einer bilingualen Erziehung richtet sich auf die Gebärdensprache, mit deren Hilfe später die Schrift- und eine gewisse Lautsprachkompetenz aufgebaut werden soll. Im Rahmen der Pädagogik kommt der Identitätsfindung eine besondere Rolle zu. Die Gebärdensprache soll zu dieser beitragen und zu einer Teilhabe in einer eigenen Sprach- und Kulturgemeinschaft verhelfen. Die Gebärdensprache eröffnet vielen Gehörlosen die Möglichkeit, entspannt und ungehindert (miteinander) zu kommunizieren. Für Versammlungen, Konferenzen und größere Ansammlungen von Menschen ist die Gebärdensprache für den Gehörlosen ein unerlässliches Verständigungsmittcl.

Die Gebärdensprache ist eine eigenständige, vollwertige Sprache, die allen sprachfunktionalen Anforderungen genügt. Sie verfügt über eine autarke lexikalische und grammatische Strukturierung, die nicht mit der der Lautsprache identisch ist.

Das systematische Lehren der Gebärdensprache und ihre Verwendung als Unterrichtsmittel bzw. ihr Einsatz bereits schon in der Frühförderung hat in den letzten Jahren Eingang in die pädagogische Förderung gefunden.

Kennzeichnung aus der Sicht einer möglichen auditiven Orientiertheit Betroffener: Die auditiv-verbale Frühförderung, durch die Gehörlose ein funktionelles Hören und eine gegenüber traditionellen Maßstäben kaum vorstellbare Lautsprachkompetenz zu erreichen vermögen, wird seit den 1990er Jahren in breiterem Rahmen realisiert. Die Organisation Auditory-Verbal-International gründete sich 1986. Die auditiv-verbale Erziehung basiert auf der Ausnutzung der vorhandenen Hörkapazitäten (und seien diese auch noch so gering), um die Lautsprache auf der Grundlage des Hörens zu erwerben. Ihr oberstes Ziel ist die Inklusion des Menschen mit Hörschädigung in die Gesellschaft. Eine Befragung von Goldberg und Flexer (1993) von in der Kindheit und/oder Jugend mindestens drei Jahre auditiv-verbal geförderten Erwachsenen ergab, dass zwei Drittel sich vollständig in die hörende Welt integriert fühlten, ein Drittel sich sowohl unter hörenden als auch unter Mitmenschen mit Hörschädigung, die Gebärden benutzen, gleichermaßen gut orientierte. Eine Person gab an, sich als zugehörig zur „Deaf Community" zu sehen.

Die auditive Sprachanbahnung baut auf dem Wissen auf, dass Hörgeschädigte über voll funktionsfähige Sprechorgane und die potenzielle Fähigkeit zum Sprechen sowie über verwertbare resp. vorhandene Hörkapazitäten verfügen. Erleichtert wird dieses Vorgehen durch die Entwicklungen auf dem Sektor der Hörsysteme (hochleistungsfähige digitale Hörgeräte, ständig weiterentwickelte Cochlea Implantate). Ihr Ziel ist es, dem Kind mit Hörschädigung die Möglichkeit zu eröffnen, Sprache auf natürlichem, also imitativem Weg über das Gehör aufzunehmen. Die durch das flächendeckende Neugeborenenhörscreening möglich gewordene frühzeitige Diagnose von Hörschäden bietet die Chance einer raschen Hörgeräteversorgung und zugleich die einer umgehenden hörgeschädigtenspezifischen Beratung und Begleitung der Eltern. Dies erleichtert ein auditiv-verbales Vorgehen wesentlich.

4.3 Postlingual schwerhörig gewordene Erwachsene

Nach dem Spracherwerb schwerhörig gewordene Personen unterscheiden sich von den Ertaubten (Kap. 4.4) dadurch, dass sie in der lautsprachlichen Kommunikation (z. B. im Gespräch) das verbliebene Hörvermögen unterstützend einsetzen können, um zu verstehen. Sie haben die Sprache auf natürlichem, imitativem Weg erlernt und können sie entsprechend benutzen. Neu erlernt werden muss die Deutung der auditiven Wahrnehmung, da sich die Höreindrücke nicht nur hinsichtlich der Lautstärke, sondern auch der Klangwahrnehmung, also qualitativ, verändern. Hörsysteme bilden beim Verstehen von Sprache eine entsprechende Unterstützung. Diese werden zunehmend leistungsfähiger, ermöglichen aber dennoch nicht das zuvor gekannte Hörvermögen.

Postlingual schwerhörig

Claußen (1989, 90) verweist darauf, dass eine genaue Abgrenzung der Personen, die nach dem Spracherwerb schwerhörig geworden sind, gegen diejenigen, die von Geburt an oder zumindest prälingual schwerhörig wurden, nicht möglich ist. Das liegt u. a. auch an der ungenauen Festlegung des die Definition tragenden Begriffes „Spracherwerb". Spracherwerb ist letztendlich ein Prozess, der während des gesamten Lebens anhält und nicht völlig abgeschlossen wird (es sei denn durch Krankheit oder Altersdemenz, bei denen Retardationen bzw. der Zerfall bestehender Sprachkompetenzen eintreten können).

Schwerhörig gewordene Jugendliche haben erfahrungsgemäß erhebliche Schwierigkeiten, ihre Höreinbuße zu akzeptieren. Sie lehnen Hörgeräte häufig über lange Zeit ab, ihr Anderssein im Vergleich zu ihren Klassenkameraden und Freunden erleben sie schmerzlich, was zumeist durch gängige Pubertätsprobleme weiter verstärkt wird. Eine Umschulung in einem Förderzentrum, Förderschwerpunkt Hören wird von ihnen häufig kategorisch abgelehnt. Gleiche Zurückweisung erfahren ambulante hörgeschädigtenspezifische Begleitdienste, die das Lernen des schwerhörig gewordenen Jugendlichen in der allgemeinen Schule unterstützen würden. Im Umgang mit diesen Jugendlichen muss man Geduld und Einfühlungsvermögen aufbringen, es ist nach individuell zugeschnittenen, sinnvollen Lösungswegen zu suchen.

Ebenfalls schwierig ist die Abgrenzung zur Altersschwerhörigkeit, die als natürliche Folge des Alterns anzusehen ist (Kap. 14.3). Auch dieser Personenkreis hat oft erhebliche Probleme in der Sprachperzeption, die im Extremfall bis zur Vereinsamung und Isolation führen können.

4.4　Ertaubte

Ertaubt

Als „ertaubt" bezeichnet man Kinder, Jugendliche und Erwachsene, bei denen eine totale oder praktische Taubheit nach Abschluss des natürlichen Spracherwerbs (also postlingual) eingetreten ist. Sie können Sprache und andere Schallereignisse nicht mehr auditiv wahrnehmen. Im Unterschied zum Menschen mit prälingualer Gehörlosigkeit (Kap. 4.2) haben sie die Lautsprache auf natürlichem Weg imitativ-auditiv erlernt.

Für Ertaubte stellt heute das Cochlea Implantat eine sehr wesentliche Hilfe dar (Kap. 7). Man kann davon ausgehen, dass Personen nach ihrer Ertaubung (möglichst rasch) mit einem CI versorgt werden, wenn nicht medizinische Indikationen dagegen sprechen. Der Ertaubte kann so den „Anschluss" an die hörende Welt (zumindest teilweise) wieder erreichen.

Die untere Altersgrenze für die Charakterisierung eines Kindes als „im Sprachbesitz ertaubt" ist in der Regel das 3./4. Lebensjahr. Zu diesem Zeitpunkt hat die Lautsprachentwicklung einen relativen Abschluss gefunden, so dass die Umstellung auf die visuelle Perzeption der Lautsprache (also auf das Absehen), die Erhaltung des bis dahin erreichten Sprachstatus und der weitere Ausbau der Sprachkompetenz möglich sind. Die hörgeschädigtenpädagogische Förderung durch spracherhaltende Fördermaßnahmen und Unterweisung im Absehen müssen möglichst unmittelbar nach der Ertaubung einsetzen, d.h. sobald der gesundheitliche Zustand des Betroffenen wieder eine Belastung gestattet.

Eine Ertaubung, d.h. die völlige Funktionsuntüchtigkeit des auditiven Analysators, tritt meistens plötzlich als Folge von Erkrankungen oder Unfällen ein. Sie kann aber auch am Ende einer progredienten (also sich ständig verschlechternden) Schwerhörigkeit stehen. Sie bedingt in beiden Fällen das völlige Unvermögen, Sprache auditiv zu perzipieren, und damit die Notwendigkeit, sich entweder auf die visuelle Lautsprachperzeption (Absehen) umzustellen oder diese nach einer CI-Versorgung ergänzend hinzuzunehmen. Menschen mit einer Ertaubung sind (ohne CI) nicht mehr in der Lage, ihre eigene Sprechweise auditiv zu kontrollieren und zu regulieren. Dies gelingt ihnen nach einer CI-Versorgung und einer entsprechenden Übungsphase zum großen Teil wieder. Sie können dabei auf zuvor Erlerntes und Erworbenes zurückgreifen.

Kommt eine Cochlea Implantat-Versorgung (aus welchen Gründen auch immer) nicht in Frage, ist folgendes zu beachten:

Durch schnellstmögliche pädagogische Einflussnahme lässt sich der Bruch in der Entwicklung, den die Ertaubung für ein Kind mit sich bringt, mildern. Jüngere Kinder finden sich erfahrungsgemäß leichter in die neue Situation als Schulkinder hinein. Das Kind oder der Jugendliche muss schnellstmöglich auf die Bewältigung der psychischen Belastung vorbereitet werden. Insbesondere sollen sein Selbstvertrauen und seine Kommunikationsbereitschaft *erhalten* bleiben.

Je später eine Ertaubung eintritt, desto besser beherrscht der Betroffene die Sprache. Die Sprachentwicklung wurde zumindest bei den Spätertaubten – dazu gehören Personen, die nach dem 18./19. Lebensjahr ihr Gehör verlieren – nicht durch die Hörschädigung behindert. Ebenso stand bei ihnen die Sozialisation im Elternhaus, in der Schule und im sozialen Umfeld nicht unter dem Einfluss der Hörschädigung und dadurch hervorgerufener kommunikativer Schwierigkeiten. Personen, die ertaubt sind, verfügen über ein umfangreiches Maß an aktualisierbaren akustischen Vorstellungen, wobei vor allem Spracherinnerungsvorstellungen für das Umstellen auf veränderte Perzeptionsbedingungen bedeutsam sind. Das Hauptproblem besteht bei ihnen in der Auffassung gesprochener Sprache. Ihnen stand bisher der auditive Perzeptionsweg offen. Sie sind nun – oft völlig unvermittelt – auf den vergleichsweise unsicheren visuellen Auffassungsweg angewiesen. In dem Maße, wie es der betroffenen Person gelingt, das Absehen der gesprochenen Sprache zu erlernen, kann sich seine kommunikative Situation verbessern. Auch die Sprechmotorik ist bereits weiter ausgebildet und gefestigt. Damit sind günstigere Voraussetzungen gegeben, sie zu erhalten, an der Verlagerung auf kinästhetisch-sprechmotorische Kontrollmechanismen zu arbeiten und um Erhalten der Sprechweise bemüht zu sein. Nach längerer Zeit der Ertaubung wird die Artikulation oft unschärfer, pflegt aber verständlich zu bleiben. Die Sprechmelodie und das Sprechtempo bleiben meistens einigermaßen natürlich erhalten. Gehäuft ist ein zu lautes oder zu leises Sprechen zu beobachten, da dem Ertaubten die auditive Kontrolle fehlt.

Der vorhandene Sprachbesitz ist zweifelsohne eine wichtige Voraussetzung für die Rehabilitation nach einer Ertaubung. Gravierend ist bei den Betroffenen ihre psychische Situation (Kap. 14.2). Ertaubungen treten zumeist schlagartig als Folge von Infektionskrankheiten, Meningitiden, Hörsturz oder Unfalltraumen auf (Kap. 3.3). Die meisten Personen mit Ertaubung sehen sich unvermittelt einer völlig veränderten Wahrnehmungs- und Kommunikationssituation gegenüber. Hinzu kommt eine tiefe Verunsicherung bezüglich der eigenen Identität und daraus erwachsend eine Gefährdung der Selbstsicherheit. Sie stehen vor der Aufgabe, die veränderten Anforderungen des Lebens unter erschwerten Bedingungen und mit neu zu erarbeitenden Verhaltensformen zu bewältigen.

Die Anzahl der Kinder, die im Sprachbesitz ertauben, ist sehr, sehr gering. Sie werden (sofern keine Indikation dagegen spricht) mit CI versorgt und behalten so die Möglichkeit zum Hören, wenn auch unter veränderten Bedingungen. Da sie auf einen auditiven Erfahrungsschatz zurückgreifen können, sind die Prognosen zum Hörenlernen mit Cochlea Implantat gut.

Vor der Möglichkeit der CI-Versorgung ergaben sich für diese Kinder nicht unerhebliche Beschulungsprobleme: Eigene Bildungseinrichtungen für Ertaubte waren wegen der geringen Anzahl betroffener Kinder nicht realisierbar. Derartige Schulen waren zu Beginn der 1950er Jahre angedacht, wurden dann aber nicht gegründet, da die Anzahl schulpflichtiger Kinder, die ertaubt waren, aufgrund medizinischer Fortschritte stark rückläufig war. Als am ehesten geeignet hatten sich damals in Anbetracht ihrer lautsprachlichen Kompetenz die Schwerhörigenschulen erwiesen, obwohl auch sie nicht die ideale Lösung darstellten: Audiologisch betrachtet sind Personen mit Ertaubung gehörlos. Sie haben jedoch bis zum Zeitpunkt der Ertaubung eine uneingeschränkte Sprachentwicklung durchlaufen können. Demzufolge verfügen sie über eine mehr oder weniger umfangreiche, altersentsprechende Sprachkompetenz. Für die in den Schwerhörigenschulen lernenden Schüler mit Ertaubung ergab sich mit den Fortschritten in der Entwicklung elektronischer Hörhilfen zunehmend das Problem, dass der Unterricht der Schwerhörigenschule vorwiegend auditiv ablief, sie selber aber nur über völlig unzureichende oder keine Hörreste verfügten und immer auch der visuellen Sprachperzeption bedurften. Mit den neuen Möglichkeiten der CI-Versorgung hat sich die Situation dieser Schüler vehement verändert. Das Cochlea Implantat ermöglicht ihnen wieder ein Hören, wenn auch ein verändertes. So ist heute ein Verbleib in der allgemeinen Schule denkbar, wobei begleitende Dienste (u. a. zum Erlernen des Umgangs mit dem veränderten Hören und zur Stabilisierung der Persönlichkeit) notwendig und hilfreich sind.

4.5　Cochlea Implantat-Träger

Der Vollständigkeit halber sei auf die Gruppe der Kinder und Erwachsenen mit Cochlea Implantaten hingewiesen. Die Gruppe selbst (vertreten durch die Deutsche Cochlea Implantat Gesellschaft e. V.) versucht, für ihren Personenkreis die Begriffe CI-Träger und CI-Kinder durchzusetzen, da sie sich nicht als cochlea-implantierte Erwachsene bzw. Kinder oder als CI-Patienten sehen. Durch Verwendung der Begriffe CI-Kinder und CI-Träger könne man zugleich erkennen, ob es sich um ein Kind oder um einen Erwachsenen handelt.

Cochlea Implantationen werden seit Beginn der 1980er Jahre durchgeführt. Zunächst wurden nur im Sprachbesitz ertaubte Erwachsene operiert. Seit Ende der 1980er Jahre ging man dazu über, auch Kinder mit prä-, peri- oder postnataler (und damit prälingualer) Gehörlosigkeit zu implantieren. Die Zahl der mit einem CI versorgten Personen ist in den letzten Jahren enorm angewachsen.

Bei der Beschreibung des Personenkreises ist zunächst zwischen den beiden Gruppen „Ertaubte mit CI" und „Gehörlose mit CI" zu unterscheiden.

Ertaubte mit CI　　Personen, die ertaubten und dann mit einem Cochlea Implantat versorgt wurden, sind zum Zeitpunkt der Cochlea Implantat-Versorgung im Besitz der Sprache und haben ein akustisches Erinnerungsvermögen. Da derartige Implantationen heute etabliert sind, ist die Dauer der Taubheit bei in Frage kommenden Personen nur noch kurz. Das verbessert für die Betroffenen die Voraussetzungen, auf die vor der Ertaubung gemachten Hörerfahrungen zurückzugreifen. Dies gilt besonders für das Verstehen gesprochener Sprache. Dabei ist es von Bedeutung, ob derjenige die neuen Höreindrücke, die nicht mit den vormals erzielten identisch sind, auf ihm bekannte Lautgestalten zu beziehen vermag und ob ihm sein eigenes Sprechen auditiv innerlich ist, so dass er das Steuern seines Sprechens auf diese Erfahrungen stützen kann. Nach der CI-Versorgung dauert es eine gewisse Zeit, bis der CI-Träger seine (neuen) Höreindrücke differenziert wahrnehmen und verwerten kann. Dabei wird er versuchen, seine Hörwahrnehmungen mit früher erworbenen, gespeicherten Sprach- und Geräuschwahrnehmungen in Deckung zu bringen. Mit der Zeit gelingt es dem einzelnen CI-Träger in individuell unterschiedlichem Ausmaß, Sprache wieder auditiv zu erkennen und Geräusche zu identifizieren. Auch Kinder, die nach dem Spracherwerb ertaubten, bringen für das Hören lernen mit einem Implantat und für die auf das Hören gestützte Vervollkommnung der Sprache gute Voraussetzungen mit.

Trotz der wiedererlangten Hörfähigkeit bleiben die mit einem Cochlea Implantat versorgten Menschen hörgeschädigt und bedürfen einer entsprechenden rehabilitationspädagogischen Begleitung.

Bei der Gruppe der „Gehörlosen mit CI" war in den ersten Jahren nach   **Gehörlose mit CI** Einführung der CI-Versorgungen zwischen den frühzeitig implantierten Kindern und den erst im Schulalter versorgten Kindern und Jugendlichen zu unterscheiden. Seit sich jedoch die CI-Versorgung von jungen Kindern als rehabilitative und zunehmend als habilitative Maßnahme etabliert hat, kommt es kaum noch vor, dass gehörlose Kinder erst im Schulalter Cochlea Implantate erhalten. (Ausnahmen bilden Kinder, die erst im Schulalter nach Deutschland kommen, z.B. Spätaussiedler oder Kinder mit Migrations- und Flüchtlingshintergrund.) Alle anderen Eltern entscheiden sich im Rahmen der Frühförderung für (oder gegen) das Cochlea Implantat.

Als frühzeitig implantiert gelten gegenwärtig Kinder, die um das 1. Lebensjahr CI-versorgt wurden. Eine frühzeitige Implantation bietet für Kinder mit prälingualer Gehörlosigkeit die besten Chancen zu lernen, Lautsprache auditiv zu perzipieren und eine angemessene Lautsprache zu entwickeln. Ein Großteil dieser frühzeitig mit Cochlea Implantaten versorgten und entsprechend geförderten Kinder besuchen einen allgemeinen Kindergarten oder einen Inklusionskindergarten, einige wenige die schulvorbereitende Einrichtung eines Förderzentrums, Förderschwerpunkt Hören.

Diese Kinder können sich zumeist auditiv gut orientieren. Sie nehmen zur Lautsprachperzeption mehr oder weniger umfänglich das Absehen hinzu und zeigen eine vergleichsweise gute Lautsprachproduktion.

Es gibt jedoch auch frühzeitig mit CI versorgte Kinder, die nicht die erhoffte Entwicklung durchlaufen. Es handelt sich hier teilweise um Kinder mit Mehrfachbehinderung oder um Kinder mit unentdeckten Syndromen. Auch sind die individuellen Möglichkeiten und Dispositionen sehr verschieden; ebenso gelingt es nicht allen Kindern, das Hören in ihre Persönlichkeit zu integrieren. Dennoch bleibt anzumerken, dass für den größten Teil der frühzeitig implantierten Kinder das CI eine wesentliche Entlastung ist. Ihnen ist eine auditive Sprachwahrnehmung sowohl suprasegmentaler als auch segmentaler Anteile lautsprachlicher Informationen möglich. Durch ein sich entwickelndes auditives Feedback ist eine günstige Einflussnahme auf die Artikulation zu erwarten. Die Kinder sind in der

Lage, durch eine wirksame Eigenkontrolle und Eigenkorrektur nachhaltig auf Höhe, Intensität und Dauer ihrer stimmlichen Äußerungen einzuwirken (Bertram 1998b, 114). Auch wird eine auditive Orientierung in der Umwelt erleichtert.

Anders verhielt es sich mit gehörlosen Kindern und Jugendlichen, die erst im Schulalter ein Cochlea Implantat erhielten. Diese Kinder und Jugendlichen mussten lernen, mit dem CI Hörstrategien und -muster zu entwickeln. Sie hatten zudem über mehrere Jahre eine Sozialisation in der Gruppe der Gehörlosen erfahren. Erfahrungen zeigen, dass bei älteren Kindern oder Jugendlichen eine Implantation nur (noch) sinnvoll ist, wenn sie bereits vorher eine „Hörgerichtetheit" hatten und sich bereits verstärkt auditiv orientierten. Der Erfolg bleibt in den meisten Fällen begrenzt.

Die CI-Versorgung von Jugendlichen (und Erwachsenen) mit prälingualer Gehörlosigkeit ist umstritten. Es lassen sich Fallbeispiele anführen, bei denen eine späte Implantation dem Jugendlichen Hilfe, psychische Entlastung und persönlicher Gewinn war (Pietsch, F. 1998; Senn 1995). Daneben sind aber auch solche zu verzeichnen, die ihr CI ablehnten und bei denen Störungen in der Persönlichkeit zu beobachten waren (Gotthardt 1995).

4.6   Einseitig Hörgeschädigte

Die *einseitige Hörschädigung* wurde lange Zeit in ihren Auswirkungen unterschätzt, da davon betroffene Kinder die Sprache auf natürlichem Weg vollständig erlernen können. Sie verfügen auf der einen Seite über ein voll funktionsfähiges Gehör; auf der anderen Seite liegt eine der beschriebenen Hörschädigungen unterschiedlichen Ausmaßes vor. Kinder mit einer gering- bis mittelgradigen einseitigen frühkindlichen Hörschädigung entwickeln sich weitgehend unauffällig. Bei hochgradiger einseitiger Hörschädigung kann es zu Verzögerungen und Störungen der Sprachentwicklung kommen. Bei guter Förderung und unterstützendem Elternhaus zeigen die Kinder bei Schuleintritt keine oder kaum sprachliche Abweichungen von Gleichaltrigen, was dazu führt, ihre Hör- und Verstehensprobleme zu negieren. In der Schule (und schon davor im Kindergarten) kann es zu Auffälligkeiten kommen: Obwohl der Schüler (das Kindergartenkind) den Unterrichtsalltag (das Geschehen) weitgehend unauffällig meistert, hört er unter erschwerten Bedingungen. Immer dann, wenn Neben- und Störgeräusche auftreten, sind sie in der auditiven Wahrnehmung beeinträchtigt. Das fehlende Richtungshören – Richtungshören ist die Voraussetzung, um die Schallquelle zu orten (also zu erkennen, wo sich der Sprecher befindet) – und Probleme bei der Störschall-Nutzschall-Trennung können die Teilhabe an sozialen Situationen (und damit am Unterricht) erschweren und erhöhte Aufmerksamkeit und Konzentration fordern. Im Kindergarten- und Schulalltag sind die Hörbedingungen oft ungünstig, da Neben- und Störgeräusche nur begrenzt ausgeschaltet werden können. Sind sie jedoch vorhanden, können Äußerungen des Erziehers oder des Lehrers und / oder der Kinder der Gruppe bzw. der Mitschüler nicht immer vollständig und angemessen verstanden werden, was zu einer unvollständigen Aufnahme des Gesagten, des Kindergartengeschehens bzw. der Unterrichtsinhalte und damit des Lernstoffs führen kann (Leonhardt 2009h, 122).

Schätzungen in der Fachliteratur gehen davon aus, dass Kinder mit einseitiger Hörschädigung zu 30 bis 40 % schulische Lernprobleme zeigen, vor allem im Schriftspracherwerb (Rosanowski / Hoppe 2004).

4.7   Kinder und Jugendliche mit AVWS

Obwohl in der Fachliteratur auch Auditive Verarbeitungs- und Wahrnehmungsstörungen (AVWS) für Erwachsene beschrieben werden (Böhme 2006), wird sich nachfolgend auf Kinder und Jugendliche beschränkt. AVWS im Erwachsenenalter werden gehäuft im Zusammenhang mit neurologischen, psychiatrischen, otologischen und neuropsychologischen Erkrankungen beobachtet, wobei es grundsätzlich bei Diagnosestellung abzuklären gilt, ob eine entsprechende Störung bereits im Kindesalter bestanden hat. Pädagogisch bedeutsam sind vor allem die Kinder und Jugendlichen mit AVWS.
    Während die Zahl der Kinder und Jugendlichen mit einer (peripheren) Hörschädigung, die ein Förderzentrum, Förderschwerpunkt Hören besuchen, in den letzten Jahren kontinuierlich zurückging, stieg die der Schüler mit AVWS ungleich an. Auffällig dabei ist, dass mit aufsteigenden Schuljahren (also mit größer werdenden Leistungsanforderungen) die Zahl der Schüler mit AVWS in den Förderzentren, Förderschwerpunkt Hören steigt (Lindauer 2009, 107ff). Die Ursachen dafür sind vielfältig. Die Verarbeitungs- und Wahrnehmungsschwierigkeiten in der schulischen Lernsituation führen zum schulischen Versagen und erschweren den Kindern und Jugendlichen die soziale Teilhabe und Integration in die Klasse.
    Bei den auditiven Verarbeitungs- und Wahrnehmungsstörungen im Kindesalter konnte bisher keine einheitliche Ursache ermittelt werden. Daher empfiehlt Böhme (2006, 41f) eine defizitorientierte Leistungsbeschreibung, um den Diagnosebegriff zu vermeiden.
    Von grundlegender Bedeutung nennt er Störungen in der

– auditiven Aufmerksamkeit (Zuwenden und bewusstes Wahrnehmen auditiver Stimuli),
– auditiven Speicherung und Sequenz (Speichern der auditiven Stimuli [auditive Merkspanne] und Erfassen der Reihenfolge von außersprachlichen und sprachlichen Sequenzen),
– auditiven Lokalisation (Feststellen von Richtung und Entfernung auditiver Stimuli),
– Diskrimination (Erkennen von Ähnlichkeiten und Unterschieden zwischen auditiven Stimuli, insbesondere Phoneme),
– Selektion (Fähigkeit zur Störschall-Nutzschall-Trennung),
– Analyse (Fähigkeit, Wörter in Silben und / oder Sätze in Wörter zu zerlegen),

   – Synthese (Fähigkeit, aus einzelnen Elementen eine komplexe akustische Gestalt zusammenzusetzen),
   – Ergänzung (Fähigkeit, fragmentarische auditive Gebilde zu sinnvollen Informationen zu vervollständigen).

Schulisch gesehen fallen die Schüler mit AVWS durch folgende Merkmale auf (vgl. Nickisch 2010, 202f):

– häufiges Nachfragen,
– unangemessene Reaktionen oder Missverständnisse bei verbaler Kommunikation,
– Empfindlichkeit bei lauten und schrillen Schallreizen,
– vermindertes Sprachverstehen bei Störgeräuschen oder bei mehreren Gesprächspartnern,
– hörbedingtes Verwechseln ähnlich klingender Wörter,
   Probleme beim Merken mehrteiliger verbaler Aufforderungen,
– Probleme bei der Phonemdifferenzierung und Störungen im auditiven Kurzzeitgedächtnis,
– Lese- und/oder Rechtschreibstörungen mit häufigen oder vorrangigen Wahrnehmungsfehlern.

Die Auditiven Verarbeitungs- und Wahrnehmungsstörungen (AVWS) sind mittlerweile als Krankheit anerkannt und werden unter der Kodierung F80.20 der Internationalen Klassifikation von Krankheiten (ICD-10) im Verzeichnis der Weltgesundheitsorganisation (WHO) geführt.

Mit dem Phänomen „Auditive Verarbeitungs- und Wahrnehmungsstörungen" sind gegenwärtig noch viele offene Fragen verbunden. Diese können nur in einem interdisziplinär besetzten Forscherteam beantwortet werden.

Lindauer (Hrsg.) (2009): Schülerinnen und Schüler mit Auditiven Verarbeitungs- und Wahrnehmungsstörungen (AVWS).

4.8   Übungsaufgaben zu Kapitel 4

Aufgabe 20   Welche Faktoren beeinflussen die psychosozialen Folgen eines Hörschadens?

Aufgabe 21   Beschreiben Sie die Auswirkungen einer Schallleitungsschwerhörigkeit!

Aufgabe 22   Beschreiben Sie die Auswirkungen einer Schallempfindungsschwerhörigkeit!

Aufgabe 23   Beschreiben Sie die Auswirkungen einer kombinierten Schwerhörigkeit!

Aufgabe 24   Definieren Sie die Gruppe der „Ertaubten", der „Spätertaubten", der „Gehörlosen" und die der „CI-Träger"!

Vergleichen Sie die psychosoziale Situation von Erwachsenen mit prälingualer Schwerhörigkeit mit der von Erwachsenen, die erst im Erwachsenenalter schwerhörig wurden!   **Aufgabe 25**

Wo liegt nach gegenwärtigem Erkenntnisstand etwa die untere Altersgrenze, um ein Kind als „im Sprachbesitz ertaubt" oder als „gehörlos" zu charakterisieren?   **Aufgabe 26**

Worin liegen die besonderen Probleme einseitiger Hörschädigung?   **Aufgabe 27**

Was verstehen Sie unter AVWS? Welche Auswirkungen haben sie?   **Aufgabe 28**

5 Audiometrische Diagnostik

Um eine adäquate Bildung, Erziehung und Förderung des Kindes mit Hörschädigung oder eine adäquate Rehabilitation z.B. von Menschen, bei denen die Hörschädigung erst im Laufe ihres Lebens eingetreten ist (man spricht dann von Späthörgeschädigten), einleiten zu können, ist eine möglichst umfassende Diagnostik wichtig. Sie ermöglicht genaue Informationen und gibt Hinweise auf einzuleitende pädagogische und rehabilitationspädagogische Maßnahmen und Erfordernisse.

Statuserhebung und Verlaufsdiagnostik Die Aufgabenbereiche der Diagnostik erstrecken sich sowohl auf die sog. Statuserhebung (Wie ist die Situation aktuell?) als auch auf die Verlaufsdiagnostik. Letztere umfasst sowohl punktuelle Untersuchungen und Tests, die in bestimmten Zeitabständen zu wiederholen sind, als auch kontinuierliche Dauerbeobachtungen. Nur aus der Kenntnis des Entwicklungsverlaufs heraus lässt sich der psychosoziale Entwicklungsstand des Kindes mit Hörschädigung oder die Situation des Erwachsenen mit Hörschädigung zum gegebenen Zeitpunkt richtig verstehen und interpretieren.

Wie den Kapiteln 4 und 11 zu entnehmen ist, ist eine der wichtigsten intervenierenden Variablen der Zeitpunkt des Eintretens des Hörschadens. Demzufolge ist das frühestmögliche Erkennen des Hörschadens, dessen pädagogische Erfassung und dessen genaue audiometrische und pädagogische Diagnose von wesentlichem Wert.

In der hörgeschädigtenpädagogischen Praxis hatte man seit langem die Erfahrung gemacht, dass sich Kinder mit Hörschädigung umso besser entwickeln, je früher eine Beratung der Eltern und eine pädagogische Förderung des Kindes einsetzen. Die wissenschaftliche Begründung und Bestätigung dafür lieferten seit Ende des 20. Jahrhunderts Forschungsergebnisse aus der Neurologie und Hörphysiologie (Kap. 11). Deren Studien belegen, dass es unter Einwirkung von (akustischen) Reizen zum Aufbau von Synapsen im Gehirn kommt, die für das Hören wichtig sind.

Bereits Wisotzki (1994) verwies darauf, dass es bei fehlenden Reizen auch zum Abbau von Synapsen kommt, so z.B. bei im Erwachsenenalter hörgeschädigt gewordenen Menschen. Demzufolge muss auch hier eine rasche rehabilitative Intervention erfolgen, um eine akustische Verarmung mit der Folge eines Synapsenabbaus zu verhindern.

Aus pädagogischer und audiologischer Sicht muss daher bei Kindern schnellstmöglich mit hörerziehlichen Maßnahmen begonnen werden. Bei Erwachsenen ist umgehend ein Hörtraining einzuleiten (Kap. 10.1).

Im Rahmen der Diagnostik, die sich mit pädagogischen, psychologischen und aus Teilbereichen der Medizin (vorrangig der HNO-Heilkunde, aber z. B. auch Ophthalmologie, Pädiatrie, Neurologie, Orthopädie usw.) sich ergebenden Fragestellungen befasst, bildet die audiometrische Diagnostik einen sehr wesentlichen Schwerpunkt. Die audiometrische Diagnostik wird sowohl von der Medizin als auch von der Pädagogik zur Beantwortung spezieller Fragen, die die Hörschädigung betreffen, eingesetzt.

Durch die audiometrischen Methoden können Art und Ausmaß des Hörschadens (Kap. 3.2) festgestellt werden. Sie ermöglichen wichtige Basisinformationen. Die alleinigen Kenntnisse dieser können jedoch noch keine ausreichende Grundlage für das pädagogische Handeln sein.

Es gibt audiometrische Methoden, die aufgrund der notwendigen Vorkenntnisse nur im medizinischen Bereich oder nur im pädagogischen Bereich durchgeführt werden, und solche, die in beiden Bereichen Anwendung finden. Nachfolgend werden Verfahren vorgestellt, die im Rahmen der *pädagogischen Audiologie* Anwendung finden.

5.1 Orientierende Hörprüfung

Ein einfach durchzuführender Test ist die Hörweitenbestimmung. Für ihn sind keine technischen Hilfsmittel nötig. Er ist einsetzbar, wenn das Kind zur notwendigen Kooperation in der Lage und bereit ist. Das Kind muss mit zweistelligen Zahlen vertraut sein, was etwa in der 1. oder 2. Jahrgangsstufe der Grundschule der Fall ist. Das Ergebnis einer Hörweitenprüfung hat einen orientierenden Charakter.

Hörweitenprüfung

Zur Durchführung ist ein mindestens sechs Meter langer, störschallarmer, nicht halliger Raum notwendig. Das Kind steht mit der Seite des zu überprüfenden Ohres zum Pädagogen. Das Gegenohr wird vertäubt (z. B. indem man es mit der Fingerbeere verschließt). Zugleich muss darauf geachtet werden, dass das Kind nicht beim Sprecher absehen kann, beispielsweise indem man es auffordert, auf seine Schuhspitzen zu sehen. Vom Pädagogen (Prüfer) werden viersilbige Zahlenwörter (zwischen 21 und 99) – oder bei jüngeren Kindern altersgemäße, mehrsilbige Wörter – in normaler Lautstärke gesprochen angeboten, die das Kind wiederholen soll. Begonnen wird bei einer Entfernung von 6 m. Das ist der Abstand, bei dem normalerweise geflüsterte viersilbige Zahlen verstanden werden. Kommt es zu Verstehensproblemen, wird der Abstand sukzessive verkürzt, bis 50 % nachgesprochen werden können (nötigenfalls bis ans Ohr des Kindes). Die so bestimmte Entfernung gibt als Hörweite indirekt den Grad der Hörschädigung an (Tab. 15).

Die Hörweite wird für Flüster- und Umgangssprache und für beide Ohren getrennt geprüft. Flüstersprache ist leiser und stimmlos, was gutes Hören hochfrequenter Anteile notwendig macht. Liegt eine deutliche Differenz zwischen Umgangs- und Flüstersprache vor, verweist das auf Schwierigkeiten beim Hören im Hochtonbereich.

Tab. 15: Hörweite und Ausmaß (Grad) der Hörschädigung

Hörweite	Grad der Hörschädigung
› 6 m	normalhörend
6 – 4 m	gering- oder leichtgradig
4 – 1 m	mittelgradig
1 – 0,25 m	hochgradig
‹ 0,25 m	resthörig
0 m	gehörlos

Die Hörweitenprüfung ist von informellem Wert. Das quantitative Ausmaß eines Hörverlustes wird audiometrisch gemessen.

5.2 Audiometrie

Audiometrie Geht es um die quantitative Bestimmung (Messung) eines Hörverlustes, bedient man sich der Audiometrie. Die Audiometrie ist die Lehre der Messung des Hörens, also die „Gehör-Messung". Mit ihrer Hilfe wird die Hörschwelle (Punkt, bei dem ein Schall vom Unhörbaren zum Hörbaren wird) ermittelt. Will man nähere Auskünfte über das gesamte Hörfeld – es umfasst all jene Töne, die der Mensch wahrnimmt – wissen, kann zudem die Unbehaglichkeitsschwelle (Töne werden unangenehm empfunden) ermittelt werden.

Hörschwelle

Unbehaglichkeitsschwelle

Die vielfältigen Methoden der Audiometrie eignen sich unterschiedlich zur Erreichung der Ziele (Erfassen, diagnostische Zuordnung und Quantifizierung einer Hörschädigung). Durch die Wahl eines geeigneten Tests muss die entsprechende Fragestellung möglichst effektiv beantwortet werden.

Diagnostische Untersuchung Eine Hörschädigung kann *diagnostisch* oder bei einer Reihenuntersuchung (sog. *Screening*) erfasst werden.

Bei einer diagnostischen Untersuchung ist die Hörschädigung in der Regel bereits bekannt oder sie wird vermutet.

Screening Reihenuntersuchungen dienen hingegen dem Aufdecken bisher nicht erkannter Hörschädigungen (z. B. bei der Einschulungsuntersuchung).

Aussonderungsaudiometrie In diesem Zusammenhang spricht man auch von der Aussonderungsaudiometrie und der Bestimmungsaudiometrie. Aussonderungsuntersuchungen haben das Ziel, eine bestimmte Gruppe an Kindern „auszusondern", nämlich die, bei denen eine Schädigung des Gehörs vermutet wird. Solche Gruppen können z. B. Risikokinder sein. Zeigen die Kinder bei der Hörprüfung bestimmte Auffälligkeiten, so werden sie als hörauffällig bezeichnet und einer Bestimmungsuntersuchung zugeführt.

Bestimmungsaudiometrie Die Bestimmungsuntersuchungen sollen Art und Ausmaß (Grad) der Hörschädigung ermitteln. Im Säuglingsalter werden dafür objektive Verfahren eingesetzt. Dazu gehören z. B. die Auditorisch Evozierten Potenziale (AEP) oder die Otoakustischen Emissionen (OAE), die jedoch in den Bereich der medizinischen Audiologie gehören. Zu den Bestimmungsuntersuchungen können aber auch Säuglingsaudiometrie (ab dem 3. Lebensmonat) – das Kind reagiert mit einem Orientierungsverhalten zur Schallquelle hin – und die Kleinkindaudiometrie (vom 12. Lebensmonat bis zum 3. Lebensjahr) gezählt werden. Ab dem 3. Lebensjahr kann als Bestimmungsuntersuchung die Spielaudiometrie (s. dort) eingesetzt werden.

In der Audiometrie unterscheidet man zwischen objektiven und subjektiven Verfahren. Objektive Verfahren bedürfen nicht der Mitarbeit der zu prüfenden Person. Das Gehör wird anhand physiologischer, unwillkürlicher Reaktionen und „objektiver" Parameter gemessen. Sie finden insbesondere bei Säuglingen und Kleinkindern und bei Personen mit mentalen oder kognitiven Einschränkungen Anwendung. Subjektive Verfahren bedürfen der Mitarbeit der Person, die geprüft wird. Sie muss auf ein bestimmtes Signal (akustischen Reiz) hin eine vereinbarte Reaktion (Verhaltensreaktion, Handlung, sprachliche Äußerung) zeigen. Solche Verfahren sind bei Kindern erst ab ca. 4 bis 5 Jahren (in Abhängigkeit vom Entwicklungsstand) möglich.

Objektive Verfahren

Subjektive Verfahren

Das Ziel der Audiometrie, die Hörschwelle zu bestimmen, ist bei sehr kleinen Kindern in vielen Fällen nur indirekt möglich, indem die Reaktionsschwelle bestimmt wird, die eine Schätzung des Hörvermögens zulässt, aber nicht mit einer Hörschwelle gleichgesetzt werden kann. Eine Audiometrie mit kleinen Kindern erfordert speziell ausgebildete und erfahrene Pädagogen mit großem Einfühlungsvermögen und Geduld.

Reaktionsschwelle

Bei der Interpretation von Hörprüfergebnissen ist zu beachten, dass die kindlichen Hörreaktionen altersabhängig sind. Sie liegen in den ersten drei Lebensmonaten noch 20 bis 30 dB über dem Hörschwellenverlauf von Erwachsenen. Erst im Alter von ca. 3 bis 4 Jahren nähern sie sich diesem weitgehend an.

Kindliche Hörschwellen

Reflexaudiometrie

Bis etwa zum 6. Lebensmonat kann man die Reflexaudiometrie nutzen. Sie basiert darauf, dass sich unspezifische reflektorische Reize beim normalen Säugling von Geburt an auslösen lassen. Zum Auslösen dieser Reflexe sind akustische Stimuli von 70–80 dB notwendig. Beobachtet werden können der Moro-Reflex (Klammerreaktion), der Lidreflex (Lidschlag), der Startle-Reflex (gesamtkörperliche Schreckreaktion) und der Atemreflex (kurzes Anhalten des Atems bei Beschallung im Schlaf).

Reflexaudiometrie

Die Reflexaudiometrie ist nicht zuverlässig und dient dem orientierenden Ausschluss hochgradiger Hörschädigungen.

Verhaltensaudiometrie

Ab etwa 6. Monat sind folgende, auf die Reifung des Richtungshörens aufbauende Tests möglich:

a) Ablenktest

Ablenktest Die Kinderaudiometrie nutzt Zuwendereaktionen (zumeist Hinwenden des Kopfes) zu den akustischen Reizen, um eine Hörschwelle zu ermitteln. Beim Ablenktest sitzt das Kind auf dem Schoß der Begleitperson (Mutter, Vater) und betrachtet ein Spielzeug oder Bilderbuch. Hinter dem Kind gibt der Untersucher definierte akustische Stimuli und beobachtet, ob das Kind eine Hinwendereaktion zur Schallquelle zeigt.

b) Verhaltensaudiometrie mit Konditionierung

Verhaltens-audiometrie Auf der Basis der eben beschriebenen Reaktionen kann eine audiometrische Schwellenmessung vorgenommen werden. Dazu wird das Kind zunächst konditioniert, d.h. „belohnt", indem auf der Seite, auf der der akustische Stimulus geboten wurde, z.B. ein Bild erscheint. Nach einer Übungsphase („Konditionierung"), die überschwellig (also lauter als die vermutete Hörschwelle) erfolgte, beginnt die eigentliche Hörprüfung, jetzt mit variablen Lautstärkepegeln, um die Reaktionen zu beobachten.

Spielaudiometrie

Spielaudiometrie Die Spielaudiometrie ist in Abhängigkeit vom Entwicklungsstand des Kindes ab dem 2./3. Lebensjahr durchführbar. Das Prinzip der Durchführung entspricht der Hörschwellen-/Tonschwellenaudiometrie (s. dort).

Die Reaktion auf akustische Stimuli erfolgt mit einer Spielhandlung (Ablegen eines Bausteins, Hölzchen in ein Steckbrett setzen...). Mit der Spielaudiometrie kann man mit Hilfe des Kopfhörers (für die Bestimmung der Luftleitung) und des Knochenleitungshörers (für die Bestimmung der Knochenleitung) die Hörschwelle für beide Ohren getrennt ermitteln.

Hörschwellen-/Tonschwellenaudiometrie

Das häufigste und gängigste Testhörprüfverfahren ist die Hörschwellenaudiometrie (auch Tonschwellenaudiometrie genannt). Arbeitet das Kind mit, ohne dass der Vorgang in eine Spielhandlung eingebettet ist (ca. 4./5. Lebensjahr), geht man zur allgemein üblichen Hörschwellenbestimmung über. Das Hören (oder Nicht-mehr-Hören) wird durch Heben eines Fingers, Knopfdruck oder „ja" sagen angezeigt. Mit der Hörschwellenaudiometrie gelingt eine genaue und seitendifferente Bestimmung der Hörschwelle über den gesamten Frequenzbereich.

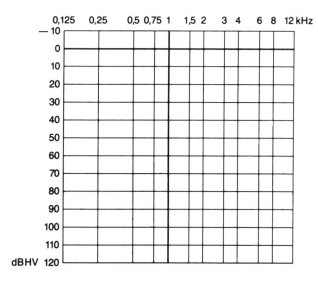

Abb. 24: Audiogramm

Das Ergebnis des Messvorgangs wird in einem Audiogramm graphisch dargestellt (Abb. 24).

Die sprachaudiometrischen Verfahren für Kinder werden vor allem zur Kontrolle bei der Anpassung von Hörgeräten oder Cochlea Implantaten eingesetzt. Im deutschen Sprachraum sind mehrere standardisierte und teilweise normierte Verfahren in Gebrauch, z. B. Mainzer oder Göttinger Kindersprachtest, Oldenburger Kinderreimtest (OLKI). Das Testmaterial wird auf CD und damit in definierter Qualität angeboten.

Kindersprach-audiometrie

Messverfahren für Kinder, Jugendliche und Erwachsene

Wie unter dem Stichwort „Hörschwellen-/Tonschwellenaudiometrie" ausgeführt, ist ab einem bestimmten Alter bzw. ab einem bestimmten Entwicklungsstand es nicht mehr erforderlich, die Hörmessung in eine Spielhandlung einzubauen. Die Hör(Ton-)schwellenaudiometrie erfolgt anhand einer vereinbarten Reaktion auf ein Prüfsignal, das einem Audiometer entstammt. Ein Audiometer (z. B. Abb. 25) ist ein Hörprüfgerät, das definierte und geeichte Prüfsignale erzeugt.

Hörschwellen-/Tonschwellen-audiometrie

Audiometer

Zur eigentlichen Messung wird das Prüfsignal über Kopfhörer zur Messung der Luftleitung oder über Vibrator (Knochenleitungshörer) zur Messung der Knochenleitung gegeben. Auf diesem Weg wird der Grenzwert zwischen unhörbarem und hörbarem Bereich ermittelt, indem der zu Prüfende angibt, wenn der Ton für ihn eben gerade wahrnehmbar wird. Die Messwerte über alle Frequenzen ergeben die Hörschwelle. Dafür wird für verschiedene Frequenzen der Wert (Punkt) bestimmt, bei dem der Schall vom Unhörbaren zum Hörbaren wird. Die Verbindung der ermittelten Werte ergibt die Hörschwelle je für Luftleitung und Knochenleitung für

Abb. 25: Portables Audiometer ST 26 (mit freundlicher Genehmigung von Maico Diagnostics GmbH)

jedes Ohr. Aus den ermittelten Hörschwellenverläufen von Luftleitung und Knochenleitung lässt sich die Art und das Ausmaß (also den Grad) der Hörschädigung bestimmen.

Sprachaudiometrie

Sprachaudiometrie Die Sprachaudiometrie überprüft das Sprachgehör und das Sprachverständnis (oder das Sprachverstehen) eines Schwerhörigen. Der bekannteste und am häufigsten verwendete Sprachtest im deutschen Sprachbereich ist der Freiburger Sprachtest (auch unter Freiburger Sprachverständlichkeitstest bekannt), der aus zwei Teilen, dem Zahlentest (enthält 10 Gruppen zu je 10 mehrstelligen Zahlen) und dem Einsilbertest (enthält 20 Gruppen zu je 20 Einsilben) besteht.

Die Messung erfolgt, indem zuerst geprüft wird, um wie viel Dezibel lauter die Zahlen im Vergleich zum Normalhörenden angeboten werden müssen, damit sie verstanden werden. Danach wird mit einsilbigen Wörtern (um Kombinationsmöglichkeiten, wie sie bei mehrsilbigen Wörtern möglich wären, auszuschließen) geprüft, ob bei einer bestimmten Verstärkung alle angebotenen Testwörter verstanden werden. Werden alle Wörter verstanden, kann man auf ein 100 %iges Sprachverstehen schließen. Ist das nicht der Fall, wird ermittelt, wie viel Prozent der angebotenen Testwörter bei optimaler Lautstärke verstanden werden. Dieser Wert wird als „Diskriminationsverlust für Sprache" bezeichnet. Der Freiburger Sprachtest wurde ursprünglich für Erwachsene entwickelt. Je nach Entwicklungsstand des Kindes kann er ab etwa acht Jahre bei Kindern eingesetzt werden.

Die Sprachaudiometrie ist eine der wichtigsten Grundlagen für die Anpassung und Bewertung der Effektivität von Hörgeräten und Cochlea Implantaten.

Da die Prüfung des Sprachverstehens bei Kindern den Wortschatz vor- **Kindersprach-**
aussetzt, mit dem geprüft wird, wurden altersabhängige Kindersprachtests **audiometrie**
entwickelt. Die bekanntesten Kindersprachtests sind der Mainzer Kindersprachtest, der Göttinger Kindersprachverständnistest und zunehmend
der Oldenburger Kinder-Reimtest (OLKI) und der Oldenburger Kindersatztest (OLKiSA) (Tab. 16).

Der *Mainzer Kindersprachtest* wird für drei Altersgruppen angeboten:
Gruppe I für Kinder unter vier Jahren, Gruppe II für Kinder von vier bis
fünf Jahren und Gruppe III für Kinder von sechs bis acht Jahren. Zum
Test gehören ein- und zweisilbige Wörter aus dem initialen Wortschatz der
Kinder. Zum Test I und II gehören Bildkarten.

Der *Göttinger Kindersprachverständnistest* ist ein Sprachbildtest, bei
dem das Kind das Prüfwort auf der Bildtafel zeigen muss. Teil I (bestehend
aus 20 Einsilbern) ist für drei- bis vierjährige sowie retardierte und Teil II
(umfasst 100 Einsilber) für fünf- bis sechsjährige Kinder.

Der *Oldenburger Kinder-Reimtest (OLKI)* ist ab einem Alter von vier
Jahren einsetzbar und verwendet als Sprachmaterial Zweisilber. Die Testwörter unterscheiden sich nur in einem Phonem. Die Testwörter werden
zusammen mit drei Abbildungen angeboten. Jede Testreihe umfasst zwölf
Testwörter.

Der *Oldenburger Kindersatztest (OLKiSA)* basiert auf einen Satztest
für Erwachsene (Oldenburger Satztest) und wurde für Kinder angepasst
und vereinfacht. An Stelle ganzer Sätze werden aus drei bzw. fünf Wörtern
Pseudosätze angeboten. Es sind Aussagen zum Sprachverstehen im Störschall möglich.

Tab. 16: Überblick über sprachaudiometrische Testverfahren bei Kindern (in
Anlehnung an Hoffmann 2018, 20)

Sprachtest	Altersgruppe	Sprachmaterial
Mainzer Kindersprachtest I–III	I: 2,5 bis 4 Jahre II: 4 bis 6 Jahre III: 6 bis 8 Jahre	Ein- und Zweisilber (I und II mit Bildkarten)
Göttinger Kindersprachverständnistest I–II	I: 3 bis 4 Jahre II: 5 bis 6 Jahre	Einsilber
Oldenburger Kinder-Reimtest (OLKI)	ab 6 Jahre (besonders 1.–4. Grundschuljahr)	Zweisilber (mit Bildern)
Oldenburger Kindersatztest (OLKiSA)	ab 4 Jahre	Pseudosätze mit 3 bzw. 5 Wörtern
Freiburger Sprachverständlichkeitstest	ab 8 Jahre	mehrstellige Zahlen Einsilber

Die in 5.1 und 5.2 vorgestellten Verfahren ergänzen sich gegenseitig und stellen Bausteine für differenzielle Diagnosen dar. Diese wiederum ermöglichen sicheres Wissen über die Hörschädigung.

Literatur zur Vertiefung: Böhme/Welzl-Müller (2005): Audiometrie. – Kompis (2016): Audiologie. – Lehnhardt/Laszig (2009): Praxis der Audiometrie. – Löwe (1996 a): Hörprüfungen in der kinderärztlichen Praxis. – Mrowinski et al. (2017): Audiometrie. – Zorowka (2008): Pädaudiologie.

5.3   Übungsaufgaben zu Kapitel 5

Aufgabe 29   Was ist Aufgabe der Audiometrie?

Aufgabe 30   Was versteht man unter Spielaudiometrie?

Aufgabe 31   Wozu dient die Tonaudiometrie?

Aufgabe 32   Wozu dient die Sprachaudiometrie?

Aufgabe 33   Warum sind spezielle Kindersprachtests erforderlich?

Aufgabe 34   Welche Kindersprachtests kennen Sie? Beschreiben Sie jeweils den Aufbau!

Aufgabe 35   Wodurch unterscheiden sich objektive Verfahren von den subjektiven Verfahren der Audiometrie?

6   Hörsysteme

Hörgeräte dienen dazu, Hörschall, vor allem Sprache, so zu verstärken, dass ein von einer Hörschädigung betroffener Mensch besser hören und verstehen, also seinen Hörverlust soweit kompensieren kann, dass ein Sprachverstehen erreicht wird. Für diesen Zweck gibt es verschiedene Hörgerätetechniken und Hörgerätebauformen. Ein Hörgerät kommt immer dann zum Einsatz, wenn bei Schwerhörigkeit durch chirurgische und medikamentöse Maßnahmen keine Hörverbesserung zu erreichen ist. Bei einer Gehörlosigkeit wird mit Cochlea Implantaten versorgt (Kap. 7).

Hörrohr

   Das Ziel von Hörhilfen war stets, den Schalleindruck besser wahrnehmbar, also im Wesentlichen lauter zu machen. Als frühe Formen technischer Hörhilfen sind Hörrohr und Hörschlauch bekannt. Sie haben eine große Öffnung zur Schallquelle hin und eine kleine, die ins Ohr führt. Das Prinzip der Wirkungsweise besteht darin, die für die Schallaufnahme wirkungsvolle Fläche zu vergrößern und die Schallenergie auf einen kleineren Querschnitt zu konzentrieren. Dadurch wird der Schall lauter. Das ist der Vorteil des Hörrohrs. Nachteilig wirkt sich dabei aus, dass der Klang des akustischen Signals (also des Gesprochenen) verformt wird und damit an Deutlichkeit verliert.

   Heute verwendet man als technische Hilfen Hörsysteme. Vom Grundprinzip her umfasst es vier Funktionseinheiten: Mikrophon, Verstärker, Regler und Hörer (Abb. 26):

   ▪ Das *Mikrophon* nimmt das akustische Signal auf und wandelt es in elektrische Schwingungen um.
   ▪ Der *Verstärker* verstärkt das Signal. Die dafür notwendige Energie stammt aus einer Stromquelle (z. B. elektrisches Netz, Batterie, Akku).
   ▪ Mit dem *Regler* kann die Stärke des elektrischen Signals geregelt werden.
   ▪ Der *Hörer* verwandelt die elektrischen Schwingungen wieder in Schallschwingungen zurück, so dass sie vom Ohr des Hörgeschädigten aufgenommen werden können.

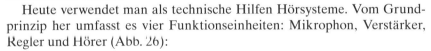

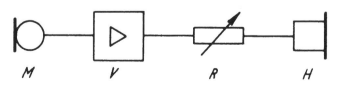

Abb. 26: Prinzipschaltbild einer Verstärkeranlage. M: Mikrophon, V: Verstärker, R: Regler, H: Hörer (aus: Lindner 1992, 248)

Man unterscheidet bei den Hörgeräten zwischen individuellen Hörsystemen (als Hilfe für den Einzelnen) und Höranlagen (als Hilfe für eine größere Anzahl von Zuhörern).

6.1   Individuelle Hörgeräte

Individuelle Hörsysteme (früher Hörhilfen) sind entwickelt worden, damit sie ihrem Träger jederzeit und allerorts zur Verfügung stehen und ihnen die Verständigung mit der Umwelt ermöglicht und aufrecht erhält. Sie sollen den Hörverlust so weit kompensieren, dass eine ausreichende Verbesserung des Sprachverstehens erreicht wird (Lenarz/Boenninghaus 2012). Die Vorteile der tragbaren individuellen Hörsysteme bestehen darin, dass sie klein und leicht sind. Es wird zwischen Luftleitungs-, Knochenleitungs- und implantierbaren Hörgeräten unterschieden.

Luftleitungshörgeräte

HdO-Geräte   Hinter-dem-Ohr-Geräte (Abb. 27 und Abb. 28) sind derzeit die am häufigsten benutzten Hörsysteme. Sie werden hinter der Ohrmuschel (daher auch die Bezeichnung HdO-Gerät) getragen und haben eine entsprechend gebogene Form. Die Größe der Geräte beträgt heute nur noch Zentimeter; sehr kleine HdO-Geräte nennt man Mini-HdO-Geräte. Das HdO-Gerät ist die Hörgeräte-Bauform mit den meisten Möglichkeiten für unterschiedliche Größe, Verstärkung, Klangauswahl, Anschluss an Zusatzgeräte und Ausstattung mit speziellen Schaltungen für bestimmte Hörfehler (Blankenhahn 1993, 65f).

Die Schallaufnahme erfolgt am Kopf und von vorne, so dass, wenn zwei derartige Geräte getragen werden, eine Schalllokalisation möglich ist. Selbst wenn nur ein Gerät getragen wird, ist mit Hilfe einer Kopfdrehung eine gewisse Richtwirkung zu erzielen und kann zu einer Verbesserung der Raumorientierung beitragen.

Das HdO-Gerät ist über einen kurzen Plastikschlauch mit einem individuell gefertigten Ohrpassstück (Otoplastik genannt) verbunden. Daneben gibt es noch die vorgefertigten Otoplastiken (als Olive oder als Pilz). Diese werden nur selten genutzt, da sie durch ihre Konfektionierung weniger gut sitzen. Sie schließen mit dem Gehörgang oft nicht gut ab, so dass es zu Rückkopplungspfeifen kommt. Eine individuelle Otoplastik kann zudem die Akustik im Gehörgang verbessern. Anstelle des Schlauchs wird auch eine dünne Kabelleitung und für die Otoplastik ein externer Hörer benutzt. Die Vorteile sind, dass die Kabelleitung kosmetisch weniger auffällig ist und es zu keinen Hautirritationen oder Verschlusseffekten des Gehörgangs kommt.

HdO-Geräte werden bei leicht- bis hochgradiger Schallempfindungsschwerhörigkeit eingesetzt. Sie nehmen eine frequenzabhängige mehrka-

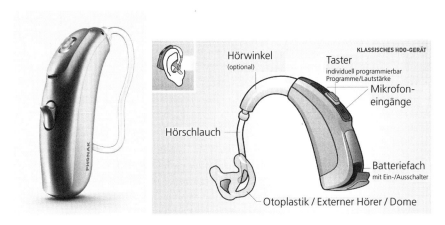

Abb. 27 (links): Hinter-dem-Ohr-Gerät (mit freundlicher Genehmigung von Phonak)

Abb. 28 (rechts): Aufbau eines HdO-Gerätes (mit freundlicher Genehmigung von Phonak)

nalige Verstärkung und eine Anpassung an das noch vorhandene Hörfeld des Betroffenen vor. Dazu dienen die Automatic Gain Control (AGC = automatische Verstärkungsregelung), um Lautstärkespitzen und Informationsverluste zu vermeiden, die Störschallunterdrückung, zum besseren Sprachverstehen im Störschall, die CROS (Contralateral Routing of Signals)-Versorgung bei einseitiger Gehörlosigkeit (Zuleitung des Schalls in das gut hörende Ohr), um das Richtungshören und Sprachverstehen im Störschall zu verbessern, die BICROS-Versorgung bei seitendifferenter Schwerhörigkeit (Zuleitung zum besser hörenden Ohr), Mehrmikrophonsysteme, die Hören im Störschall und aus unterschiedlicher Entfernung verbessern und die automatische Programmauswahl zur Anpassung an die jeweilige Hörsituation (s. auch Lenarz/Boenninghaus 2012).

Für den Einsatz im Kindergarten und im Schulunterricht stehen Audio-Anschlüsse (Audioschuhe) zur Verfügung. Diese ermöglichen eine direkte Ankopplung an die Klassenhöranlage, so dass das Nutz-Störschallverhältnis durch eine Nahmikrophonbesprechung gegenüber einem Hören mit Hörgerät im freien Schallfeld verbessert werden kann.

Heute auf dem Markt befindliche Hörgeräte sind nahezu ausschließlich digital. Sie ermöglichen reproduzierbare Einstellungen und komplexe Signalverarbeitung, sodass Mikrophon-Richtwirkung und eine Anpassung an die jeweilige Hörsituation möglich werden (Schößer/Brill 2017). Im Inneren des Hörgerätes ist eine Art Mini-Computer, der die gesamte Verwaltung des Hörgerätes übernimmt. **Digitale Hörgeräte**

Durch die technischen Entwicklungen wurde es möglich, die Bauteile für Hörgeräte immer mehr zu verkleinern. Neben HdO-Geräten sind Im-Ohr-Geräte (IdO-Geräte) erhältlich. Sie eignen sich für einen leichten bis mittelgradigen Hörverlust. Sie sind nicht so leistungsfähig wie HdO-Geräte. Das IdO-Gerät gibt es in drei verschiedenen Varianten: Concha- **IdO-Geräte**

Abb. 29:
Im-Ohr-Hörgeräte
der Firma Phonak

Hörgerät (Platzierung in der Ohrmuschel), Gehörgangsgerät (In-the-canal-Hörgerät) mit Sitz im Gehörgang und CIC (Completely-in-the-canal)-Hörgerät (tief im Gehörgang, nahezu unsichtbar sitzend). Letzteres ist nur bei einem leichten Hörverlust anwendbar. Nachteilig wirkt sich die im Vergleich zu HdO-Geräten kompliziertere Bedienung und Reinigung. Der Nutzer muss über ein ausreichendes manuelles Geschick zum Einsetzen und Herausnehmen des Gerätes sowie zum Batteriewechsel verfügen. Ihre Bedienung ist trotz der geringen Größe vergleichsweise gut möglich. Zugleich wurden Fernbedienungen entwickelt, die besonders für Personen mit eingeschränkter Fingermotorik (z.B. Altersschwerhörige) die Bedienung erleichtern. Bei Geräten ohne Fernbedienung müssen die kleinen Bedienungselemente jedoch blind ertastet und gehandhabt werden können.

Taschenhörgeräte

Das Taschenhörgerät (auch Kastenhörgerät genannt) ist die älteste Bauform des elektronischen Hörgerätes. Das Mikrophon und die Verstärkerschaltung (mit allen Bedienungselementen) sind in einem Gehäuse untergebracht, welches man normalerweise am Körper oder in einer Kleidertasche trägt.

Die Taschenhörgeräte ermöglichen eine sehr hohe Verstärkungsleistung und sind daher bei einem großen Hörverlust gut einsetzbar. Ein weiterer Vorteil ist, dass sie große Bedienungselemente haben (einfache Handhabbarkeit; gut mit dem Auge zu kontrollieren).

Taschenhörgeräte werden nur noch von wenigen Herstellerfirmen produziert. Die Nachfrage ist – schon aufgrund der hohen optischen Präsenz und des geringeren Tragekomforts (verursacht an den Kleidungsstücken Reibegeräusche) – gering. Das Taschenhörgerät kann von bis hin zu als gehörlos geltenden Menschen genutzt werden, da starke Tonverstärkungen möglich sind. Taschenhörgeräte werden vor allem von älteren Menschen, die wenig technikaffin sind, und bei jungen schwerstbehinderten Kleinkindern genutzt.

Hörbrillen

Die Hörbrille ist eine Kombination von Brille und Hörgerät. Die Technik des Hörgeräts wird dabei in der Regel im Bereich der Bügel der Brille untergebracht. Der Schall wird über einen Schlauch an eine Otoplastik geleitet. Die vorübergehend kaum noch genutzten Hörbrillen sind anteilig wieder im Kommen. Durch die digitale Technik in modernen Hörgeräten und die Miniaturisierung wurde es möglich, optisch attraktive Hörbrillen zu gestalten. Hörgerät und Brille sind keine feste Einheit mehr. Moderne Clip-Systeme ermöglichen den Wechsel des Brillengestells.

Abb. 30:
Hörbrille
(Quelle:
bruckhoff)

Knochenleitungshörgeräte

Knochenleitungshörgeräte übertragen den Nutzschall direkt auf den Knochen. Die Schallsignalübertragung erfolgt über mechanische Anregung des
Schädelknochens zum Innenohr. Anwendung findet dieses bei Gehörgangsatresie oder dem temporären oder permanenten Ausfall des Mittelohrs. Zu
unterscheiden ist der Knochenleitungsbügel (der Körperschallgeber wird
mittels Federbügel oder Stirnband an dem Mastoid angepresst, findet vorwiegend Anwendung bei Kindern unter zwei Jahren) und Knochenveran-
kerte Hörgeräte (BAHA = Bone Anchored Hearing Aid), bei denen der
Kontakt zum Knochen perkutan (durch die Haut) mit Hilfe einer Titan-
schraube am Mastoid sitzend, übertragen wird. Knochenleitungshörgeräte
eignen sich bei Schallleitungsschwerhörigkeit (bei Missbildungen des Gehörgangs oder des Mittelohrs).

**Knochen-
leitungshörgeräte**

Implantierbare Hörgeräte

Implantierbare Hörgeräte (auch Mittelohrimplantate) setzen – wie bei Versorgung mit CI (Kap. 7) – eine Operation voraus. Sie können bei Schalllei-
tungs-, Schallempfindungs- und kombinierter Schwerhörigkeit zum Einsatz
kommen. Es ist zwischen voll- und teilimplantierbaren Hörsystemen zu unterscheiden. Ihre Wirkung beruht auf einer mechanischen Bewegungsver-
stärkung der Strukturen im Mittelohr. Benötigt wird ein externer Sprachprozessor (Schößer / Brill 2017).

**Implantierbare
Hörgeräte**

6.2   Höranlagen

Obwohl die digitalen Hörgeräte und Cochlea Implantate inzwischen sehr
leistungsfähig sind, stoßen sie z. B. bei Stör-, Neben- und Hintergrundgeräuschen, halligen Räumen oder größerem räumlichen Abstand zwischen Sprecher (Erzieher oder Lehrer) und Empfänger (Krippen-, Kindergartenkind
oder Schüler) an Grenzen. Deswegen ist der ergänzende Einsatz von Höranlagen sinnvoll. (Bei Krippen- und Krabbelgruppenkindern erst nach einer ausreichenden Zeit der Gewöhnung an die Hörgeräte oder die Cochlea
Implantate und nur nach Rücksprache mit der Frühförderin und der zuständigen Pädagogisch-Audiologischen Beratungsstelle.) Mit Hilfe von Höranlagen wird eine bessere Sprachverständlichkeit erreicht.

Höranlagen bestehen aus einem Sender mit Mikrophon, der sich beim
Sprecher befindet, und Empfängern, über die sich der Hörgeräte- oder
CI-Träger über Audioschuh (einer Aufsteck- und Verbindungsvorrich-
tung) verbindet (oder, bei kleineren Kindern, verbunden wird). Auf die-
sem Weg gelangt die Sprache des Sprechers direkt an die Hörgeräte oder
Cochlea Implantate des Hörers (Empfängers).

Aufgrund des Übertragungsweges wird auch von Funk-Übertragungs-Anlagen gesprochen. Moderne Anlagen verwenden zur Übertragung die digitale Modulation (DM) (auch Radio-Frequency[RF]-Übertragung genannt). In internationalen Fachpublikationen findet sich auch der Begriff „Hearing Assistive Devices (HAT)" (Wachtlin/Bohnert 2018, 70).

Höranlagen können die Teilhabe des Kindes oder Jugendlichen am Gruppen- und Unterrichtsgeschehen wesentlich erleichtern. Sie finden gleichermaßen Einsatz bei inklusivem Kindergarten- oder Schulbesuch und in Förderzentren, Förderschwerpunkt Hören.

Da die Höranlagen inzwischen grundsätzlich drahtlos und mobil sind, sind sie sehr flexibel. Dem Kind im Kindergarten oder den Schülern im Unterricht ist es mit diesen Höranlagen möglich, sich frei im Klassen- bzw. Gruppenraum zu bewegen. Dadurch eignen sie sich für unterschiedliche Spiel-, Lehr-, Lern-, Arbeits- und Organisationsformen.

Da Gruppengeschehen und Unterricht interaktiv sind, ist es sinnvoll, wenn ein zweiter Sender, der an das jeweils sprechende Kind oder den jeweils sprechenden Mitschüler weitergereicht wird, vorhanden ist. Das Gruppengeschehen oder der Unterricht verläuft so störungsfreier und zügiger. Der Erzieher oder Lehrer kann – da ihm ein eigener Sender zur Verfügung steht – unmittelbar auf einen Wortbeitrag reagieren und diesen kommentieren. Als positiver Nebeneffekt erweist sich, dass eine Gesprächsregel klar definiert ist: ‚Nur das Kind/der Schüler mit Sender spricht'. Dies trägt zu einer guten Gesprächsdisziplin und weniger Störungen bei.

Unabhängig davon, ob die Höranlage als individuelle Anlage in inklusiven Settings oder als Klassenhöranlage im Förderzentrum, Förderschwerpunkt Hören eingesetzt wird, gehören zur Ausstattung:

- Sender mit Mikrophon für den Erzieher oder Lehrer,
- Empfänger für den oder die Schüler,
- zusätzliche mobile Sendemikrophone (Handmikrophone) für die Gruppenmitglieder oder Schüler,
- Übertragung des Sprachsignals über Funk.

Bei Jugendlichen dient die Übertragungsanlage der Teilhabe am Unterricht und am Berufsleben.

In unterrichtlichen Situationen kann zusätzlich oder alternativ eine Übermittlung des Signals an einen oder mehrere Lautsprecher im Raum (über das freie Schallfeld) erfolgen. Über die sich im Raum befindlichen Lautsprecher erhalten alle Hörer im Raum ein deutlicheres Sprachsignal, unabhängig davon, wo sie sich im Raum befinden und mit welchem Hörsystem sie versorgt sind. Kritisiert wird an diesen Anlagen, dass sie auch Stör- und Nebengeräusche (mit) übertragen.

Sowohl die individuellen Hörgeräte (Kap. 6.1) als auch die Höranlagen (Kap. 6.2) bedürfen einer kontinuierlichen Überprüfung und Wartung. Nur wenn durchgängig deren volle Einsatz- und Funktionsfähigkeit gegeben ist, ist dem Kindergartenkind oder dem Schüler die Teilhabe am Gruppen- und Unterrichtsgeschehen gesichert. Daher sind zu Beginn eines jeden Tages im Kindergarten oder eines Unterrichtstages in der Grundschule die individuellen Hörgeräte und die Höranlage auf ihre Einsatzfähigkeit hin zu prüfen. Mit aufsteigenden Schuljahren geht die Verantwortung für die individuellen Hörgeräte schrittweise an die Schüler über. Für die Klassenhöranlagen verbleibt die Verantwortung bei der Lehrkraft. In inklusiven Settings ist individuell, aber klar zu regeln, wer die Einsatzbereitschaft der Höranlage sichert.

Um den Einsatz der Hörsysteme so objektiv wie möglich zu gestalten, sollte bereits bei der Unterrichtsvorbereitung (oder der Vorbereitung einer Gruppenaktivität im außerschulischen Bereich) abgewogen und festgelegt werden, welche Hörsysteme in welchem Unterrichtsabschnitt eingesetzt werden soll.

Bogner (2010): Hörtechnik für Kinder mit Hörschädigung. – Hamann/ Hamann (2006): Schwerhörigkeit und Hörgeräte, 78–104. – Kießling et al. (2018): Versorgung mit Hörgeräten und Hörimplantaten. – Stiftung Warentest (Hrsg.) (2005): Wieder besser hören, 69–108. – Wachtlin/Bohnert (2018): Kindliche Hörstörungen in der Logopädie (Kap. 2.2).

6.3   Übungsaufgaben zu Kapitel 6

Nennen Sie die grundlegenden Funktionseinheiten eines Hörsystems!   **Aufgabe 36**

Welche Arten von individuellen Hörgeräten gibt es?   **Aufgabe 37**

Welches der individuellen Hörgeräte wird am häufigsten benutzt?   **Aufgabe 38**

Wann kommen Knochenleitungshörgeräte zur Anwendung?   **Aufgabe 39**

Wozu dienen Höranlagen! Worin besteht ihr Vorteil?   **Aufgabe 40**

7 Cochlea Implantate

Cochlea Implantat

Das Cochlea Implantat ist eine Innenohrprothese, die seit den 1970er Jahren Menschen nach Ertaubung und (später) mit angeborener Gehörlosigkeit oder hochgradigen Hörschädigung operativ eingesetzt wird.

Das Cochlea Implantat eignet sich für Personen, deren Ertaubung, Gehörlosigkeit oder hochgradige Schwerhörigkeit Folge eines Funktionsausfalls des Innenohres ist. Der Hörnerv und das zentrale Hörsystem müssen jedoch regulär arbeiten. Die Ergebnisse (also der Gewinn für das „Hören" und damit für die betreffende Person) hängen von der Funktionstüchtigkeit des Hörnervs und seiner Fasern sowie von der vorhandenen Wahrnehmungsfähigkeit ab, d.h. der Fähigkeit des Gehirns, das Wahrgenommene zu empfangen und zu verarbeiten (Plath 1995, 125).

Entwicklung des CI Die breite klinische Anwendung begann mit William F. House (1923–2012) (damals Chairman of House Ear Institute) in Los Angeles (USA) mit einem einkanaligen und transkutan arbeitenden Implantat.

In Deutschland startete Paul Banfai in Düren (etwa 1975) zunächst mit dem Houseschen einkanaligen Gerät. Später implantierte er dann ein mehrkanaliges extracochleäres Implantat der Fa. Hortmann. Von ihm wurden mehrere hundert Personen implantiert, überwiegend gehörlose Erwachsene und Jugendliche. Diese CI-Versorgungen zeigten zunächst nicht oder nur sehr begrenzt den erhofften und erwünschten Erfolg.

Mitte der 1980er Jahre begann Ernst Lehnhardt (1924–2011) an der Medizinischen Hochschule Hannover ebenfalls mit der Cochlea Implantat-Versorgung. Man verwendete hier das mehrkanalige System der Fa. Nucleus (Sydney/Australien). Begleitende Untersuchungen zum Sprachverstehen zeigten, dass vor allem ertaubte Personen, deren Taubheit im Durchschnitt nur sieben Jahre andauerte, selbst ohne unterstützendes Absehen gute Ergebnisse in der auditiven Sprachperzeption zeigten. Personen, deren Ertaubung etwa 20 Jahre zurücklag, kamen auf ein ebenfalls noch gutes Sprachverstehen, allerdings unter Zuhilfenahme des Absehens (Lehnhardt/Aschendorff 1993 nach Lehnhardt 1998b, 7).

Ende der 1980er Jahre begann man, auch Kleinkinder mit Cochlea Implantaten zu versorgen. Damit gelang Lehnhardt der Durchbruch bei der Cochlea Implantat-Versorgung bei sehr jungen Kindern. Sein Erfolg wurde maßgebend dadurch bestimmt, dass er nicht nur die operationstechnische Seite vom Standpunkt des Mediziners bzw. Operateurs betrachtete, sondern die Bedeutung der Nachsorge und die damit verbundene Rolle

Abb. 31 (links):
Sprachprozessor
und Sendespule
der Firma
Cochlear

Abb. 32 (rechts):
Sprachprozessor
und Sendespule
der Firma
Advanced Bionics

und *Aufgabe der Hörgeschädigtenpädagogik* von Anfang an erkannte. Mit Gründung des Cochlear Implant Centrums (CIC) 1990 in Hannover – dessen pädagogischer Leiter Bodo Bertram wurde – stand die erste spezielle Nachsorgeeinrichtung für mit Cochlea Implantat versorgte Kinder zur Verfügung. Nach diesem Vorbild entstanden zahlreiche weitere Cochlea Implantat-Zentren – zum Aufbau, zur Struktur und zum therapeutischen Vorgehen dieser Zentren siehe Vogel (2012) –, sowohl in Anbindung an operierende Kliniken als auch an Förderzentren, Förderschwerpunkt Hören, so dass inzwischen ein flächendeckendes Angebot besteht.

Unabhängig von den sich auf dem Markt befindenden Modellen bestehen Cochlea Implantate aus **Bestandteile und Funktion eines CI**

- Mikrophonen,
- dem Sprachprozessor (auch Sound-, Audio- oder CI-Prozessor genannt),
- der Sendespule,
- der Empfängerspule,
- dem Empfänger-Stimulator und
- den Elektroden.

Der Aufbau und die Funktionsweise eines Cochlea Implantat-Systems ist Abbildung 33 zu entnehmen.

Das eigentliche Implantat mit Elektroden, Empfängerspule und Magnet, wird während einer Operation in das leicht ausgefräste Knochenbett hinter dem Ohr eingesetzt. Es enthält neben der Empfängerspule den Gegenmagneten sowie den gegen Feuchtigkeit geschützten Mikrochip (Abb. 35). Das Implantat hat etwa die Größe eines Ein- bis Zweieurostückes und ist ca. 4 mm dick (Baumann 2018).

Das äußere „Gegenstück" zum Implantat bildet die magnetgehaltene, hinter der Ohrmuschel getragene Induktionsspule (auch Sendespule genannt). Die Sendespule überträgt die Signale durch die intakte Haut (also transkutan) in das Implantat.

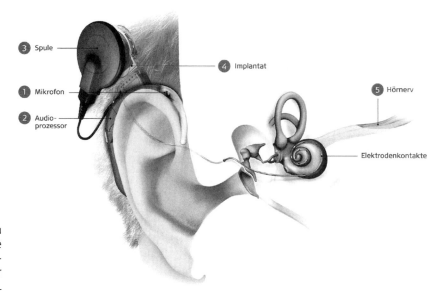

Abb. 33: Aufbau und Funktionsweise eines Cochlea-Implantat-Systems der Firma MED-EL

In dem Teil, das hinter dem Ohr getragen wird (Abb. 33), befinden sich Mikrophone, Sprachprozessor und das Batterie- bzw. Akkufach. Im Sprachprozessor werden die über die Mikrophone aufgenommenen akustischen Parameter in elektrische Parameter umgewandelt und in ein Stimulationsmuster transformiert. Er bildet damit die Funktion des Innenohrs nach. Die Sendespule wird direkt über der Empfangsspule des Implantats platziert. Es werden sowohl die Steuersignale als auch die gesamte Energie für das implantierte System drahtlos übertragen. Die Halterung der Spule wird einheitlich durch eine magnetische Kopplung erreicht.

Das Implantat
Das eigentliche Implantat enthält die elektronischen Bauteile und einen Magneten.

Die Stromversorgung des Implantat-Systems erfolgt über Batterien oder Akkus, die sich im extern getragenen Sprachprozessor befinden.

Anpassung des Sprach-/Audio- CI-prozessors
Bereits während der Operation wird eine erste Überprüfung der Funktionstüchtigkeit des Implantats vorgenommen. Nach der Operation – sie dauert etwa 1,5 Stunden (Aschendorff/Laszig 2012) – verbleibt der Patient noch ca. fünf Tage im Krankenhaus zur Wundheilung und Beobachtung. Bereits zu dieser Zeit beginnt die Anpassung des Sprachprozessors. So wird bei Erwachsenen probiert, ob das Implantat funktioniert und ob ein Wahrnehmen von akustischen Signalen möglich ist. Bei Kindern beginnt eine Art Vortraining. Dieses hat zum einen die Aufgabe, die Kinder in spielerischer Form mit der Handhabung des Sprachprozessors und der anderen äußeren Bestandteile des Implantats vertraut zu machen. Zum anderen erfolgt ein erstes Kennenlernen der Personen, die etwa vier bis sechs Wochen nach der Operation (also etwa drei bis fünf Wochen nach der Ent-

Abb. 34: Sprach-
prozessor und
Sendespule der
Firma MED-EL

lassung aus der Klinik) an der Anpassung des Sprachprozessors beteiligt sein werden. Zugleich lernt das Kind die Räumlichkeiten und Geräte kennen, die bei der Anpassung benötigt werden.

In die Erstanpassung des Sprachprozessors bei Kindern sind die Eltern prinzipiell mit einbezogen. Die Ergebnisse der Erstanpassung müssen während des nun einsetzenden Hörlernprozesses mehrfach „nachgebessert" werden. Ein voll funktionstüchtiges Sprachprozessorprogramm und genaue psychophysikalische Daten erhält man erst nach mehreren Sitzungen, die in der Anfangszeit in zeitlich vorgegebenen Intervallen stattfinden. Zugleich erfordert die zunehmende Hörerfahrung ein Nachregulieren des Sprachprozessors.

Mit der Anpassung des Sprachprozessors beginnt ein längere Zeit umfassender Hörlernprozess, der individueller und zielgerichteter Zuwendung bedarf. Mit der gelungenen Implantation eines Cochlea Implantats und der Anpassung des Sprachprozessors sind bei den Kindern die Voraussetzungen zu einem eingeschränkten physiologischen Hören gegeben. Durch eine entsprechende Hörerziehung müssen diese Kinder nun befähigt werden, die durch das Verwenden des Cochlea Implantats gewonnene oder wiedergewonnene (bei ertaubten Kindern) Hörkapazität zu nutzen. Die dafür benötigte Zeit ist sehr unterschiedlich und hängt von zahlreichen Faktoren ab (z. B. soziales Umfeld, Qualität der pädagogischen Anleitung, individuelle Disposition des Kindes, Zeitpunkt der Implantation).

Nachsorge und Therapie bei Kindern

Im Mittelpunkt der fachpädagogisch-therapeutischen Arbeit steht die vollständig auf die individuellen Bedingungen der Kinder abgestimmte Therapie. Diese findet über mehrere Jahre in speziell eingerichteten Rehabilitationszentren mit sich anschließender lebenslanger Nachsorge statt. Auf der Basis von Bertram (1998b, 113) lässt sich das Vorgehen wie folgt zusammenfassen: In der Anfangsphase stehen individuelle Hörerkundungen in der unmittelbaren Umwelt des Kindes (Selbsterfahrung) ebenso wie gezielte Hörübungen bei gleichzeitiger Förderung der handlungsbezogenen lautsprachlichen Interaktion im Mittelpunkt. Es bedarf einer angemessenen Zeit, bis die Kinder erkennen, was sie hören, wo sich die Geräuschquelle befindet und welchen Objekten oder Personen diese zuzuordnen sind.

Um Lautsprache mittels Cochlea Implantat zu erlernen und zu verstehen, muss das Kind ausreichend Gelegenheit haben, Lautsprache zu hören und diese zu verbalisieren. Der Einsatz natürlicher Mimik und Gestik unterstützt diesen Prozess, da sie das Sprachverstehen, besonders in der Anfangszeit, nachhaltig fördern.

Letztendliches Ziel ist es, den mit Cochlea Implantaten versorgten Kindern eine weitestgehend altersgemäße Entwicklung der Lautsprache zu ermöglichen.

Was es für (hörende) Eltern bedeutet, dass ihr Kind mittels Cochlea Implantaten hören kann, zeigt Fallbeschreibung 6 (entnommen aus: Süddeutsche Zeitung vom 13. Dezember 2014):

Fallbeschreibung 6: „Bei Jim wird die Diagnose gestellt, als er zwei Monate alt ist, ein kleiner, schlafender Wurm auf der Liege einer Ärztin, einer Pädaudiologin … Der Neugeborenen-Hörtest hat nicht funktioniert bei ihm, nicht im Krankenhaus, nicht bei der Kinderärztin, nicht beim Hals-Nasen-Ohrenarzt. Es gab da einen Verdacht, zu der Ärztin sind wir, damit sie uns bitte sagt, dass das Unsinn ist mit dem Verdacht. … Meine Frau hält Jim im Arm, er schläft ganz tief. Das erste Piepsen: keine Reaktion. Das zweite, lauter: keine Reaktion. Als die Töne im Kopfhörer so laut werden, dass sie sich für uns anhören wie ein Presslufthammer, zuckt Jim nicht einmal. Die Linie: fließt dahin, mit – Wellen? Oder doch: Zacken? … Die Ärztin kommt, sie schaut auf die Aufzeichnungen im Computer. … Ja also, sagt die Ärztin, er ist taub. Sie sagt das so direkt, wie es überhaupt möglich ist. Ich weiß jetzt, wie es sich anfühlt, wenn Worte zu einem Vorschlaghammer verschmelzen. Wenn man zum ersten Mal Vater oder Mutter wird, malt man sich aus, was man mit dem Kind machen wird: Bücher lesen, im Sandkasten spielen, lachen, singen; es ist so ein Gefühl, dass allen eine grandiose Zeit bevorsteht. … Zur Bestätigung der Diagnose fahren wir ins Universitätsklinikum …

Zweifel am CI? Nicht eine Sekunde. Ich bin hörend, meine Frau ist hörend, unsere Eltern sind hörend, unsere Geschwister sind hörend. … Eltern wollen, dass ihr Kind mit so wenigen Einschränkungen wie möglich aufwächst … Die Operation … dauert … mehr als zwei Stunden, die Uhr zerrt an den Nerven, jede Minute mehr tut weh. Und alles vorbei schon am nächsten Tag. Der Verband ist … riesig, aber Jim hat ihn schon vergessen. Er ist so fröhlich, wie auch vier Wochen später, bei der OP am anderen Ohr. Der Tag, an dem Jim das erste Mal etwas hört, ist ein Montag, gut fünf Wochen nach der ersten Operation. Wir sitzen in einem kleinen Raum … graue Wände, ein Schreibtisch, ein Computer, wieder viele Kabel. Jim sitzt auf meinem Schoß, in der Hand eine Rassel, damit er abgelenkt ist. Sein Implantat ist mit dem Computer verbunden, er kann nichts hören außer den Tönen, die der Rechner schickt. Gegenüber sitzen zwei Techniker, der Computer ist auch an Lautsprecher angeschlossen, damit alle im Raum den Ton hören können. Sie haben uns vorher gesagt, wir sollten keine allzu großen Erwartungen mitbringen, die meisten Kleinkinder reagierten kaum, wenn sie zum ersten Mal hörten, weil sie nicht einordnen könnten, was da passiert. Keine Erwartungen haben an den Moment, in dem sich herausstellt, ob dein Kind je deine Stimme erkennen wird? Den Moment, in dem dein Kind – hoffentlich! – zum ersten Mal etwas hört? …

„Okay", sagt ein Techniker. Und dann: ein Piep. Kein besonders langes, helles oder dunkles, ein unspektakuläres Piep. Jim: reißt den Kopf hoch und die

Augen auf. Blickt den einen Techniker an, dann den anderen. Hätte er schon sprechen können, hätte er gerufen: Wer war das? Leider werde ich Jim nie fragen können, wie er diesen Moment empfand. Ein Mensch kann sich an die ersten drei Jahre seines Lebens nicht erinnern, das hat unter anderem mit der Hirnreifung zu tun. Ich kann mich sehr genau an diesen Moment erinnern, das hat damit zu tun, dass ich jetzt weiß, was man alles auf einmal empfinden kann: Vorfreude, gedämpfte Erwartung, riesige Erwartung, Liebe, Mitleid, Euphorie, Fassungslosigkeit, Stolz, Hoffnung und noch ein paar andere Sachen, für die irgendjemand mal Worte erfinden müsste. Alles in ein paar Sekunden. …

Neun Monate: Jim macht „jejeje". Zehn Monate: Jim sagt „Bababa" und „Mamama" und „da". Ein Jahr, fünf Monate: Wenn man fragt „Wo sind deine Schuhe?", geht Jim zur Garderobe und zeigt auf seine Schuhe. Ein Jahr, sechs Monate: Jim imitiert Tiergeräusche. Jim nennt seine CIs „Ohren", er zeigt sie gerne her, und er ist verdammt stolz, dass er die Batterien seiner Ohren selbst wechseln kann. Er ist ein Dreijähriger, der gerne mit seinem Keyboard spielt und unaufhörlich Geschichten erzählt. Die Sprachtherapeutin, zu der Jim alle zwei Wochen geht, sagt: Er sei sprachlich extrem gut entwickelt, sogar altersgerecht. Es kommt vor, dass wir andere daran erinnern müssen, dass Jim kein hörendes, sondern ein gehörloses Kind ist, trotz CI. Ja: Sprachtherapie alle zwei Wochen; alle drei Monate Justierung der Implantate, weil die Ohren erst nach und nach lauter gestellt werden; dazu das ständige Sich-Hinterfragen, ob man sich sprachfördernd genug verhält. Ja: Bei starkem Umgebungslärm hat Jim Schwierigkeiten; nachts und beim Schwimmen muss er die Geräte abnehmen, wir kommunizieren dann durch Lippenlesen, das klappt manchmal gut und manchmal mittelmäßig. Und ja: Im Kindergarten ist er ein Integrationskind, er wird immer ein Gehörloser sein, der manchmal auf das Verständnis der anderen angewiesen ist.

Aber wir führen das Leben genau so, wie wir uns das mal ausgemalt haben, mit Bücher lesen, im Sandkasten spielen, lachen. Singen" (Neudecker 2014, 49).

Eine Längsschnittstudie von Szagun (2001) zum Spracherwerb von 22 frühzeitig mit CI versorgten Kindern (das Implantationsalter lag zwischen 1;2 und 3;10 Jahren) im Vergleich zu 22 normal hörenden Kindern, die zu Beginn der Untersuchung über den gleichen Sprachstand verfügten, zeigte – nach einem Beobachtungszeitraum von 27 Monaten –, dass beide Grup-

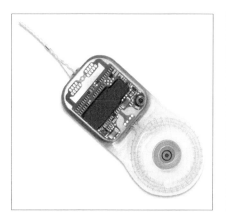

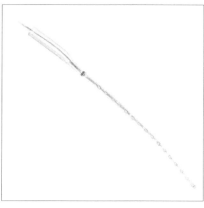

Abb. 35 (links): Elektronikmodul der Firma Advanced Bionics (Quelle: SONOVA)

Abb. 36 (rechts): Elektrodenträger der Firma Cochlear, hier in Spiralform. Er wird in das Innenohr, die Cochlea, eingeführt. (Quelle: SONOVA)

pen sich beim Gebrauch des Wortschatzes im spontanen Sprechen kaum unterschieden. 10 der mit einem Cochlea Implantat versorgten Kinder konnten sogar im grammatischen Fortschritt mit dem der normal hörenden Kinder mithalten.

Beschulung von CI-Kindern Für frühzeitig mit Cochlea Implantaten versorgte Kinder hat sich inzwischen weitestgehend der inklusive Bildungsweg (allgemeiner Kindergarten, allgemeine Schule) durchgesetzt. Auch die Beschulung in Förderzentren, Förderschwerpunkt Hören ist üblich. Zu dieser Entwicklung beigetragen hat die frühe Versorgung der Kinder – idealerweise im Alter von ca. zwölf Monaten (Aschendorff/Laszig 2010) bei Kindern mit prälingualer Gehörlosigkeit oder zeitnah nach Ertaubung –, die eine an der Norm verlaufende Hör- und Sprachentwicklung ermöglicht sowie der allgemeine bildungspolitische Trend zur schulischen Inklusion.

Reha bei Erwachsenen Die Rehabilitation bei Erwachsenen erfolgt ambulant oder stationär. Je nach Vertrag mit der jeweiligen Krankenkasse erstreckt sich die Reha-Maßnahme bis zu zwei Jahre in sich vergrößernden Abständen. Dieses kann – in Anlehnung an Rost/Strauß-Schier 1998, 137ff, deren Konzept jedoch auf einer zur damaligen Zeit nur zweiwöchigen Basisrehabilitation entstand – wie folgt aussehen:

Nachsorge und Therapie bei Erwachsenen

1. **Geräuschwahrnehmung und -unterscheidung:** Am Anfang stehen Hörübungen zur Erweckung der akustischen Aufmerksamkeit. Der mit dem Hörtraining beginnende CI-Träger wird auf Alltagsgeräusche im Haus und im Freien aufmerksam gemacht. Ziel der Übung ist die Selektion eines Geräusches aus der ihn umgebenden Geräuschkulisse. Es folgen Übungen zur Unterscheidung von Tonlänge, Tonanzahl, Tonstärke und Tonhöhe sowie zur Diskrimination verschiedener Musikinstrumente.
2. **Übungen zur rhythmisch-prosodischen Sprachstruktur:** Hier werden Übungen zum Erkennen der Silben- und Wortanzahl, der Silben-, Wort- und Satzlänge sowie das Erkennen von Betonung und Intonation durchgeführt.
3. **Wortunterscheidung mit Vokalen:** Bei diesen Übungen geht es um die Unterscheidung von Wortpaaren (die Unterscheidungsmerkmale werden zunehmend abgebaut).
4. **Vokalunterscheidung:** Parallel zu den Wortunterscheidungsübungen mit Vokalen (3.) werden die Vokale einzeln erarbeitet.
5. **Wortunterscheidung mit Konsonanten:** Analog zu Übung 3. geht es hier um die Unterscheidung von Wortpaaren (die Unterscheidungsmerkmale werden mit steigenden Fähigkeiten abgebaut).
6. **Konsonantenunterscheidung:** Analog zu 4. werden die Konsonanten einzeln erarbeitet.
7. **Zahlenverstehen:** Übung zum Verstehen von Zahlen (zunächst mehrsilbige, dann zweisilbige und abschließend einsilbige Zahlwörter). Dazu gehören auch Übungen, die unmittelbaren Bezug zum Alltag haben, z. B. Verstehen von Telefonnummern, Preisen, Geburtsdaten, Uhrzeiten.
8. **Wortverstehen:** Zunächst Übungen im sog. „closed set", d. h. aus einer Liste von bekannten Wörtern zu einem vorgegebenen Thema soll ein Wort herausgelöst werden. Nachfolgend werden unbekannte Wörter zu diesem Thema eingefügt. Abschließend folgen Wortverständnisübungen, bei denen nur das Thema bekannt ist.
9. **Satzverstehen:** Übungen analog 8., nur dass nunmehr Sätze geübt werden.

10. **Speechtracking:** Übungen zum Verstehen von Sprache in Phrasen, Sinnzusammenhängen oder Sätzen im Rahmen von Kurzgeschichten. Begonnen wird mit Hören und Absehen, bis ein ausreichendes Sprachverstehen nur mit Hören möglich ist.

11. **Telefontraining:** Den Abschluss bildet ein Telefontraining. Beginnend mit einer Ja/Nein-Taktik wird der Schwierigkeitsgrad allmählich angehoben bis hin zu „normalen" Telefongesprächen.

Kompakte Informationen zur CI-Versorgung von Erwachsenen bieten auch Otto und Streicher (2011).

Ein initiales Hören unmittelbar nach einer CI-Versorgung soll es dem „neuen" CI-Träger ermöglichen, sich an die neuen akustischen Höreindrücke zu gewöhnen und Sprache in immer umfangreicherem Maße zu diskriminieren. Die mit einem Implantat Versorgten müssen an das neue Hören intensiv herangeführt werden. Sie bedürfen dabei ebenso einer hörgeschädigtenspezifischen Betreuung wie die Kinder.

Um die Jahrtausendwende zum 21. Jahrhundert konnte man bereits auf über 20 Jahre CI-Versorgung bei Erwachsenen und 10 Jahre CI-Versorgung bei Kindern zurückblicken. Damals wurde konstatiert: **Wem hilft das CI?**

1. Als besonders geeignet erweist sich eine Cochlea-Implantat-Versorgung bei Kindern mit prä-, peri- oder postnataler Gehörlosigkeit bis zum 2. Lebensjahr.
2. Weitestgehend erfolgreich ist eine CI-Versorgung, wenn die Kinder das Implantat bis zum 4. Lebensjahr erhielten.
3. Bei Vorschulkindern (5. und 6. Lebensjahr) erweist es sich dann als sinnvoll, wenn bereits durch intensive Förderung und adäquate Hörgeräteversorgung das auditorische System entsprechend mit Höreindrücken versorgt und eine Lautsprachkompetenz aufgebaut wurde.
4. Ältere Schulkinder zeigen nur dann noch Erfolge, wenn sie bereits eine erfolgreiche Hörerziehung und eine intensive Hör-Sprach- und Hör-Sprecherziehung durchlaufen haben.
5. Bei jugendlichen Personen, die von Geburt an gehörlos waren, aber eine sehr deutliche Hörgerichtetheit und eine gute Lautsprachkompetenz hatten, waren die Implantationen in Ausnahmefällen erfolgreich.
6. Bei von Geburt an gehörlosen Erwachsenen hat sich das Implantat als wenig sinnvoll erwiesen. Erhebliche psychische Schwierigkeiten haben diese Personen immer dann, wenn sie zur Implantation überredet worden waren.
7. Nach Ertaubung sollte möglichst rasch eine CI-Versorgung erfolgen. Damit kann die Phase auditorischer Deprivation und deren Folgen gering gehalten werden.

Weitere 20 Jahre später hat sich die Situation dahingehend verändert, dass gehörlos geborene Kinder etwa um das erste Lebensjahr implantiert werden. Spätere Implantationen sind selten und wenn sie vorkommen, unterliegen sie oftmals zusätzlichen besonderen Bedingungen (z.B. Spätaussiedler, Migrations- oder Flüchtlingshintergrund).

Auch die Situation Erwachsener, deren Gehörlosigkeit prälingual bestand, hat sich verändert. Personen, die als Erwachsene eine CI-Versorgung für sich in Anspruch nehmen, sind heute über das Cochlea Implantat (und seinen Grenzen und Möglichkeiten bei Spätversorgung) zumeist bestens informiert, haben eine entsprechend realistische Erwartungshaltung und gehen ausgesprochen reflektiert mit der Situation um. Der Erfolg einer solchen CI-Versorgung ist nicht am (Laut-)Sprachverstehen zu messen, sondern an der Aufnahme von akustischen Ereignissen, einer über das Hören möglichen Umweltorientierung und einer Bereicherung an Lebensqualität, da auditive Eindrücke möglich sind.

 Schnecke Nr. 70, 2010 (Titelthema: Hören ohne Verstehen – können Geräusche ein Gewinn sein?).

Die eben getroffenen Aussagen beruhen (natürlich) auf dem gegenwärtigen Erkenntnisstand. Mit der Weiterentwicklung der Implantat-Systeme, neuen Erfahrungen in der pädagogischen Rehabilitation dieses Personenkreises und weiteren Ergebnissen aus Langzeituntersuchungen wird neues Wissen vorliegen. Weiterführende Untersuchungen dürfen nicht bei den erreichten Hörfähigkeiten und der erreichten kommunikativen Kompetenz stehen bleiben. Sie müssen gleichermaßen die psychosoziale Situation der Implantierten und mögliche Lebens- und Zuordnungsmuster zu den einzelnen Gruppierungen von Hörgeschädigten (Kap. 4) berücksichtigen.

Hirnstamm-implantat   Voraussetzung für eine Cochlea Implantation ist, dass der Hörnerv und das zentrale Hörsystem regulär arbeiten. Für Personen, bei denen auch der Hörnerv nicht funktionsfähig ist, kann direkt am ersten Hörkern (Nucleus Cochlearis) stimuliert werden. Dazu wird ein Hirnstammimplantat (auch „Auditory Brainstem Implantat [ABR]") verwendet. Daneben gibt es das „Auditory Midbrain Implantat (AMI)", das am auditorischen Mittelhirn stimuliert. Der funktionale Aufbau des Hirnstammimplantatsystems entspricht im Wesentlichen dem eines Cochlea Implantat-Systems (Schößer/ Brill 2017).

Aufgrund der hohen Anforderungen an den chirurgischen Eingriff wurden derartige Versorgungen relativ selten durchgeführt, zumeist nur dann, wenn aufgrund einer Vorerkrankung ohnehin eine Operation durchgeführt werden muss. Im Allgemeinen werden weniger gute Resultate als mit dem Cochlea Implantat erreicht. Die postoperative Betreuung und das Hörtraining bei mit ABI versorgten Personen läuft ähnlich wie bei CI-Trägern ab, gestaltet sich jedoch wesentlich zeitaufwändiger und intensiver. In der Regel führt die auditive Information zu einer akustischen Umweltorientierung und mitunter zu einem begrenzten Sprachverstehen.

Weitere Entwicklungen   Das Hirnstammimplantat wurde bisher nur sehr vereinzelt eingesetzt – in Deutschland bei vermutlich 120 bis 140 Personen (reine Schätzzahlen, da es keine Statistik gibt) (Stand: 2018) – und kann nicht als gängige Therapiemethode betrachtet werden.

Aber auch das Cochlea Implantat, als bereits gängiges rehabilitatives Verfahren, wird weiteren technischen Neuerungen unterliegen und damit für den Träger des Implantats angenehmer und leistungsfähiger werden. Durch die Nutzung der neuen technologischen Entwicklungen werden sich

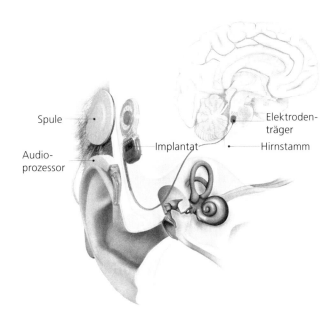

Abb. 37: Hirnstamm Implantat; Personen mit einem zerstörten Hörnerv können nur mit einem Hirnstammimplantat mit Elektrodenlage am Nucleus cochlearis versorgt werden (mit freundlicher Genehmigung von MED-EL).

schnellere und komplexere Sprachverarbeitungsstrategien realisieren lassen. Zugleich kann man von einer weiteren Miniaturisierung sowohl der Implantate als auch der Sprachprozessoren ausgehen. Die HdO-Sprachprozessoren werden inzwischen durch kabellose Einheiten ohne HdO-Komponente ergänzt, welche direkt am Kopf aufgesetzt werden (Baumann 2018).

Sowohl bei Kindern als auch bei Erwachsenen ist die beidseitige (bilaterale) CI-Versorgung Standard geworden. Dafür spricht, dass bei Ausfall eines Implantates ein Hören (wenn auch eingeschränkt) über das andere Ohr noch möglich ist. Des Weiteren werden mit einer beidseitigen Versorgung Geräuschortungen (Richtungshören) sowie das Hören mit Umgebungsgeräuschen einfacher. **bilaterale Versorgung**

Die bimodale Versorgung (Tragen eines CI und eines Hörgerätes) hat insbesondere bei asymmetrischen Hörschäden Eingang in den Versorgungsalltag gefunden. Dafür ist eine zwischen CI und Hörgerät abgestimmte Anpassung wünschens- und empfehlenswert. **bimodale Versorgung**

Etabliert hat sich inzwischen auch die Versorgung von Personen, die auf einem Ohr normalhörend und auf dem anderen Ohr gehörlos bzw. ertaubt sind (erstmalig publiziert von Stelzig/Jacob 2007), weitestgehend mit den gleichen Argumenten (Richtungshören, besseres Hören bei Störgeräuschen). Zudem soll sich bei diesem Personenkreis die Belastung bei Tinnitus verringern (van de Heyning et al. 2008 nach Baumann 2018). **Versorgung bei einseitiger Taubheit**

Deutlich zugenommen hat auch die Zahl der CI-Versorgungen von Kindern mit hochgradiger Hörschädigung, deren Eltern gehörlos bzw. hörgeschädigt sind. Als Begall (1995) erstmalig davon berichtete, waren die Re- **Versorgung von Kindern hörgeschädigter Eltern** aktionen der Öffentlichkeit verhalten. Nicht wenige Gehörlose standen dem Cochlea Implantat zu dieser Zeit äußerst kritisch gegenüber, aber auch Ärzte und Pädagogen reagierten verunsichert. Niemand konnte sich zu diesem Zeitpunkt vorstellen, wie der Hör-, Sprech- und Sprachlernprozess dieser Kinder gestaltet werden könnte, wenn die Eltern aufgrund eingeschränkter Lautsprachkompetenz ihren Kindern keine entsprechenden Lautsprachangebote anbieten und sie auch nur begrenzt den Hörlernprozess unterstützen können. In den fast 25 Jahren nach Begalls Erstdokumentation ist die Zahl der Eltern mit einer Hörschädigung, die ihr Kind bzw. ihre Kinder mit Cochlea Implantaten versorgen ließen, kontinuierlich gestiegen. Eindrucksvolle Berichte von betroffenen Eltern bieten Scholler/Scholler (2005), Frucht (2008), Haverland (2008), Jegminat (2008), Meyer-Odorfer (2008; 2009), Reimers (2008) u. a. Für die Rehabilitation dieser Kinder haben sich inzwischen eigenständige Konzepte entwickelt (Vogel 2009, Bauer/Vogel 2009).

Die Situation dieser Familien untersuchte Busch (2013). Die Wortschatzentwicklung in Laut- und Gebärdensprache der CI-Kinder, deren Eltern selber hörgeschädigt sind, erhob Dumanski (2014).

Busch/Leonhardt (2013): „… wenn das nämlich erfolgreich wird mit dem Implantat. – Leonhardt (2008): Gehörlose Eltern und Kinder mit CI. – Leonhardt (2009g): Cochlea Implantate für gehörlose Kinder gehörloser Eltern. – Leonhardt/Vogel (2009): Gehörlose Eltern und CI-Kinder – Management und Support – Leonhardt (2011b): Hörgeschädigte Eltern von CI-Kindern. – Leonhardt (2017b): Wenn gehörlose Kinder hörend werden – Auswirkungen der CI-Versorgung von gehörlosen Kindern gehörloser Eltern auf deren Familiensituation.
Das Thema aus ethischer Perspektive diskutiert Leist (2009): Autonom gehörlos sein.

Schon 1998 kennzeichnete Lenarz (49) folgende weitere Entwicklungsziele, die sich teilweise erfüllt haben oder aber einer ständigen Weiterentwicklung unterliegen:

– zunehmende Miniaturisierung des Sprachprozessors,
– Einbau einer wiederaufladbaren Batterie in den Sprachprozessor (erste Forschungsergebnisse liegen hierzu vor),
– total implantierbares Cochlea Implantat,
– zunehmende Flexibilität und Gewandtheit der Geräte,
– Entwicklung objektiver Einstellhilfen und
– Implementierung digitaler Hörgerätetechnologie zur Störschallunterdrückung und verbesserten Signalverarbeitung.

Diese Aussagen treffen im Prinzip auch heute noch zu.

Zusammenfassung

Es wird sich sowohl die Cochlea Implantat-Versorgung als auch die Hörgerätean-passung (Kap. 6) weiterentwickeln, so dass die Grenzen zwischen beiden flie-ßend sind und gegebenenfalls sich verändern werden. Gegenwärtig sind folgen-de Entwicklungen zu beobachten:
- Eine weitere Verbesserung der Cochlea Implantate mit optimierter individueller Anpassung.
- Eine weitere Verbesserung der Hörgeräte. Inzwischen sind die ersten implan-tierbaren Hörgeräte auf dem Markt. Es werden erste Erfahrungen zum Nutzen, zur Qualität und zum Tragekomfort gesammelt. Erhofft wird sich eine verbes-serte Hörleistung, was eine optimierte Ausnutzung des Restgehörs erwarten lässt.

Diese Art der Versorgung ist gegenwärtig eine Einzelfallentscheidung und wird unter Abwägung möglicher Vor- und Nachteile für den Betroffenen getroffen.

Informationen über Cochlea Implantate sind zu finden in: Aschen-dorff et al. (2009): Aktuelle Trends in der Cochlear Implant-Chi-rurgie. – Aschendorff/Laszig (2012): Frühe Cochlea-Implan-tat-Versorgung. – Bertram (1998a): Cochlear Implant für Kinder. – Ernst/Battmer/Todt (2009): Cochlear Implant heute. – Hermann-Röttgen (2014): Cochlea- und Mittelohrimplantate. – Kießling/Kollmeier/Baumann (2018): Versorgung mit Hörgerä-ten und Hörimplantaten. – Leonhardt (1997): Das Cochlear Implant bei Kindern und Jugendlichen. – Schößer/Brill (2017): Technische Hörhilfen als Möglichkeit der Rehabilitation von Men-schen mit Hörschädigung.
Zu weiterführenden pädagogischen Fragestellungen: Leonhardt (2000): Cochlea Implantat aus pädagogischer Sicht.

7.1   Übungsaufgaben zu Kapitel 7

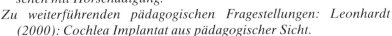

Nennen Sie die Bestandteile eines Cochlea Implantats!	**Aufgabe 41**
Beschreiben Sie die Funktionsweise eines Cochlea Implantats!	**Aufgabe 42**
Für welche Personen ist ein Cochlea Implantat besonders geeignet?	**Aufgabe 43**
Vergleichen Sie die Rehabilitation von frühzeitig mit einem Cochlea Implantat versorgten Kindern mit der von im Erwachsenenalter versorgten Personen!	**Aufgabe 44**
Was bedeuten „bilateral" und „bimodal"?	**Aufgabe 45**

8 Lautsprache

Der heute auch von anderen Wissenschaftsdisziplinen benutzte Begriff „Lautsprache" wurde vermutlich von der Hörgeschädigtenpädagogik geprägt. Der Ausdruck Lautsprache wurde erstmalig 1822 von Neumann (1788–1833; erster Direktor der 1818 eröffneten Taubstummenanstalt in Königsberg) vorgeschlagen und löste den durch Heinicke (Kap. 15.3) geprägten Ausdruck „Tonsprache" ab. Davor wiederum war die Bezeichnung „artikulierte Sprache", die auch Heinicke zunächst verwendete. 1778 ging er zu dem Begriff „Tonsprache" über, der sich zunächst auch etablieren konnte. Allerdings geriet er zunehmend in Kritik, weil er – das gilt auch heute noch – ebenfalls für Musik angewendet und somit als unpassend in der Hörgeschädigtenpädagogik empfunden wurde. Ab 1866, dem Jahr der württembergischen Taubstummenlehrer-Versammlung, ging man ausschließlich zum Wort „Lautsprache" über (Schumann 1929c, 141f). Nach Schumann ist „die Lautsprache (terminologisch) eine aus Lauten zusammengesetzte oder in Lauten gegliederte Sprache" (141f). Damit war ursprünglich die gesprochene „gelautete" Sprache gemeint.

Lautsprache   Jussen (1982b, 219) definiert Lautsprache als „ein konventionalisiertes Symbolsystem von gelauteten und geschriebenen Zeichen". Die Bezeichnung umfasst heute die mündliche und schriftliche Modalität.

Die mündliche und schriftliche Modalität der Lautsprache kann „durch Finger-, Hand- oder Armbewegungen vollständig ersetzt oder partiell ergänzt resp. unterstützt werden" (Große 2001, 94). Ein Zeichen steht für ein Graphem, daher die Bezeichnung „graphembestimmtes Manualsystem" (GMS). Darüber hinaus sind Manualsysteme entwickelt worden, die das Absehen der Lautsprache und der Artikulation dienen (Kap. 8.3). Das graphembestimmte Manualsystem wird bei Bedarf auch in der gebärdensprachlichen Kommunikation einbezogen.

8.1 Lautsprache in mündlicher Modalität

Da mit der Einführung des universellen Neugeborenenhörscreenings die grundlegenden Voraussetzungen geschaffen wurden, Kinder (Säuglinge) mit Hörschädigung frühzeitig als solche zu erkennen und zu diagnostizieren sowie sie sofort mit Hörsystemen auszustatten, ist ein wesentlicher Schritt dahingehend erreicht, dass die Sprachentwicklung dieser Kinder möglichst vergleichbar mit der von Kindern mit voll funktionsfähigem Gehör ablaufen kann. Eine frühzeitige Versorgung mit Hörsystemen verhindert bei

gleichzeitiger hörgeschädigtenpädagogischer Unterstützung und Begleitung ein „Verstummen" der Kinder in der 2. Lallphase (Kap. 11). Diese ist
in hohem Maß durch die auditive Wahrnehmung und Rückkopplung gekennzeichnet. Inzwischen liegen erste Daten zur Sprachentwicklung von
Kindern vor, die beim Neugeborenenhörscreening auffällig und dann in der
Folge zeitnah als hörgeschädigt diagnostiziert wurden (Leonhardt/Müller
2008; Müller 2009). Durchgeführte Sprachtests belegen, dass sich der Stand
der Sprachentwicklung dieser Kinder relativ rasch der Norm annäherte
bzw. der Norm entsprach. Voraussetzung ist, dass sie unmittelbar nach der
Diagnose mit gut angepassten Hörgeräten versorgt sind, um auditive Stimuli zu erhalten. Die frühe Hörgeräteversorgung scheint im unmittelbaren Zusammenhang mit der Sprachentwicklung der Kinder zu stehen. Von den vier
im Test betrachteten Bereichen (Verstehen von Wörtern, Verstehen von Sätzen, Produktion von Wörtern, Produktion von Sätzen) tauchten am ehesten
Probleme auf der Satzebene auf. Da zum Zeitpunkt der Erhebung die Zahl
der zur Verfügung stehenden Kinder noch sehr klein war – das Screening
war noch nicht verbindlich und flächendeckend eingeführt – gilt es diese Ergebnisse noch auf ihre Generalisierungsfähigkeit hin zu überprüfen.

Die Auswirkungen eines Hörschadens auf die Lautsprache – entsprechend dem bisherigen Erkenntnisstand – sind in Kapitel 4 beschrieben.
Der Förderbedarf eines Kindes mit Hörschädigung in Bezug auf die Lautsprache in mündlicher Modalität ergibt sich aus den

- phonetisch-phonologischen Auswirkungen bei der Sprachproduktion und
den
- lexikalisch-semantischen und morphologisch-syntaktischen Auswirkungen.

Phonetisch-phonologische Auswirkungen

Betroffen sind hier die phonematische Differenzierungsfähigkeit (impressive Seite) und die Sprechfertigkeiten (expressive Seite). Einen sehr wesentlichen Anteil bildet hier die Lautbildung, die in der Hörgeschädigtenpädagogik traditionell als „Artikulation" bezeichnet wird. Zum Vorgang der
Lautbildung gehört aber neben der Artikulation auch die Respiration (Atmung) und die Phonation (Stimmgebung) (Lindner 1992, 56). Der Hörschaden beeinflusst – in Abhängigkeit von Art und Ausmaß – unterschiedlich
die Entwicklung der Sprechfertigkeiten der Kinder mit Hörschädigung.

Lexikalisch-semantische und morphologisch-syntaktische Auswirkungen

Insbesondere in älterer Fachliteratur wird immer wieder über den zum Teil
deutlich von der Norm abweichenden Wortschatz von Kindern, aber auch
von Jugendlichen und Erwachsenen mit Hörschädigung geschrieben. Der

nicht an regulären Entwicklungsverläufen vollzogene Spracherwerb bringt eine mangelnde Beherrschung der Lexik mit ihrer Semantik sowie der morphologisch-syntaktischen Strukturen mit sich. Die Folgen sind Probleme im Verstehen und Verwenden der Lautsprache. Fehlendes oder unvollständiges Begriffsverständnis für Sachverhalte ist besonders dann zu beobachten, wenn diese eigenen Erfahrungen nicht zugänglich sind und / oder nicht bewusst vermittelt werden.

Mit dem Einsatz moderner Bildungs- und Erziehungsmethoden, aber insbesondere durch das Neugeborenenhörscreening, die Frühförderung und die Entwicklung von Hörsystemen, sind hier in den letzten Jahren deutlich Fortschritte und Veränderungen erreicht worden.

Hoffmann (2018): Hörstörungen bei Kindern. – Horsch (2006): Erziehung zur Dialogfähigkeit als unterrichtliche Lernprozesse. – Jussen (1982 b): Sprache. – Jussen / Kloster-Jensen / Wisotzki (1994): Lautbildung bei Hörgeschädigten. – Leonhardt (2003): Störungen der Sprachentwicklung durch Hörschäden. – Lindner (1994): Entwicklung von Sprechfertigkeiten.– Wachtlin / Bohnert (2018): Kindliche Hörstörungen in der Logopädie. – Wirth (2000): Sprachstörungen, Sprechstörungen, kindliche Hörstörungen.

8.2   Lautsprache in schriftlicher Modalität

Schriftsprache   Für die Lautsprache in schriftlicher Modalität ist im Fachgebiet – der Kürze willen – die Bezeichnung „Schriftsprache" gebräuchlich.

Die Schriftsprache ist von der Lautsprache abgeleitet. Ihre Nutzung bedingt einerseits die Kenntnis der morphologisch-syntaktischen Regularitäten und der Lexik der Lautsprache mit ihrer Semantik, andererseits kann sie prosodische Elemente der Lautsprache nur bedingt (z. B. durch Interpunktion, Gedankenstrich, optische Hervorhebungen) wiedergeben. Die Grapheme sind nicht identisch mit den Phonemen; zwischen beiden besteht lediglich eine begrenzte Kongruenz (Große 2001).

Die enge Verflechtung von mündlicher und schriftlicher Modalität verweist zugleich auf mögliche Probleme bei der Nutzung der Schriftsprache für Schüler mit Hörschädigung. Dennoch ist der Wert der Schriftsprache für sie enorm: Im Gegensatz zur Lautsprache in mündlicher (und daktyler) Modalität (Kap. 8.1 und 8.3) und der Gebärdensprache (Kap. 9) ist sie nicht flüchtig. Sie bleibt präsent und ist nicht mit der Darbietung sofort abgeschlossen. Im Verlauf der kulturellen Entwicklung der Menschheit hat sie immer mehr an Bedeutung gewonnen. Informationsprozesse im Berufs- und Alltagsleben setzen das Beherrschen der Schriftsprache voraus. Eine umfassende Kompetenz in der Schriftsprache kann dem Menschen mit Hörschädigung die gesellschaftliche Teilhabe erheblich erleichtern.

Bei der Betrachtung der Lautsprache in schriftlicher Modalität (also der Schriftsprache) ist des Weiteren zwischen Schreiben und Lesen zu unterscheiden.

Lesen

Für Leseanfänger ist ein angemessenes Sprachniveau der Sprache, in dem **Lesefertigkeiten** sich der Leselernprozess vollzieht, die Voraussetzung zum Lesenlernen. Dies war bisher bei Kindern mit Hörschädigung, vor allem mit hochgradiger Hörschädigung – zumindest was die Beherrschung der Lautsprache in mündlicher Form betrifft – nicht ausreichend gegeben. Wie beim Kind mit voll funktionsfähigem Gehör steht beim Kind mit Hörschädigung anfangs das laute Lesen im Vordergrund, bei letzterem aber verbunden mit der (Weiter-)Entwicklung der Sprechfertigkeiten. Während sich das Kind ohne Höreinschränkung beim Lesenlernen auf das akustische Klangbild stützen kann, ist dieses dem Kind mit Hörschädigung verwehrt oder steht ihm nur eingeschränkt zur Verfügung. Dem Schriftbild steht – wie eingangs erwähnt – nur bedingt das Klangbild gegenüber. Große (2001, 90) verweist darauf, dass das Kind mit Hörschädigung „bei der Transformation eines Graphems bzw. einer Graphemfolge in das entsprechende Phonem bzw. eine Phonemkombination infolge der spezifischen Perzeptionsbedingungen andere kognitive Anforderungen erfüllen (muss) als das hörende". Für Kinder mit Hörschädigung wirkt erschwerend, dass das Schriftbild und eine korrekte Artikulation oft voneinander abweichen (z.B. „Fuchs", „Keks" und „Axt").

Die (bewusste) Begegnung mit der Schrift war und ist in der Hörgeschädigtenpädagogik sehr verbreitet. So gab es gerade im letzten Jahrhundert immer wieder Ansätze, bei denen den Kindern mit Hörschädigung neue Wörter zugleich (also parallel) in mündlicher und schriftlicher Modalität angeboten wurden. Durch diese bisensorische Art der Darbietung erhoffte man sich eine stabilere Verankerung im Gedächtnis.

Ein weiteres Problem der Schüler mit Hörschädigung ist das sinnerfassende **Sinnerfassendes** Lesen. Die Sinnentnahme aus Texten bereitet ihnen oftmals Schwierigkei- **Lesen** ten, da die Kompetenzen in der Lautsprache eingeschränkt sind. So sind oftmals die Bedeutungen von Wörtern nicht klar oder/und die Schüler verstehen die morphologisch-syntaktische Struktur eines Satzes nicht angemessen.

Schreiben

Das Schreiben wird bei Menschen mit Hörschädigung durch das Klangbild beeinflusst. Das Klangbild, das der Einzelne wahrnimmt, ist wiederum abhängig von Art und Ausmaß der Hörschädigung. Viele Fehler, die Schüler mit Hörschädigung machen, gehen auf Hör- und/oder Absehfehler zurück.

Das Schreiben nach Diktat sowie das eigenständige Abfassen eines schriftlichen Textes setzen einen bestimmten Grad der Beherrschung der Lautsprache bezüglich Wortschatz, Grammatik und Orthographie voraus. Das selbstständige Formulieren von Texten stellt eine hohe Anforderung (Große 2001, 92) dar. Dies ist besonders im schulischen Rahmen zu berücksichtigen. Lehrer der allgemeinen Schulen, die im Regelfall keine Erfahrungen im Umgang mit Schülern mit Hörschädigung haben und kaum über Wissen über die Auswirkungen einer Hörschädigung verfügen, sind durch die den Schüler mit Hörschädigung begleitenden (Hörgeschädigten-)Lehrer bewusst darauf hinzuweisen.

Diller/Graser (2012): Entwicklung der Schriftsprachkompetenzen bei Kindern mit CI. – Günther (2001): Bedeutung und Erwerb der Schriftsprache für gehörlose und (hochgradig) schwerhörige Kinder. – Günther (2002): Erwerb und Ausdifferenzierung der Schriftsprache bei hochgradig hörgeschädigten Kindern – theoretisch-konzeptionelle Grundlagen für eine kompensatorisch alternative Förderpraxis. – Löwe (2001): Schriftsprachkompetenz ist heute für hochgradig hörgeschädigte Kinder notwendiger denn je. – Ludwig/Kaul (2018): 2.5 Schriftspracherwerb. – Marschark/Knoors (2012): Sprache, Kognition und Lernen. – Schäfke (2005): Untersuchungen zum Erwerb der Textproduktionskompetenz bei hörgeschädigten Schülern – Stumpf (2007): Die phonologische Informationsverarbeitung bei Kindern mit Hörhilfen. – Täuber (2007): Förderung der Lesekompetenz von mittel- und hochgradig hörbehinderten Schülern aus Migrantenfamilien. – Voit (1980): Gesichtspunkte der Lesedidaktik bei hörgeschädigten Schülern.

8.3 Manualsysteme / Lautsprache in daktyler Modalität

Fingeralphabet In Deutschland werden vor allem zwei Handzeichensysteme verwendet: das Fingeralphabet, auch als Graphembestimmtes Manualsystem (GMS) bezeichnet, und das Phonembestimmte Manualsystem (PMS). Sie dienen dazu, um Laut- und Schriftsprache auf Graphem- und Phonemebene zu visualisieren. Historisch gesehen wäre noch das Mund-Hand-System (MHS) zu nennen, was gegenwärtig (zumindest in Deutschland) keine Anwendung findet.

Graphembestimmtes Manualsystem Das derzeit gebräuchliche Fingeralphabet hat für jeden Buchstaben, also für jedes Graphem, ein Zeichen (Abb. 38). Die Fingerzeichen werden mit einer Hand in Kopfhöhe (zumeist an der Seite des Kopfes auf Mundhöhe) ausgeführt. Das Fingeralphabet orientiert sich an der geschriebenen Sprache, d. h. es wird entsprechend der Rechtschreibung des Wortes (und nicht entsprechend der gesprochenen Sprache) gefingert (auch: daktyliert; dáktylos [griech.] = Finger). Es stimmt also nicht mit den Lauten der Sprache überein. Das Ausführen der einzelnen Zeichen ist relativ leicht zu erlernen, insbesondere dann, wenn man durch entsprechende Phantasie versucht, in der Fingerstellung den geschriebenen Buchstaben zu erkennen (vgl. insbesondere C, L, M, N, O, T, U, V, W).

Wenn das Fingeralphabet beherrscht wird, können Wörter weitgehend flüssig im Rhythmus der Lautsprache gefingert werden. Das Erlernen der

Abb. 38: Fingeralphabet (© Jörg Koch (Fotograf), Lehrstuhl für Gehörlosen- und Schwerhörigenpädagogik, LMU München (Inhalt))

Produktion der Handzeichen wird erfahrungsgemäß rasch erlernt, während die Perzeption (Wahrnehmung) und Rezeption (verstehende Aufnahme) der Handzeichen eine gewisse Übungszeit benötigt.

Das Fingeralphabet wird eingesetzt, um schwer verständliche, unbekannte Wörter oder Eigennamen sowie Fremdwörter, die schlecht abzusehen sind, zu übermitteln. Es findet bei Bedarf auch im Rahmen der gebärdensprachlichen Kommunikation Anwendung.

Das im Rahmen der Hörgeschädigtenpädagogik verwendete Fingeralphabet geht zurück auf Ponce de León (Kap. 15.2). Er benutzte bei der Unterrichtung seiner Schüler ein Handalphabet, wahrscheinlich mönchischkirchlichen Ursprungs, das auf volkstümlicher Grundlage gewachsen war.

In den 1960er Jahren des letzten Jahrhunderts fand das Fingeralphabet in der ehemaligen UdSSR im Rahmen der Daktylologie breite Anwen-

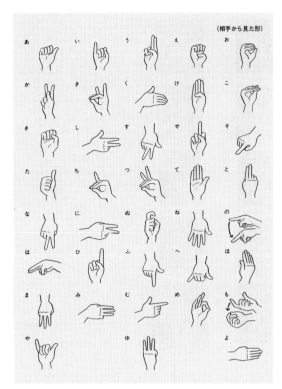

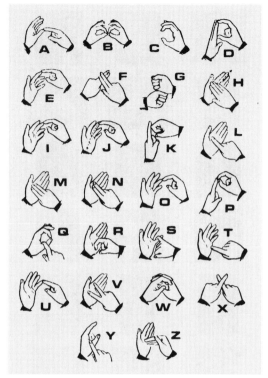

Abb. 39 a:
Japanisches Fingeralphabet

Abb. 39 c:
Beidhändiges englisches Standard-Manual-
Alphabet (aus: Schulte 1974, 18)

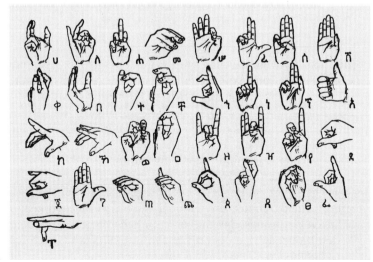

Abb. 39 b:
Äthiopisches
Fingeralphabet

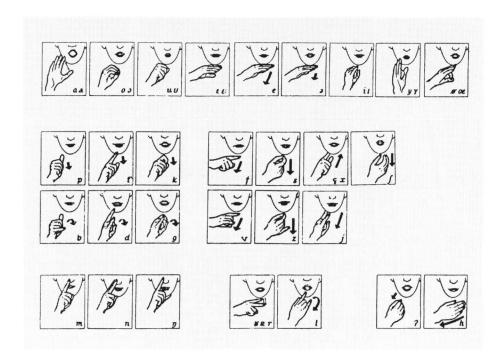

dung. Es diente der Sprachanbildung bei Kindern mit Hörschädigung etwa ab dem Kindergartenalter. Ungefähr zeitgleich wurde auch in den USA in der sogenannten Rochester-Methode verstärkt das Fingerspelling benutzt, hier jedoch erst nach Erreichen eines bestimmten Maßes an Abseh- und Sprechfähigkeit (etwa ab dem 5. Schuljahr).

Das Fingeralphabet ist eine weltweit verbreitete Kommunikationshilfe von Menschen mit Hörschädigung. Beispielhaft werden die Fingeralphabete aus Äthiopien, Japan sowie das beidhändige englische Fingeralphabet vorgestellt (Abb. 39a–c).

Das Phonembestimmte oder auch lautsprachbezogene Manualsystem wurde von Klaus Schulte (1830–2016) entwickelt (Abb. 40). Eine ausführliche Darlegung von Forschungsergebnissen ist seiner Publikation „Phonembestimmtes Manualsystem" (1974) zu entnehmen.

Das Phonembestimmte Manualsystem orientiert sich an der Lautsprache. Für jeden gesprochenen Laut gibt es ein Handzeichen, eine sog. Lautgebärde. Die Lautgebärden (mit den Handzeichen werden Lippen-, Kiefer- und Zungenstellung sowie Artikulationsort visualisiert) sollen Auskunft geben, wie einzelne Laute und Lautverbindungen gebildet werden und dienen der Unterstützung des Sprechenlernens. Dem Schüler wird durch das Handzeichen das Wahrnehmen einzelner Laute erleichtert und es unterstützt ihn bei der Artikulation.

Abb. 40: Phonembestimmtes Manualsystem (aus: Schulte 1974, 78)

Phonembestimmtes Manualsystem

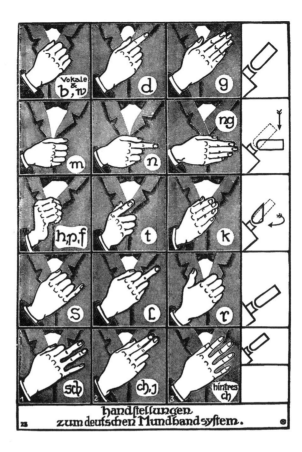

Abb. 41: Mund-
Hand-System
(aus: Schumann
1929, 166)

**Absehergänzendes
Manualsystem**

Zu Beginn des letzten Jahrhunderts hatte Georg Forchhammer (1861–1938, dänischer Gehörlosenlehrer) ein System entwickelt, das er Mund-Hand-System genannt hat. Das System besteht aus 15 Zeichen. 1923 wurde es deutschen Lautverhältnissen angepasst (Abb. 41).

Die Handzeichen werden unter dem Kinn, etwa in Krawattenhöhe, ausgeführt. Sie sollen im Wesentlichen die nicht sichtbaren Artikulationsanteile sichtbar machen und so das Absehen nicht sichtbarer Artikulationsanteile ermöglichen.

Wisotzki (1996, 200) verweist darauf, dass dieses System auch heute noch in den skandinavischen Ländern häufig benutzt wird. Zu einer ähnlichen Aussage kommt Wisch (1991, 195).

Der Nutzen genannter Manualsysteme ist differenziert zu sehen. Historisch gesehen, schrieb man ihnen unterschiedlichen Wert zu. Inwieweit diese alternativen Kommunikationsmittel in den Förderbedarf einbezogen werden, hängt – nach Große (2001, 96) – maßgeblich von zwei Faktoren ab: der Einstellung des Pädagogen und seiner Beurteilung der kommunikativen Möglichkeiten des Schülers mit Hörschädigung.

**Georg
Forchhammer**

*Schulte (1974): Phonembestimmtes Manualsystem (PMS). – Wisotzki
(1996): Altersschwerhörigkeit, 196–200.*

8.4   Übungsaufgaben zu Kapitel 8

Was versteht man unter Lautsprache?   **Aufgabe 46**

Woraus ergibt sich der Förderbedarf eines Kindes mit Hörschädigung in Bezug   **Aufgabe 47**
auf die Lautsprache (in mündlicher Modalität)?

Was umfasst den Vorgang der Lautbildung?   **Aufgabe 48**

Welche möglichen Auswirkungen hat eine angeborene Hörschädigung auf   **Aufgabe 49**
den lexikalisch-semantischen und den morphologisch-syntaktischen Bereich
der Lautsprache?

Was versteht man unter Schriftsprache?   **Aufgabe 50**

Kennzeichnen Sie mögliche Auswirkungen einer angeborenen Hörschädigung   **Aufgabe 51**
a) auf das Lesen und
b) auf das eigenständige Schreiben von Texten.

Unterscheiden Sie Graphembestimmtes und Phonembestimmtes Manualsys-   **Aufgabe 52**
tem, und beschreiben Sie deren Funktionen im pädagogischen Prozess!

9 Gebärdensprache und Gebärdensprachbewegung

Die Gebärdensprachbewegung fand ihren Ausgang in den 1960er Jahren, als William Stokoe (1919–2000) – ein Mediävist und Linguist, der Ende der 1950er Jahre seine Arbeit am Gallaudet College[1] aufnahm – im Rahmen seiner linguistischen Untersuchungen der Gebärden amerikanischer Gehörloser feststellte, dass diese alle linguistischen Kriterien einer Sprache erfüllen. Es handele sich somit um eine vollwertige Sprache, die der Lautsprache in nichts nachstehe. Seine Untersuchungsergebnisse fasste er in der 1960 erschienenen Publikation „Sign Language Structure" zusammen. Stokoe war – im Vergleich zu früher durchgeführten Analysen der Gebärden – dazu übergegangen, die Gebärdenzeichen in ihren Einzelbestandteilen wie Handform, Bewegung und Ausführungsstelle (am Körper) zu beschreiben. Er stellte fest, dass die Gebärden sich in kleine Teile zerlegen lassen, die nach bestimmten Gesichtspunkten kombiniert werden, so dass eine Regelhaftigkeit besteht. Diese Publikation gilt nach Sacks (2001, 204) als erste ernst zu nehmende wissenschaftliche Auseinandersetzung mit dem „visuellen Kommunikationssystem der amerikanischen Gehörlosen". Als Professor an der Gallaudet University hat er die Amerikanische Gebärdensprache (ASL) erforscht. Er gilt als Initiator der modernen Gebärdensprachforschung.

Gehörlose als kulturelle Gruppe Fünf Jahre später gab Stokoe unter Mitarbeit von zwei gehörlosen Kollegen ein „Lexikon der Amerikanischen Gebärdensprache" (im Original „Dictionary of American Sign Language on Linguistic Principles" heraus, womit er seine Erkenntnisse weiter untermauerte. Im Anhang dieses Lexikons befand sich ein Beitrag mit dem Titel „The Linguistic Community",

---

[1] Heute: Gallaudet University. Sie geht zurück auf eine 1817 gegründete Lehranstalt in Hartford, der ersten Gehörlosenschule in den USA überhaupt. 1857 wurde in Washington D. C. die „Columbia Institution for the Deaf and Dumb" errichtet. 1864 verabschiedete der Kongress ein Gesetz, das es dieser Einrichtung erlaubte, in den Rang eines Nationalen College für Taubstumme aufzusteigen. Damit war die erste auf die Ausbildung von Gehörlosen spezialisierte Hochschule des Landes geschaffen. Ihr erster Rektor war Edward Gallaudet. Die Einrichtung hieß zunächst „National Deaf Mute College" und wurde 1893 zu Ehren von Thomas Gallaudet, Vater von Edward Gallaudet, in „Gallaudet College" umbenannt. (Auf die Initiative von Thomas Gallaudet geht die Gründung der ersten Gehörlosenschule in den USA zurück.) 1987 wurde das College in Gallaudet-Universität umbenannt.

Die Gallaudet-Universität ist die einzige geisteswissenschaftlich ausgerichtete Universität für gehörlose Studenten weltweit. Daneben sind jedoch inzwischen an Technischen Hochschulen verschiedene Studiengänge für Gehörlose eingerichtet worden. Die berühmteste derartige Einrichtung ist das „National Technical Institute for the Deaf (NTID)" in Rochester (ebenfalls USA).

der die erste Beschreibung der sozialen und kulturellen Charakteristika der Gehörlosen lieferte, die sich der Amerikanischen Gebärdensprache bediente. Gehörlose Menschen als eine kulturelle Gruppe darzustellen, war zu diesem Zeitpunkt noch nie dagewesen.

Die unmittelbaren Reaktionen von Seiten der Wissenschaft und auch der Gehörlosen selbst waren zunächst eher zurückhaltend, teilweise auch ablehnend: Stokoes Kollegen der Universität standen den Forschungsergebnissen eher distanziert gegenüber. Die zeitgenössische Sprachforschung nahm keine Notiz von seinen Büchern und die Gehörlosen zeigten eine eher indifferente oder ablehnende Reaktion (Sacks 2001). Es dauerte noch ca. 20 Jahre, bis ein Umdenken erfolgte.

Kurz nachdem Stokoe seine Forschungen aufgenommen hatte, begann auch das Ehepaar Ursula Bellugi (geb. 1931) (Psycholinguistin) und Edward Klima (1931–2008) (Sprachwissenschaftler) – ebenfalls USA – eine Studie über Gebärdensprache. Sie erkannten, dass die American Sign Language tatsächlich eine sprachliche Struktur aufweist. Sie bewiesen, dass Gebärdensprachen vollständige Sprachen sind und über komplexe Grammatiken verfügen, die alle Merkmale von Grammatiken mündlicher Sprachen aufweisen.

In der Folgezeit fand die Gebärdensprache aus linguistischer Sicht mehr und mehr Anerkennung. Dadurch oder zumindest dadurch mitbedingt kamen gehörlose Menschen zu einem neuen Selbstverständnis und Selbstbewusstsein sowie einer veränderten Selbstachtung. In den siebziger Jahren des 20. Jahrhunderts wurden auch die Forderungen der sich formierenden Gehörlosen deutlicher, neue Wörter wie „Selbstbestimmung" und „Bevormundung" tauchten auf. Sie lehnten sich gegen das Stigma „behindert" und „abhängig" auf und begannen, sich als Mitglieder einer autonomen Gemeinschaft zu fühlen, deren Anliegen „der Erhalt ihrer Sprache, Entwicklung von angemessenen Methoden für den Gehörlosenunterricht, sowie die Aufrechterhaltung ihrer sozialen und politischen Organisationen" ist (Padden/Humphries 1991, 46).

Mit dem Gedanken, im Besitz einer eigenen, vollwertigen Sprache zu sein, wuchs unter vielen Gehörlosen auch die Vorstellung von einer eigenen Kultur (Rutherford 1989, 19). Als kulturelle Merkmale der (amerikanischen) Gehörlosenkultur werden beispielsweise gesehen:

Gehörlosenkultur in den USA

– Die Amerikanische Gebärdensprache (American Sign Language) bildet den Kern der Gehörlosenkultur.
  Die Mitgliedschaft in der Gehörlosengemeinschaft stützt sich auf eine „gehörlose Einstellung". Eine „gehörlose Einstellung" bedeutet (so Baker/Padden 1978 nach Rutherford 1989, 21), dass sich eine Einzelperson aufgrund bestimmter Merkmale als Mitglied der Gemeinschaft zu erkennen gibt und von den anderen Mitgliedern akzeptiert wird. Das tatsächliche Ausmaß des Hörverlustes spielt eine untergeordnete Rolle.
  Zur besseren Unterscheidung wurden etwa Ende der 1970er Jahre die Begriffe „deaf" und „Deaf" eingeführt, wobei „deaf" für den audiologischen Befund des Nicht-Hören-Könnens steht und „Deaf" für eine bestimmte Gruppe gehörloser

Menschen, die eine gemeinsame Sprache und Kultur benutzt (sich also als Mitglieder einer kulturellen Gemeinschaft fühlen), verwendet wird. Eine Person, die nach Audiogramm gehörlos ist, aber nicht ASL verwendet, wird nicht als Mitglied der kulturellen Gruppe der Gehörlosen angesehen.
- Gehörlose heiraten zumeist untereinander (85–95 %).
- Innerhalb der Gehörlosenkultur existiert eine formale Sozialstruktur.
- Es gibt Kulturgegenstände, die speziell für die Gemeinschaft bestimmt sind, zum damaligen Zeitpunkt waren es z. B. das Schreibtelefon, Blitzlicht-Signaleinrichtungen (als Türklingel oder Wecker) und sprachgesteuerte Signallichter, wie für einen Baby-Call.

Gebärdensprach-bewegung in Europa

Ebenfalls in den 1970er Jahren „schwappte" die Gebärdensprachbewegung nach Europa über. Im deutschsprachigen Raum sind damit Namen wie Siegmund Prillwitz, Penny Boyes Braem (beide Linguisten) und Ulrich Hase (als Vertreter des Deutschen Gehörlosenbundes) verbunden. Der Beginn der Gebärdensprachforschung wird in Deutschland mit dem Erscheinen des Beitrages „Skizzen zu einer Grammatik der Deutschen Gebärdensprache" von Prillwitz und Mitarbeitern verbunden. Dieser wurde erstmals auf dem 1985 stattfindenden Kongress „Die Gebärde in Erziehung und Bildung Gehörloser" verteilt. Das war möglich, weil Prillwitz als Linguist bereits 1982 eine Forschungsstelle „Deutsche Gebärdensprache" geschaffen hatte und erste Erkenntnisse vorlegen konnte. Aus genannter Forschungsstelle erwuchs 1987 das Zentrum für Deutsche Gebärdensprache und Kommunikation Gehörloser. 1992 begann ein Bund-Länder-Modellversuch für die Entwicklung und Etablierung des Magisterstudiengangs Gebärdensprache und des Diplomstudiengangs Gebärdensprachdolmetschen. 1997 entstand daraus das Institut für Deutsche Gebärdensprache und Kommunikation Gehörloser am Fachbereich Sprachwissenschaften der Universität Hamburg. 2005/06 wurde der Magisterstudiengang im Rahmen der bundesweiten Modularisierung auf die Bachelor- und Masterstruktur umgestellt. 2008 trat Christian Rathmann die Nachfolge von Prillwitz an, der 2005 in den Ruhestand getreten war. Mit Rathmann hatte die Professur und Institutsleitung erstmalig ein Gehörloser inne.

Während das Thema „Gebärdensprache und Gehörlosenkultur" von den Betroffenen sowie den Gehörlosenlehrern, Linguisten, Psychologen und Medizinern bis Ende des 20. Jahrhunderts erhitzt diskutiert wurde, blieben die Auswirkungen auf die Bildung und Erziehung in den Gehörlosenschulen, einschließlich Frühförderung und vorschulischer Erziehung, zunächst vergleichsweise gering. Erst seit den 1990er Jahren wird in einzelnen Klassen verschiedener Förderzentren, Förderschwerpunkt Hören bilingual, also in Deutscher Gebärdensprache und Lautsprache unterrichtet. In den skandinavischen Ländern versuchte man seit längerem ein bilinguales Vorgehen in den Gehörlosenschulen umzusetzen. Auch in den Niederlanden werden neue Ansätze unter Einbezug der Gebärdensprache erprobt.

Zusammenfassung Gebärdensprache

Aufgrund der weltweiten Forschungsarbeiten lässt sich heute als wichtige Erkenntnisse über die Gebärdensprache Folgendes zusammenfassen:

– Die Gebärdensprache ist eine natürliche Sprache. Im Gebärdenspracherwerbsprozess lassen sich viele Gemeinsamkeiten mit dem Erwerbsprozess der gesprochenen Sprache erkennen.
– Die Gebärdensprache ist mit der Kultur der Gehörlosen aufs engste verbunden.
– Die Gebärdensprache ist nicht überall auf der Welt gleich. Zugleich gibt es nationale Varianten sowie regionale Dialekte innerhalb einer nationalen Variante.
– Wer die Gebärdensprache gut beherrscht, kann damit auch komplexe und abstrakte Ideen ausdrücken.
– Die Gebärdensprachen haben eine ihnen eigene linguistische Struktur (Boyes Braem 1995, 14).

Die Gebärdensprache bedient sich manueller (Hände und Arme) und nichtmanueller (Gesichtsausdruck, Blick, Kopf, Oberkörper und Mundbild) Ausdrucksmittel. Zunächst blieb man der Erforschung der manuellen Ausdrucksmittel verhaftet. Erst später wurde klar, dass durch die nichtmanuellen Kanäle der Gebärdensprache Gefühle des Gebärdenden mitgeteilt werden und für die Grammatik der Gebärdensprache von zentraler Bedeutung sind (weiterführend Boyes Braem 1995).

Die Gebärdensprache ist ein wesentliches Mittel, über die sich die Mitglieder der gebärdensprachlich kommunizierenden Menschen, also der Gehörlosengemeinschaft (auch Gebärdensprachgemeinschaft) definieren. Sie fühlen sich verbunden durch bestimmte Verhaltensweisen, Sichtweisen, Vorlieben und Wertsetzungen. Diese werden als wesentliche Bestandteile einer eigenen Kultur angesehen. „Kultur bringt Sprache hervor. Aber mit Hilfe der Sprache wird auch Kultur tradiert." Weiter wird ausgeführt „... spätestens in den Vereinen, von den Erwachsenen hin zu den Jüngeren werden die kulturellen Errungenschaften der Gehörlosen über die Generationen hinweg weitergegeben und bewahrt" (Voit 2000, 20).

Die Merkmale einer Gehörlosenkultur sieht Voit (21) neben der Kreation einer eigenen Sprache in

Merkmale der Gehörlosenkultur

– der Organisation in Vereinen,
– dem hohen Prozentsatz endogamer Ehen,
– in spezifischen Umgangsformen und Tabus (das betrifft z. B. die Kontaktaufnahme, das Eröffnen und Beenden eines Gesprächs, die Regeln des Blickkontakts, die Öffentlichkeit der Konversation, die Verabschiedung u. v. a. m.),
– den eigenen Kunstformen (z. B. Gehörlosentheater und Gebärdensprachpoesie),
– einer eigenen Art des Humors, z. B. gehörlosenspezifische Witze,
– einer eigenen Namensgebung (Namensgebärden) und in
– Mythen.

Fallbeschreibung 7 stellt eine junge schwerhörige Frau vor, die seit ihrer Geburt sowohl mit der Gebärdensprache (durch die Eltern und die ältere Schwester, alle gehörlos) als auch mit der Lautsprache (durch die hörenden Großeltern) aufwuchs.

Fallbeschreibung 7: „Ich bin von Geburt an schwerhörig. Es handelt sich um eine beidseitige mittel- bis hochgradige Schallempfindungsschwerhörigkeit. Hohe Frequenzen nehme ich unverhältnismäßig schlecht gegenüber tieferen Frequenzen wahr. Ich höre Alltagsgeräusche, Sprache und Musik qualitativ anders.

Meine Hörgeräte sind mir eine unverzichtbare Hilfe, die ich nur ungern ablege. (Beispiele: Das Schwimmen im See ist mir unangenehm, da ich immer unsicher bin, etwas nicht mitzubekommen. Oder: Gehen die Hörgerätebatterien in gesellschaftlichen Situationen aus, dann kann ich den Abend vergessen und fühle mich ausgeschlossen, obwohl sich meine Freunde bemühen, dann langsamer zu sprechen.) Die Hörgeräte können meine Schwerhörigkeit nicht beheben, aber doch sehr gut kompensieren. In größeren Gesprächsrunden aber die wichtigsten Informationen herauszufiltern, fällt mir zeitweilig schwer. Ich kann mich nur auf einen oder zwei Gesprächspartner konzentrieren. Dabei ist mir das Absehen … eine große Unterstützung. Je höher der Geräuschpegel, desto stärker bin ich auf das Absehen als Verständigungshilfe angewiesen. Durch das Absehen versuche ich, das auditiv nicht Wahrgenommene zu ergänzen. Trotzdem kommt es häufiger vor, dass im Verlauf eines Gesprächs Lücken entstehen, die ich erst durch Kombinieren wieder füllen muss. Das Absehen ist ein ständiger Begleiter. Auch in günstigen Gesprächssituationen, wie z. B. beim Zweiergespräch, schaue ich meinem Gesprächspartner immer auf den Mund.

Biographische Darstellung: Obwohl ich als Kind gehörloser Eltern geboren worden bin, wurde bei mir die Schwerhörigkeit erst im Alter von 2 Jahren diagnostiziert. Da ich auf laute Geräusche adäquat reagiert habe, wurden bei mir keine Hörtests durchgeführt, da man annahm, dass ich normal hörend sei. Diese Tatsache ist trotzdem verwirrend, da das erste Kind meiner Eltern gehörlos war. So war ich doch ein Risikokind, bei dem eine Hörbehinderung nicht auszuschließen war. Warum bei mir keine genaueren Untersuchungen vorgenommen wurden, kann ich leider nicht beantworten. Meine normalhörenden Großeltern bemerkten nach einiger Zeit, dass bei mir etwas nicht in Ordnung ist, da ich auf Zurufen oder akustische Signale öfters nicht reagiert habe. Sie hegten sofort den Verdacht, dass ich eine Hörschädigung habe. Ich wurde dann ein halbes Jahr später mit Hörgeräten versorgt.

Mit drei Jahren kam ich in den Regelkindergarten in meinem Heimatdorf und blieb dort bis zum 5. Lebensjahr. Ich hatte zu den anderen Kindern immer einen guten Kontakt und keine Kommunikationsschwierigkeiten. Nur in den Singstunden wurde mir meine Schwerhörigkeit immer deutlich bewusst, da ich oft dem Text nicht folgen konnte und meist nur stumm dasaß und den anderen zuhörte.

Vom 5. bis zum 6. Lebensjahr besuchte ich die SVE (= Schulvorbereitende Einrichtung – Anmerkung d. Verf.) der Schwerhörigenschule …, dort besuchte ich auch die 1. bis einschließlich 6. Klasse. Danach wechselte ich auf die … Realschule für Schwerhörige …, wo ich nach 5 Jahren mit der Mittleren Reife abschloss. Aufgrund meiner Unsicherheit bezüglich der Berufsausbildung entschloss ich mich, noch das Abitur zu machen. Ich wollte dadurch das Spektrum der Möglichkeiten für interessante und abwechslungsreiche Tätigkeiten erweitern, um einen Beruf zu finden, in dem ich persönliche Erfüllung finde. Das empfinde ich in meinem Studium der Schwerhörigenpädagogik. Das Studium ermöglichte mir die Erkenntnis neuer, mir vorher nicht bekannter Aspekte zum Thema Schwerhörigkeit und eine intensive Auseinandersetzung mit dieser.

Fragen wie „Wo fühle ich mich als Schwerhöriger zugehörig?", stellten sich in meiner Schulzeit gar nicht. Diese Frage ist heute auch noch etwas schwer zu beantworten, da ich drei unterschiedliche Welten kennengelernt habe. Ich kenne die Welt der Schwerhörigen, der Gehörlosen und der Hörenden. Ich fühle mich in allen wohl, da ich auf keine Kommunikationsprobleme stoße und mir so Interaktionen möglich sind. War mein Umgang während meiner Jugendzeit verstärkt mit Schwerhörigen und Gehörlosen, hat sich das heute auf die Hörenden verschoben. Das liegt daran, dass ich einen hörenden Lebenspartner habe und im Studium vornehmlich unter Hörenden bin. Der Kontakt zu meinen schwerhörigen und gehörlosen Freunden ist nach wie vor da, nur sieht man sich leider heute viel zu selten. Diese Veränderung stimmt mich etwas traurig, da ich die Welt der Schwerhörigen und Gehörlosen als wunderbar empfinde …

Meine Familie: Wie ich bereits erwähnt habe, sind meine Eltern und meine Schwester gehörlos. Während meine Mutter und meine Schwester von Geburt an gehörlos sind, verlor mein Vater im Alter von eineinhalb Jahren aufgrund einer Mumpserkrankung sein Gehör. Meine Mutter ging trotz ihrer Gehörlosigkeit auf eine Schwerhörigenschule, welche sie mit großen Anstrengungen absolvierte. Sie wurde lautsprachlich erzogen und hatte nur im Gehörlosensportverein Kontakt zu ihresgleichen. Sie verfügt über eine für eine Gehörlose sehr gute Lautsprache und ist für die Bewältigung des Alltags kaum auf Hilfe meinerseits oder anderer hörender Bezugspersonen angewiesen …

Mein Vater ging in die Gehörlosenschule…und verfügt über eine sehr schlechte Lautsprache. Meine Schwester besuchte auch die Gehörlosenschule …, kann sich in Lautsprache nur begrenzt verständigen. Der Grund dafür liegt in der Faulheit, eine gute Lautsprache zu erlernen, da sie es für nicht nötig empfand und empfindet, aufgrund ihrer Zugehörigkeit zur Gehörlosengemeinschaft.

Kommunikationssituation in der Familie: Ich wuchs mit der Gebärden- und Lautsprache gleichzeitig auf. Mit meiner Familie, d.h. meinen Eltern und meiner Schwester, kommuniziere ich in Gebärdensprache. Hierbei gibt es dennoch Unterschiede, die von den individuellen Voraussetzungen meiner Familienmitglieder abhängig sind. Während ich mit meiner Mutter meist deutlich und langsam spreche und unterstützende Gebärden verwende, kommuniziere ich mit meinem Vater und meiner Schwester in DGS (= Deutsche Gebärdensprache – Anmerkung d. Verf.). Meine Mutter verfügt im Gegensatz zu meinem Vater über ein sehr gutes Absehvermögen.

Die Lautsprache erlernte ich von meinen hörenden Großeltern, die im gleichen Haus wie meine Eltern lebten. Durch den Umgang mit normalhörenden Kindern im Kindergarten und die unzähligen Sprachtherapiestunden in der Schwerhörigenschule wurde meine Lautsprache verbessert und ausgefeilt.

Wie erlebe ich die Gehörlosenkultur? Da meine Eltern im Verein aktiv tätig sind, wurde ich schon als Kind immer zu den Veranstaltungen oder Treffen mitgenommen. Dies war in meiner Jugendzeit die Freizeitbeschäftigung am Wochenende.

Für mich ist die Gehörlosengemeinschaft eine große Familie, die Wärme und Geborgenheit bietet. Man fühlt sich dort angenommen und verstanden. Auch wenn man nicht mehr oft bei den Gehörlosen verkehrt, ist man dort ein immer gern gesehener Gast, der auch nach langer Zeit (das können unter Umständen auch Jahre sein) mit einer herzlichen Umarmung begrüßt wird. Diese herzliche Begrüßung erlebe ich bei Hörenden nur im sehr engen Freundeskreis, aber auch meist nur bei längerer Abwesenheit. Dagegen begrüßen sich Gehörlose in der Regel immer so. Hier spürt man die Verbundenheit dieser Minderheit untereinander.

Auch was gesellschaftliche Veranstaltungen anbelangt, finden diese häufig statt und werden immer sehr gut besucht. Die Ankündigung für die Veranstaltungen erfolgt meist per Fax und erreicht nicht nur Gehörlose in unmittelbarer Umgebung. Zu den Feiern kommen zum Teil Gehörlose und Hörgeschädigte aus ganz Bayern. So findet man immer eine bunte Mischung Hörgeschädigter aus unterschiedlichen Orten vor. Es kommt zu einem regen Informationsaustausch, wobei ich hier ein bisschen lächeln muss, denn ich habe es noch nie erlebt, dass Gehörlosen der Gesprächsstoff ausgeht. Dabei muss ich an meine eigene Jugendzeit zurückdenken, wo ich teilweise meine Eltern verflucht habe, da sie es einfach nicht schafften, vor Mitternacht eine Veranstaltung zu verlassen. Aber auch für die Verabschiedung muss man mit einer bis zwei Stunden rechnen. Mittlerweile ist dies bei mir ganz genauso, zum Teil noch schlimmer, da ich meine gehörlosen Freunde zu selten sehe. Bei Festen mit Hörenden bin ich nach einigen Stunden aufgrund des konzentrierten Zuhörens und des Sprechens schon ziemlich erledigt, so dass ich meistens relativ früh nach Hause gehe. Dagegen ist die Unterhaltung in der Gebärdensprache für mich reine Entspannung. Ich kann mich zurücklehnen und die Schönheit der sprechenden Hände beobachten. Die Ausdrucksstärke dieser Sprache fasziniert mich bis heute und wärmt mein Herz. Die persönlichen Gefühle und Stimmungen eines Menschen kann ich durch die Gebärdensprache viel besser erfassen und erkennen. Ich denke, man kann seine momentane Befindlichkeit in der Gebärdensprache besser ausdrücken und kaum verheimlichen. Schon allein die Körperhaltung und das Tempo der Bewegungen sagen viel über die Befindlichkeit und Stimmung einer gehörlosen Person aus. Bei Hörenden kann ich dies nicht so leicht erfassen, da Hörende nach meinem Empfinden sehr wenig Körpersprache haben und sich ihre Befindlichkeit durch ihre Stimme ausdrückt. Da ich feine Stimmschwankungen auditiv nicht optimal erfassen kann, werde ich dies wohl so empfinden … Wenn ich ehrlich bin, dann muss ich zugeben, dass die Intensität der Kontakte zu meinen hörgeschädigten und gehörlosen Freunden größer ist (einige hörende Freunde sind hier eine Ausnahme), obwohl ich sie nur gelegentlich sehe. Dies liegt sicherlich an der Verbundenheit aufgrund der gleichen Behinderung, aber auch an der entspannten Kommunikationsatmosphäre. Die Ähnlichkeit in Sachen Hörschädigung (ich spreche von Hörschädigung, da ich mich sowohl auf Schwerhörige, als auch auf Gehörlose beziehe) überwindet alle Unterschiede, wie Rassenzugehörigkeit, Religion, Einstellungen …

In der Gehörlosenkultur kann ich die Gebärdensprachpoesie und Wortspiele genießen, die man nicht in Lautsprache übersetzen kann. Sie sind so einzigartig, dass sie nur in Gebärdensprache verstanden werden können. Ein Beispiel möchte ich trotzdem geben: ‚Mir läuft das Wasser im Munde zusammen' oder ‚Ich möchte etwas unbedingt haben'. Diese Gebärdenzeichen sagen meiner Meinung viel mehr aus als die lautsprachlichen Entsprechungen. Hierbei wird das Gefühl des Verlangens viel stärker zum Ausdruck gebracht. Witze der Gehörlosen sind mit solchen Wortspielen gespickt, so dass Witze, die für Hörende langweilig sind, sehr lustig sind. Ich persönlich kann bei den Witzen der Gehörlosen immer lachen und stoße dabei manchmal auf Unverständnis der Hörenden. Sie verstehen die Pointe des Witzes nicht, da diese durch Gebärdenzeichen zum Ausdruck gebracht wird.

Ich denke, dass nur die Leute, die in die Gehörlosenkultur hineingeboren sind, diese Einzigartigkeit vollständig verstehen können. Ich möchte aber die Personen, die über eine sehr gute Gebärdensprachkompetenz verfügen und viel Zeit in der Gehörlosengemeinschaft verbringen, nicht ausschließen.

Auch das Gehörlosen-Theater, das unterschiedliche Stücke in Gebärden aufführt, ist ein wichtiger Bereich der Gehörlosen-Kultur. Es werden dort Dinge dargestellt, die in erster Linie die Gehörlosen betreffen. Es werden dort beispielsweise Problemsituationen, die Hörgeschädigte im Alltag erleben, auf eine lustige Art und Weise dargestellt oder der ewige Streit ‚Oralisten gegen Gebärdensprachler' in einem Stück verarbeitet. Gehörlose können sich in diesen Stücken wiederfinden und sich somit mit ihrer Gehörlosigkeit oder Hörbehinderung auseinandersetzen. Es werden aber nicht nur Stücke zum Thema ‚Hörgeschädigt-Sein' aufgeführt, sondern es wird versucht, bekannte Literatur (wie z.B. Faust) in ein Gebärdenstück umzusetzen. Das Stück strotzte nur so von Ausdrucksstärke, man hatte das Gefühl, die Körper und Hände der gehörlosen Schauspieler sind kurz vor der Explosion. Man merkte, dass die ganze Energie der Darsteller in die Bewegungen eingeflossen ist. Diese Energie erlebe ich beim Betrachten eines Liedes in Gebärdensprache noch stärker. Es fällt mir schwer, meine Empfindungen in solchen Momenten zu beschreiben. Ich kann nur sagen, dass es mir in solchen Momenten ganz ‚kalt den Rücken runterläuft' und ich voller Emotionen bin. Man kann hier die Verhaltensweisen und Konventionen, die in der Gehörlosengemeinschaft gepflegt werden, miterleben, wie beispielsweise die Art zu applaudieren, das Winken der Hände in der Luft, anstatt zu klatschen.

Ich möchte an dieser Stelle auch erwähnen, dass ich die Gehörlosenkultur nicht immer positiv erlebe. Ich erlebe es immer wieder, dass Gehörlose die Hereinnahme Hörender in ihre Gemeinschaft mit Skepsis betrachten oder widerwillig akzeptieren. Ich habe den Eindruck, dass sie sich dadurch in ihrer Selbstbestimmung eingeschränkt fühlen. Ratschläge, Hilfen und Tipps von Hörenden werden oft als Einmischung in ihre Kultur angesehen und abgelehnt. Dass die Ratschläge, Meinungen oder Tipps Hörender für ihre Weiterentwicklung oder Entfaltung neue Aspekte liefern können, sehen viele nicht. Das Gehörlosen-Theater macht hierbei schon den ersten Schritt hinsichtlich der Öffnung der Gehörlosen-Kultur für die hörende Gesellschaft. Es werden zunehmend Dolmetscher eingesetzt, die Gebärdensprachstücke in Lautsprache übersetzen und so das Gehörlosentheater auch für Hörende zugänglich machen. Anschließend findet meist eine Diskussion über das aufgeführte Stück statt, wo Meinungen, Fragen und Äußerungen von hörenden Besuchern gerne gesehen sind. Ich finde die Öffnung sehr wichtig, da somit die Welt der Gehörlosen offensichtlich wird und Hörende auf eine unterhaltsame Weise ihre Welt kennen lernen. Sie bekommen einen Einblick in die Fähigkeiten und Möglichkeiten Gehörloser. Gerade dies kann zu einem allgemeinen Verständnis Hörender für verschiedene Behinderungsarten beitragen.

Welcher Kultur fühle ich mich zugehörig? Die oft gestellte Frage, welcher Kultur ich mich zugehörig fühle, kann ich sehr schwer beantworten. Ich fühle mich in allen Kulturen sehr wohl und könnte auch nicht sagen, welche ich bevorzuge. Was ich allerdings schon sagen kann, ist, dass sich die Nähe zu den unterschiedlichen Kulturen im Laufe meines Lebens geändert hat. In meiner Kinder- und Jugendzeit war meine Zugehörigkeit eindeutig in der Schwerhörigen- und Gehörlosenkultur. Mit Hörenden hatte ich zu dieser Zeit weniger Kontakt, mit Ausnahme meiner hörenden Verwandtschaft und einzelnen hörenden Bekannten. Dabei waren die Kontakte zu Schwerhörigen meist auf die Schulzeit beschränkt und die Kontakte zu den Gehörlosen auf das Wochenende. Das änderte sich dann mit dem Eintritt in die Realschule, wo ich die außerschulische Zeit und die Wochenenden vermehrt mit meinen schwerhörigen Freunden verbrachte. Das hängt aber auch damit zusammen, dass ich während der Realschulzeit und während der ersten beiden Jahre im … Gymnasium im Internat untergebracht war. Der Kontakt zu Hörenden verstärkte sich mit dem Eintritt in das Gymnasium und mit meiner Beziehung zu einem Hörenden. So verkehre ich seitdem vermehrt in der hörenden Welt" (aus: Kneißl 2000, 65ff).

Im betrachteten Fall hatte das Kind mit Hörschädigung im gehörlosen Elternhaus als Erstsprache die Gebärden der Eltern erlernt. Durch die hörenden Großeltern war von Anfang an auch ein entsprechendes Lautsprachangebot vorhanden, so dass es hier – später ergänzt durch die lautsprachlichen Angebote des allgemeinen Kindergartens – tatsächlich zu einer Zweisprachigkeit kam.

 Ähnliches beschreibt aus belletristischer Sicht: Poulin (2015): Worte, die man mir nicht sagt. Mein Leben mit gehörlosen Eltern.

Bilinguale Erziehung Die gebärdensprachlich kommunizierenden Erwachsenen haben in Folge und als Träger der Gebärdensprachbewegung ihre eigenen Vorstellungen für eine aus ihrer Sicht angemessene Erziehung und Bildung gehörloser Kinder angemeldet. Sie stellen sich ein bilinguales Bildungs-, Erziehungs- und Förderkonzept vor, das auf der Gebärdensprache als Erstsprache beruht. Die gehörlosen Kinder sollen die Chance eines natürlichen Spracherwerbs erhalten – durch das Angebot einer Sprache, die ihren Wahrnehmungsbedingungen voll entspricht (Voit 1992, 171). Verbunden damit wird die Erwartung, dass angemessene frühkindliche und altersgemäße Entwicklungsverläufe im kognitiven und sozialen Bereich möglich sind. Durch die Gebärdensprache stehe ein differenziertes Sprachsystem zur Verfügung, durch das eine reichhaltige und ungehinderte Kommunikation möglich wird. Um ein entsprechend vielschichtiges und vielseitiges Sprachangebot zu gewährleisten, sollen bereits in die Frühförderung der gehörlosen Kinder der zumeist hörenden Eltern Früherzieher eingesetzt werden, die ebenfalls gehörlos sind, um die Gebärdensprache qualifiziert anbieten zu können. Auch für die vorschulische Erziehung und den Unterricht in den Förderzentren, Förderschwerpunkt Hören werden zweisprachige Lehrer (mit und ohne Gehörlosigkeit) gefordert. Im Gegensatz zu den allgemeinen Inklusionsbemühungen, die das Ziel eines gemeinsames Lernens von Schülern mit und ohne Behinderung verfolgen, scheint das bilinguale Konzept eher mit einem Förderzentrum, Förderschwerpunkt Hören vereinbar, da so ein entsprechend qualifiziertes Gebärdensprachangebot gesichert werden kann. Zugleich möchte man sich durch einen Unterricht mit und in Gebärdensprache und durch die Vermittlung der Gehörlosenkultur noch stärker als bisher vom Allgemeinen Schulsystem abheben (Padden/Humphries 1991,

105f; Voit 1992, 172). Die erstgenannten Autoren problematisieren des Weiteren, dass der Wandel zum gemeinsamen Lernen zur Folge habe, „daß viele, gerade die jüngeren gehörlosen Kinder, auch wenn sie mit ein paar anderen gehörlosen Kindern zusammen unterrichtet werden, nie einen erwachsenen Gehörlosen kennen gelernt und niemals ASL gesehen haben". Dies könnte „anstatt daß es den gehörlosen Kindern eine neue Welt eröffnet, leicht zu einer neuen Art von Isolation führen" (106).

Angeregt durch und in Auseinandersetzung mit der aktuellen Inklusionsdiskussion vertreten Mitglieder der Gebärdensprachgemeinschaft inzwischen auch andere Positionen. Seit einigen Jahren gibt es von Eltern, die gebärdensprachlich kommunizieren und sich der Gehörlosengemeinschaft zugehörig fühlen, Initiativen, ihre ebenfalls gebärdensprachlich kommunizierenden Kinder mit Gebärdensprachdolmetscher in der allgemeinen Schule inklusiv zu beschulen (Leonhardt/Steiner 2014; Kaul 2018).

Deutsche Gebärdensprache (DGS)

Die Deutsche Gebärdensprache (DGS) ist eine vollwertige und eigenständige Sprache in einer visuell-räumlichen Modalität. In Deutschland erfolgte ihre rechtliche Anerkennung im Jahr 2002 im Behindertengleichstellungsgesetz.

Die DGS basiert auf einem komplexen grammatischen System, das sich grundlegend von dem der deutschen Lautsprache unterscheidet. Hinsichtlich Grammatik, Gebärdenschatz und -ausführung unterscheidet sie sich auch von anderen (z.B. der amerikanischen, schwedischen, russischen oder australischen) Gebärdensprachen. Innerhalb der DGS gibt es darüber hinaus regionale Gebärdenunterschiede und Dialekte.

Die Deutsche Gebärdensprache besitzt regelgebundene Systeme der Artikulation, Flexion, Wortbildung, Satzstruktur und Bedeutung (Eichmann et al. 2012). Sie ist eine visuelle Sprache, mit der im Unterschied zur Lautsprache simultan unterschiedliche semantische und grammatische Informationen mitgeteilt werden können. Neben Gebärden (ausgeführt von den Händen und Armen) werden bei der DGS auch Mimik, Mundbild (von tonlos gesprochenen Wörtern) und Körpersprache benutzt. Satzarten (Aussage, Frage, Befehl) werden beispielsweise mimisch markiert.

Die Gebärden werden im sogenannten Gebärdenraum ausgeführt. Sie unterscheiden sich voneinander durch Handform, Handstellung, Ausführungsstelle und Bewegung. Diese vier Parameter sind zur phonologischen Analyse der Gebärden entscheidend, um den semantischen Gehalt zu erschließen. Für den Satzbau gilt z.B. bei Aussagesätzen die Regel der Verbendstellung; Zeitangaben hingegen stehen am Satzanfang. Zeitenformen werden lediglich nach Präsens, Präteritum und Futur I unterschieden.

DGS wird muttersprachlich von gehörlosen und schwerhörigen Kindern sowie von Kindern mit voll funktionsfähigem Gehör von Eltern erworben, die gebärdensprachlich kommunizieren, deren Erstsprache die Deutsche Gebärdensprache ist. Die Gruppe der zuletzt genannten Kinder und ein Teil derjenigen mit Schwerhörigkeit (in Abhängigkeit von Art und Ausmaß) erwerben in der Regel angeregt durch das hörende Umfeld parallel die deutsche Lautsprache und wachsen somit simultan zweisprachig auf.

Die Deutsche Gebärdensprache kann jederzeit von Personen, die gut hörend oder auch hörgeschädigt sind, als Zweitsprache erworben werden.

Die Diskussion um die Gebärdensprachbewegung thematisieren: Boyes Braem (1995): Einführung in die Gebärdensprache und ihre Erforschung. – Ladd (2008): Was ist Deafhood? – Padden/Humphries (1991): Gehörlose. Eine Kultur bringt sich zur Sprache. – Prillwitz et al. (1985): Skizzen zu einer Grammatik der Deutschen Gebärdensprache. – Sacks (2001): Stumme Stimmen. – Voit (1992): Vor neuen Weichenstellungen in der Gehörlosenpädagogik?

Als Grundlagenwerk zur Deutschen Gebärdensprache werden empfohlen: Eichmann/Hansen/Heßmann (Hrsg.) (2012): Handbuch Deutsche Gebärdensprache. – Papaspyrou et al. (2008): Grammatik der Deutschen Gebärdensprache aus der Sicht gehörloser Fachleute.

Zum Gebärdenspracherwerb: Hänel, B. (2005): Der Erwerb der Deutschen Gebärdensprache als Erstsprache.

9.1   Übungsaufgaben zu Kapitel 9

Aufgabe 53   Was war Ausgangspunkt der Gebärdensprachbewegung?

Aufgabe 54   Welche Vorstellungen sind mit einer Gehörlosenkultur verbunden?

Aufgabe 55   Welche Namen verbinden sich mit den ersten linguistischen Erkenntnissen über die Gebärdensprache im In- und Ausland?

Aufgabe 56   Was sind Merkmale der Gehörlosenkultur?

Aufgabe 57   Worin sieht man heute Ziele und Anliegen der Gebärdensprachbewegung?

10 Besondere Bildungs- und Erziehungsaufgaben

Zu den besonderen Bildungs- und Erziehungsaufgaben zählen alle Maßnahmen, die den unmittelbaren Auswirkungen einer Hörschädigung entgegenwirken können. Die hörgeschädigtenspezifische Förderung konzentriert sich auf mehrere Aufgabenfelder, von denen nachfolgend die
Hörerziehung, die Rhythmisch-musikalische Erziehung, das Ausbilden von
Sprechfertigkeiten und die visuelle Lautsprachperzeption (also das Absehen) beispielhaft vorgestellt werden. Sie können (und sollen) sowohl prozessimmanent, d.h. im Unterricht der Schule oder im Spiel in der Früh- und
Elementarförderung, als auch in speziellen Fördersituationen (Hausfrühförderung, individuelle Förderung in der Schule, Förderstunden, Therapie-
sitzungen) umgesetzt werden.

10.1 Hörerziehung

Die Hörerziehung hat sich in den 50er Jahren des 20. Jahrhunderts als eigenständige methodische Richtung etablieren können. Sie geht weitgehend auf
die Initiative von Karl Hofmarksrichter (1900–1976, Gehörlosenlehrer) und
Hans Steinbauer (1910–1971, Gehörlosenlehrer) zurück (Lindner 1997).

Unter *Hörerziehung* sollen all jene pädagogischen Maßnahmen verstanden
werden, die das Ziel verfolgen, Kinder mit prälingualer Hörschädigung zum
Ausnutzen ihrer vorhandenen Hörkapazitäten zu befähigen, damit sie zu einer
umfassenden Lautsprachentwicklung und zu einer optimalen Orientierung in
der akustischen Umwelt in der Lage sind. Dies geschieht unter Verwendung
von Hörsystemen und unter pädagogischer Anleitung.

**Hörerziehung
Hörtraining**

In Abgrenzung dazu wird bei Kindern, Jugendlichen und Erwachsenen mit
postlingualer Ertaubung/Hörschädigung von Hörtraining gesprochen.

Das *Hörtraining* baut auf vorhandene Hörerfahrungen und auf vorhandenen
Sprachbesitz auf und verfolgt das Ziel, durch entsprechende Übungen den früher vorhanden gewesenen Besitz an akustischen Erfahrungen und an Lautsprache für den Kontakt mit der Umwelt wieder verfügbar zu machen. Der
Mensch mit postlingualer Hörschädigung erlebt die Höreindrücke, die ihm bei
Verwendung von Hörsystemen zugänglich sind, als ungewohnte Klangquali-
tät. Sie sind gegenüber denen von früher deutlich verändert und wirken für
ihn fremd. Die Aufgabe der rehabilitationspädagogischen Arbeit ist es hier,
den Menschen mit Hörschädigung zu befähigen, die neugewonnenen, aber
veränderten Klangeindrücke als Zugang zu den bereits vorhandenen akusti-

Karl Hofmarksrichter

schen Erfahrungen zu verwenden, die er im Verlauf seines bisherigen Lebens erworben hat.

Löwe (1996b, 50) unterscheidet Hörerziehung und Hörtraining auch wie folgt: Hörerziehung baut Sprache auf, Hörtraining baut dagegen auf vorhandene Sprache auf.

In der Fachliteratur werden die beiden Begriffe teilweise auch synonym verwendet. Ebenso wird Hörerziehung als ganztägige, auf die Gesamtpersönlichkeit gerichtete Beeinflussung des Hörvermögens und Hörtraining als intensive Übungsphasen mit systematischem Vorgehen gesehen. Das Hörtraining schafft sozusagen die Basis für die Hörerziehung. Die gängigeren Begriffsfassungen sind jedoch die eingangs erwähnten.

Ziele der Hörerziehung Als Ziele der Hörerziehung können – in Anlehnung an Pöhle (1994) – genannt werden:

- das Wahrnehmen und Erlernen der Lautsprache durch Ausbilden der auditiven Differenzierung,
- das Ausbilden des auditiv-kinästhetisch-sprechmotorischen Kontrollkreises zum Regulieren der eigenen Sprech- und Ausdrucksweise,
- das Bedürfnis zur geistig-sprachlichen Auseinandersetzung mit allen wahrnehmbaren akustischen Ereignissen zum Aktivieren und Bereichern des Wissens- und Könnenserwerbs.

Die Hörerziehung basiert auf dem Grundgedanken, dass Kinder mit voll funktionsfähigem Hörvermögen die Fähigkeit zum bewussten Hören weitgehend durch indirektes Lernen erwerben, falls genügend entwicklungsfördernde akustische Reize auf sie einwirken. Beim Kind mit hochgradiger Hörschädigung, aber auch dem schwerhörigen Kind müssen zunächst die Aufmerksamkeit und das Interesse für akustische Erscheinungen (darin eingeschlossen ist die Lautsprache) wachgerufen werden. Dies gelingt umso einfacher, je jünger das Kind beim Einsetzen der Hörerziehung ist und je früher es mit entsprechenden Hörsystemen versorgt wird. Hier wurde mit der Einführung des universellen Neugeborenenhörscreenings ein wesentlicher Schritt getan. Auf der Basis der frühen Versorgung mit Hörsystemen muss das Kind dann lernen, die wahrgenommenen akustischen Erscheinungen zu erkennen, sie zu differenzieren und sie wiederzuerkennen und bestimmten Vorgängen in der Umwelt zuzuordnen. Letztlich soll das Kind die akustischen Erscheinungen vergleichen und sie als Wortbedeutung begrifflich verallgemeinern. Um diesen Hör-Lern-Prozess in Gang setzen zu können, bedarf es der Unterstützung, Anregung und Anleitung durch den Pädagogen und die Eltern.

Stufenmodelle zur Hörfähigkeit In der Fachliteratur werden verschiedene Stufen der Entwicklung der Hörfähigkeit unterschieden. Beispielhaft sollen drei kurz vorgestellt werden.

Nach Braun erscheint es angebracht, „das Hörvermögen daraufhin zu beurteilen, welches kognitive Niveau oder welchen Grad an Bewußtheit akustische Reize ... haben können" (1969, 25). Er benennt in Anlehnung an Hilgard (1962) drei Stufen oder Schwellen des Bewusstwerdens akustischer Reize:

1. die Registrierschwelle (akustischer Reiz wird empfunden),
2. die Entdeckungsschwelle (es werden Einzelheiten des akustischen Reizes ausgemacht),
3. das Identifikationsniveau (gesprochene Sprache wird verstanden, d.h. akustische Signale werden registriert, entdeckt und sinnentsprechend gedeutet).

Erber (1982) spricht von vier Stufen des Hörens:

1. *Stufe des Entdeckens (Detection)*: Auftreten eines akustischen Phänomens wird wahrgenommen, d.h. es wird lediglich unterschieden, ob ein Geräusch vorhanden ist oder nicht.
2. *Stufe der Unterscheidung (Discrimination):* Unterschiede zwischen verschiedenen Geräuschen und Lauten werden wahrgenommen.
3. *Stufe der Identifikation (Identification):* Fähigkeit, das Gehörte zu benennen, z.B. durch Wiederholen des Gehörten, durch Zeigen auf das Bezeichnete u.Ä. Als ausreichend identifiziert kann etwas auch gelten, wenn ein Kind zunächst nur die Anzahl der Silben des Gehörten wiederholen kann, aber noch nicht in der Lage ist, das gesamte Wort wiederzugeben.
4. *Stufe des Verstehens (Comprehension):* Der Inhalt einer sprachlichen Mitteilung kann entnommen werden.

Diese Stufen bauen zwar grundsätzlich aufeinander auf, gleichzeitig überschneiden sie sich aber auch. In der natürlichen Kommunikation werden immer Hörfähigkeiten verschiedener Stufen benötigt.

Pollack (1985) beschrieb die verschiedenen Stadien der Entwicklung des Hörens und des Sprechens. Basierend auf dieser Grundlage entwickelte Estabrooks eine Übersicht über diese beiden Bereiche (Abb. 42).

Die drei vorgestellten Modelle des Hörenlernens können in der frühen Hörerziehung Orientierungshilfe sein. Diese Stufenmodelle sind theoretische Konzepte. In jedem Modell bauen die Stufen zwar grundsätzlich aufeinander auf, aber sie überlappen sich gleichzeitig auch. In der Praxis der Hörerziehung arbeitet man schon beim Säugling mit der Lautsprache, d.h., dass man die Modelle keineswegs dahingehend missverstehen darf, dass erst alle anderen Stufen durchlaufen sein müssen, bevor ein Kind den Inhalt einer Äußerung versteht. „In practice, comprehension activities for very young children are a natural part of communication" (Edwards/ Estabrooks 1994, 66).

Pöhle (1990) unterscheidet des Weiteren zwischen zwei Formen der Hörerziehung: die planmäßig gezielte Hörerziehung und die sporadische Hörerziehung.

Hören	⇨	Sprechen
	Geburt	
auditive Wahrnehmung		Weinen
⩔		⩔
Aufmerksamkeit		Gurren
⩔		⩔
Lokalisation		Lächeln
⩔		⩔
Unterscheidung		Lachen
⩔		⩔
auditives Feedback		Vokalisieren
⩔		⩔
Unterscheiden versch. Stimmen		Babbeln und Lallen
⩔		⩔
Erkennen von Lautfolgen		Imitieren
⩔		⩔
auditive Verarbeitung		Kauderwelsch
⩔		⩔
Verstehen		erste Wörter
		⩔
		Zwei-Wort-Äußerungen
		⩔
		Mehr-Wort-Äußerungen
⩔		⩔
		Sätze
		⩔
		Gespräch
		⩔
Verstehen auf höherem Niveau	⩒	fast perfekte Grammatik
	6 Jahre	

Abb. 42: Stadien des Hörens und Sprechens (aus: Estabrooks 1998a, 131)

Die *planmäßig gezielte Hörerziehung* wird vom Hörgeschädigtenpädagogen bewusst organisiert und in der Therapiesitzung oder im Unterricht (hier prozessimmanent, als Unterrichtsprinzip) realisiert.

Die *sporadische Hörerziehung* ist darauf gerichtet, alle sich (zumeist spontan) anbietenden Möglichkeiten zu nutzen, in denen das Kind mit Hörschädigung seine durch die gezielte Hörerziehung erworbenen Fähigkeiten und Fertigkeiten der auditiven Perzeption anwenden, weiter ausbilden und neue Hörerfahrungen sammeln kann.

Zwischen beiden Formen besteht eine enge Wechselwirkung: Zum einen schafft die gezielte Hörerziehung die Voraussetzung für die sporadische. Diese wiederum kann auf das Kind stimulierend wirken, wenn nämlich das Kind Nutzen und Freude durch gemachte Hörerlebnisse erfährt.

In sehr enger Beziehung zur planmäßig gezielten Hörerziehung steht die Rhythmisch-musikalische Erziehung (Kap. 10.2). In ihrer Anfangsphase ist sie unmittelbar Bestandteil der Hörerziehung, später treten eigene und spezifische Aufgaben hinzu.

Mit der Einführung des Neugeborenenhörscreenings wurde eine Voraussetzung geschaffen, angeborene Hörschäden frühzeitig zu erkennen, zu diagnostizieren und zeitnah eine Versorgung mit Hörsystemen einzuleiten. Damit wurde eine eng an der *natürlichen* (von Kindern ohne Hörschädigung) orientierte Hörentwicklung möglich. Je näher sich die Hörentwicklung des Kindes mit Hörschädigung an der natürlichen Entwicklung vollzieht, umso förderlicher ist das für die Gesamtentwicklung des Kindes mit Hörschädigung.

Zum Thema „Hörerziehung" sei empfohlen: Erber (1982): Auditory Training. – Frerichs (1995): Die „Philosophie" der hörgerichteten Erziehung. – Hoffmann (2018): Hörstörungen bei Kindern, 46–49. – Lindner (1992): Pädagogische Audiologie. – Leonhardt (2012a): Frühes Hören, dort Kap. 11. – Löwe (1996b): Hörerziehung für hörgeschädigte Kinder. – Wachtlin/Bohnert (2018): Kindliche Hörstörungen in der Logopädie, dort Kap. 7.1.2

10.2 Rhythmisch-musikalische Erziehung / Rhythmik

Ziel der Rhythmisch-musikalischen Erziehung (RME) – in Kurzform Rhythmik genannt – ist nicht Erziehung zur Musik, sondern durch Musik (Rohloff 1985, 66). Zentraler Inhalt ist die Wechselwirkung zwischen den Ausdrucksmedien ‚Musik' und ‚Bewegung': Wie ist der Einfluss von musikalischen Vorgängen auf die Bewegung und umgekehrt? **Entstehung der RME**

Die Rhythmisch-musikalische Erziehung geht zurück auf Émile Jaques-Dalcroze (1865–1950), der den Gedanken entwickelte, rhythmische Bewegung in der Musik durch körperliche Wiedergabe auszudrücken. Er errichtete 1911 in Hellerau bei Dresden eine Schule für Tanz und rhythmische Körperbildung, die auf Charakterbildung durch Bewegungsschulung zielte. Dalcroze entwickelte seine Methode konsequent weiter und gab ihr schließlich die prägnante Bezeichnung „Rhythmisch-musikalische Erziehung". Diese wurde von seinen Schülerinnen ausgebaut. Für den Bereich der Gehörlosenpädagogik wäre hier insbesondere Mimi Scheiblauer (1891–1968) zu nennen. Sie veröffentlichte bereits Ende der 1920er Jahre ihre ersten Vorstellungen zur Rhythmik im Taubstummenunterricht. Weitere Impulse gingen Ende der 1950er Jahre von Antonius van Uden (1912–2008) und Anfang der 1960er Jahre von Karl Hofmarksrichter (Kap. 10.1) aus. Seither kann man die Rhythmisch-musikalische Erziehung als festen Bestandteil der Hörgeschädigtenpädagogik betrachten.

Antonius van Uden

Zu den allgemeinen, übergreifenden Zielen der Rhythmik gehören z.B. die Sensibilisierung der Sinne, ein Ausdrucksvermögen in Musik und Be- **Ziele der RME** wegung, Verständnis für die Wechselwirkung und den Zusammenhang von Musik und Bewegung, Fähigkeiten des Gestaltens in den beiden Bereichen, Kenntnisse zu grundlegenden Gestaltungselementen sowie soziale Interaktionen.

Das zentrale Anliegen der Rhythmisch-musikalischen Erziehung ist es, Schallwahrnehmung (Musik, Sprache) und Bewegung zu einer Einheit werden zu lassen. Das Kind ohne Höreinschränkung erwirbt die Rhythmusfähigkeit vorwiegend auf akustischem Weg. Da dieser dem Kind mit Hörschädigung kaum oder nur eingeschränkt zugänglich ist, bietet sich der Umweg über den Muskelsinn als sinnvolle Kompensation an. Damit sollen die Aneignung des Rhythmischen und die Koordination der Motorik unterstützt werden.

Ziele der RME bei Kindern mit Hörschädigung Ziele der Rhythmisch-musikalischen Erziehung bei Kindern mit Hörschädigung sind das Aneignen des Gefühls für Rhythmus sowie die Koordination der Grob- und Feinmotorik. Sie erfolgt über ganz- und teilkörperliche Bewegungen und unter Verwendung von Klang- und Geräuschinstrumenten (nach Pöhle 1994, 73).

Klang- und Geräuschinstrumente haben einen hohen Aussageeffekt, was den Wahrnehmungsbedingungen von Kindern mit hochgradiger Hörschädigung entgegenkommt. Zum Ausbilden und Koordinieren der Psychomotorik und dem Aneignen der Rhythmusfähigkeit sind ganz- und teilkörperliche Übungen geeignet, die sinnvoll durch begleitenden Einsatz genannter Instrumente ergänzt werden sollten. Ebenso förderlich ist es, rhythmisch-musikalische Übungen mit der Verwendung von Lautsprache zu verbinden.

RME in der Schule als Fach „Rhythmik und Musik" Die Rhythmisch-musikalische Erziehung, kurz Rhythmik, ist an den Förderzentren, Förderschwerpunkt Hören Prinzip jeglichen Unterrichts. Am Förderzentrum, Förderschwerpunkt Hören gilt es (neben den Fächern Deutsche Gebärdensprache und Deutsch) als ein profilbildendes (eigens auf die auditiven Wahrnehmungsbedingungen angepasstes) Fach und wird in dem im Schuljahr 2018/19 in Kraft tretenden bayerischen Lehrplan für die Förderzentren, Förderschwerpunkt Hören „Rhythmik und Musik" genannt (LehrplanPlus Bayern 2017). Ausgewiesen werden dort vier Lernbereiche:

- Sprechen – Gebärden – Singen – Musizieren,
- Rhythmik – Musik – Mensch – Zeit,
- Wahrnehmung – Bewegung – Tanz – Szene,
- Rhythmus, Musik und ihre Grundlagen
  (a.a.O., o.S.).

Das Fach *Rhythmik und Musik* arbeitet mit den Mitteln Musik, Bewegung und Sprache. Die Bereiche Rhythmik, Musik und Bewegung (z.B. Tanzformen, Bodypercussion) werden verbunden, wodurch die Schüler Ausdrucksmöglichkeiten des eigenen Körpers erfahren und ihr Körperbewusstsein erweitern sollen. Beim Singen stehen nicht die Exaktheit und Tonreinheit im

Vordergrund, sondern die Freude an der gesanglichen Ausdrucksform. Der praktische und handlungsorientierte Zugang steht im Zentrum des Faches (LehrplanPlus Bayern 2017). Die Grundlage des Vorgehens ist der Rhythmus, der in Musik und Sprache hörbar, in der Bewegung sichtbar, beim Einsatz von Körperinstrumenten sichtbar und hörbar wird (dazu zählen Fingerschnalzen, Händeklatschen, Oberschenkel- oder Gesäß-Patschen, Füße-Stampfen u. Ä.) (Penteker-Wolfheimer 2000).

Für den vorschulischen Bereich entwickelten Horsch/Ding (1979; 1989) **Vorschulprogramm** ein sensomotorisches Vorschulprogramm, das erstmals Hören- und Sprechenlernen in den Kontext basalen sensomotorischen Lernens stellte. Auf der Basis von Wahrnehmung und Bewegung wurden rhythmisch-musikalische- und Hör-Sprech-Handlungen (auditive Handlungen) in gemeinsamen Interaktionen von Erziehern und Kindern durchgeführt. Diese hatten das Ziel, Hören und Sprechen sensomotorisch zu verbinden und in Handlungen umzusetzen sowie Musik als Basis für Bewegung zu erleben (Horsch 2003).

Penteker-Wolfheimer (2000) betrachtet den Rhythmisch-musikalischen **RMU bei hörgerich-** Unterricht im Rahmen einer hörgerichteten Förderung. Sie sieht das Spe- **teter Förderung** zifische darin, dass der Pädagoge sich bewusst auf das „Hören" einlässt und so jede Handlung darauf einstellt. Grundbedingung dafür sind intakte Hörsysteme, Einsatz der Klassenhöranlage und genaues Beobachten des Hörverhaltens der Schüler. Die allgemeinen Ziele des Rhythmisch-musikalischen Unterrichts – sensomotorische Schulung, Persönlichkeitsbildung und Entwicklung der sozialen Kompetenz – bleiben bestehen. Das Hören wird jedoch schwerpunktmäßig hervorgehoben. Damit verbunden ist die Entwicklung der Sprache, die in weit höherem Maß als im Musik- und Rhythmikunterricht mit Kindern ohne Hörschädigung an Bedeutung gewinnt und gleichsam zum Ziel der Bemühungen wird.

Über die grobmotorischen Übungen ist die Feinmotorik (zu ihr ist auch die Sprechmotorik zu zählen) beeinflussbar. Rhythmisch-musikalische Übungen wirken sich nach Pöhle (1994, 45) positiv auf die Verständlichkeit des Sprechens aus, „denn sie fördern u. a. die für die Automatisierung von Sprechbewegungsabläufen erforderliche Feinmotorik und das Beherrschen der rhythmisch-dynamischen Akzentuierung. Gleichermaßen sind sie für das Anbilden des Sprachgefühls bedeutsam, das eine wesentliche Grundlage der Ausformung des Sprachverständnisses und des sprachlichen Ausdrucks ist".

Bereits Scheiblauer (1929) hatte die Ansicht vertreten, dass man die unrhythmische und unmelodische Sprechweise der gehörlosen Schüler verbessern könne, indem man ihnen so viele rhythmisch-dynamische Impulse wie möglich vermittle und die Schüler diese empfinden und nachahmen lassen.

Die Rhythmisch-musikalische Erziehung verknüpft Bewegung, Wahrnehmung, räumliche und zeitliche Gestaltung sowie mitmenschliche Erfahrungen in elementarer Form mit den musikalischen Grundformen von Klang, Intervall und Rhythmus. Es geht in erster Linie um ein breites Angebot von Erfahrungsmöglichkeiten, wobei die Freude am rhythmischen Tun und Erleben in den Mittelpunkt gestellt werden soll. Zuckrigl et al.

(1999) nennen Wirkungsbereiche, die sie in sechs methodisch differenzierbare Gruppen aufteilen:

- Ordnungsübungen,
- sensomotorische Übungen,
- Konzentrationsübungen,
- soziale Übungen,
- Fantasieübungen,
- Begriffsbildungsübungen.

Die genannten Wirkungsbereiche treten in der Praxis zueinander und bedingen einander. Weiterführende Ausführungen, auch mit Umsetzungsbeispielen, sind bei Zuckrigl et al. (1999) zu finden.

Rhythmisch-musikalische Übungen erfolgen im Vorschul- und (insbesondere Grund-)Schulalter vorwiegend in Gruppen und stellen soziale Interaktionen in den Mittelpunkt. Dabei lernen die Kinder, sich aufeinander einzustellen und aufeinander Bezug zu nehmen. Somit trägt die Rhythmisch-musikalische Erziehung im weiteren Sinne auch zur Entwicklung des Sozialverhaltens bei.

RME als Prinzip Wie bei der Hörerziehung genügt es bei der Rhythmisch-musikalischen Erziehung nicht, diese nur in gesonderten Unterrichts- oder Therapiestunden zu verwirklichen. Sie muss Prinzip jeglicher Förderung sein, um entsprechend wirksam und erfolgreich werden zu können.

 Vertiefende Literatur zur RME: Penteker-Wolfheimer (2000): Rhythmisch-musikalischer Unterricht. – Prause (2007): Musik und Gehörlosigkeit. – Salmon (Hrsg.) (2006): Hören – Spüren – Spielen. – Straumann (Hrsg.) (1985): Lernen der Bewegung – Lernen durch Bewegung. – Zuckrigl/Zuckrigl/Helbling (1999): Rhythmik hilft behinderten Kindern.

10.3 Entwicklung von Sprechfertigkeiten

Für die lautsprachliche Kommunikation sind der Inhalt, die grammatisch-syntaktische Struktur und die Verständlichkeit des Gesprochenen von Bedeutung. Die Verständlichkeit des Gesprochenen hängt wiederum von der Sprechweise des Menschen ab. Diese wird durch eine Anzahl von Sprechfertigkeiten bestimmt:

- Respiration (Atmung),
- Phonation (Stimm- und Lautbildung),
- Artikulation (Lautbildung),
- Modulation (Abstufung des Sprechens nach Klangfarbe und Lautstärke),
- Sprechtempo,
- Sprechlautstärke.

Zimbardo/Gerrig (1999) definieren Fertigkeit als gelernte Integration gut ausgeführter Leistungen, die durch Übung verbessert werden kann. Man spricht also dann von Fertigkeiten, wenn eine Person so weit ist, dass sie eine Aufgabe rasch, fehlerlos und mühelos erledigen kann (also eine Routine erreicht ist). Fertigkeiten werden erlernt und laufen nach dem Erlernen und praktischen Üben automatisch ab, d.h. die Fertigkeit wird tatsächlich „gedankenlos" durchgeführt (so z.B. das Autofahren, Fahrradfahren, Jonglieren, Maschineschreiben, Tanzen oder das Teilnehmen an einer Konversation). Ist diese Qualität erreicht, kann man sich auf die Eigenschaft der Aktivität konzentrieren, die auf einem höheren Niveau angesiedelt ist (wie Strategie, Stil und Interpretation).

Als Sprechfertigkeiten werden sensomotorisch relativ eng umgrenzte Teilhandlungen des gesamten Sprechvorganges bezeichnet. Bevor die Teilhandlungen automatisch ablaufen, also zu Fertigkeiten geworden sind, ist ein hoher Anteil von willkürlichen und unwillkürlichen Übungen erforderlich. Für die Entwicklung von Sprechfertigkeiten (wie auch aller anderen Fertigkeiten) gibt es mehr oder weniger typische Entwicklungsphasen, die beim Kind mit hochgradiger Hörschädigung und Gehörlosigkeit durch die Funktionsbeeinträchtigung bzw. im Extremfall durch den Ausfall des auditiven Analysators nur dann annähernd zeitgerecht ausgenutzt werden können, wenn der Hörschaden frühzeitig erkannt und eine entsprechende pädagogische Förderung eingeleitet wurde.

Sprechfertigkeit

Das Ziel der Entwicklung von Sprechfertigkeiten ist es, das Kind mit Hörschädigung zum selbstständigen, verständlichen Sprechen zu führen, damit es in einer normalen Kommunikationssituation mit einem Gesprächspartner dieses anwenden kann.

Ziel der Entwicklung von Sprechfertigkeiten

Dem Kind mit Hörschädigung fehlen die natürlichen Voraussetzungen für die auditive Perzeption von Lautsprache und für die Kontrolle des eigenen Sprechens bzw. sie sind nur bedingt vorhanden. Infolgedessen muss beim gehörlosen und hochgradig schwerhörigen Kind die Fähigkeit zur lautsprachlichen Produktion bewusst aufgebaut und geübt sowie beim Kind mit mittel- und leichtgradiger Schwerhörigkeit korrigiert und intensiviert werden.

Traditionell – und auch heute noch in Einzelfällen – wurde diese spezielle Förderung als Artikulationsunterricht bezeichnet. Durch die Bezeichnung „Entwicklung von Sprechfertigkeiten" will man den einseitig auf die sprechtechnische Seite und den formalen Sprechakt orientierten Ansatz überwinden. Außerdem umfasst der Sprechvorgang – wie eingangs gezeigt – mehr als nur die Artikulation von Sprachlauten. Die Artikulation wird inzwischen als *Teil* der lautsprachlichen Kommunikation betrachtet.

In der individuellen Form der Hör-Sprech-Erziehung erfolgt das grundlegende Anbilden der verschiedenen Sprechfertigkeiten bzw. gegebenenfalls die Korrektur von aufgetretenen Sprechfehlern. Einen Schwerpunkt bilden die Artikulation und die rhythmisch-dynamisch-melodische Ak-

Individuelle Hör-Sprech-Erziehung

zentuierung, wobei auch Sprechatmung, Stimmeinsatz und Stimmlage beachtet werden.

Begleitende Förderung

Darüber hinaus ist in allen Formen der Erziehung und Förderung (Frühförderung, vorschulische Erziehung, schulischer Unterricht, Gestaltungsformen des Schülerinternats und der Freizeit usw.) eine begleitende fördernde Einflussnahme auf die Sprechfertigkeiten angebracht, wobei stets die Sprechfreude und das Mitteilungsbedürfnis des Kindes Vorrang haben. Eine wichtige Hilfe ist das Sprachvorbild, an dem das Kind seine eigene Sprech- und Ausdrucksweise korrigieren kann. Ein möglichst hoher Sprachumsatz vom Kind selbst gewährleistet den erforderlichen hohen Übungsanteil, um den Sprechvorgang zur Fertigkeit werden zu lassen.

Durch die qualitativ besseren Hörsysteme, das frühzeitige Erkennen von Hörschädigungen und die früh einsetzende Frühförderung gelingt es immer häufiger, dass die Klein- und Vorschulkinder sowie Schüler eine geläufige (also automatisierte) Sprechfertigkeit erreichen. Vielen gelingt ein verständliches Sprechen von Wörtern und Sätzen in Form von Redeganzem. Im Einzelfall werden einzelne Laute und Lautverbindungen in gesonderten, direkten und indirekten Sprechübungen erarbeitet und Lautbildungsschwierigkeiten abgebaut.

Die Feststellung der im Einzelfall durchzuführenden Maßnahme erfordert neben einer frühzeitig medizinischen und pädagogischen Diagnose eine enge Zusammenarbeit aller am Erziehungsprozess beteiligten Personen, so z. B. der Eltern, Hörgeschädigtenpädagogen, Erzieher, Lehrer und gegebenenfalls Logopäden.

Mit der Entwicklung von Sprechfertigkeiten beschäftigen sich: Häusinger (2017): Sprachtherapie bei hörgeschädigten Kindern und Jugendlichen. – Jussen et al. (1994): Lautbildung bei Hörgeschädigten. – Lindner (1994): Entwicklung von Sprechfertigkeiten. – Neppert (1999): Elemente einer Akustischen Phonetik. – Pétursson/Neppert (2002): Elementarbuch der Phonetik. – Renzelberg (2004): Lauter Laute. – Thiel (2000): Logopädie bei kindlichen Hörstörungen.

10.4 Visuelle Lautsprachperzeption

Visuelle Lautsprachperzeption

Für einen Menschen mit Hörschädigung ist die auditive Perzeption von Schallereignissen, und damit auch von Lautsprache, nur eingeschränkt bzw. im Einzelfall nicht möglich. Für die Perzeption von Lautsprache bieten die beim Sprechen sichtbaren Bewegungen (= Sprechbewegungen) eine gewisse Möglichkeit, die Einschränkung oder den Ausfall des auditiven Analysators zu kompensieren. Das Nutzen dieser beim Sprechen sichtbaren Bewegungen der Sprechorgane für die Auffassung von Lautsprache wird als visuelle Lautsprachperzeption oder Absehen bezeichnet. In der älteren pädagogischen Literatur und gegenwärtig auch noch in der medizinischen Literatur findet man dafür auch die Termini „Lippenlesen" (häufig auch die englische Bezeichnung „lipreading") oder Ablesen. Diese Bezeichnungen sollten jedoch vermieden werden, da sie zu der Annahme verleiten, dass alle oder fast alle Sprachlaute an den Bewegungen der Lippen erkannt und „abgelesen" werden können. Die Möglichkeiten der rein visuellen Perzeption von Lautsprache sind jedoch begrenzt und hängen von zahlreichen weiteren Faktoren ab, wie z. B. erworbene Fertigkeit im Absehen, Beleuchtung, Entfernung, Bekanntheit des Wortmaterials. Letztendlich wird vom „ganzen" Gesicht und nicht nur von den Lippen „abgesehen", wobei auch Mimik und natürliche Gebärden ergänzende Informationen liefern und zur visuellen Perzeption der Lautsprache beitragen.

Für den Menschen mit voll funktionsfähigem Gehör stellt die sprachliche Kommunikation über das Absehen kein Erfordernis dar. Dennoch ziehen auch Hörende in bestimmten Situationen das Absehen zur auditiven Sprachauffassung mit heran, z. B. wenn ein Gespräch bei Umgebungslärm, also unter erheblichem Störschall, abläuft, schaut der Zuhörende dem Sprecher unwillkürlich auf den Mund bzw. ins Gesicht. Die Bedeutung des Absehens steigt also dort, wo für die rein auditive Erfassung sprachlicher Zeichen ungünstige oder erschwerte Bedingungen vorliegen. Das ist vor allem dann der Fall, wenn eine dauernde Schädigung des auditiven Analysators, wie bei Personen mit Hörschädigung, vorliegt.

Die visuelle Lautsprachperzeption stützt sich auf das Erfassen der äußerlich sichtbaren Sprechbewegungen. Äußerlich erfassbar sind die Stellung und Bewegung der Lippen, des Unterkiefers und der Zungenspitze. Ein großer Teil der für die Sprachproduktion wesentlichen Stellungen und Bewegungen der Artikulationsorgane ist jedoch nicht sichtbar, z. B. wenn die Laute im Kehlkopf oder tief im Inneren der Mundhöhle gebildet werden. Dadurch ist das Absehbild lückenhaft. Der Absehende muss nun durch Kombination aus den erkennbaren Merkmalen das objektiv Fehlende ergänzen, und er muss die mehrdeutig abgesehenen Bewegungen (zahlreiche Bewegungen der sichtbaren Sprechorgane können nicht nur einem bestimmten Laut, sondern einer Lautgruppe zugeordnet werden) eindeutig machen.

Die visuelle Lautsprachperzeption ist ein komplexer Vorgang, an dem mehrere Faktoren beteiligt sind. Vollständiges Sprachverstehen ausschließlich über das Absehen ist schwer möglich und erfordert einen umfangreichen Sprachbesitz sowie ein hohes Maß an Kombinationsfähigkeit. Das Absehen ist eine Fertigkeit zur visuellen Perzeption von Lautsprache. Die Absehfertigkeit ist, wie die Sprechfertigkeit (Kap. 10.3), erlernbar und lässt sich durch Übung steigern.

Personen, die erst im *Erwachsenenalter* schwerhörig werden oder das Gehör verlieren, erlernen die *Absehfertigkeit* zumeist mit Hilfe von Absehkursen (z. B. an der Volkshochschule oder durch Angebote der Schwerhörigenvereine, Selbsthilfegruppen oder auch am Institut in Rendsburg, [Kap. 14.2]). Im Laufe der Jahre hat sich für diesen Personenkreis eine große Anzahl von methodischen Konzepten zur Entwicklung von Absehfertigkeiten herausgebildet. Sie lassen sich jedoch zwei theoretischen Grundrichtungen zuordnen: der formalen Absehmethode und der Inhaltsmethode.

Absehkurse für Erwachsene

Die *formale Methode* geht von Einzellauten und Silben aus; wenn diese abgesehen werden, geht man zu Wörtern über und sehr viel später zu Sätzen. Die Inhaltsmethode geht vom Sinnzusammenhang aus, und es wird ausschließlich im Sinnzusammenhang geübt (Petersen 1989; Wisotzki 1996).

Die *Inhaltsmethode* geht von einem zusammenhängenden Text aus. Geübt wird im Sinnzusammenhang. Didaktische Prinzipien sind vom Bekannten (Leichtem) zum Unbekannten (Schweren) und Vorgehen in kleinen Schritten (Wisotzki 1996).

Absehfertigkeit bei Kindern Anders als bei Erwachsenen mit spät erworbener Hörschädigung vollzieht sich das Erlernen der *Absehfertigkeit bei gehörlosen, schwerhörigen und ertaubten Kindern:* Die visuelle Lautsprachperzeption entwickelt sich bei ihnen mit ihrer (laut-)sprachlichen Entwicklung und ihrem sprachlichen Können. Das zu erreichende Niveau der Absehfertigkeit hängt im beträchtlichen Maß vom sprachlichen Entwicklungsstand und vom sprachlichen Können ab. Einen Einfluss auf die visuelle Lautsprachperzeption haben der Umfang des Wort- und Sprachformenschatzes und dessen kommunikative Verfügbarkeit sowie der Grad der Sprechfertigkeiten und der sprechtechnischen Kontrollmechanismen.

Regeln Damit das Absehen gelingen kann, müssen bestimmte äußere Bedingungen eingehalten werden, dazu gehören z. B.:

▨ Das Gesicht ist dem Absehenden zuzuwenden und zugewendet zu halten, solange man spricht.
▨ Der Mund des Sprechers soll gut beleuchtet sein (jedoch kein zu grelles Licht, da es die Konturen des Gesichtes verflacht) und sich gegen dunklen Hintergrund abheben.
▨ Die Entfernung zwischen dem Absehenden und Sprechenden soll 0,5 bis 3,5 m betragen.
▨ Sprechender und Absehender sollen sich auf gleicher Augenhöhe befinden.
▨ Der Sprecher soll mit natürlichem Mundbild sprechen.
▨ Das Sprechtempo ist leicht herabzusetzen.
▨ Bartwuchs, auffällige Brillengestelle, individuelle Gestaltungen des Gesichts, hängende Ohrringe, Piercings und Tattoos im Gesicht können das Absehen erschweren bzw. bedürfen beim Absehenden einer längeren Eingewöhnungszeit.

 Zum Absehen sei als Literatur empfohlen: Alich (1977): Sprachperzeption über das Absehen vom Munde. – Leonhardt (1996): Didaktik des Unterrichts für Gehörlose und Schwerhörige. – Lindner (1992): Pädagogische Audiologie. – Lindner (1999): Absehen – der andere Weg zum Sprachverstehen. – Wisotzki (1996): Altersschwerhörigkeit.

10.5 Gebärdenspracherwerb

Die Deutsche Gebärdensprache (DGS) ist die Sprache der Gehörlosengemeinschaft und das identitätsstiftende Merkmal ihrer Kultur.

An Stelle des Begriffs Gehörlosengemeinschaft wird zunehmend, vor **Gebärdensprach-**
allem von gehörlosen Menschen, Gebärdensprachgemeinschaft verwandt, **gemeinschaft**
da man sie (und sie sich selbst) als sprachliche Minderheit sieht. In der Gebärdensprache können (insbesondere) Menschen mit hochgradiger Hörschädigung kommunizieren, sich Wissen aneignen und ihre eigene Identität
entwickeln, wenn sie den entsprechenden Zugang zur Sprache hatten. Kinder von Eltern mit hochgradiger Hörschädigung erwerben diese als Erstsprache. Die Mehrheit der Eltern mit Kindern mit hochgradiger Hörschädigung ist jedoch hörend (Kap. 3.4), die ihren Kindern die Gebärdensprache
nicht als Erstsprache anbieten können. Für den Erwerb der Gebärdensprache unterscheidet Newport (1988) drei Gruppen:

- Gruppe 1: ‚native learners' (Kinder und Eltern sind gehörlos, die Kinder
  haben von Geburt an Kontakt zur Gebärdensprache),
- Gruppe 2: ‚early learners' (Kinder sind gehörlos, Eltern hörend; die
  Kinder kommen im Alter von vier bis sechs Jahren – zumeist im Kindergarten oder in vorschulischen Einrichtungen – in Kontakt mit der
  Gebärdensprache, da sie in diesen auf Kinder der Gruppe 1 treffen),
- Gruppe 3: ‚late learners' (Kinder, die erst mit zwölf Jahren oder älter den
  ersten Kontakt zur Gebärdensprache haben. z.B. in der Schule, in Ju-
  gend- oder Sportvereinen).

Die Gebärdensprachkompetenzen der beiden letztgenannten Gruppen
weichen wesentlich von denen der ersten Gruppe ab. Gehörlose Kinder, deren Eltern ebenfalls gehörlos sind, erwerben die Gebärdensprache auf natürlichem Weg in der Kommunikation mit ihren Eltern. Die Lautsprache
wird bei ihnen im Rahmen der Frühförderung angebahnt und in der Schule
vermittelt (Kaul / Ludwig 2018). Für die Kinder von Familien mit Eltern, die
selbst nicht hörgeschädigt sind und zu der auch sonst kein Familienmitglied
mit hochgradiger Hörschädigung gehört, ist die Lautsprache die Erstsprache. Sie erwerben die Gebärdensprache im Kontakt mit gebärdensprachlich
kommunizierenden Personen (zumeist gleichaltrigen Peers) in Institutionen, in denen sie aufeinander treffen.

Für die Förderzentren, Förderschwerpunkt Hören ist inzwischen der
„Erwerb von sprachlichen Kompetenzen in der Laut- und Schriftsprache,
aber auch in der Gebärdensprache … für hörgeschädigte Schülerinnen
und Schüler ein wichtiger Bestandteil schulischer Bildung" (LehrplanPlus
Bayern 2017, o.S.).

Die individuellen Kommunikationsbedürfnisse der Schüler mit Hörschädigung finden in den Förderzentren, Förderschwerpunkt Hören u.a.
durch die Bildung von Sprachlerngruppen (Kap. 12.5) Berücksichtigung.
Der Einsatz und die Verwendung unterschiedlicher Unterstützungssyste-

me sollen den individuellen kommunikativen Bedürfnissen der Schüler entsprechen.

Das Fach „Deutsche Gebärdensprache" gehört im bayerischen Lehr-planPlus wie die Fächer „Rhythmik und Musik" (Kap. 10.2) und „Deutsch" zu den profilbildenden Fächern (a.a.O.). Diese Fächer haben einen von der allgemeinen Schule abweichenden Lehrplan (z.B. in Deutsch) oder ei-nen eigenen Fachlehrplan (Deutsche Gebärdensprache), da es hier keine vergleichbaren Angebote in der allgemeinen Schule gibt.

Der bayerische Fachlehrplan Deutsche Gebärdensprache ist für die Grundschul- und Mittelschulstufe modular aufgebaut und nicht nach Jahr-gangsstufen gegliedert. Er ist eingeteilt in fünf Lernbereiche:

- Gebärden verstehen und entsprechend handeln,
- Gebärdensprache untersuchen,
- sich in Gebärdensprache ausdrücken und kommunizieren,
- an der Vielfalt der Gebärdensprachgemeinschaft/-kultur teilnehmen und diese wertschätzen sowie
- kommunizieren und handeln in der auditiv orientierten Umwelt.

In den ersten drei Lernbereichen sollen die Schüler die Deutsche Gebär-densprache schwerpunktmäßig in den Bereichen Sprache und Grammatik erwerben. In den anderen beiden geht es um das Leben der Person, die hör-geschädigt ist und die Gebärdensprache nutzt, in ihrer Umwelt. Dies gilt zum einen für das Leben in der Gebärdensprachgemeinschaft und zum an-deren in der die Majorität umfassenden auditiv orientierten Umwelt.

Fortführende Literatur: Hänel, B. (2005): Der Erwerb der Deut-schen Gebärdensprache als Erstsprache. – Kaul (2018): Gebär-densprachverwerb.

10.6 Übungsaufgaben zu Kapitel 10

Aufgabe 58   Was ist der Unterschied zwischen Hörerziehung und Hörtraining?

Aufgabe 59   Vergleichen Sie die Entwicklung der Fähigkeit zum bewussten Hören beim Kind mit voll funktionsfähigem Gehör und mit Hörschädigung!

Aufgabe 60   Wie kann die Hörfähigkeit beim Kind mit Hörschädigung entwickelt werden?

Aufgabe 61   Welche Formen der Hörerziehung sind Ihnen bekannt?

Aufgabe 62   Was ist Ziel der Rhythmisch-musikalischen Erziehung?

Aufgabe 63   Bestimmen Sie den Begriff „Sprechfertigkeiten"!

Aufgabe 64   Was ist Absehen? Was ist visuelle Lautsprachperzeption?

Was ist der grundlegende Unterschied beim Erlernen der Absehfertigkeiten bei von Kindern, die von Geburt an hörgeschädigt sind und von Erwachsenen mit spät erworbener Hörschädigung? **Aufgabe 65**

Welche Bedingungen müssen erfüllt sein, damit das Absehen möglich oder erleichtert wird? **Aufgabe 66**

Wann spricht man von ‚Gebärdensprachgemeinschaft'? **Aufgabe 67**

Nennen Sie die von Newport (1988) unterschiedenen Gruppen von Kindern für den Gebärdenspracherwerb! Worin unterscheiden sie sich? **Aufgabe 68**

11 Bedeutung und Aufgabenfelder der Frühförderung

Aufgrund der besonderen Bedeutung der Frühförderung für die Entwicklung der Kinder mit Hörschädigung soll ihr ein eigenes Kapitel gewidmet werden. Die Hörgeschädigtenpädagogik geht seit ihren Anfängen über eine bloße „Schulpädagogik" hinaus. Sie war stets eine alle Lebensabschnitte umfassende Pädagogik, wenn sie auch durch den schulischen Rahmen (Kap. 15) über viele Jahre geprägt war. Mit der verbindlichen Einführung eines Hörscreenings für alle Neugeborenen zum 1.1.2009 erfährt die Frühförderung eine weitere inhaltliche Ausgestaltung.

Die inzwischen seit Jahrzehnten vorliegenden Erfahrungen mit der Frühförderung von Kindern mit Hörschädigung haben gezeigt, dass es umso günstiger für die geistig-sprachliche und soziale Entwicklung dieser Kinder ist, je früher eine entsprechende Förderung des Kindes und eine Beratung der Eltern einsetzt. Voraussetzung für die Einleitung einer derartigen Frühförderung ist natürlich, dass das Kind als hörgeschädigt erkannt worden ist. Lange Zeit konnte hier die Situation nicht befriedigen (Tab. 17). Nach einer Erhebung der Bundesgemeinschaft der Eltern und Freunde hörgeschädigter Kinder e.V. (2006) lag das bundesweit durchschnittliche Erfassungsalter von Kindern mit einer Hörschädigung im Jahr 2004 noch bei 36 Monaten.

Tab. 17: Kindliche Hörschädigungen wurden oftmals erst später erkannt.
100 % = alle Kinder, bei denen in U 3–U 9 Hörschädigungen festgestellt wurden (Quelle: die vom Beauftragten der Bundesregierung für die Belange der Behinderten herausgegebene „Dokumentation der Untersuchungsergebnisse 1991 – Kinder" 1994, 39)

Untersuchung	Zeitpunkt	Erstdiagnose Hörschädigung
U 3	4. – 6. Lebenswoche	3,7 %
U 4	3. – 4. Lebensmonat	6,0 %
U 5	6. – 7. Lebensmonat	5,6 %
U 6	10. – 12. Lebensmonat	4,8 %
U 7	21. – 24. Lebensmonat	8,3 %
U 8	43. – 48. Lebensmonat	48,8 %
U 9	60. – 64. Lebensmonat	22,7 %

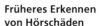

Bis zur Einführung des Neugeborenenhörscreenings wurde – wie die Statistik der Bundesregierung belegt – die große Mehrzahl von Kindern mit Hörschädigung erst jenseits des 2. Lebensjahres erkannt, wenn auch davon auszugehen ist, dass die hochgradigen Hörschäden (vor allem Gehörlosigkeit) früher erkannt wurden. Zahlreiche Untersuchungen und Veröffentlichungen belegen, dass Eltern betroffener Kinder sehr viel früher – zumeist gegenüber Pädiatern – ihre Vermutung, dass ihr Kind hörgeschädigt sei, äußerten, doch von diesen über längere Zeit vertröstet oder abgewiesen wurden (Ministerium für Arbeit, Gesundheit und Soziales … 1992; HörEltern … 1998; Müller 1996; Ullrich 1994).

Früheres Erkennen von Hörschäden

Folgerichtig wurde im „Vierten Bericht der Bundesregierung über die Lage der Behinderten und die Entwicklung der Rehabilitation" (1998) gefordert, dass die Erkennung angeborener Hörstörungen bei Säuglingen in den ersten Lebensmonaten sicherzustellen ist, damit die Säuglinge bereits vor dem 6. Lebensmonat mit Hörgeräten versorgt und mit gezielter Therapie an die Sprachentwicklung normal hörender Säuglinge herangeführt werden können. Mit der Einführung des universellen Neugeborenenhörscreenings ist dies nun umgesetzt. Alle in Deutschland Neugeborenen haben einen Rechtsanspruch auf eine Früherkennungsuntersuchung. Durch das Hörscreening sollen beidseitige spracherwerbsrelevante Hörstörungen ab einem Hörverlust von 35 dB frühzeitig erkannt werden. Bis zum Ende des 3. Lebensmonats sollen diese sicher diagnostiziert und eine entsprechende Therapie (konservativ, operativ, apparativ) und Frühförderung soll bis Ende des 6. Lebensmonats eingeleitet sein.

Weitere Informationen sind enthalten in: Matulat (2018): Neugeborenen-Hörscreening. – Neumann (2009): Neugeborenen-Hörscreening „State of the art". – Neumann et al. (2009): Qualitätssicherung eines universellen Neugeborenen-Hörscreenings – Empfehlungen der Deutschen Gesellschaft für Phoniatrie und Pädaudiologie. – Neumann (2012): Neugeborenen-Hörscreening. – Reuter (2001): Flächendeckendes Neugeborenen Hörscreening – Wo gibt es denn das? – Strutz et al. (2001): Flächendeckendes Hörscreening in Bayern. – Strutz (2002): Bayerisches Hörscreening-Programm – eine neue Chance für eine frühzeitige Rehabilitation. – Schorn (1998b): Screening zur Selektion von Hörstörungen. – Welzl-Müller (2001): Früherfassung hörgeschädigter Kinder durch das generelle Hörscreening bei Neugeborenen.

Tab. 18: Zeitlicher Rahmen des Neugeborenen-Hörscreenings (Bogner / Diller 2009, 151)

Gesunde Neugeborene	Bis zum 3. Lebenstag
Hausgeburten	Spätestens im Rahmen der U 2 (3. – 10. Tag)
Frühgeborene	Spätestens zum errechneten Geburtstermin
Kranke und mehrfach behinderte Kinder	Vor Ende des 3. Lebensmonats

Dass es selbst gegen Ende des 20. Jahrhunderts möglich war, über zwei Jahrzehnte nicht als „hörgeschädigt" erkannt zu werden, soll Fallbeschreibung 8 zeigen. Obwohl es mehrere Anlässe bzw. Hinweise (Verdachtsmomente) auf eine mögliche Hörschädigung gab – Frühgeburt, kurzfristiger Sauerstoffmangel während der Geburt, (wenn auch geringfügige) Auffälligkeiten in der Sprachentwicklung, gehäufte Mittelohrentzündungen, familiäre Disposition – wurde die erste Hörprüfung mit über 20 Jahren durchgeführt. Die Betroffene vermochte offensichtlich recht gut, ihr eingeschränktes Hörvermögen (unbewusst) in gewisser Weise zu kompensieren und sich im und am sozialen Geschehen zu orientieren. So hat sich die junge Frau – zu diesem Zeitpunkt Studentin des Lehramts an Sonderschulen mit der vertieft studierten Fachrichtung Gehörlosenpädagogik – wohl eher zufällig „selbst diagnostiziert".

 Fallbeschreibung 8: 1971 wurde ich in München geboren. Die Geburt verlief ohne große Komplikationen, das einzig Außergewöhnliche war, dass die Nabelschnur dreimal um den Hals gewickelt war, was einen kurzzeitigen Sauerstoffmangel zur Folge gehabt haben könnte.

Nach Aussagen meiner Mutter war ich ein sehr lebhaftes Kind und hatte den Drang, meine Umwelt genauestens zu erkunden. Meine Mutter unterstützte und förderte mich, und dies vor allem in den für die Entwicklung so wichtigen ersten beiden Lebensjahren. Meine Mutter erzählte sehr viele Geschichten, sie sang gerne mit mir und, was mir das Liebste war, sie schaute sehr oft mit mir Tier- und Kinderbücher an. Dabei setzte sie mich immer auf ihren Schoß und hielt mich an ihren Brustkorb gedrückt. So vermittelte sie mir unbewusst die Sprache über alle Sinne. Auch verlor sie nie die Geduld bei meinen vielen Fragen und erklärte mir alles sehr anschaulich, sei es, indem sie es mir zeigte, aufmalte oder vormachte. Sprachlich war ich nicht auffällig. Einzig r, ng und kn konnte ich bis zur Einschulung nicht sprechen. Das Wort „Knopf" artikulierte ich wie „Nof". Erst als ich das Wort zum ersten Mal gelesen hatte, begriff ich, dass es „Knopf" heißt.

Mit 2 3/4 Jahren ging ich in einen katholischen Kindergarten in unserer Nähe. In diesem Kindergarten wurde die musische Erziehung sehr groß geschrieben. Jede Kindergruppe hatte zwei- bis dreimal in der Woche rhythmische Gymnastik, die darauf ausgerichtet war, sich zu bestimmten Rhythmen und/oder zu Musik mit Gegenständen, z.B. Bällen, Seilen, Tüchern, zu bewegen oder zu Musik etwas zu malen. Zudem gab es eine Orff-Gruppe, und für jedes Fest im Jahreskreis (Ostern, Muttertag, Sommerfest …) wurde etwas einstudiert. Hier im Kindergarten entstand, sehr zum Leidwesen meiner Mutter, mein erster Kontakt mit der Flöte, dem Instrument, das ich jahrelang spielte.

Im September 1978 wurde ich in die Sprengelschule unseres Bezirks eingeschult. In der Schule erschloss sich für mich eine ganz neue Welt. Das Lesenlernen bereitete mir sehr viel Freude und ich entwickelte mich zu einem richtigen Bücherwurm. In der Grundschule war die Sitzordnung meist, außer im Fach Handarbeiten, bestimmt durch Gruppentische.

Nach den vier Jahren Grundschule wechselte ich auf das Gymnasium. Am Gymnasium tauchten für mich das erste Mal schulische Probleme auf. Erst heute ist mir klar, dass diese zum großen Teil durch meine Schwerhörigkeit bedingt waren. Ich hatte große Schwierigkeiten, den Lehrern zu folgen, wenn sie etwas diktierten, vor allem im Fach Französisch. Es war mir nicht möglich, die einzelnen Laute, beispielsweise das ee, é, è, ê, auseinanderzuhalten. Auch verstand ich nicht sofort alle Wörter, und so verlor ich meist schon zu Beginn des Diktates den Faden. Um ehrlich zu sein, muss ich sagen, dass ich während meiner Schulzeit die meisten Diktate von meinen Banknachbarn abschrieb. In der Freizeit war es meist so, dass mir bei spontanen Witzen die Pointen entgingen und ich nicht mitlachen konnte oder der Meinung war, die anderen lachen über mich, weil ich den Witz nicht mitbekommen hatte. Im schlimmsten Fall konnte ich nicht mitreden, weil ich nicht wusste, von was die Rede war. Irgendwann fing ich an, mich deshalb immer mehr abzusondern. Das soll nicht heißen, dass ich zum freudlosen Eremiten wurde. Ich hatte sehr viel Spaß mit meinem Bruder und meinen engsten Freunden.

Obwohl man den Eindruck gewinnen muss, war ich dem Ohrenarzt nicht unbekannt, ganz im Gegenteil: Seit meiner frühesten Kindheit hatte ich mit Ohrenentzündungen zu kämpfen. Irgendwann sagte man meiner Mutter, ich zitiere: „Das linke Ohr Ihres Kindes ist kaputt." Von da an war ich der Überzeugung, mein linkes Ohr sei taub.

Ich weiß genau, welche Frage hier aufkommen muss: Hat denn nie jemand die Idee gehabt, dies audiometrisch zu überprüfen? Nein. Die Ärzte beließen es dabei, meine häufigen Mittelohrentzündungen auszukurieren. Die einzigen Tests, die bei mir gemacht wurden, waren die während regulärer Reihenscreenings in der Schule. Allerdings waren diese Tests nicht sehr aussagekräftig, da die Ärzte meist frontal zu mir saßen oder das schlechtere Abschneiden meinerseits dadurch erklärt wurde, dass ich erkältet sei.

Im Sommer 1991 legte ich mein Abitur ab und begann im Wintersemester 1992/93 an der Universität Gehörlosenpädagogik zu studieren. Dieses Studium beinhaltet unter anderem ein sonderpädagogisches Blockpraktikum nach dem zweiten Semester. Während dieses Praktikums sollten wir mit den Kindern artikulieren. Um mit der Technik vertraut zu werden, übten wir zuvor an den Geräten, dabei machte ich eine erstaunliche Entdeckung. Ich musste die Lautstärke wesentlich höher einstellen als meine Kommilitonen. Zudem nahm ich plötzlich wesentlich mehr Geräusche wahr.

Der nächste logische Schritt war daher der Gang zu einem HNO-Arzt. Dieser begutachtete meine Ohren und konnte keinerlei Anomalien feststellen. Er erstellte ein Tonaudiogramm. Das Tonaudiogramm wies einen mittleren Hörverlust von 45–50 dB nach (im Tieftonbereich bis zu 60 dB). Danach wurde noch ein Sprachaudiogramm erstellt. Aus diesen Untersuchungen ergab sich folgende Diagnose: Ich habe eine mittelgradige Innenohrschwerhörigkeit. Diese könnte durch Sauerstoffmangel während der Geburt oder, was wahrscheinlicher ist, betrachtet man meine Familiengeschichte, erblich bedingt sein. Hinzu kommen die bereits erwähnten häufigen Mittelohrentzündungen. Der Arzt ordnete daher eine binaurale Hörgeräteversorgung an und überwies mich an den Hörgeräteakustiker. Von da an stritten sich zwei absolut konträre Gefühle in mir: Einerseits jubilierte ich, ich würde ja von nun an alles, wirklich alles, hören, ich würde nicht mehr ausgeschlossen sein. Andererseits aber hatte ich erst einmal daran zu kauen, dass ich wirklich schwerhörig war.

Seit der Anpassung der Hörgeräte streiten „zwei Seelen in meiner Brust". Zum einen sind die Hörgeräte bei einer Kommunikation in ruhiger Umgebung eine große Hilfe. Zum anderen beherrscht mich oft der Gedanke: „Wie halten die armen Menschen, die normal hören, nur diesen infernalischen Lärm aus?" Ich habe sehr lange ohne Hörgerät gelebt und es ist schwer, mich umzugewöhnen. Zudem entzünden sich meine Gehörgänge sehr leicht und dann ist es unangenehm, das Hörgerät zu tragen. Zusätzlich hatte ich plötzlich mit zwei Hörstürzen zu kämpfen. Nach Gesprächen mit allen meinen Ärzten stellten diese fest, dass die Hörstürze möglicherweise mit meiner Medikation zusammenhingen. Nach Absetzen bzw. Umstellen der Medikamente besserte sich auch mein Gehör, da nach Aussagen des Arztes die Durchblutung des Innenohres nun besser gewährleistet sei.

Nach Abschluss meines Studiums begann ich das Referendariat am Zentrum für Hörgeschädigte in … (nach einer Selbstdarstellung der Betroffenen).

Auch im Kindesalter erworbene Hörschäden bleiben im 21. Jahrhundert noch unentdeckt, wie folgende Fallbeschreibung zeigt:

Fallbeschreibung 9: Ich wurde 1989 geboren. Die Geburt verlief ohne Komplikationen, nur dass ich viel zu klein und viel zu leicht war. Diese Situation bereitete den Ärzten und meinen Eltern Sorgen. Durch die Verabreichung zusätzlicher kalorienreicher Nahrung konnte ich jedoch innerhalb von einer Woche, zusammen mit meiner Mutter, das Krankenhaus verlassen.

Meine Kindheit und Schulzeit verliefen mit den gewöhnlichen Höhen und Tiefen. So verbrachte ich viel Zeit in der Natur und erkundete meine Umwelt mit großer kindlicher Neugier. Vor allem im Kindergarten- und Grundschulalter, etwa bis zum Übertritt auf das Gymnasium, verbrachte ich viel Zeit im Freien in der Natur. Das einzige Problem war und ist bis heute der Jahreszeitenwechsel, da dieser mir jedes Mal eine Erkältung und Mittelohrentzündungen bereitet. So gehören regelmäßige Arztbesuche seit meinem dritten Lebensjahr zur Gewohnheit.

Meine Eltern beschreiben mich als ein neugieriges und erkundungsfreudiges Kind. So waren keine Pflanze und kein Tier vor mir sicher, nicht entdeckt zu werden. Regelmäßige Rituale gehörten zum festen Bestandteil meiner Kindheit, so bekam ich vor dem Schlafengehen Bilder- oder Geschichtenbücher vorgelesen. Daran kann ich mich noch heute gut erinnern. Wohingegen ich mich nicht an rhythmisch-musikalische Kinderspiele während meiner Kindheit erinnern kann, falls es die gegeben haben sollte.

Meine Kindergarten- und Grundschulzeit verbrachte ich in einem kleinen Dorf, in dem jeder jeden kannte. Aufgrund meiner geringen Körpergröße wurde ich in jedem Schuljahr ganz vorne, nah an der Tafel und den Lehrkräften, platziert. In meiner gesamten Schulzeit wurde stets Frontalunterricht mit minimalen Anteilen von Gruppenarbeiten durchgeführt, was mir die Informationsaufnahme erleichterte. Die einzigen Schwierigkeiten während meiner Grundschulzeit, an die ich mich gut erinnern kann, waren Aufgaben und Merksätze, die diktiert wurden, oder Lernspiele innerhalb der gesamten Klassengemeinschaft. Die meisten Probleme ergaben sich, wenn schnelle Hör-Antwort-Reaktionen, wie z. B. beim Wettrechnen, erforderlich waren. Solche Unterrichtsaktivitäten verlangten von mir viel Konzentrationskraft. Von Schuljahr zu Schuljahr wurde ich immer ruhiger. Oft fragte ich mich, warum meine Mitschüler/innen so schnell antworten konnten, wo ich doch noch gar nicht die Aufgabe richtig erfasst hatte. Trotz dieser Herausforderungen und regelmäßigen Erkältungen bewerkstelligte ich den Schulstoff gut und schaffte ohne Schwierigkeiten den Übertritt auf das Gymnasium.

Im Gegensatz zu meiner Grundschulzeit erinnere ich mich an die Zeit auf dem Gymnasium nur ungern, da sich im Laufe der Unterrichtseinheiten und in den Pausensituationen zunehmend mehr Schwierigkeiten und Herausforderungen entwickelten.

Vor allem bei Klassengesprächen und Gruppenarbeiten wurde es für mich mit fortschreitenden Schuljahren immer schwieriger mitzuhalten, in der Folge ging meine Aktivität im Unterricht sowie in den Pausen immer mehr zurück. Ich wurde zurückhaltender und beteiligte mich nur, wenn ich direkt angesprochen wurde. Von meiner damaligen Klassenlehrkraft und den Mitschülern/innen wurde ich in der 7. Klasse aufgefordert, bitte lauter und nicht so verwaschen zu sprechen. Zu diesem Zeitpunkt verstummte meine Klassenaktivität nahezu, ich beteiligte mich noch weniger am Klassengeschehen (sei es während und außerhalb des Unterrichts). Vor allem die frustrierenden Diktatstunden haben sich mir ins Gedächtnis gebrannt. Zu Beginn habe ich probiert mitzuschreiben; aber im Verlauf der Schuljahre habe ich nur noch ein Blatt mit meinem Namen, Datum und der an der Tafel notierten Überschrift abgegeben, da ich im Vorfeld schon wusste, dass ich eine 6 bekomme. Zu keinem Zeitpunkt haben die Lehrkräfte einen Verdacht geschöpft, dass etwas nicht stimmen bzw. es mit einer Schwerhörigkeit zusammenhängen könnte. Bei Unterrichtseinheiten, in denen viel diktiert wurde, musste ich stets auf die Mitschriften meines Banknachbarn zurückgreifen und diese nach der Unterrichtsstunde innerhalb der Pausen abschreiben. Bis zum Ablegen meines Abiturs wandte ich unterschiedliche, mir nicht bewusste Kompensationsstrategien an, wie z. B. das Zuwenden zum Sprecher oder das Vor- und Nacharbeiten von Unterrichtsinhalten. Zunehmend versuchte ich mir zu erklären, warum ich nicht die gleichen Leistungen wie meine Mitschüler/innen erbrachte, vor allem bei mündlichen Kontrollen. So entwickelten sich Gedankenspiralen, die dahin führten, dass ich mich selbst als zu dumm erklärte für die Gymnasialstufe. Auch während der Pausengespräche bekam ich nicht alles mit. Ich dachte oft, dass meine Klassenkameraden über mich lachen. Vor allem wenn die Themen schnell wechselten, verlor ich rasch den roten Faden und konnte den Gesprächen kaum bis gar nicht folgen. Ich gab mit Kopfnicken oder einem kurzen „JA" meine Zustimmung zu dem Gesagten oder gab vor, das Gleiche zu meinen. Dennoch erreichte ich mein Abitur in der Regelzeit. Ich mogelte mich durch sämtliche mündliche Kontrollen durch, indem ich angab, die Antwort nicht zu wissen, obwohl ich die Frage einfach nicht verstanden hatte.

Seit meiner Grundschulzeit bin ich mindestens zwei- bis dreimal die Woche in einem Sportverein aktiv. Während der Trainingseinheiten wurde weniger kommuniziert als in der Schule. Schnell fühlte ich mich sehr wohl in meiner Trainingsgruppe und konnte meine Leistungen auch während der Wettkämpfe demonstrieren. Vor allem bei den Wettkämpfen konnte ich mein Selbstbewusstsein stärken, da es hier nicht auf Gruppenaktivitäten ankam, sondern nur die Einzelleistung zählte. Das einzige Problem bestand beim Einstudieren von Tanzchoreografien. Ich verpasste stets den Anfang und den Takt konnte ich auch nie richtig halten. Trotz all dem erinnere ich mich auch heute noch immer sehr gerne an diese schönen Momente, gemeinsam mit meinen Sportfreunden neue Tanzschritte auszuprobieren und einzustudieren, da vieles über gestikulieren, also zeigen und ausprobieren, ging.

Nach meinem Abitur entschloss ich mich, die Welt außerhalb meines kleinen Dorfes zu erkunden. Ich absolvierte eine Ausbildung zur Krankenschwester. Zu dieser Zeit fing eine meiner Sportkameradinnen an, in einer HNO-Praxis zu arbeiten. Während einer Trainingseinheit sprach sie mich an, ob sie für mich nicht einen Termin in ihrer HNO-Praxis ausmachen solle – an meine Reaktion kann ich mich noch gut erinnern: Ich reagierte verwundert und fragte sie nach dem Grund. Sie antwortete mir, dass sie bei mir Auffälligkeiten bemerkt habe, z. B. dass ich nicht reagiere, wenn mich jemand von hinten anspricht; ich ein verkrampftes Gesicht mache, wenn jemand mit mir in der Turnhalle redet oder ich öfter nachfrage. Nach kurzem Augenrollen willigte ich ein.

So kam der Tag beim HNO-Arzt. Es wurden die regulären Tests gemacht, also Stimmgabel-Untersuchungen und die Erstellung eines Ton- und Sprachaudiogrammes, bei dem sich Auffälligkeiten zeigten. Danach wurde ich zum MRT geschickt, um abzuklären, dass kein Hirn-Tumor vorliegt. Zu dieser Zeit war ich bereits über 20 Jahre alt. Nach fürchterlichen zwei Wochen des Wartens und der Unklarheit stand der erneute HNO-Besuch an. Bei diesem wurde mir mitgeteilt, dass ich eine leichtgradige Innenohrschwerhörigkeit (vor allem mit Hörverlust im Hauptsprachbereich) habe. Als die Diagnose ausgesprochen wurde, überfiel mich eine Leere und kurz darauf folgten ganz viele Fragen, die ich unbedingt beantwortet haben wollte. Mir wurde mitgeteilt, dass ich mit Hörgeräten versorgt werden könne, um das Hördefizit auszugleichen. So begab ich mich zeitnah zum Hörgeräteakustiker. An meine erste Versorgung mit Hörgeräten kann ich mich noch sehr gut erinnern. Mein Akustiker fragte mich, ob ich mit dem Auto oder den öffentlichen Verkehrsmitteln da sei – ich antwortete mit dem Auto – woraufhin er sagte, ich solle bei der Fahrt nach Hause bitte noch keine Hörgeräte tragen, da der akustische Input zu viel sei. Ich nickte und dachte ,es wird schon gehen'. Doch ich wurde bereits vor der Ladentür eines Besseren belehrt und spürte den Drang, die Hörgeräte sofort wieder rauszunehmen, da alles viel zu laut war. Mir war nie bewusst, wie laut es in der Stadt wirklich ist, dass z. B. die Trambahnen, Autos und Busse so einen Lärm auf dem Asphalt machen. Ich war regelrecht geschockt und konnte mich kaum bewegen, da so viele neue bzw. verlernte akustische Reize auf mich einströmten. Mir war bis zu diesem Zeitpunkt auch nicht bewusst, dass mein Auto so viele verschiedene Geräusche machte. Ich nahm also den Rat meines Akustikers an und verstaute die Hörgeräte ordentlich in die mir mitgegebene Aufbewahrungsbox. Erst zu Hause legte ich sie wieder an, um seinem Rat nachzugehen und mich an diese neue Situation in einer mir bekannten Umgebung zu gewöhnen. Wöchentlich wurden die Hörgeräte an meinen damaligen Hörverlust (20–40 dB) schrittweise angepasst, dieser Prozess dauerte ungefähr sechs Monate.

Nach der Hörgeräteversorgung waren gemeinsame Abendessen mit meiner Familie und Freunden nicht mehr so anstrengend und ich genoss es, zusammen mit Freunden wegzugehen. Nach kurzer Zeit wurde mir mitgeteilt, dass ich wesentlich freundlicher schaue und kein verkrampftes Gesicht mehr mache. Ich konnte mich nun auch an den Gesprächen aktiv beteiligen. Auch die Arbeit im Krankenhaus, die Kommunikation mit meinen Kollegen und Patienten, empfand ich zunehmend einfacher. Später wechselte ich sogar auf eine Intensivstation. Doch mit weiter zunehmendem Hörverlust musste ich diese Tätigkeit leider aufgeben, da ich einige akustische Signale nicht mehr wahrnahm. So entschloss ich mich, Gehörlosenpädagogik zu studieren. Erst während des Studiums konnte ich mir zunehmend viele Situationen erklären, z. B. warum ich Schwierigkeiten hatte bei mündlichen Kontrollen oder beim Folgen von Lehreranweisungen. Somit half mir das Studium, meine Schulzeit besser zu verstehen und die Schwierigkeiten, die ich damals hatte, zu verarbeiten.

Vor allem mein Entschluss, wirklich die Gebärdensprache zu lernen, eröffnete mir neue Möglichkeiten der Kommunikation und Interaktionen. Bereits im Alter von zwölf Jahren entdeckte ich in unserer kleinen Dorfbibliothek ein Gebärdensprachlehrbuch, das sofort meine Neugier weckte. Eifrig lernte ich das Fingeralphabet und einige Gebärden. Doch leider kannte ich niemanden, mit dem ich kommunizieren konnte und so gab ich das Lernen der Gebärdensprache (zunächst) auf. Rückblickend betrachtet war dies wahrscheinlich der Versuch, eine alternative Form der Kommunikation zu finden. Erst im Alter von über 25 Jahren entschloss ich mich, einen Gebärdensprachkurs zu belegen, da meine Schwerhörigkeit kontinuierlich fortschreitet. Mein aktueller Hörverlust liegt bei 55 bis 60 dB. Seit ich Gebärdensprache lerne, genieße ich die Möglichkeit, zusammen mit anderen Hörgeschädigten in einer anderen Form zu kommunizieren.

Bis heute ist mir unklar, warum es niemanden aufgefallen ist, dass ich schwerhörig bin. Hinweise gab es genug: häufige Mittelohrentzündungen, Schwierigkeiten in der Schule, Rückzug aus kommunikativen und sozialen Situationen …

Auch wenn die Kinder frühzeitig als hörgeschädigt erkannt sind, sind voreilige Entwicklungsprognosen dringend zu vermeiden, wie Fallbeschreibung 10 zeigt.

Fallbeschreibung 10: Geboren wurde ich 1968 als älteste von drei Töchtern eines Arztehepaares, wobei meine Mutter seit meiner Geburt Hausfrau ist. Als ich sechs Monate alt war, bekam meine Großmutter den Verdacht, dass ich „taub" sei, wie sie sich ausdrückte, da ich selbst auf das Zusammenschlagen von Kochtöpfen nicht reagierte. Der Verdacht wurde daraufhin bei einer Untersuchung in der HNO-Universitätsklinik bestätigt.

Aufgrund meiner diagnostizierten Gehörlosigkeit sollten mir damals keine Hörgeräte verordnet werden – mein mittlerer Hörverlust beträgt auf beiden Ohren im Sprachbereich etwa 115 dB. Erst auf Drängen meiner Eltern bekam ich im Alter von zwei Jahren ein Kastenhörgerät angepasst; das zweite Kastenhörgerät bekam ich im Alter von knapp vier Jahren. Diese Hörgeräte habe ich allerdings wohl wegen des zu geringen „Hörerfolgs" damals nur ungerne getragen.

Als meine Hörbehinderung feststand, besuchten meine Eltern die pädoaudiologische Beratungsstelle einer nahe gelegenen Schwerhörigenschule und fragten den Direktor (!) der Schule, welche Entwicklungsmöglichkeiten bei mir bestünden. Dessen Antwort war: „Wenn Ihre Tochter 14 Jahre alt ist, können Sie froh sein, wenn sie die Bildzeitung lesen kann!" – Zum Glück wird eine solche Antwort Eltern nicht überall geboten – als Konsequenz haben meine Eltern meine Frühförderung selbst in die Hand genommen. Den Anstoß dazu gaben folgende Worte eines Kollegen meines Vaters, der einen damals siebenjährigen hochgradig schwerhörigen Sohn hatte: „Arbeiten Sie mit dem Kind, egal, was andere Leute sagen! An Ihnen alleine liegt es, was einmal aus Ihrem Kind wird!" – Durch eine glückliche Fügung lernten meine Eltern Frau S., eine Logopädin für hörbehinderte Kinder, kennen, die ihnen Anleitungen für meine sprachliche Entwicklung gab. Meine Eltern, vor allem aber meine Mutter, begannen mit meiner Förderung, als ich noch nicht ganz ein Jahr alt war. Die intensive sprachliche Förderung zog sich bis etwa zum Ende der Grundschulzeit hin.

Aufgrund der nicht besonders ermutigenden Begegnung mit dem Direktor der damaligen Schwerhörigenschule beschlossen meine Eltern, mich in den Regelkindergarten unseres Wohnbezirkes zu schicken, zumal viele Kontakte zu anderen Eltern gleichaltriger Kinder unserer Wohngegend bestanden und die Kindergartenleitung der Aufnahme eines hörbehinderten Kindes sehr aufgeschlossen gegenüberstand. – Im Nachhinein kann ich mich nicht an negative Erlebnisse aus der Kindergartenzeit, die auf meine Hörbehinderung zurückzuführen wären, erinnern (nach: Jahrestagung 1995).

Entwicklung des Hörens Inwieweit ein Kind mit Hörschädigung von seinen verbliebenen Hörkapazitäten mit Hilfe der Hörsysteme zu profitieren vermag, zeigt sich erst unter dem Einfluss kontinuierlicher pädagogischer Förderung. Die ersten 18 Lebensmonate auszunutzen, ist dabei besonders wichtig. Während dieser Zeit ist die Plastizität des kindlichen Gehirns am größten. Es vollziehen sich die Markscheidenreifung und die Synapsenbildung. Demzufolge sind die Erfolgsaussichten für das Ausbilden der Funktion der zentralen Hörbahn und der Hörzentren in der Großhirnrinde besonders günstig.

Neurologische Grundlagen Die Erkenntnisse über das Hören haben sich in den letzten Jahren – u.a. aufgrund moderner Untersuchungsmethoden – erheblich erweitert. Hören als Verstehen wird nicht mehr nur als eine Funktion des äußeren, mittleren und inneren Ohres, sondern als eine Leistung des Gehirns, als ein hochkomplexer Vorgang gesehen.

Reifung des Gehirns Das Hirn und seine Funktionen kommen nicht „fertig" auf die Welt: Es muss fundamentale Prozesse – wie Analyse des Schallreizes nach der Frequenz, Frequenzänderung, Schallintensität, Veränderung der Intensität, Lokalisation der Schallquelle – *erlernen*. Die dazu notwendige Feinorganisation eines Hirngebietes geschieht in einer Phase der Entwicklung, in der die neuronalen Verknüpfungen auf ihre Sinnhaftigkeit geprüft und, je nach Ergebnis, konsolidiert oder wieder abgebaut werden. Von besonderer Wichtigkeit sind dabei externe Sinnreize, die interpretiert oder beantwortet werden müssen.

Die Entwicklung des Kleinkindes stellt eine ständige Interaktion, ein Ineinandergreifen von Anlagen und Umwelt dar. Die mit den Erbanlagen gegebenen Möglichkeiten und Grenzen und die Umweltfaktoren beeinflussen sich gegenseitig in vielfältiger Weise.

Die Schaltstellen innerhalb des Gehirns bilden sich während der Reifung des Gehirns. Die Bildung von 70–75 % dieser Schaltstellen ist genetisch programmiert. Sie entstehen unabhängig von funktioneller Belastung oder Aktivität des betreffenden neuronalen Systems, also unabhängig davon, ob allgemeine Umweltreize oder umweltspezifische Reize auf die betreffende Nervenzelle einwirken. Die übrigen 25 % der Schaltstellen werden jedoch nur *unter* der *Wirkung eines entsprechenden Reizangebotes* gebildet (Schlote 1989).

Die neuronalen Prozesse etablieren sich in einem bestimmten frühkindlichen Alter und funktionieren dann für den Rest des Lebens. Werden umgekehrt diese Funktionen nicht rechtzeitig aufgebaut oder in fehlerhafter Weise verfestigt, so ist jenseits eines bestimmten Alters eine Korrektur nicht mehr möglich. Die Forschungen Klinkes (1989, 1995, 1997, 1998, auch Klinke/Kral/Hartmann 2001) und nachfolgend Krals (2012) belegen, dass es für die Akquisition (Erwerb) der meisten der fundamentalen Hirnfunktionen kritische Perioden geben muss. Als kritische Perioden werden kurzzeitige Phasen, in denen bestimmte Erfahrungen gemacht werden müssen, bezeichnet. Die Einflüsse solcher Erfahrungen sind dauerhaft (Hess 1975). Kral (2012) belegt, dass – wenn in dieser Phase die auditorische Reizung (aufgrund fehlender auditiver Eindrücke) nicht erfolgen kann – sich das

System reorganisiert und der gegebenen Situation optimal anpasst. Für das hörtechnisch unversorgte Kind bringt das gewisse Vorteile mit sich: Es entwickelt außergewöhnliche visuelle Fähigkeiten (a. a. O.). Dabei geht aber gleichzeitig die Fähigkeit, verbliebene auditorische Potenziale zu nutzen, verloren, da für den Hörvorgang essenzielle Synapsen anders „belegt" sind.

Beim Menschen ist es sehr schwer, die kritischen Perioden zeitlich abzugrenzen. Klinke vermutet solche beim Säugling in der ersten und zweiten Lallphase, „in denen einmal der kontrollierte Umgang mit der eigenen Atmung und später das Zusammenspiel zwischen Sprechapparat und Hörapparat zu üben ist" (1995, 4).

Untersuchungen von Kral (2009a, b, 2012) belegen, dass die Entwicklung des auditorischen Kortex von der Hörerfahrung abhängt. Bleiben Kinder, die von Geburt an gehörlos sind, hörsystemtechnisch unversorgt, ist mit umfangreichen funktionalen Defiziten zu rechnen. Damit wird auch aus neurophysiologischer Sicht die Bedeutung der frühen Erkennung eines Hörschadens bestätigt. Zur Erlangung einer alltagstauglichen Hörfähigkeit sind frühe Hörerfahrungen zwingend notwendig.

Wenn man davon ausgeht, dass die erste Lallphase zwischen dem 2. und 5. und die zweite Lallphase zwischen dem 6. und 8. Lebensmonat liegen, sind aus diesen Überlegungen eindeutige Forderungen an die Pädiatrie und Pädaudiologie abzuleiten. Kinder mit frühkindlichen Hörschädigungen sollten zu diesem Zeitpunkt mit Hörsystemen versorgt sein, damit eine entsprechende Frühförderung wirksam werden kann. Nur dadurch kann es möglich sein, die kritischen Perioden zu nutzen, in denen das zentrale auditorische System die Auswertungsstrategien erwirbt.

Anforderungen an die Pädiatrie und Pädaudiologie

Aus pädagogischer Sicht ist nach Methoden zu suchen, die das auditorische System auch bei Kindern mit Hörschädigung aktivieren. Während in der ersten Lallphase zunächst die Rückmeldung über das Lallen vorzugsweise über die Kinästhesie erfolgt – der Säugling vollzieht mit den Organen des Ansatzrohres Bewegungen, die die späteren Sprechbewegungen vorbereiten –, spielt zunehmend (zweite Lallphase) die auditive Rückkopplung eine Rolle; sie ist von der Hörerfahrung abhängig. Eine rehabilitationspädagogische und hörgeschädigtenspezifische therapeutische Intervention spätestens zu diesem Zeitpunkt ist zwingend erforderlich. Damit ist es möglich, die Phasenspezifität der Sinnesentwicklung und die vergleichsweise enorme Plastizität des kindlichen Gehirns auszunutzen. Bereits zu Beginn der 1990er Jahre verwies Löwe (1992b) auf weitere Gründe, warum die Frühförderung bereits im ersten Lebensjahr beginnen sollte. Er stützte seine Aussagen sowohl auf nationale als auch auf internationale Darstellungen. Beispielhaft seien drei seiner Gründe genannt, die weiteren können am angegebenen Ort nachgelesen werden:

Folgerungen für die Pädagogik

▪ weil die optimale Periode bereits vor Vollendung des ersten Lebensjahres vorüber sein könnte: Begründet wird das mit Untersuchungsergebnissen, die belegen, dass es eine Zeitspanne gibt, während der für den Aufbau der Schaltstellen und Schaltmuster, die für die auditive Sprachwahrnehmung notwendig sind, im Gehirn eine besonders große Plastizität zu bestehen scheint. Diese reicht aber nur bis zur Vollendung des 8. Lebensmonats;

▓ weil sonst die Qualität der Sprechstimme einen nicht mehr reparablen Schaden erleidet: Bezogen wird sich hier auf Untersuchungen, die belegen, dass hörgeschädigte, vor Vollendung des ersten Lebensjahres mit Hörgeräten versorgte Kinder eine bessere Sprechverständlichkeit haben;

▓ weil rund ein Drittel aller frühkindlicher Hörschädigungen progredient verlaufen soll: Demzufolge ist diesen Kindern, in der Phase ihrer frühen Kindheit, während der sie noch verhältnismäßig viel hören, eine entsprechende Förderung zuteil werden zu lassen.

Kinder mit uneingeschränktem Gehör erwerben die Fähigkeit zum bewussten Hören weitgehend durch indirektes Lernen, falls genügend entwicklungsfördernde akustische Reize auf sie einwirken. Das Kind mit Hörschädigung, insbesondere jenes mit hochgradiger Hörschädigung, muss zunächst auf akustische Erscheinungen aufmerksam gemacht werden (Kap. 10.1). Hörsysteme bieten die Basis. Sie „verbessern" die Qualität und die Quantität der akustischen Reize. Das Kind mit Hörschädigung lernt, mit Unterstützung und durch Anregung des Pädagogen und der Eltern, Informationen zu verarbeiten. Das beginnt, indem es zunächst auf akustische Ereignisse aufmerksam gemacht wird. Diese werden entweder bewusst geschaffen, z.B. im Rahmen der Frühförderung, oder aber aus der Umgebung und der Umwelt spontan ausgewählt, wobei das Kind darauf aufmerksam gemacht wird.

Längerfristig wird damit das Ziel verbunden, dass das Kind mit Hörschädigung lernt, alle wahrnehmbaren Höreindrücke unter Nutzung und Anwendung des im Gedächtnis gespeicherten Wissens zu verarbeiten.

Anbahnen von Kommunikation Papoušek nimmt an, dass die Sprachentwicklung des Kindes ihren Anfang nimmt

„in dem ersten kommunikativen Austausch mit der Mutter nach der Geburt, bzw. schon vor der Geburt, sobald das Gehör des Ungeborenen reif genug ist, Rhythmus und Melodie der mütterlichen Sprache wahrzunehmen. Die These schließt die Annahme ein, daß vorsprachliche Kommunikation und Anfänge der Sprachentwicklung untrennbar in die Entwicklung der ersten sozialen Beziehungen eingebettet sind" (1995, 16).

Zu den ersten akustischen Reizen, die der hörende Säugling aufnimmt, zählen Geräusche, Klänge, die eigene Lalltätigkeit und die Sprache der Mutter oder der engsten Bezugspersonen. Der Säugling mit Hörschädigung kann diese wichtigen ersten akustischen Reize nicht oder nur sehr eingeschränkt über das Gehör wahrnehmen. Trotzdem ist auch bei ihm das Kommunikations- und Orientierungsbedürfnis vorhanden. Es äußert sich – ebenso wie beim Kind mit voll funktionsfähigem Gehör – hauptsächlich im Bereich der Bewegung, der Blickkontakte und des Tastens.

Auditive Sprachanbahnung Vorrangige Aufgabe der Frühförderung ist das *Befähigen des Kindes mit Hörschädigung zur Kommunikation*. Dies ist auf verschiedenen Wegen möglich, einer davon wäre der der auditiven Sprachanbahnung. Diese baut auf der beschriebenen frühen Aktivierung des Restgehörs (resp. der vorhandenen Hörkapazität) auf. Die auditive Sprachanbahnung geht von dem Wissen aus, dass Kinder mit einer Hörschädigung voll funktionsfähige Sprechorgane und die potenzielle Fähigkeit zum Sprechen haben. Ihr Ziel ist es, dem Kind die Möglichkeit zu eröffnen, Sprache auf natürlichem – also imitativem – Weg über das Gehör aufzunehmen. Bei einer Hörgeräteanpassung innerhalb der ersten 6 Monate ermöglicht man dem Kind noch vor Abschluss der Ausreifung der Hörbahnen wichtige Hörerfahrungen. Mehrere Untersuchungsergebnisse (z. B. Markides 1986; Yoshinaga-Itano 1995) und vielfältige praktische Erfahrungen deuten darauf hin, dass Kinder mit Hörschädigung, die bereits im ersten Lebenshalbjahr mit Hörgeräten versorgt und hörgeschädigtenpädagogisch begleitet wurden, eine deutlich bessere Artikulation entwickeln als solche, bei denen erst im 2. Halbjahr oder noch später begonnen wurde. Die gezielte und wirksame Intervention zur Vorbeugung von Sprachentwicklungsstörungen bei Kindern mit Hörschädigung und zur gezielten Sprachanbahnung auf auditivem Weg wurde von verschiedenen Therapeuten eindrucksvoll belegt, z. B. von Helen Beebe (USA), Warren Estabrooks, Donald Goldberg, Judith Simser (alle Kanada). Eine Studie für die Bundesrepublik Deutschland legten Diller, Graser und Schmalbrock (2000) vor.

Das beschriebene methodische Vorgehen und dessen Umsetzung sind mit der Einführung des Neugeborenenhörscreenings und der raschen Hörsystemversorgung leichter möglich geworden.

Nicht zuletzt muss dafür gesorgt werden, dass eine intensive auditive Sprachanbahnung nicht Druck auf die Eltern bewirkt, die normale Prozesse der vorsprachlichen Kommunikation zwischen Eltern und Kind, vor allem die intuitiven Verhaltensbereitschaften der Eltern blockieren und nachhaltig stören. Der Säugling reagiert aufmerksam, interessiert und freudig auf Lautsprache, ebenso aber auch auf Blickkontakte und ganz besonders auf Berührungskontakte wie Streicheln, Drücken, Kuscheln und Liebkosen. Diese mimisch-gestisch-haptischen Ausdrucksbewegungen lösen bei ihm freudiges Erleben aus. In diesem engen körperlichen Kontakt wird die erste „Zwiesprache" gehalten; es findet also Kommunikation statt.

Verhalten der Eltern

Ältere Publikationen (z. B. Große 1989) verwiesen darauf, dass bei Eltern bereits das Bewusstsein, ein Kind mit Hörschädigung zu haben, die Interaktionen der (hörenden) Mutter bzw. Eltern mit ihrem (hörgeschädigten) Kind verändert.

„Dieses veränderte kommunikative Verhalten umfasst nicht nur eingeschränkte lautsprachliche Äußerungen, sondern leider auch ein reduziertes mimisch-gestisches Verhalten. Das heißt, die hörenden Mütter setzten selbst die Gesten und Mimik in der Kommunikation mit ihrem hochgradig hörgeschädigten Kleinkind nicht in dem Umfang ein, wie es eigentlich in diesem Alter für die Kommunikation mit einem hörenden Säugling und Kleinkind selbstverständlich ist" (a. a. O., 65).

Das Neugeborenenhörscreening und die sich verändernde Haltung der Gesellschaft gegenüber Menschen mit Behinderung haben für die Eltern deutliche Veränderungen mit sich gebracht. Die Frühförderung beginnt heute deutlich früher, die Kinder bleiben länger in ihr und es steht mehr Zeit zur Verfügung. Für die Eltern wirkt das sehr frühe Erkennen der Hörschädigung dahingehend entlastend, dass sie sich nicht, wie früher häufig geschehen, Selbstvorwürfe machen, die Hörauffälligkeit ihres Kindes nicht früh genug bemerkt und etwas versäumt zu haben. Auch zeigen die Kinder in dieser frühen Phase noch nicht so viele Unterschiede in der Entwicklung im Vergleich zu Kindern, deren Gehör voll funktionsfähig ist (Leonhardt/Wendels 2007; Leonhardt 2009e; Leonhardt 2014).

Aus einem Vergleich des kommunikativen Verhaltens gehörloser und hörender Mütter gegenüber ihrem Kind mit Hörschädigung geht hervor, dass die Probleme in der Kommunikation vorwiegend bei den hörenden Eltern zu beobachten sind. Daraus ergibt sich für die Elternberatung im Rahmen der Frühförderung:

> *„Hörende Eltern sollten … unbedingt angeleitet werden, ihre Hemmungen und Verunsicherungen im Kontakt mit ihrem hochgradig hörgeschädigten Kleinkind zu überwinden, um die emotionale Entwicklung ihres Kleinkindes und die kommunikativen Beziehungen zu gewährleisten" (Große 1989, 66).*

Gehörlose Eltern hingegen sind hier weniger verunsichert. Ihnen steht aufgrund ihrer eigenen Gehörlosigkeit die Gebärdensprache zur Verfügung. Sie nutzen diese von Anfang an in der Kommunikation mit ihrem Kind. Wie erwähnt, scheint das Neugeborenenscreening für die Eltern eine gewisse Entlastung zu bringen. Nachdem zunächst befürchtet wurde, dass das frühe Wissen um die Hörschädigung des Kindes den Beziehungsaufbau zum neugeborenen Kind empfindlich stören könnte, haben erste Untersuchungen eher Gegenteiliges belegt. Dennoch bleibt festzuhalten, dass der Diagnoseschock der Eltern von Säuglingen, die in Folge des Neugeborenenscreenings als hörgeschädigt diagnostiziert wurden, dem der Eltern von spät erkannten Kindern gleicht.

Batliner (2016): Hörgeschädigte Kinder spielerisch fördern. – Clark (2009): Interaktion mit hörgeschädigten Kindern. – Diller et al. (2000): Hörgerichtete Frühförderung hochgradig hörgeschädigter Kleinkinder. – Horsch (2004): Frühe Dialoge.

Frühförderung mit LBG und Gebärdensprache Ein weiterer Weg der Befähigung zur Kommunikation wäre der unter Einbezug von Lautsprachbegleitenden Gebärden (LBG) und der Gebärdensprache. Von Vertretern dieses Ansatzes (Prillwitz, Wisch, Wudtke) wurde eine Frühförderkonzeption entwickelt, die sich auf folgende zentrale Annahmen gründet (Prillwitz et al. 1991):

▨ Grundlage der Entwicklung des Kindes ist eine enge und stabile Mutter-Kind-Beziehung, die die Behinderung des Kindes annimmt.

▓ Vorrang hat eine unbeschwerte Kommunikation zwischen hörenden Eltern und gehörlosem Kind.

▓ Die Gehörlosen bilden eine Minderheitengruppe mit einer eigenen
Sprache (der Gebärdensprache).

▓ Allein das bewusste frühe Einbeziehen der Gebärdensprache garantiert
eine relativ normale und anspruchsvolle Kommunikation in der Familie
und eine positive Gesamtentwicklung des Kindes.

Auch Prillwitz et al. (1991) sehen einen wesentlichen Schwerpunkt in der
lautsprachlichen Erziehung. Ihrer Meinung nach muss der Gehörlose auf ein
Leben in zwei Welten mit zwei Sprachen vorbereitet werden: für die Welt der
Hörenden mit der Lautsprache, da er hier arbeitet und sich auseinander set-
zen muss, und auf die Welt der Gehörlosen, in der er einen großen Teil seiner
Freizeit verbringt. Um das angestrebte Ziel zu verwirklichen, wurde eine
Frühförderkonzeption mit drei Arbeitsschwerpunkten ausgearbeitet:

1. die Elternberatung und -aufklärung,
2. die Entwicklung eines Gebärdensprachlernprogrammes für hörende Eltern, das zu einer flexiblen Gebärdenverwendung anleitet,
3. die lautsprachliche und gebärdensprachliche Förderung des gehörlosen
Kindes (188).

Während der Ansatz unter Einbezug von LBG in der Fachdiskussion inzwischen in den Hintergrund getreten ist, ist die Diskussion um eine bilinguale
Frühförderung (paralleler Lautsprach- und Gebärdenspracherwerb) gegenwärtig. Allerdings, so kritisieren Günther et al. (2009), sind bislang im
deutschsprachigen Raum keine ausreichend dokumentierten und wissenschaftlich begleiteten bilingualen Frühförderprojekte bekannt. Ein bilinguales Förderkonzept soll nach Ansicht dieser Autoren folgende Faktoren
berücksichtigen:

1. Ein Team von gehörlosen bzw. hoch gebärdensprachkompetenten hörenden Früherziehern sollte eng mit der Pädagogisch-Audiologischen Beratungsstelle zusammenarbeiten.
2. Gehörlose bzw. gebärdensprachkompetente Erzieher ermöglichen dem
Kind natürliche und voll zugängliche Spracherfahrungen.
3. Gearbeitet wird nach dem Prinzip „eine Person – eine Sprache" bzw. dem
Prinzip „eine Sache – eine Situation" (verlässliche Verknüpfung eines
Sprachsystems in bestimmten Kontexten).
4. Ein regelmäßiger inhaltlicher Austausch zwischen gebärdensprachlicher
und lautsprachlicher Frühförderin soll gewährleistet sein, um vergleichbare
Kommunikationssituationen für das Kind in beiden Sprachen zu gestalten.
5. Natürliche Begegnungsstätten sollen in beiden Sprachen organisiert werden.

Die bilinguale Frühförderung ermöglicht den Kindern mit Hörschädigung einen frühen Zugang zu einer gesprochenen Sprache und zur Gebärdensprache. Nach Becker (2012) sprechen drei Gründe für eine bilinguale Frühförderung:

- Ein altersangemessener Erstspracherwerb ist eine notwendige Voraussetzung für die kognitive und sozial-emotionale Entwicklung.
- Die Gebärdensprache kann als Brücke in den Laut- und Schriftspracherwerb dienen.
- Ein möglichst früher Zugang zu Laut- und Gebärdensprache ist wichtig.

Eine bilinguale Frühförderung setzt ein Team aus Frühförderern voraus, deren Mitglieder sowohl hörend als auch hörgeschädigt und sowohl lautsprach- als auch gebärdensprachkompetent sind.

Eltern, die selbst gehörlos sind, sichern ihrem Kind einen frühen natürlichen Zugang zur Gebärdensprache. Die Mehrheit der Eltern ist jedoch hörend (Kap. 3.4), die die Gebärdensprache nicht bei der Geburt ihres Kindes beherrschen. Für diese muss dann die Gebärdensprache in der Familie angebahnt werden.

 Becker (2012): Bilinguale Frühförderung. – Günther et al. (2009): Bilinguale Frühförderung hochgradig hörgeschädigter Kinder – Entwicklungstheoretische Grundlagen und frühpädagogische Bildungspraxis.

Zunehmende Bedeutung der Frühförderung Unabhängig vom gewählten Ansatz in der Frühförderung (weitere Ansätze wären beispielsweise die muttersprachlich-reflektierende Methode nach Antonius van Uden, die sensomotorische Förderung nach Ursula Horsch oder der Natürlich Hörgerichtete Ansatz nach Morag Clark) wurde der Frühförderung ständig wachsende Bedeutung zugemessen (s. auch abschließende Anmerkung im Kap. 4.2). Seit Beginn der Frühförderung (Ende der 1950er/Anfang der 1960er Jahre) haben sich klassische Aufgabenfelder der Schule mehr und mehr zu solchen der Frühförderung entwickelt (beispielhaft sei die Hörerziehung, die Rhythmisch-musikalische Erziehung und die Entwicklung von Sprechfertigkeiten genannt).

Wisotzki (1994) verweist darauf, dass es etwa seit den 1980er Jahren aus verschiedenen Gründen zu einer tiefgreifenden Änderung in der Frühförderung von Kindern mit Hörschädigung gekommen ist. Seine Überlegungen begründet er mit verschiedenen Kerngedanken (wobei er sich u. a. auf Ausführungen von Ding, Ganster, Jussen, Löwe und Schulmeister stützt), von denen einige beispielhaft aufgeführt werden sollen. (Es empfiehlt sich, vertiefend nachzulesen!):

- ständig sich verbessernde Möglichkeiten einer frühen Diagnosestellung,
- steigende Anzahl von Ausländerkindern (einschließlich Kinder, die aus anderen Kulturkreisen stammen),

▓ zunehmende Berufstätigkeit beider Elternteile,

▓ gewandeltes Selbstverständnis der Eltern in ihrer Rolle als Eltern eines hörgeschädigten Kindes,

▓ veränderte Sicht auf die Bedeutung der Familie, die dem Kind erste interaktionale Beziehungen ermöglicht und Grundfähigkeiten für eine spätere Kontaktaufnahme vermittelt,

▓ Elternhilfe als Hilfe zur Selbsthilfe (Elternhilfe als Angebot, das von den Eltern abgerufen werden kann).

Eine 1983 gegründete „Arbeitsgruppe Frühförderung gehörloser und schwerhöriger Kinder" akzentuierte auf einer Arbeitstagung bereits 1984 folgende Aufgabenfelder:

I. Diagnostik
1. Grobuntersuchung und Erfassung,
2. Differenzierende Untersuchungen,
3. Beobachtung der Entwicklung;

II. Frühförderung
1. Familienzentrierte Aufgaben:
   – Elternhilfe im familiären Bezugsfeld,
   – Elternhilfe im außerfamiliären Bezugsfeld,
   – Elterninformation,
   – Elternanleitung,
   – Beratung bei behinderungsbedingten Problemen in der Erziehung;
2. Aufgaben der interaktionalen Erziehung:
   – Aufbau der Beziehungen zu Personen,
   – Aufbau von kommunikativen Beziehungen in der Familie,
   – Wecken von Interesse an der Umwelt,
   – Entwicklung von Spielverhalten;
3. Sensomotorische Förderung:
   Ganzheitliche Förderung der Wahrnehmung zur Unterstützung der kognitiven, emotionalen und sozialen Entwicklung,
   – Bewegungserziehung;
4. Weckung und Förderung der Lautsprache:
   – Sprache,
   – Sprechen.

Aus diesem Konzept wird deutlich, dass mit den familienzentrierten Aufgaben (II.1) begonnen wird.

Die Stellung der Eltern hat sich innerhalb der Frühförderung in den zurückliegenden Jahren immer wieder verändert: Vom Laienmodell der frühen 1970er Jahre (Fachleute leiten Eltern an) über das Ko-Therapeuten-Modell (Fachkräfte setzen Eltern ein für eine konsequente fachliche Mitarbeit zur Entwicklung des Kindes) wurde es zum Partnerschafts- und Kooperationsmodell (Fachleute arbeiten mit den Eltern zusammen). Frühe Hilfen werden nunmehr als System gesehen, in dem die Eltern, das Kind mit Hörschädigung, seine Geschwister und die übrige Familie sowie die Fachleute selbst sich als Teile eines Ganzen verstehen.

Stellung der Eltern

Die wichtigste Voraussetzung für eine gesunde und positive Entwicklung des Kindes ist ein natürliches Verhältnis zwischen Eltern, dem Kind (mit Hörschädigung) und ggf. vorhandenen weiteren Geschwisterkindern, die sowohl hörend als auch hörgeschädigt sein können. Die Eltern haben die engste Bindung und den ständigen und unmittelbaren Kontakt zum Kind. In dieses „Verhältnis" muss sich der Hörgeschädigtenpädagoge mit seiner Fachkompetenz einbringen.

Nachdem sich die Frühförderung in den letzten Jahrzehnten etablierte und sie sich ihre organisatorischen und strukturellen Bedingungen schuf, ging es um die Erarbeitung von Frühfördermodellen, die die Interaktion zwischen Pädagogen, Kind und Eltern betrafen. Erst in jüngster Zeit kam es zu Studien zur Evaluation der Qualität von Frühförderung (Leonhardt/Ludwig 2002 und Leonhardt/Siebeck 2002).

Generell gilt: Die in den Frühförderstunden gesetzten Förderimpulse müssen, um wirksam zu werden, im Alltag der Familie fortgesetzt werden. Das funktioniert umso besser, wenn es gelingt, die Eltern in die Förderprogramme einzubeziehen und diese familienorientiert zu gestalten (Siebeck 2012).

Weiterführende Literatur zur Frühförderung: Leonhardt (1998): Ausbildung des Hörens – Erlernen des Sprechens. – Leonhardt (2012): Frühes Hören. – Löwe (1992): Früherfassung, Früherkennung, Früherziehung hörgeschädigter Kinder. – Prillwitz et al. (1991): Zeig mir deine Sprachen! Elternbuch Teil 1. – Prillwitz (1991): Zeig mir deine Sprachen! Elternbuch Teil 2. – Stiftung zur Förderung körperbehinderter Hochbegabter, Vaduz (1989): Aufgaben und Probleme der Frühförderung gehörloser und schwerhöriger Kinder unter dem Aspekt der Begabungsentfaltung. – Stiftung zur Förderung körperbehinderter Hochbegabter, Vaduz (1990): Modelle interdisziplinärer Frühförderung zur Begabungsentfaltung auf der Grundlage eines hörgerichteten Spracherwerbs. – Wachtlin/Bohnert (2018): Kindliche Hörstörungen in der Logopädie.

11.1 Übungsaufgaben zu Kapitel 11

Aufgabe 69   Was sind die neurophysiologischen Hauptargumente zur Durchführung der Frühförderung?

Aufgabe 70   Nennen Sie unterschiedliche Ansätze der Frühförderung und tragen Sie Bedingungen und Argumente für deren Anwendung zusammen!

Aufgabe 71   Worin sind die Aufgabenfelder einer modernen Frühförderung zu sehen?

Aufgabe 72   Wie hat sich die Stellung der Eltern in der Frühförderung verändert?

Aufgabe 73   Erarbeiten Sie sich an Hand von Fachliteratur (z. B. Weiß 1989, Siebeck 2012) Wissen zum Laienmodell, Co-Therapeutenmodell sowie Partnerschafts- und Kooperationsmodell und vergleichen Sie die Ansätze!

12 Spezielle Institutionen und Maßnahmen für die Bildung und Erziehung

Die tradierten Bildungseinrichtungen für Hörgeschädigte (Kap. 15) sind die Gehörlosen- und die Schwerhörigenschule. Diese sind inzwischen vollständig in Förderzentren, Förderschwerpunkt Hören (zum Teil mit dem Zusatz ‚und Kommunikation'), übergegangen und finden sich beispielsweise auch unter den Bezeichnungen Landesbildungs- und Beratungszentren oder Sonderpädagogisches Bildungs- und Beratungszentrum. Die Bezeichnung ist in den einzelnen Bundesländern unterschiedlich. Abweichend sind auch – aufgrund der Kulturhoheit der Bundesländer – die Bildungspläne oder z.B. der Stand der Umsetzung inklusiver Beschulungssettings (Kap. 13).

Den Förderzentren, Förderschwerpunkt Hören (nachfolgend wird der Einfachheit halber mit diesem Begriff weitergearbeitet) können Pädagogisch-Audiologische Beratungsstellen mit Zuständigkeit für die Frühförderung, Schulvorbereitende Einrichtungen (in Abhängigkeit vom Bundesland auch Schulkindergarten, schulvorbereitende Klasse, Vorklasse, Vorschulteil genannt), einen Grundschul- sowie Mittelschul-, Oberschul-, Realschulteil (Sekundarstufe I) und mitunter auch Klassen für Kinder und Jugendliche mit einer Hörschädigung und weiterem Förderbedarf umfassen. Vereinzelt gehören zu den Förderzentren auch Berufsschulklassen oder Berufsfachschulklassen. Ein Teil der Jugendlichen mit Hörschädigung erhält seine Berufsausbildung in Berufsbildungswerken (BBW) für Hörgeschädigte. An einigen Förderzentren (z.B. an der Margarethe-von-Witzleben-Schule, Förderzentrum mit Schwerpunkt „Hören" Berlin und dem Staatlichen Sonderpädagogischen Bildungs- und Beratungszentrum mit Internat, Förderschwerpunkt Hören in Stegen) gibt es einen gymnasialen Schulzweig, an dem befähigte Jugendliche mit Hörschädigung die Hochschulreife erwerben können.

Den Förderzentren, Förderschwerpunkt Hören sind zum Teil Internate angeschlossen, insbesondere dann, wenn der Einzugsbereich größere Regionen eines Bundeslandes umfasst. In den letzten drei Jahrzehnten sind mehr und mehr Fahrdienste eingerichtet worden, so dass inzwischen der größte Teil der in einem Förderzentrum, Förderschwerpunkt Hören lernenden Schüler im Kreis seiner Familie verbleibt und nicht mehr während der Woche im Schülerwohnheim lebt. Aufgrund territorialer Gegebenheiten ist in bestimmten Regionen ein Internat jedoch unumgänglich.

Alle Förderzentren verfügen über ein Angebot zur Betreuung und Förderung von Schülern mit Hörschädigung, die inklusiv beschult werden. Auch hierfür sind die Bezeichnungen in den einzelnen Bundesländern unterschiedlich, z. B. in Bayern Mobiler Sonderpädagogischer Dienst, in Baden-Württemberg Sonderpädagogischer Dienst oder in Hessen ambulante Förderung.

Aufgrund der deutlich zurückgegangenen Zahlen an gehörlosen Schülern ist es kaum noch einem Förderzentrum möglich, diese getrennt von Schülern mit Hörschädigung (z. B. schwerhörigen Schülern oder CI-tragenden Schülern) zu unterrichten. Häufig versucht man durch die Bildung von Sprachlern-(Kommunikations-)gruppen den individuellen kommunikativen Bedürfnissen der Schüler zu entsprechen. Die „Zuordnung" zu einer Sprachlern-(Kommunikations-)gruppe ist dabei in erster Linie ein gedankliches Konstrukt für den Lehrer, da eine getrennte Unterrichtung der Schüler entsprechend der jeweiligen Sprachlerngruppe, ebenfalls verursacht durch zu geringe Schülerzahlen, im Regelfall nicht möglich ist. Beobachtet werden auch jahrgangsübergreifende Klassen, in denen Schüler benachbarter Schuljahrgangsstufen zusammengefasst werden. Diese Klassenbildung stellt erhöhte Anforderungen an die Fähigkeiten des Lehrers, didaktisch zu differenzieren.

Die Lehrpläne der Förderzentren, Förderschwerpunkt Hören entsprechen heute den Lehrplänen der allgemeinen Schulen. Eine Ausnahme bildet das Fach Deutsch, das für einzelne Sprachlerngruppen einen eigenen Lehrplan vorsieht. In mehreren Bundesländern ist die Grundschulzeit um ein Jahr verlängert, so dass gerade für den Anfangsunterricht mehr Zeit zur Verfügung steht. Der Lehrer für Hörgeschädigte hat aufgrund seines speziellen Wissens eine entsprechende Auswahl der Lernziele zu treffen. Dabei hat er darauf zu achten, dass die Schüler mit Hörschädigung nicht überfordert werden, da das Erwerben einer kommunikativen Kompetenz (einschließlich der Sprech- und Sprachkompetenz sowie des Absehens) mehr Zeit erfordert.

Das gegenwärtige Bildungswesen für Hörgeschädigte lässt sich nach Abschnitten des Lebenslaufs ordnen:

- Frühbereich (0–3 Jahre),
- Elementarbereich (3–6 Jahre),
- Schulbereich (6–15 bzw. 18 Jahre),
- Berufs- und erwachsenenbildender Bereich (ab 15 bzw. 18 Jahre).

12.1 Pädagogisch-Audiologische Beratungsstelle

Pädaudiologie/ Pädoaudiologie/ Pädagogische Audiologie

Die Pädagogisch-Audiologischen Beratungsstellen sind Bestandteil der Förderzentren, Förderschwerpunkt Hören. Für diese (Teil-)Einrichtung haben sich im Laufe der Jahre zahlreiche Benennungen ergeben. So waren (und sind) auch die Bezeichnungen „Pädaudiologische Beratungsstelle" und „Pädoaudiologische Beratungsstelle" üblich, aber auch „Beratungszentrum", „Audiologisches Zentrum" oder „nur" „Abteilung II" und „Diagnostik- und Beratungszentrum". Mit der Entwicklung der „Phoniatrie und Pädaudiologie" als eigenständiges ärztliches Fachgebiet (zuvor gehörte es zum Fachgebiet der Hals-Nasen-Ohren-Heilkunde) hat sich 1992 das

Berufsbild der Phoniater und Pädaudiologen herausgebildet. Seither wird „Pädaudiologie" vorwiegend für den klinischen Bereich verwandt.

Die *Pädaudiologischen Beratungsstellen* arbeiten als selbstständige Einrichtungen oder in HNO-Kliniken in den Abteilungen für Phoniatrie und Pädaudiologie. In einigen dieser (klinischen) Einrichtungen arbeiten auch Hörgeschädigtenpädagogen.

Für die Abteilungen an den Förderzentren, Förderschwerpunkt Hören, wird seit einigen Jahren vorzugsweise (aber nicht ausschließlich) die Bezeichnung „Pädagogisch-Audiologische Beratungsstelle" benutzt. Sie sind organisatorisch dem Förderzentrum unterstellt.

Die erste derartige Beratungsstelle für Eltern von Kleinkindern mit Hörschädigung wurde 1959 (damals als selbstständige Einrichtung) von Armin Löwe (1922–2001) nach dem Vorbild des Arbeitens des niederländischen Gehörlosenpädagogen und Priesters Antonius van Uden (Institut vor Doven, Sint Michielsgestel) und der britischen Gehörlosenpädagogen Irene und Alexander Ewing (Universität Manchester) in Heidelberg gegründet. In der Folgezeit entstanden zahlreiche weitere Beratungsstellen. Inzwischen besteht ein flächendeckendes Netz.

Die *Pädagogisch-Audiologischen Beratungsstellen* führen pädagogische, medizinische, psychologische und audiologische Untersuchungen bei Kindern und Jugendlichen mit vermutetem oder vorhandenem Hörschaden durch. Um dem gerecht zu werden, ist eine enge Zusammenarbeit mit Pädaudiologen und HNO-Ärzten an Krankenhäusern und Kliniken, mit zuständigen Vertretern der Gesundheitsämter, mit Psychologen und Pädagogen der Förderzentren notwendig. Gegebenenfalls müssen weitere Fachleute (z. B. Augenärzte, Pädiater, Pädagogen mit anderen sonderpädagogischen Qualifikationen, Ergotherapeuten) einbezogen werden.

Die Aufgaben der Pädagogisch-Audiologischen Beratungsstellen können wie folgt umrissen werden:

1. Erfassung der Kinder mit Hörschädigung zum frühestmöglichen Zeitpunkt
2. Pädagogische Abklärung der Hörschädigung und evtl. vorhandener weiterer Behinderungen
3. Mithilfe bei der Hörgeräteanpassung und -feineinstellung
4. Fortlaufende Entwicklungs- und Förderdiagnostik
5. Elternberatung
6. Anleitung der Eltern zur Übernahme der häuslichen Förderung
7. Einzelförderung des Kindes mit Hörschädigung
8. Hörgeschädigtenpädagogische Begleitung aller in allgemeinen Kindergärten, Inklusionskindergärten/-kindertagesstätten, allgemeinen Schulen und Inklusionsschulen gemeinsam mit Kindern und Jugendlichen ohne Höreinschränkungen geförderten bzw. beschulten Kinder und Jugendlichen mit Hörschädigung
9. Zusammenarbeit mit verschiedenen Institutionen (z. B. Gesundheitsämtern, Kliniken, Krankenhäusern, insbesondere Neugeborenenstationen, Kindergärten/-tagesstätten, Förderzentren, eigenständigen CI-Zentren, allgemeinen Schulen)
10. Wirksame Öffentlichkeitsarbeit zum Zweck der Information über das bestehende Angebot (Löwe 1992b, 147; auch Bayer 1979, 47ff)

Aufgaben der Pädagogisch-Audiologischen Beratungsstelle

Neben der Erfassung und pädagogischen Betreuung gehört auch die regelmäßige *Nachuntersuchung* von Schülern mit Hörschädigung zum Aufgabengebiet der Pädagogisch-Audiologischen Beratungsstelle. Sie dient dem
Ziel, angepasste Hörgeräte auf ihre Funktions- und Leistungsfähigkeit zu
überprüfen und zugleich entsprechende pädagogische Unterstützung und
Beratung zu geben.

Ludwig (2012) fasst die Aufgaben mit pädagogisch intendierter, pro-
zessbegleiteter Diagnostik, Förderung von Kindern und Jugendlichen mit
Hörschädigung sowie der Beratung der Eltern und Erziehungsberechtig-
ten zusammen. Herausragenden Stellenwert hat dabei die Frühdiagnostik,
Frühberatung und Frühförderung.

Die Pädagogisch-Audiologischen Beratungsstellen sind hauptsächlich
für die Umsetzung der Pädagogischen Audiologie in den Förderzentren
zuständig.

Im 2008 vom Berufsverband Deutscher Hörgeschädigtenpädagogen herausgegebenen Grundsatzpapier zur Pädagogischen Audiologie wird gefordert, dass diese sachlich und personell in der Lage sein muss,

> „– Kinder und Jugendliche hinsichtlich peripherer Hörschäden wie auch audi-
> tiver Verarbeitungs- und Wahrnehmungsstörungen (AVWS) zu überprüfen,
>
> regelmäßig
> – den Hörstatus betroffener Kinder und Jugendlicher zu erfassen,
> – die Effektivität der Hörhilfen nicht nur umfassend zu überprüfen, sondern
> diese vor dem Hintergrund des Hörschadens des Kindes auch kritisch zu hin-
> terfragen,
> – alle weiteren technischen Hörhilfen wie stationäre Hör-Sprech-Anlagen bzw.
> mobile Anlagen ... auf ihre Effektivität hin zu überprüfen und individuell an-
> zupassen"
> (Berufsverband Deutscher Hörgeschädigtenpädagogen 2008, o. S.).

Im Weiteren werden Aufgabenfelder der Pädagogischen Audiologie abgeleitet:

> „– Prozessuale Erhebung audiologischer Daten,
> – Umsetzung und Weiterleitung dieser Daten in die Praxis, als Basis für eine
> diagnosegeleitete hörgeschädigtenspezifische Förderung,
> – Bestätigung, Ergänzung, Verfeinerung oder Modifikation von audiologi-
> schen Befunden,
> – Sicherstellung der bestmöglichen hörtechnischen Versorgung, die auch in
> der pädagogischen Praxis akzeptiert und genutzt wird,
> – Beratung von Eltern und weiteren Bezugspersonen,
> – Sensibilisierung für und die Durchführung von Früherfassung, Früherken-
> nung und Frühförderung,
> – Evaluierung und Weiterentwicklung audiologischer Verfahren,
> – Auf- bzw. Ausbau von Strukturen für interdisziplinäre Kooperation"
> (Berufsverband Deutscher Hörgeschädigtenpädagogen 2008, o. S.).

Die Pädagogisch-Audiologischen Beratungsstellen haben sich zu interdiszi-plinären, zumeist hoch professionell arbeitenden Anlaufstellen entwickelt. Mit Einführung des Neugeborenenhörscreenings ist der Beginn der pädagogischen Arbeit bzw. Beratung zum frühestmöglichen Zeitpunkt erreicht worden.

> **Zusammenfassung**
>
> Die Pädagogisch-Audiologischen Beratungsstellen haben die Aufgabe, so früh wie möglich eine pädagogische, fachärztliche und psychologische Untersuchung vorzunehmen bzw. zu veranlassen. Sie sorgen für die Anpassung, Erprobung und Verordnung geeigneter Hörsysteme sowie für die Sicherstellung der Durchführung erforderlicher pädagogischer, therapeutischer und (re-)habilitativer Maßnahmen. Seit Einführung des Neugeborenenhörscreenings beginnt ihr Wirken mit der Beratung der Eltern, der die Einzelförderung des Kindes durch den Hörgeschädigtenpädagogen bei gleichzeitiger Anleitung und weiterer Beratung der Eltern folgt. Hörgeschädigtenspezifische Methoden sollen kindgemäß und spielerisch angewendet werden. Das Ziel dieser Maßnahmen ist es, eine infolge der Hörschädigung möglicherweise entstehende Behinderung gar nicht erst eintreten zu lassen oder so früh wie möglich und so gut wie möglich die eingetretene Behinderung zu überwinden oder die Behinderung in ihren negativen Auswirkungen so gering wie möglich zu halten.

12.2 Hausfrühförderung

Die Hausfrühförderung (auch ambulante Frühförderung genannt) ist Beratung der Eltern und die ganzheitliche Förderung und Erziehung des Kleinstkindes mit Hörschädigung im Elternhaus. In älterer Literatur wurde dafür zumeist der Begriff Hausspracherziehung verwendet. Obwohl es zweifelsohne in erster Linie um eine kommunikative Befähigung des Kindes geht, ist man heute zum Begriff der Hausfrühförderung übergegangen, um die allseitige Persönlichkeitsentwicklung des Kindes und die ganzheitliche Sichtweise der Frühförderung zu betonen.

Die Hausfrühförderung sollte unmittelbar nach Erkennen des Hörschadens durch die Pädagogisch-Audiologische Beratungsstelle eingeleitet werden. Mit der flächendeckenden Einführung des Neugeborenenhörscreenings zum 1.1.2009 entwickeln sich derzeit Strukturen, die für die Eltern nahtlose und barrierearme Übergänge zwischen „Auffälligkeit beim Screening" (zumeist auf der Neugeborenenstation), „endgültiger Diagnose" (zumeist in einer HNO-Klinik, die auf Pädaudiologie spezialisiert ist) und Beginn der Beratung durch die Pädagogisch-Audiologische Beratungsstelle schaffen. Bereits vor zwanzig Jahren verwies Löwe (1992b, 147) darauf, dass mit ihrem Beginn nicht gewartet werden kann, bis alle Aspekte der Hörschädigung sowie evtl. noch vorliegender Zusatzbehinderungen vollständig abgeklärt sind. Im Gegenteil kann eine frühzeitig beginnende Hausfrühförderung durch die während der Förderung stattfindende Verlaufsdiagnostik die Abklärung der Hörschädigung sowie weiterer Auffälligkeiten und weiterer möglicher Behinderungen unterstützen und beschleunigen.

Aufgaben des Hörgeschädigten-pädagogen

Der Hörgeschädigtenpädagoge, der zur Hausfrühförderung in das Elternhaus des Kindes kommt, berät die Eltern und leitet sie zur Förderung, insbesondere zur sensomotorischen und kommunikativ-sprachlichen Förderung ihres Kindes an. Dabei ist es wichtig, dass das Vorgehen in gegenseitiger Abstimmung und Übereinkunft von Eltern und Hörgeschädigtenpädagogen erfolgt.

In die Förderung des Kindes und damit in das allgemeine Geschehen werden auch die Geschwisterkinder und gegebenenfalls weitere enge Bezugspersonen (z.B. Großeltern) des Kindes mit Hörschädigung einbezogen.

Die Hausfrühförderung hat des Weiteren die Aufgabe, drohende Beziehungsstörungen zwischen Eltern und Kind zu vermeiden, die in Unkenntnis der besonderen Erziehungsbedingungen durch edukatives Fehlverhalten ausgelöst werden könnten. Zugleich

„sind Maßnahmen durchzuführen, um bei möglichst ganztägiger Verwendung binauraler Hörgeräte die natürlich gegebene Wahrnehmungsgerichtetheit des Kindes als wichtigster Voraussetzung für seine altersgemäße Entwicklung zu erhalten" (Jussen 1982a, 100).

Eine Information und Beratung der Eltern bzgl. verschiedener aktueller methodischer Förderansätze sollte selbstverständlich sein.

Die Anzahl der Hausbesuche ist sehr unterschiedlich und hängt von den Möglichkeiten der betreuenden Pädagogisch-Audiologischen Beratungsstelle ab. Angestrebt werden sollte, dass der Hörgeschädigtenpädagoge zweimal im Monat die Familie aufsucht, berät und anleitet. Die Handhabung der Häufigkeit der Visitationen ist jedoch recht unterschiedlich. Mitunter finden sie auch nur in sehr viel größeren Zeitabständen statt.

Der Wert der Hausfrühförderung wird von vielen Eltern darin gesehen, dass sie Rat und Hilfe bekommen und mit der für sie zumeist unerwarteten Situation, ein Kind mit Hörschädigung zu haben, nicht allein gelassen werden (Ganster 1979, 59).

Einige Einrichtungen bieten parallel zur Hausfrühförderung (oder auch als einziges Angebot) die sogenannte (stationäre) Frühförderung an. Diese findet im Regelfall in den Räumen der Pädagogisch-Audiologischen Beratungsstelle statt. Die Eltern kommen mit ihrem Kind in diesem Fall in die Einrichtung. Das gewählte Vorgehen ist zumeist abhängig von den organisatorischen Voraussetzungen und den vorhandenen Rahmenbedingungen. Favorisiert wird im Allgemeinen das Modell der Hausfrühförderung bzw. der ambulanten Förderung, da diese für die Eltern als „schwellenärmer" (für die Eltern bedeutet diese Form weniger Zeit- und Organisationsaufwand) gilt.

Durch die allgemeinen gesellschaftlichen Entwicklungen, die es mit sich bringen, dass immer mehr Kinder frühzeitig Kindertageseinrichtungen besuchen, wird es auch hier zu Veränderungen kommen; schon jetzt zeichnet sich ein Trend zur inklusiven Förderung ab, die dann in den Einrichtungen unter Anleitung und Beratung eines Hörgeschädigtenpädagogen vor Ort erfolgt.

Zusammenfassung

Bei der Hausfrühförderung bzw. ambulanten Frühförderung erfolgt die Förderung durch den Hörgeschädigtenpädagogen im Elternhaus des Kindes. Von Vorteil ist dabei, dass sich das Kind in seiner vertrauten Umgebung befindet. Gleichzeitig lernt der Pädagoge die Lebensumstände des Kindes unmittelbar kennen und kann sie sowohl bei der Gestaltung der Frühförderung als auch bei der Anleitung der Eltern bzw. der Familie berücksichtigen.

12.3 Eltern-Kind-Kurse / Elternwochenenden / Familientage

Neben der Förderung im Rahmen der Hausfrühförderung ist die Erweiterung der mit- bzw. zwischenmenschlichen Kontakte eine wichtige Voraussetzung für eine gesunde Entwicklung des Kleinkindes mit Hörschädigung. Mit Hilfe der Eltern-Kind-Kurse (auch Elternwochenenden oder Familientage), früher auch Wechselgruppen genannt, soll das Kind mit Hörschädigung schon frühzeitig mit in etwa gleichaltrigen Kindern Kontakt aufbauen können. Die Bezeichnung für dieses Element der Frühförderung ist in den einzelnen Bundesländern unterschiedlich. Nachfolgend wird vorrangig mit dem Begriff der Eltern-Kind-Kurse gearbeitet.

Arten Ein Eltern-Kind-Kurs kann ambulant und stationär durchgeführt werden. *Ambulante* Eltern-Kind-Kurse bedeuten das Zusammentreffen einer kleinen Gruppe von Eltern von Kindern mit Hörschädigung und ihrer Kinder unter Anleitung eines Hörgeschädigtenpädagogen in bestimmten Abständen zu bestimmten Zeiten, z. B. ein- oder zweimal im Monat. Beim *stationären* Eltern-Kind-Kurs treffen sich Eltern mit ihren Kindern und einem oder mehreren Hörgeschädigtenpädagogen im Regelfall für eine Woche oder ein Wochenende (evtl. mehrmals im Jahr) in einer Einrichtung (z. B. Internat des für die Pädagogisch-Audiologische Beratungsstelle zuständigen Förderzentrums, Förderschwerpunkt Hören in einer Jugendherberge oder in einer Begegnungs- und Tagungsstätte). Die stationären Eltern-Kind-Kurse bedeuten einen größeren organisatorischen Aufwand, sind aber zumeist von größerer diagnostischer und pädagogischer Effizienz.

Das inhaltliche Angebot der Eltern-Kind-Kurse ergänzt und erweitert die Hausfrühförderung. Das Zusammensein bzw. Zusammenleben in der Gruppe eröffnet zwei grundlegende Aspekte: zum einen die bereits genannten Kontakte der Kinder zu anderen Kindern mit Hörschädigung; zum anderen bietet der Kontakt der Eltern untereinander diesen wichtige Erkenntnisse und Erfahrungen. Die am Eltern-Kind-Kurs teilnehmenden Eltern sind in vergleichbaren Situationen und können sich so wertvolle Unterstützung und Hilfe sein. Die gemeinsam erörterten Erfahrungsberichte bieten den Eltern Hinweise und Anregungen für die Bewältigung eigener

Sorgen und Probleme. Die Kinder üben sich im sozialen Kontakt, lernen voneinander und müssen sich in einer für sie fremden Umgebung zurechtfinden. Dadurch bereitet der Eltern-Kind-Kurs die Kinder – sofern sie nicht bereits eine Kinderkrippe oder anderweitige Kinderbetreuungseinrichtung besuchen – zugleich auf den späteren Besuch eines Kindergartens vor.

Während der Eltern-Kind-Kurse finden gezielte pädagogische und therapeutische Maßnahmen statt, die z.B. beim stationären Eltern-Kind-Kurs aufgrund der gemeinsamen Unterbringung dem Hörgeschädigtenpädagogen ermöglichen, das Kind über einen längeren Zeitraum zu beobachten. Zugleich ist eine eingehendere Beratung, Information und Unterweisung der Eltern möglich. Die Eltern sind dabei gleichberechtigte Partner, die von der Fachkompetenz des Hörgeschädigtenpädagogen profitieren sollen.

Ziele   Die Eltern-Kind-Kurse verfolgen drei Ziele:

1. Vorbereitung des Überganges von der Hausfrühförderung zum Kindergarten/zur Kindertagesstätte,
2. Vervollständigung der diagnostischen Abklärung durch weniger Zeitdruck bzw. längerfristige Beobachtungsmöglichkeiten,
3. Gezielte Einzel- und Gruppenförderung.

Das Programm eines Eltern-Kind-Kurses kann z.B. folgende Teilbereiche umfassen (Löwe 1992b, 149):

- Weitere Untersuchung und Beobachtung der Kinder,
- Förderung ihrer Sozialentwicklung,
- Intensive Hörschulung,
- Einleitung des ersten bewussten Sprechens,
- Förderung der Körpermotorik und der Rhythmik,
- Vertrautmachen mit neuen Materialien und neuen technischen Hilfen.

Für das Kind selbst bieten diese Spielgruppen die Möglichkeit, im Hinblick auf den Sozialisierungsprozess in freien und gelenkten Situationen Erfahrungen zu sammeln, die für die gesamte Entwicklung, aber auch speziell als Vorbereitung für den Kindergarten wirksam werden (Hartmann 1969, 53f).

Die stationären Eltern-Kind-Gruppen finden, wie erwähnt, auch in Form von Elternwochenenden oder zudem als Elterncamp oder -woche statt. Die inhaltliche Ausrichtung entspricht sich jedoch.

Zusammenfassung

Bei dieser Betreuungsform werden mehrere Eltern oder Elternteile gemeinsam mit ihren Kindern in regelmäßigen Abständen für mehrere Stunden (ambulanter Eltern-Kind-Kurs) oder für eine ganze Woche (stationärer Eltern-Kind-Kurs) angeleitet und betreut. Die Eltern haben so die Möglichkeit, gegenseitig voneinander zu lernen und ihre Erfahrungen auszutauschen. Eine Hilfe sind die Eltern-Kind-Kurse für Eltern oft auch dadurch, dass sie erleben, wie andere Eltern gleiche oder ähnliche Situationen meistern. Das Kind übt sich in sozialen Kontakten, es muss sich in der fremden Umgebung orientieren und zurechtfinden.

Pädagogisch-Audiologische Beratungsstelle, Hausfrühförderung und Eltern-Kind-Kurse gehören zur Frühförderung. Die Förderung in den einzelnen Organisationsformen bauen inhaltlich und qualitativ aufeinander auf. Sie laufen aber nicht zwangsläufig zeitlich nacheinander – in Abhängigkeit vom Lebensalter des Kindes – ab. Einzelne Maßnahmen können unter bestimmten Bedingungen parallel ablaufen.

12.4 Kindergarten-/Vorschulerziehung

Die Kindergarten- und Vorschulerziehung umfasst den sog. Elementarbereich von 3–6 Jahren. Die Bezeichnung der für die vorschulische Erziehung zuständigen Einrichtung ist in den einzelnen Bundesländern, wie eingangs erwähnt, unterschiedlich. Allen gemeinsam sind folgende Aufgaben:

- eine umfassende Erziehung des Kindes mit Hörschädigung in der größeren Gruppe, **Aufgaben**
- eine konsequente Förderung der kommunikativen Kompetenz sowie
- die unmittelbare Vorbereitung auf die Schule.

Die vorschulischen Einrichtungen führen somit den mit der Frühförderung begonnenen Prozess fort und bauen auf den dort erzielten Ergebnissen auf.

Die schulvorbereitende Einrichtung, der Schulkindergarten, die Vorklasse usw. gehören organisatorisch bis auf wenige Ausnahmen zu den Förderzentren, Förderschwerpunkt Hören sowie zu den Förderzentren für mehrfachbehinderte Hörgeschädigte. Inzwischen werden sie nur noch in absoluten Ausnahmefällen als Einrichtung mit Internat geführt (sie haben den Charakter von Tagesstätten). Die Unterbringung in Internaten wird für die betrachtete Altersgruppe als hoch problematisch angesehen. Forschungsergebnisse belegen die umfassende Bedeutung der familiären Einbettung und die Notwendigkeit des Einbezugs des Kindes in das soziale Geschehen der Familie. Nur durch ein entsprechendes Umfeld kann das Kind eine entsprechende kommunikative Kompetenz erwerben. **Formen**

Durchgesetzt hat sich hingegen der inklusive Besuch eines allgemeinen Kindergartens (Kap. 13.1). Für die Mehrzahl der Kinder in diesem Alter wird inzwischen dieser Weg beschritten. Zuvor hatte sich noch eine weitere Form der vorschulischen Erziehung herausgebildet: Bei dieser Form werden hörende Kinder in die sonderpädagogische Einrichtung aufgenommen. Erstmalig durchgeführt wurde das am Pfalzinstitut in Frankenthal unter Leitung von Breiner, der dafür den Begriff der „präventiven Integration" (1992) prägte.

Kennzeichnend für die Gestaltung des Zusammenseins in den schulvorbereitenden Einrichtungen eines Förderzentrums sind der Wechsel von Spielen und speziellen Fördermaßnahmen, der Wechsel von Anspannung und Erholung sowie die Berücksichtigung der besonderen Bewegungsaktivität des Vorschulkindes. Besondere Beachtung findet gemeinsames und selbstständiges Tätigsein und Handeln, um einen Erfahrungsmangel zu verhüten oder zu vermindern und um eine entsprechende Sozialkompetenz aufzubauen.

Während sich traditionelle Vorgehensweisen auf die Vermittlung der Lautsprache konzentrierten, entwickelten sich seit den 1980er und 1990er Jahren auch solche unter Einbezug der Gebärdensprache (z. B. Hamburg) oder der Lautsprachbegleitenden Gebärden (z. B. Berlin und Zürich). Parallel dazu hatten sich aufgrund der kontinuierlichen Verbreitung des Cochlea Implantats und der immer früheren sowie beidseitigen Versorgung von Kindern mit hochgradiger Hörschädigung hörgerichtete Vorgehensweisen etabliert.

Das gewöhnliche Aufnahmealter in den Kindergarten liegt zumeist im dritten Lebensjahr.

Für den Elementarbereich besteht gegenwärtig kein ausgearbeitetes und institutionalisiertes Konzept. Das Vorgehen wird von örtlichen Gegebenheiten und Rahmenbedingungen beeinflusst.

> **Zusammenfassung**
>
> Die Vorschulerziehung setzt den in der Frühförderung begonnenen Prozess fort und baut auf die dort erreichten Ergebnisse auf. Die Kinder sind über einen längeren (jedoch zeitlich begrenzten) Zeitraum in Situationen, in denen ihre Bezugsperson (z. B. Mutter) nicht unmittelbar in der Nähe ist.
>
> Das Kind soll lernen, sich in der größeren Gruppe zu orientieren und am Gruppengeschehen zu beteiligen. Die vorschulische Erziehung dient der unmittelbaren Vorbereitung auf die Schule. Das Hauptaugenmerk wird auf die weitere Entwicklung und Vervollkommnung einer kommunikativen Kompetenz gelegt, die dem Kind vielfältige Interaktionen sowie eine ungestörte emotionale Entwicklung ermöglichen soll.
>
> Eine wichtige Aufgabe der Vorschuleinrichtungen ist die weitere Diagnostizierung innerhalb des pädagogischen Prozesses.

12.5 Förderzentrum, Förderschwerpunkt Hören

Heute obliegt den Eltern aus dem Angebot an Schulen, die Schule auszuwählen, die sie für ihr Kind als die geeignetste ansehen. Zur Unterstützung können sie vor Einschulung eine Beratung (zumeist durch eine Pädagogisch-Audiologische Beratungsstelle) in Anspruch nehmen. Neben einer inklusiven Beschulung (Kap. 13.2) ist der Besuch eines Förderzentrums, Förderschwerpunkt Hören möglich. Diese einmal getroffene Entscheidung ist keine endgültige. Es lässt sich häufig beobachten, dass die Schüler mit Hörschädigung während ihrer Schullaufbahn (zum Teil wiederholt) zwischen Förderzentrum und inklusiver Beschulung wechseln, um für die jeweilige Lern- und Lebenssituation das für sie in der aktuellen Phase passende Angebot zu erhalten.

Es handelt sich hier um eine Entwicklung, die international schon länger zu beobachten war: Förderzentren, Förderschwerpunkt Hören sind zu Angebotsschulen geworden. Zugleich ist eine größere Durchlässigkeit zwischen den verschiedenen Schularten sichtbar. Damit konnten sich pädagogische Leitvorstellungen und Orientierungen durchsetzen, die vom Denken in Behinderungskategorien zur personenbezogenen, bedarfsorientierten Sichtweise überging.

Die Kinder und Jugendlichen mit Hörschädigung, die ein Förderzentrum, Förderschwerpunkt Hören besuchen, haben auch dort die Möglichkeit, einen allgemeinen Schulabschluss zu erreichen.

Im Schuljahr 1996/97 befanden sich in den deutschen Schulen für Gehörlose und Schwerhörige (damals noch getrennt erfasst) insgesamt 10.367 Schüler, davon waren 42,3 % weiblich (Bundesministerium 1998, 44). Im Schuljahr 2015/16 wurde die Zahl der Schüler in den Förderzentren, Förderschwerpunkt Hören mit 10.382 angegeben (Sekretariat der Ständigen Konferenz der Kultusminister 2018, XVII und 5). – Zum Vergleich: Im genannten Schuljahr lernten 8.779 Schüler mit Förderbedarf Hören in den allgemeinen Schulen (a. a. O. XIX und 5). – Eine getrennte Ausweisung nach Jungen und Mädchen wie im Schuljahr 1996/97 erfolgt seit einigen Jahren nicht mehr. Der angegebene Prozentwert von damals entspricht allgemeinen Erfahrungswerten, so dass er in etwa auch für die Gegenwart zutreffen wird (ca. hälftiger Anteil an Jungen und Mädchen, bei leichtem Überhang der männlichen Schülergruppe).

Die Förderzentren, Förderschwerpunkt Hören gewinnen ihre schulrechtliche Begründung in den einzelnen Bundesländern aufgrund unterschiedlicher rechtlicher Zuweisungsverfahren. Übergreifend lässt sich bei Beachtung gegenwärtiger Verfahrensweisen formulieren:

Eigenständige Klassen für Gehörlose können aufgrund der in den letzten Jahren deutlich zurückgegangenen Schülerzahlen nur noch in Ausnahmefällen gebildet werden. Wenn sie vorhanden sind, sind sie zumeist jahrgangsübergreifend.

Üblicherweise werden in den Förderzentren, Förderschwerpunkt Hören **Klassen** Kinder und Jugendliche mit sehr unterschiedlichem Hörstatus und ebenso unterschiedlichen kommunikativen Kompetenzen und Bedürfnissen in einer Klasse (meist jahrgangsbezogen) unterrichtet. Oftmals lernen vorwiegend lautsprachlich und vorwiegend gebärdensprachlich kommunizierende Schüler in einer Klasse, da aufgrund zu geringer Schülerzahlen eine Teilung in mehrere Klassen nicht möglich ist. Der unterrichtenden Lehrkraft obliegt es, durch Differenzierung und Individualisierung sowie Methodenvielfalt alle Schüler zu erreichen. Manuelle Kommunikationsmittel werden entsprechend der Bedarfe der Schüler der jeweiligen Klasse einbezogen. Zur Unterstützung der auditiven Perzeption werden Hörsysteme (insbesondere Höranlagen, Kap. 6.2) eingesetzt. Durch das jahrgangs- und fächerübergreifende Prinzip der Hörgeschädigtenkunde werden Inhalte zur Auseinandersetzung mit der Hörschädigung vermittelt, um den Schülern zu Selbstbewusstsein und einer stabilen Identität zu verhelfen.

Vereinzelt werden an Förderzentren, Förderschwerpunkt Hören bilinguale Klassen geführt. In diesen wird im Unterricht der Deutschen Gebärdensprache (DGS) und der Lautsprache in mündlicher und schriftlicher Modalität eine gleichwertige Stellung eingeräumt. Inhalt ist immer auch die Vermittlung von Kenntnissen über die Kultur der Gehörlosen.

Aufnahme finden seit ca. 20 Jahren auch Kinder und Jugendliche mit Auditiven Verarbeitungs- und Wahrnehmungsstörungen (Kap. 4.7), bei denen bei normaler tonaudiometrischer Hörschwelle eine Störung der auditiven Informationsverarbeitung im Bereich der Hörbahn im Gehirn und in den primären auditiven Wahrnehmungszentren vorliegt. Vom medizinischen Standpunkt lässt sich diese Gruppe von „Hörgestörten" noch nicht genau einordnen. Nach gegenwärtigem Erkenntnisstand ist bei Kindern und Jugendlichen (bei denen ein starker Ausprägungsgrad zu beobachten ist) eine Beschulung in einem Förderzentrum, Förderschwerpunkt Hören angezeigt.

Sprachlern- und Kommunikations-gruppen Der Rückgang der Schülerzahlen und die sich verändernde Schülerschaft an den Förderzentren, Förderschwerpunkt Hören haben sich auf die Klassenbildung ausgewirkt. In einigen Bundesländern (nicht durchgängig) arbeitet man seit einigen Jahren mit sogenannten Sprachlerngruppen (teilweise auch Kommunikationsgruppen genannt) (Diller/Horsch 1997, Köhler-Krauß 2001, Wisnet 1998). Die Einrichtung von Sprachlerngruppen erfolgt – so Köhler-Krauß (182) – jahrgangsbezogen oder jahrgangskombiniert. Durch die Anzahl der Sprachlerngruppen – z. B. 5 in Bayern, 7 in der pädagogischen Konzeption der Johannes-Vatter-Schule in Friedberg (Hessen) oder 4 (hier spricht man von Kommunikationsgruppen) in den gesetzlichen Vorgaben von Niedersachsen – wird klar, dass nicht davon ausgegangen werden kann, dass in jeder Klassenstufe eines Förderzentrums alle Sprachlerngruppen als eigenständige Klassen vorgehalten werden können. Im schulischen Alltag werden die Schüler verschiedener Sprachlerngruppen (zumeist eines Schuljahrgangs) in einer Klasse zusammengefasst. Es ist Aufgabe der Lehrkraft, sich immer wieder zu vergegenwärtigen, zu welcher Sprachlerngruppe der jeweilige Schüler gehört und angemessen auf den Sprachentwicklungsstand dieses Schülers zu reagieren.

Mit der Bildung von Sprachlern- bzw. Kommunikationsgruppen, wenn es auch eher eine gedankliche als eine organisatorische Zuordnung ist, soll den unterschiedlichen Kommunikationsbedürfnissen der Schüler besser entsprochen werden. Den beiden erstgenannten Konzeptionen gemeinsam ist, dass sie für die Schüler mit zentral-auditiven Wahrnehmungsstörungen (Wisnet 1998) bzw. zentral-auditiven Verarbeitungsstörungen (Köhler-Krauß 2001) eine eigene Sprachlerngruppe vorsehen. (Dieser Schülerkreis wird heute als Schüler mit Auditiven Verarbeitungs- und Wahrnehmungsstörungen [AVWS] bezeichnet [Kap. 4.7]). In allen drei Konzeptionen wird gestuft von der hörgerichteten Sprachlerngruppe bis zu Sprachlerngruppen unter Einbezug von Gebärden. In der bayerischen Konzeption ist über die mögliche Verwendung von Begleitgebärden in Sprachlerngruppe 3 hinaus eine Bilinguale Sprachlerngruppe (Sprachlerngruppe 4) vorgesehen. In der Fassung der Johannes-Vatter-Schule in Friedberg umfasst die Sprachlerngruppe 5 „Kinder, deren Kommunikation hauptsächlich über Gebärden verläuft… Die lautsprachliche Förderung mittels lautsprachunterstützender Gebärden sollte sich an den individuellen Möglichkeiten des einzelnen Schülers orientieren", und die Sprachlerngruppe 6 ist für Kinder gedacht, „deren Kommunikation ausschließlich über Gebärden verläuft" (Wisnet 1998, 93).

Zu erwähnen ist noch, dass die hörgerichtete Sprachlerngruppe (Sprachlerngruppe 1) in der bayerischen Konzeption auch für Schüler ohne sonderpädagogischen Förderbedarf geöffnet ist. Damit wird das Angebot an Maßnahmen zum gemeinsamen Lernen von Schülern mit und ohne Hörschädigung (Kap. 13.2) ausgeweitet.

Die Diskussion um die Sprachlern- bzw. Kommunikationsgruppen ist keinesfalls abgeschlossen. Die sinnvolle „Zuordnung" eines Schülers zu einer Gruppe sowie diagnostische Fragestellungen gilt es weiterhin zu bearbeiten.

Die Förderzentren, Förderschwerpunkt Hören müssen in ihrer Organisation und in ihrer Struktur den spezifischen Entwicklungsverlauf der Schüler mit Hörschädigung beachten und die durch die Hörschädigung bedingten Auffälligkeiten der geistig-sprachlichen Entwicklung berücksichtigen. Daher müssen die inhaltlichen Anforderungen, die Organisation und die didaktisch-methodische Gestaltung des Unterrichts den speziellen Anforderungen genügen. (Weiterführende Informationen zur Didaktik des Unterrichts bei Gehörlosen und Schwerhörigen sind Leonhardt 1996, Stecher 2011 und für inklusive Settings Truckenbrodt/Leonhardt 2016 und Leonhardt [Hrsg.] 2018 [dort Kap. 4] zu entnehmen.)

Im Vergleich zur allgemeinen Schule werden im Förderzentrum, Förderschwerpunkt Hören zusätzliche organisatorische Maßnahmen umgesetzt. Beispielsweise gehören dazu:

Zusätzliche Maßnahmen

1. Die gegenüber der allgemeinen Schule kleinere Schülerzahl je Klasse (bis ca. 10 – 12 Schüler; abhängig vom Bundesland).
2. Die Ausstattung der Unterrichtsräume mit zusätzlichen Hörsystemen (z. B. Höranlagen) sowie weiterer unterstützender Medien.
3. Die (zumeist) halbkreisförmige Sitzordnung, um zu gewährleisten, dass jeder Schüler sowohl vom Lehrer als auch von den Mitschülern absehen kann.
4. Die optimale Ausleuchtung des Klassenzimmers, um das Absehen zu ermöglichen bzw. zu erleichtern.
5. Die Beachtung einer guten Raumakustik, um optimale Hörbedingungen zu gewährleisten.

Neben den Förderzentren, Förderschwerpunkt Hören gibt es Förderzentren, Förderschwerpunkt Hören und weiterer Förderbedarf, z.B. Förderschule für Hörsehbehinderte und Taubblinde in Hannover, Förderschule im Pädagogischen Zentrum Schleiz und Förderzentrum, Förderschwerpunkt Hören und weiterer Förderbedarf in Ursberg oder in Zell (Kap. 12.7). Schüler mit Hörschädigung und weiterem Förderbedarf (z.B. Förderbedarf

Schulvarianten

Lernen, geistige Entwicklung oder Sehen) werden auch in gesonderten Klassen an Förderzentren, Förderschwerpunkt Hören unterrichtet.

Anmerkung zum Erfolg schulischen Lernens: Eine vergleichende Betrachtung des Erfolgs des schulischen Lernens von Schülern an Förderzentren, Förderschwerpunkt Hören mit denen der allgemeinen Schule auf der Basis der internationalen Vergleichsstudien PISA (Programme for International Student Assessment) ist nicht möglich. In den PISA-Studien „wurden Schulen für geistig, körperlich und mehrfach Behinderte sowie Kranke ausgeschlossen. Nicht ausgeschlossen wurden Schulen für Lernbehinderte oder Verhaltensauffällige" (so belegt in Deutsches PISA-Konsortium 2001, 35). Damit bleibt letztendlich offen, ob Schüler der Förderzentren für Sinnesbehinderte erfasst wurden oder nicht. Sie wurden von den Verfassern der PISA-Studie vermutlich unter der Formulierung „Schulen für körperlich Behinderte" subsumiert, obwohl dies unzutreffend ist.

Zusammenfassung

Die Förderzentren, Förderschwerpunkt Hören sind Angebotsschulen neben den allgemeinen Schulen. Über den Schulbesuch entscheiden die Eltern nach Beratung und in Absprache mit ihrem Kind.

Die Schulen verfügen über eine Primar-/Grundschulstufe, eine Sekundarstufe I/ Mittel- bzw. Oberschulstufe und mitunter auch über eine Realschulstufe. Einige dieser Schulen führen Klassen für Schüler mit Hörschädigung und weiterer Förderbedarf. Daneben gibt es für Kinder und Jugendliche mit Hörschädigung und weiterer Förderbedarf eigene Förderzentren, Förderschwerpunkt Hören und weiterer Förderbedarf.

Eigenständige Schulen für Gehörlose und für Schwerhörige gibt es nicht mehr. Der Zusammenschluss zu Förderzentren, Förderschwerpunkt Hören wurde vorrangig durch den deutlichen Rückgang der Schülerzahlen an den Schulen für Gehörlose ausgelöst. Verursachend wirkte hier die immer frühzeitigere Erfassung der Kinder mit Hörschädigung (nach frühem Erkennen des Hörschadens, bei prä- und perinatalen Hörschäden durch das Neugeborenenhörscreening). Die Frühförderung konnte so früh (beginnend mit der Beratung der Eltern) einsetzen; auch vermochte diese immer besser auf die Belange der (Klein-)Kinder mit Hörschädigung einzugehen (Kap. 12.1 und 12.2). Die Trias Früherkennung, Früherfassung und Frühförderung veränderte die Entwicklungschancen der Kinder mit Hörschädigung wesentlich. Der Bedarf an Einrichtungen für Gehörlose nahm weiterhin durch die steigende Zahl der frühzeitig mit einem Cochlea Implantat versorgten Kinder ab (Kap. 7).

Mit der Zusammenlegung der Schulen für Gehörlose und der Schulen für Schwerhörige zu Förderzentren, Förderschwerpunkt Hören wurden inhaltliche Überlegungen für die Bildung, Erziehung, Förderung und Rehabilitation der Kinder und Jugendlichen mit Hörschädigung erforderlich, die sich vorrangig in der Diskussion um die Bildung von Sprachlern- bzw. Kommunikationsgruppen widerspiegelte.

Ein Überblick über das Bildungswesen für Hörgeschädigte gibt: Gräfen/Wessel (2018): 1.3 Organisationsformen der Erziehung und Rehabilitation. – Große (2003): Das Bildungswesen für Hörbehinderte in der Bundesrepublik Deutschland.

12.6 Berufliche Bildung

Forderung an das Förderzentrum, Förderschwerpunkt Hören und an die allgemeine Schule ist gleichermaßen, den Absolventen mit Hörschädigung die Qualifikationen zu vermitteln, die für den Besuch weiterführender Bildungsgänge Voraussetzung sind. Die vielfältigen Anforderungen, die der Beruf zu Beginn des 21. Jahrhunderts an den Menschen stellt, setzt eine optimale Vorbereitung darauf voraus. Gerade in der Endphase des Schulbesuches müssen die Lerninhalte stärker auf die Anforderungen des Arbeitslebens ausgerichtet sein und eine Orientierung auf ein größtmögliches Berufsspektrum geben. Bereits während der Schulzeit muss also damit begonnen werden, die jungen Menschen mit Hörschädigung auf das Ziel der *Eingliederung in das spätere Arbeitsleben* vorzubereiten. Praktika stellen – neben berufskundlichem und berufsvorbereitendem Unterricht – ein erstes besonders wichtiges Bindeglied zur Arbeitswelt dar. Es besteht der allgemeine Wunsch, Anzahl und Dauer der Praktika während der letzten Schuljahre im Interesse der Jugendlichen zu intensivieren. Nach Abschluss der Schule schließt sich dann an:

– eine betriebliche Ausbildung,
– ein Schulwechsel auf eine weiterführende Schule mit angestrebtem höheren Schulabschluss oder
– eine vollzeitschulische Maßnahme, die der Berufsvorbereitung oder beruflichen Grundbildung dient.

Besonders die Berufsvorbereitung und die berufliche Grundbildung sind für diejenigen Jugendlichen gedacht, die entweder noch nicht berufsreif sind oder generell durch die Berufsschulen Hilfen für einen Start in einen Beruf benötigen. In diesen Maßnahmen können praktische Arbeiten aus mehreren Berufszweigen kennengelernt werden oder es werden bereits praktische und theoretische Grundfertigkeiten aus bestimmten Berufsfeldern vermittelt.

Die *berufsbezogene Ausbildung* von Jugendlichen mit einer Hörschädigung erfolgt auf mehreren Wegen:

a) Jugendliche mit Hörschädigung, die in der Lage sind, dem Unterricht der allgemeinen Berufsschule angemessen zu folgen, werden dort unterrichtet, teilweise (jedoch eher selten) mit ergänzendem Unterricht. Der Vorteil dieser Ausbildungsform wird in der unmittelbaren Vorbereitung auf den Arbeitsalltag, einschließlich des Umgangs mit den (nahezu immer) hörenden Arbeitskollegen, gesehen. Dieser Weg wird häufig von Absolventen mit Hörschädigung der allgemeinen Schulen gewählt, zunehmend aber auch von denjenigen der Förderzentren, Förderschwerpunkt Hören (Wild 2017).

b) An einigen Förderzentren, Förderschwerpunkt Hören sind Berufsschulklassen eingerichtet, in denen die Schüler unterschiedlicher Berufe gemeinsam (in sog. Vielberufsschulklassen) oder nach Berufen getrennt (in sog. Fachklassen) theoretisch unterrichtet werden. Die berufsbezogen-praktische Ausbildung findet ergänzend in ausgewählten Handwerksbetrieben oder in betrieblichen Lehrwerkstätten statt.

c) Daneben existieren zentrale Berufsschulen und Berufsbildungswerke (BBW) für Auszubildende mit Hörschädigung. Sie sind dadurch gekennzeichnet, dass sie sowohl für die theoretische als auch für die praktische Ausbildung verantwortlich zeichnen.

Der theoretische Unterricht erfolgt als wöchentlicher Teilzeitunterricht oder in Form eines lehrgangsmäßigen Blockunterrichts von unterschiedlicher Dauer und Häufigkeit. Die praktische Ausbildung erfolgt zumeist in zur Einrichtung gehörenden Lehrwerkstätten, seltener in ausgewählten Handwerksbetrieben. In den diesen Schulen angegliederten Berufsfachschulen werden die Jugendlichen in ein- oder mehrjähriger Vollzeitausbildung auf einen bestimmten Ausbildungsberuf vorbereitet.

Trotz der immer wieder geübten Kritik an der vergleichsweise „isolierten" Ausbildung in den Berufsbildungswerken ist es für einen Teil der Jugendlichen mit Hörschädigung noch immer der einzige Weg, zu einer beruflichen Ausbildung zu gelangen. Einem großen Teil ihrer Absolventen gelingt es (z.T. mit Unterstützung des Arbeitsamtes, der Sozialdienste für Hörgeschädigte usw. und nicht zuletzt aufgrund der Qualität der Ausbildung), nach erfolgreichem Abschluss einen Arbeitsplatz auf dem freien Arbeitsmarkt zu finden.

Duales und monales System   Die Ausbildungsform, in der die theoretische Ausbildung in einer zentralen Berufsschule (für Auszubildende mit Hörschädigung), in einer Vielberufsschulklasse oder Fachklasse stattfindet und die praktische Ausbildung in der klassischen Meisterlehre erfolgt, wird als duales System bezeichnet. Die Berufsbildungswerke entsprechen einem monalen System, da hier theoretische und praktische Ausbildung innerhalb dieser Einrichtung erfolgt.

Berufswahl   Während man früher gehörlose und schwerhörige Jugendliche auf bestimmte Berufe orientierte und sie in diesen ausbildete, ist inzwischen die freie und uneingeschränkte Wahl des Berufes, sofern sie die fachlichen Voraussetzungen erfüllen, möglich. Von „typischen Berufen für Hörgeschädigte" wird heute nicht mehr gesprochen.

Die Berufsbildungswerke bieten derzeit einen Kanon von rund 40 Berufen an, einige davon sind gemäß ihrem Auftrag durch den Gesetzgeber auf der Helfer- und Werkerebene (Schulte, E. 1991; Wisotzki 1994). Das Rheinisch-Westfälische Berufskolleg Essen ist eine berufsbildende Schule (Förderschule Hören und Kommunikation) des Landschaftsverbandes Rheinland (LVR) für Jugendliche mit Hörschädigung im Bereich der weiterführenden und beruflichen Qualifikation. Sie ist die größte derartige Einrichtung in der Bundesrepublik und zugleich mit bundesweitem Einzugsgebiet. Bereits Ende der 1990er Jahre erteilte sie Berufsschulunterricht in mehr als 140 anerkannten Ausbildungsberufen (Schulte, E. 1998, 465).

Mit den beschriebenen Möglichkeiten werden den Auszubildenden mit Hörschädigung weitreichende Möglichkeiten einer breit gefächerten Berufsausbildung geboten.

Zunehmend gelingt es Arbeitnehmern mit Hörschädigung, nicht nur in ihren erlernten Berufen zu arbeiten, sondern auch aufzusteigen. Somit gilt es, nicht nur qualifizierte Ausbildungsmöglichkeiten zu bieten, sondern auch entsprechende Weiterbildungs- und Qualifizierungsmöglichkeiten zu schaffen und anzubieten. Durch inklusive Maßnahmen (z. B. Einbezug von Schrift- und/oder Gebärdensprachdolmetschern) wird es mehr und mehr möglich, dass Arbeitnehmer mit Hörschädigung an vorhandenen Weiterbildungsangeboten (für Hörende) angemessen partizipieren.

Immer mehr junge Abiturienten mit Hörschädigung wählen den Weg **Studium** einer akademischen Bildung. Sie studieren an regulären Bildungseinrichtungen unter allgemeinen Studienbedingungen. Als eingeschriebene Studenten stehen ihnen staatliche Hilfen zu, so z. B. die Finanzierung eines Mitschreibdienstes, eines Gebärdensprachdolmetschers oder Verba Voice, einem Dienst für Onlinezuschaltung von Schrift- oder Gebärdensprachdolmetschern auf Laptop, Tablet oder Smartphone. Die Organisation dieser Dienste obliegt ebenso wie das Beantragen der Mittel für die Bezahlung dieser Hilfeleistungen dem einzelnen Studenten. Hier erweisen sich insbesondere für Studienanfänger Selbsthilfeorganisationen als hilfreich (s. dazu auch BHSA Studienführer 2010), ebenso auch die an den Universitäten entstandenen Beratungsstellen für Studierende mit Behinderung und chronischer Erkrankung.

Zusammenfassung

Neben einer inklusiven Berufsausbildung stehen Auszubildenden mit Hörschädigung spezielle Angebote zur Verfügung. Dazu gehören Berufsschulklassen für Hörgeschädigte, bei denen die theoretische Ausbildung im gesonderten Unterricht und die berufsbezogen-praktische Ausbildung in Handwerksbetrieben oder betrieblichen Lehrwerkstätten erfolgen. Weitere Möglichkeiten, einen Beruf zu erlernen, bieten die Berufsbildungswerke, die sowohl die theoretische als auch die praktische Ausbildung durchführen. Diese Ausbildung wird durch Praktika in der freien Wirtschaft ergänzt.

Immer häufiger wählen Schulabsolventen mit Hörschädigung auch den Weg einer Hochschulbildung. Sie studieren gemeinsam mit den anderen Studierenden an allgemeinen Bildungseinrichtungen (Fachhochschulen, Hochschulen und Universitäten).

Die Forderung nach „lebenslangem Lernen" als globales bildungspolitisches und pädagogisches Konzept steht heute für Menschen mit und ohne Hörschädigung in gleichem Maße.

12.7 Weitere Institutionen und Maßnahmen

Für Kinder und Jugendliche mit Hörschädigung, die zusätzlicher Hilfen und besonderer Zuwendung und Betreuung bedürfen – sei es aufgrund von schwerwiegenden weiteren Behinderungen oder auch aus gesundheitlichen Gründen –, gibt es weitere spezielle Angebote. Um der Vielfalt und den Ansprüchen dieser Kinder gerecht zu werden, arbeiten in diesen Einrichtungen Personen unterschiedlicher Professionen.

Die besonderen Bedürfnisse und Probleme dieser Kinder sollen hier nicht weiter erörtert werden (s. dazu Leonhardt 1998a). Es sollen jedoch einige ausgewählte Einrichtungen vorgestellt werden, die sich diesen besonderen Aufgaben stellen.

Einrichtungen für psychisch kranke Kinder und Jugendliche mit Hörschädigung

Das Deutsche Zentrum für Psychiatrie und Psychotherapie für Kinder und Jugendliche mit Hörschädigung am Fachkrankenhaus Uchtspringe, Klinik für Kinder- und Jugendpsychiatrie / Psychotherapie, ist eine auf psychisch kranke Kinder und Jugendliche mit Hörschädigung im Alter von 6 bis 18 Jahren spezialisierte Einrichtung. Sie steht an der Klinik für Kinder- und Jugendpsychiatrie/-psychotherapie am Fachkrankenhaus Uchtspringe seit 1993 als spezielles Angebot zur Verfügung. Gearbeitet wird von Anfang an nach einem inklusivem Konzept, in dem Kinder und Jugendliche mit und ohne Hörschädigung gemeinsam therapiert werden. Das Behandlungskonzept ist verhaltenstherapeutisch orientiert. Unbewusste Konflikte werden tiefenpsychologisch bearbeitet.

Der Tagesablauf ist neben der Unterrichtung durch verschiedene Therapieformen (z. B. Musik-, Ergo- und Schmiertherapie, aber auch Rollenspiele einschließlich Selbstsicherheitstraining, Reiten, Töpfern und Snoezelen) strukturiert.

Im Rahmen der Institutsambulanz kann auch ambulant, vorstationär und im Anschluss an die stationäre Behandlung in Zusammenarbeit mit dem jeweiligen Hausarzt betreut werden.

 Ergänzende und fortführende Informationen können entnommen werden: Grunert / Lischka (1998): Psychisch kranke hörgeschädigte Kinder und Jugendliche. – Schell/Wehrmann (2014): Hörgeschädigte Kinder und Jugendliche – zwischen CI und Gebärdensprache. Kinder- und jugendpsychiatrische Impressionen. – Wehrmann (2017): Kinder- und Jugendpsychiatrie und die pädagogische Rehabilitation von Kindern und Jugendlichen mit Hörstörungen.

Einrichtungen für Kinder und Jugendliche mit Hörschädigung und weiterem Förderbedarf

Beispielhaft sei auf folgende Einrichtungen verwiesen:

▨ Sonderpädagogisches Bildungs- und Beratungszentrum Haslachmühle der Zieglerschen Anstalten e.V.: Hier lernen und leben Kinder und Jugendliche mit einer Hör-Sprach-Behinderung und einer zusätzlichen geistigen Behinderung. Die Schule umfasst einen Schulkindergarten sowie Grund-, Haupt- und Berufsschulstufe. In jeder Klasse sind zwischen vier und sechs Schüler, was eine sehr individuelle Förderung ermöglicht. Sie wird ergänzt durch Therapieangebote, wie heilpädagogisches Reiten, Krankengymnastik, Ergotherapie, Logopädie u. a.

Ziel der Kommunikationsförderung in der Haslachmühle ist es, den Menschen mit einer Hör-Sprach-Behinderung und einer geistigen Behinderung durch ein individuelles, aber dennoch möglichst allgemein verständliches Kommunikationsangebot zu sozialer Kompetenz, größtmöglicher Selbstständigkeit und Lebensfreude zu verhelfen.

- Karl-Luhmann-Schule, Förderschule mit den Schwerpunkten Hören und Geistige Entwicklung Osnabrück: In der Förderschule der Karl-Luhmann-Heime Osnabrück werden Kinder und Jugendliche mit Hörschädigung, die von weiterem Förderbedarf betroffen sind (aufgrund von geistiger Behinderung, Körperbehinderungen, chronischen Erkrankungen, psychischen Auffälligkeiten oder mit autistischen Zügen) beschult. Sie erwies sich lange Zeit als eine Spezialeinrichtung für Kinder und Jugendliche, deren individuellem Förderbedarf mit Maßnahmen der anderen Sonderschultypen nicht mehr entsprochen werden konnte.

  Das Angebot gliedert sich in entwicklungsorientierte (z. B. Sprachverständnis, Anwendung der Sprache, Wahrnehmungstraining), handlungsorientierte (wie Lesen, Schreiben, Rechnen, lebenspraktische Fähigkeiten und Fertigkeiten) und fachorientierte Lernbereiche (z. B. Werken, Textilarbeiten, Hauswirtschaft und Sport). Zur Schule gehört ein Heim; sie steht aber auch Tagesschülern offen. Das Heim ist an 365 Tagen im Jahr geöffnet und bietet Schülern, die nicht täglich ins Elternhaus fahren können, eine familienähnliche Wohnmöglichkeit.

- Herbert Feuchte Stiftungsverbund: Der Herbert Feuchte Stiftungsverbund mit dem Namen „Stiftungsverbund zur Förderung mehrfachbehinderter Gehörloser, Schwerhöriger und Taubblinder in Hamburg und Schleswig-Holstein e. V." entstand aus der Familie Madjera Stiftung, der Taubstummenanstalt in Hamburg und der Jobst und Anna Wichern-Stiftung. 2009 erfolgte eine Umwandlung des Stiftungsverbundes von einem eingetragenen Verein zu einer gemeinnützigen GmbH. Durch sie werden Einrichtungen in Schleswig-Holstein, Hamburg, Mecklenburg-Vorpommern und Thüringen betrieben, dazu gehören Angebote für mehrfachbehinderte hörgeschädigte sowie für taubblinde und blinde Kinder, Jugendliche und erwachsene Menschen, mehr als 400 Wohnplätze, drei Schulen, Frühförderstellen für Kinder mit Hörschädigung, eine anerkannte Werkstatt für Menschen mit Behinderung sowie ein Altenheim für Senioren mit Hörschädigung und die ambulante Begleitung mehrfachbehinderter hörgeschädigter Menschen.

- Förderschulen für Hörsehgeschädigte/Taubblinde (Potsdam-Babelsberg, Hannover, Würzburg): Für Schüler mit Hörsehschädigung/Taubblindheit bestehen beispielsweise Schulangebote durch das Oberlinhaus Potsdam-Babelsberg (seit 1887), das Bildungszentrum für Taubblinde Hannover (seit 1971) und die Blindeninstitutsstiftung, Schule für hörsehbehinderte und taubblinde Kinder und Jugendliche, Würzburg (seit 1978). Diese Einrichtungen nehmen Kinder und Jugendliche auf, die weder in Förderzentren für Sehgeschädigte noch in Förderzentren für Hörgeschädigte optimal gefördert werden können. Eine besondere Förderung ist erforderlich, da die Ausfälle des einen Sinnes nicht oder nur mangelhaft durch den jeweils anderen Sinn ausgeglichen werden können, so dass bereits bei relativ geringen Einzelschädigungen schwere Beeinträchtigungen in der Gesamtentwicklung und in der Lebensführung auftreten. Die Situation wird zusätzlich dadurch kompliziert, dass Taubblindheit/Hörsehschädigung mit jeder anderen Behinderung vorkommen und als schwere oder schwerste Mehrfachbehinderung in Erscheinung treten kann. Infolgedessen entsteht in jedem Einzelfall ein ganz spezieller sonderpädagogischer Förderbedarf, der die Erstellung eines individuellen Förderplans nach sich zieht. Die Entscheidung über den Lernort, die Schulart, das Heim und die Lerngruppe hängt vom diagnostischen Bedarf und dem Förderplan ab. Diese drei Einrichtungen bilden mit weiteren die Arbeitsgemeinschaft der Einrichtungen und Dienste für taubblinde Menschen (AGTB), die Beratung und Hilfe für Betroffene und deren Angehörige anbieten.

■ Regens-Wagner-Stiftungen: Die Regens-Wagner-Stiftungen bieten für Menschen mit Behinderung verschiedene Angebote und Dienstleistungen im Bereich Bildung und Ausbildung, Arbeit und Beschäftigung, Wohnen, Beratung, ambulante und mobile Dienste in verschiedenen Gebieten in Bayern an. Ihre Aufgabe ist die Beratung, Förderung, Betreuung und Pflege behinderter und von Behinderung bedrohter Kinder, Jugendlicher, Erwachsener und Senioren. Es werden Menschen unterschiedlicher Altersstufen mit Hörschädigung, Sprachstörung, Lernbehinderung, geistiger Behinderung, Teilleistungsstörung, psychischer Behinderung, körperlicher Behinderung, altersbedingter und chronischer Erkrankung sowie sonstigen Beeinträchtigung beraten, gefördert und betreut.

Die aufgeführten Einrichtungen stehen beispielhaft für weitere Einrichtungen, die sich der Bildung, Erziehung, Förderung und Betreuung von Kindern und Jugendlichen zugewandt haben, bei denen neben dem Förderbedarf Hören weiterer Förderbedarf besteht, zumeist i.S. einer schweren Mehrfachbehinderung.

 ## 12.8 Übungsaufgaben zu Kapitel 12

Aufgabe 74   Was sind die Aufgaben der Pädagogisch-Audiologischen Beratungsstelle?

Aufgabe 75   Was versteht man unter Hausfrühförderung?

Kennzeichnen Sie Ziele und Arten der Eltern-Kind-Kurse!   **Aufgabe 76**

Worin besteht die qualitativ neue Anforderung des Eltern-Kind-Kurses im Ver-   **Aufgabe 77**
gleich zur Hausfrühförderung für das Kind?

Welche Organisationsformen gehören zur Frühförderung?   **Aufgabe 78**

Was sind Aufgaben der Vorschulerziehung?   **Aufgabe 79**

Welche Schulabschlüsse sind dem Schüler mit Hörschädigung möglich?   **Aufgabe 80**

Nennen Sie organisatorische Maßnahmen der Förderzentren, Förderschwer-   **Aufgabe 81**
punkt Hören, die die Lernbedingungen für die Schüler mit Hörschädigung verbessern sollen!

Welche Schulen sind für Schüler mit Hörschädigung und weiteren Förderbe-   **Aufgabe 82**
darf zuständig?

Kennzeichnen Sie die Besonderheit der beruflichen Ausbildung im Berufsbil-   **Aufgabe 83**
dungswerk!

Was versteht man unter Sprachlern- bzw. Kommunikationsgruppen? Was wa-   **Aufgabe 84**
ren die Gründe für deren Einführung?

13 Bildung und Erziehung in inklusiven Settings

Der Förderschwerpunkt Hören verfügt von allen Förderschwerpunkten über die längsten und umfassendsten Erfahrungen mit dem gemeinsamen Lernen von Schülern mit und ohne Behinderung, hier konkret Hörschädigung (auch Kap. 15.3 und 15.6).

Mit der UN-Behindertenrechtskonvention (UN-BRK), von Deutschland am Tag der Eröffnung der Zeichnung (30.03.2007) unterschrieben, kam es für alle Förderschwerpunkte zu einer deutlichen bildungspolitischen Hinwendung zum Gedanken der (schulischen) Inklusion. Auslösend wirkte hier der Artikel 24 („Bildung"), der beinhaltet und fordert, dass „Menschen mit Behinderungen nicht aufgrund von Behinderung vom allgemeinen Bildungssystem ausgeschlossen werden" (UN-Behindertenrechtskonvention, Art. 24). Eine Aussage darüber, ob Förderzentren parallel bestehen bleiben (können oder sollen) oder diese aufzulösen seien, wird nicht getroffen. Seit 26. März 2009 ist die UN-BRK geltendes Recht in Deutschland. Zuvor war die Konvention ohne Vorbehalte ratifiziert worden (Arnade 2018).

Die zeitgleich (Neugeborenenhörscreening) oder in den unmittelbaren Jahren zuvor eingetretenen fachlichen und technischen Entwicklungen im Bereich der Bildung, Erziehung, Förderung und (Re-)Habilitation von Kindern und Jugendlichen mit Hörschädigung (digitale Hörgeräte, Cochlea Implantate, frühzeitiges Einsetzen der Frühförderung und deren Qualitätsverbesserung u. v. a. m.) eröffneten dem betroffenen Personenkreis neue Entwicklungs- und Entfaltungsmöglichkeiten, die einen inklusiven Kindergarten- und Schulbesuch lancieren. Begünstigend wirken zweifelsfrei die durch die UN-BRK ausgelösten öffentlichen Diskussionen und die dadurch sich veränderte Sicht auf ‚Behinderung' sowie das wachsende öffentliche Interesse allgemein.

Nachdem bereits die Integration von Kindern und Jugendlichen in allgemeinen Einrichtungen in den letzten Jahrzehnten kontinuierlich an Bedeutung gewann, war der Weg zur vorschulischen und schulischen Inklusion geebnet. Die nun auch in den alten Bundesländern einsetzende öffentliche Betreuung von Kindern unter drei Jahren tat ihr Übriges: Kinderkrippen waren und sind seit jeher inklusiv. Noch nie gab es eine Krippe für Kinder mit (welcher auch immer gearteten) Behinderung.

Parallel dazu haben sich auch die Motive der Eltern gewandelt, warum sie für ihr Kind einen inklusiven Kindergarten- oder Schulbesuch anstreben. Während vor etwa 20 bis 30 Jahren die Eltern den Besuch einer „Sonder(Förder-)einrichtung" als ausgrenzend und für ihr Kind stigmatisierend erlebten, wünschen sich inzwischen viele Eltern, dass ihr Kind mit Hörschädigung mit den Kindern aus der Nachbarschaft den Kindergarten oder die Kindertagesstätte und die Schule im Wohnumfeld besucht, damit frühzeitig angebahnte Kontakte erhalten bleiben können. Zugleich soll ein Aufenthalt im Internat während der Schulwoche, der sich oftmals aufgrund der Entfernung zwischen Wohnort und nächstem Förderzentrum, Förderschwerpunkt Hören ergeben würde bzw. ein weiter, zeitaufwendiger Schulweg vermieden werden. Die Qualität der Förderzentren, Förderschwerpunkt Hören – als Kompetenzzentrum „rund ums Hören" – wird von den Eltern nicht infrage gestellt.

13.1 Inklusiver Kindergarten-/ -tagesstättenbesuch

Kinder mit Hörschädigung werden inzwischen häufig (teilweise nach Besuch der Kinderkrippe und dort gemachten positiven Erfahrungen) in den örtlichen Kindergarten inkludiert. Die schulvorbereitende Einrichtung (bzw. der Kindergarten oder der Vorschulteil) eines Förderzentrums, Förderschwerpunkt Hören wird nur in Ausnahmefällen in Anspruch genommen, z.B. wenn sich diese Einrichtung in unmittelbarer Wohnnähe der Familie befindet oder gut und schnell erreichbar, den Eltern der Kontakt ihres Kindes zu anderen Kindern mit Hörschädigung wichtig ist (beispielsweise zum Erlernen der Gebärdensprache) oder der Entwicklungsstand des Kindes deutlich verzögert ist und die Eltern aufgrund dessen Sorge haben, dass ihr Kind nicht ausreichend mit den anderen Kindern in Kontakt treten kann.

Kinderkrippe

Batliner (2018) benennt zwei Hauptgründe, warum Eltern für ihr Kind den allgemeinen oder Inklusionskindergarten wählen: die Wohnortnähe und das gemeinsame Leben und Lernen mit Kindern (ohne Hörschädigung) oder Kindern mit anderen Problemen. Die gute Erreichbarkeit dieses Kindergartens ist für die Eltern ein wesentliches Argument, weil lange Busfahrten zum Förderzentrum, Förderschwerpunkt Hören, vermieden werden. Auf dem Weg zum Kindergarten können Alltäglichkeiten, wie Verhalten im Straßenverkehr, geübt, kleine Einkäufe erledigt und Kontakte zu Freunden aufrechterhalten werden, ständige Verbindung zu Erzieherinnen und zu anderen Eltern besteht, Besuche zu und von anderen Kindern sind leicht zu organisieren und frühes Aufstehen (durch Einhalten der Abfahrtszeiten der Fahrdienste) wird vermieden. Zugleich bieten die anderen Kinder gute Sprach- und Kommunikationsvorbilder und das Kind mit Hörschädigung erlebt Sprache als selbstverständliches Ausdrucksmittel. Durch das inzwischen möglich gewordene frühe Erkennen einer Hörschädigung, die sehr guten technischen Versorgungsmöglichkeiten (digitale Hörgeräte, Cochlea Implantate) und die frühe Förderung sind die meisten Kinder zum Zeitpunkt, wenn sich die Frage nach einem Kindergartenbesuch stellt, in ihrer Hör- und Sprachentwicklung bereits gut fortgeschritten, so dass eine Teilha-

Inklusions-kindergarten

be am Kindergartenleben und eine angemessene Interaktion mit den anderen Kindern und den Erzieherinnen möglich ist, was eine wesentliche Erleichterung für den Inklusionsprozess darstellt. Mitunter kommen erste (positive) Erfahrungen aus der Zeit des Krippenbesuches hinzu.

Die Inklusion des Kindes mit Hörschädigung in einen allgemeinen oder einen inklusiven Kindergarten wird dadurch begünstigt, dass im Kindergarten die Spiel- und Sozialkontakte im Vordergrund stehen – erst in der Schulzeit (Kap. 13.2) rücken Leistungsanforderungen schrittweise in den Vordergrund – und die jungen Kinder noch unbefangen mit Altersgenossen umgehen, die in ihrem Erscheinungsbild oder ihrem Verhalten anders als sie selbst sind.

Für den Besuch eines allgemeinen oder eines inklusiven Kindergartens stehen durch die Pädagogisch-Audiologische Beratungsstelle Begleit- und Beratungshilfen zur Verfügung. Diese führen in den einzelnen Bundesländern unterschiedliche Bezeichnungen; in Bayern ist es beispielsweise die „mobile sonderpädagogische Hilfe (msH)", in Niedersachsen spricht man von „ambulanter Betreuung hörgeschädigter Kinder in Regelkindergärten". Die Mitarbeiterinnen dieser Dienste beraten die Erzieherinnen der allgemeinen und inklusiven Kindergärten sowie die Eltern und fördern das Kind mit Hörschädigung (einzeln oder im Beisein anderer Kinder der Gruppe).

Eine Untersuchung von Diller (2009a, b) – allerdings bezogen auf den integrativen Kindergartenbesuch – belegte, dass bei den Eltern eine hohe Zufriedenheit mit dem Verlauf der Integration herrscht, aber die (speziellen) Förderangebote in den Kindergartengruppen und das hörgeschädigtenspezifische Eingehen auf das Kind noch nicht ausreichen. Dies dürfte auch im Jahr 2018 noch weitestgehend für den inklusiven Kindergartenbesuch gelten, wenn auch Weiterentwicklungen und positive Veränderungen zu beobachten sind. In der Untersuchung von Diller waren besonders im ersten Kindergartenjahr bei den Kindern mit Hörschädigung vor allem in Stuhl- oder Sitzkreissituationen bei sprachlich dominierten Situationen Verstehensschwierigkeiten zu beobachten. Diesen muss durch Visualisierungen, einen geeigneten Sitzplatz für das Kind mit der Möglichkeit des Absehens bei der Erzieherin und den anderen Kindern sowie durch den Einsatz der Höranlage (Kap. 6.2) entgegengewirkt werden.

Kindergarten-
assistenz
Goppelt (2015) setzt sich erstmalig mit der „Kindergartenassistenz" zur Unterstützung eines inklusiven Kindergartenbesuchs von gebärdensprachlich kommunizierenden Kindern auseinander. Sie führt Anforderungen auf, die die Kindergartenassistenz zur Inklusion eines gebärdensprachlich kommunizierenden Kindes in einem allgemeinen Kindergarten erfüllen soll. Zugleich lassen sich aus den Ausführungen (a.a.O. 79) notwendige Qualifikationen dieses Personenkreises ableiten:

- hohe Gebärdensprachkompetenz,
- pädagogisches Wissen im Bereich der frühkindlichen Bildung,
- hörgeschädigtenpädagogische Kompetenzen und Kenntnisse im Bereich des Spracherwerbs und der Sprachförderung.

Batliner, G. (2018): Kinder mit Hörgerät und Cochlea Implantat in der Kita. – Diller, S. (2009 a, b): Integration hörgeschädigter Kinder in allgemeinen und Integrationskindergärten. – Goppelt, M. (2015): Inklusion gehörloser Kinder in frühkindlichen Bildungseinrichtungen – Anforderungen an die Kindergartenassistenz.

13.2 Inklusive Beschulung

Das bildungspolitische Bemühen geht dahin, dass möglichst viele (alle) Kinder und Jugendliche mit sonderpädagogischem Förderbedarf (und damit auch jene mit Förderbedarf Hören) in allgemeinen Schulen, also inklusiv, unterrichtet werden und dort, falls erforderlich, zusätzliche sonderpädagogische Hilfen und sonstige angemessene Betreuung erhalten. Umfang und Qualität der Hilfen und Betreuung vor Ort sind gegenwärtig in den einzelnen Bundesländern noch sehr unterschiedlich; sehr häufig fehlt in der inkludierenden Schule das Vorhandensein von qualifiziertem Fachpersonal für den jeweiligen Förderschwerpunkt. In einigen Bundesländern versucht man Abhilfe zu schaffen, indem sogenannte „inklusive Schulen" oder auch „Schulen mit dem Profil Inklusion" etabliert werden, an denen ein Förderschullehrer direkt vor Ort arbeitet. Dies erweist sich für Schüler mit Förderbedarf Hören (und im Übrigen auch mit Förderbedarf Sehen) als nur bedingt geeignet, da nur in den wenigsten Fällen der dort tätige Förderschullehrer die notwendige Qualifikation für den Förderbedarf Hören mitbringt. Häufig sind es, schon aufgrund der sehr viel größeren Anzahl der Schüler mit den Förderbedarfen Lernen, emotionale und soziale Entwicklung und Sprache, Förderschullehrer mit Qualifikationen in diesen Förderschwerpunkten.

Die Entscheidung darüber, ob das Kind in einer allgemeinen Schule inkludiert wird oder in einem Förderzentrum, Förderschwerpunkt Hören lernt, obliegt den Eltern. Sie tragen die Verantwortung, die „passende" Schule für ihr Kind zu finden. Ihnen stehen hierfür unterschiedliche Beratungsangebote zur Verfügung. Geleitet wird der Entscheidungsprozess vor allem durch landesspezifische und regionale Bedingungen. Für Schüler mit Förderbedarf Hören sind möglich:

- der Besuch eines traditionellen Förderzentrums, Förderschwerpunkt Hören (Kap. 12.5), wobei man davon ausgehen kann, dass alle diese Förderzentren Kooperationsbeziehungen zu allgemeinen Schulen haben,
- die Unterrichtung in einer ausgelagerten Klasse von Schülern mit Förderbedarf Hören im Gebäude der allgemeinen Schule (s. auch „Außenklassen"),
- der Besuch einer inklusiven Schule, die Schüler mit unterschiedlichsten Behinderungen aufnimmt oder
- der Schulbesuch in der wohnortnahen allgemeinen Schule.

Modelle inklusiver Beschulung

Lautsprachlich kommunizierende Schüler mit Hörschädigung lernen inzwischen zu einem hohen Prozentsatz in den allgemeinen Schulen. Bereits während der Phase der Integration hatten sich verschiedene (Integrations-) Modelle entwickelt, die sich zu Modellen inklusiver Förderung weiterentwickelt haben. Zudem sind in den letzten Jahren Modelle der inklusiven Förderung gebärdensprachlich kommunizierender Schüler entstanden. Es handelt sich hier vorrangig um Schüler mit gehörlosen, also gebärdensprachlich kommunizierenden Eltern. Ihre Erstsprache ist die Gebärdensprache.

Einzelinklusion Die in Deutschland bei Kindern und Jugendlichen mit Hörschädigung am häufigsten zu beobachtende Form ist die sog. Einzelinklusion. Bei dieser wird im Regelfall ein einzelner Schüler mit Hörschädigung in einer Klasse der allgemeinen Schule unterrichtet. Hierbei steht zumeist der Wunsch nach wohnortnaher Beschulung im Vordergrund. Nachteilig wirkt sich aus, dass es in der Alters- und Schulstufe zumeist keinen weiteren Schüler mit Hörschädigung gibt. Hörgeschädigtenspezifische Unterstützung bekommen Schule und Schüler durch den mobilen sonderpädagogischen Dienst (auch Ambulanzlehrer, Mobile Hörgeschädigtenhilfe, Ambulante Förderung u. Ä. genannt) des für den Einzugsbereich zuständigen Förderzentrums, Förderschwerpunkt Hören. Der Umfang und die Qualität der Unterstützung variieren in den einzelnen Bundesländern erheblich.

Nachteilig wirkt sich bei diesem Modell aus, dass für den Schüler mit Hörschädigung kein Kontakt zu Gleichbetroffenen besteht. So entfällt die Möglichkeit des Modelllernens und des Interessenbündnisses, was für die Persönlichkeits- und Identitätsentwicklung hilfreich sein kann (Gräfen/ Wessel 2018).

Bei der Einzelinklusion gebärdensprachlich kommunizierender Schüler entfällt die Kommunikation mit Gleichaltrigen in der Erstsprache, also der Gebärdensprache.

Die Vernetzung von einzelinkludierten Kindern und Jugendlichen, z. B. durch vom Mobilen Dienst organisierte Wochenendveranstaltungen oder Feriencamps, wird als außerordentlich wichtig und hilfreich angesehen (Honka 2016; Gräfen/Wessel 2018).

 Erfahrungsberichte Betroffener – allerdings durchgängig mit schulischer Integration – können z. B. nachgelesen werden bei: Dimpflmeier (2009): Als hörgeschädigter Schüler in allgemeinen Schulen. – Kellermann (1998a): Als geistigbehindert diagnostiziert – heute Studentin der Schwerhörigenpädagogik. – Kellermann (1998b): Nicht für die Schule, sondern für's Leben lernen wir ... – Krauskopf (2009): Meine schulische Integration ohne Mobilen Sonderpädagogischen Dienst. – Pietsch, F. (1998): Was mir die Lautsprache bedeutet. – Pietsch, F. (2009): Mein Weg. – Pietsch, M. (1998): Mein Leben – normal, nur ein bißchen anders. – Wasielewski (2009): „Ach wirklich? Du bist schwerhörig? Das hätte ich ja nie gedacht! Du wirkst so ... normal!"

Bei der Gruppeninklusion lassen sich zwei grundlegende Formen unter- **Gruppeninklusion**
scheiden: die Außenklassen und die Inklusionsschule, die sich auf den Förderschwerpunkt Hören spezialisiert hat.

Außenklassen werden vor allem in ländlichen Regionen umgesetzt, um **Außenklassen**
einerseits eine wohnortnahe Beschulung und andererseits die hörgeschädigtenpädagogische Expertise im Schulalltag zu sichern. In der Außen-
klasse werden Schüler mit Hörschädigung von einem Hörgeschädigtenpädagogen (in einem Gebäude der allgemeinen Schule) unterrichtet.

Gebärdensprachlich kommunizierende Schüler können so in ihrer Erstsprache unterrichtet werden und in dieser kommunizieren.

Außenklassen bieten zwei Vorteile: Durch die Verortung in der allgemeinen Schule bestehen Kontakte zu Schülern ohne Hörschädigung, und
sie haben dennoch Kontakte zu gleichbetroffenen Peers. Letzteres muss
bei der Einzelinklusion erst bewusst organisiert werden.

Bereits in der Phase der Integration haben sich einzelne Schulen für **Inklusionsschulen**
Schüler mit (z.B.) Hörschädigungen profiliert. Es handelte sich hier zu- **mit Förderschwer-**
meist um weiterführende Schulen (Gymnasien). Diese Schulen haben sich **punkt Hören**
inzwischen zu Inklusionsschulen weiterentwickelt. Wessel (2012) verweist
auf mehrere Vorteile:

- Schulen, die regelmäßig Schüler mit Hörschädigung inkludieren, verfügen mittel- und langfristig über eine hohe Expertise im Förderschwerpunkt; es entwickelt sich eine inklusive Organisationskultur (barrierefrei
  oder zumindest -arm, eine langfristige und kontinuierliche Zusammenarbeit mit dem sonderpädagogischen Dienst besteht),
- weitestgehende Wohnortnähe, die Sozialraumbezüge bleiben erhalten,
- die Schüler mit Hörschädigung begegnen sowohl gleichbetroffene Peers
  als auch gleichaltrigen Mitschülern ohne Hörschädigung,
- den gebärdensprachlich kommunizierenden Schülern ist ein mutter-
  sprachlicher Unterricht möglich, z.B. in (jahrgangsübergreifenden) Lern-
  gruppen zum Unterrichtsfach „Deutsche Gebärdensprache".

Die umfangreichsten Forschungsarbeiten zur schulischen (und vorschuli- **Inklusions-**
schen Integration und) Inklusion liegen an der Universität München durch **forschung**
das seit 1999 bestehende Forschungsprogramm „Integration/Inklusion
Hörgeschädigter in allgemeinen Einrichtungen" mit inzwischen 20 For-
schungsmodulen und durch mehrjährige Forschungsarbeiten von Wessel
(Universität zu Köln) vor. Bei der Betrachtung der im Jahr 2018 vorliegenden Forschungsergebnisse muss beachtet werden, dass nur etwas „erforscht" werden kann, was konkret in den allgemeinen Schulen (also in der
Praxis) vorgefunden wird. Nur dieses kann mit der empirischen Forschung
erfasst werden. Inklusion stellt gegenwärtig nach wie vor einen Zielzustand
dar, also etwas normativ Gefordertes. Sie kann in wertbezogenen Auseinandersetzungen, z.B. in der Pädagogik, Philosophie oder Politik, diskutiert
werden. Empirisch untersucht kann Inklusion jedoch erst dann werden,
wenn sie als Ziel erreicht ist (Leonhardt 2011). Das Besondere am

Münchener Forschungsprogramm ist, dass „Integration" und „Inklusion" aus sehr unterschiedlichen Perspektiven (z.B. aus Sicht der inkludierten Schüler, aus Sicht der [hörenden] Mitschüler, aus Sicht der Eltern des Schülers mit Hörschädigung, aus Sicht der Lehrer des Mobilen Sonderpädagogischen Dienstes oder auch aus Sicht der Lehrer der allgemeinen Schule) beleuchtet wird. Durch diese Herangehensweise wird ein sehr differenzierter Blick auf die aktuelle Situation möglich.

Weiterführende Hinweise sind folgenden Quellen zu entnehmen: Braun (1999): Integrative Pädagogik bei Kindern und Jugendlichen mit Hörstörungen. – Bundesjugend im DSB e.V. (2009): Inklusion/Integration. Netzwerke für hörgeschädigte Kinder und Jugendliche. – Hauff/Kern (1991): Unterricht in Klassen mit hörgeschädigten und hörenden Schülerinnen und Schülern. – Jacobs et al. (2004): Hören – Hörschädigung. – Jacobs (Hrsg.) (2008): Eine Schule für Hörgeschädigte auf dem Weg zur Inklusion. – Kern (2001): Begleitende Maßnahmen zur Unterstützung der schulischen und unterrichtlichen Integration Hörgeschädigter. – Leonhardt (1996): Didaktik des Unterrichts für Gehörlose und Schwerhörige, 146–163. – Leonhardt (2001): Gemeinsames Lernen von hörenden und hörgeschädigten Schülern. – Leonhardt (Hrsg.) (2009a): Hörgeschädigte Schüler in der allgemeinen Schule. – Wessel (2005): Kooperation im Gemeinsamen Unterricht.
Spezielle Ausführungen zur Integration im Grundschulbereich sind Leonhardt (2009d): „Erziehung und Bildung im Grundschulbereich", Leonhardt (2013): Schüler mit Hörschädigung in der Grundschule und zum Sekundarbereich Wessel (2009): „Bildung und Erziehung im Sekundarschulbereich" zu entnehmen.
Die aktuellste und direkt auf schulische Inklusion bezogene Literatur ist: Leonhardt (Hrsg.) (2018a): Inklusion im Förderschwerpunkt Hören. – Leonhardt (2018d): Förderbereich Hören. – Truckenbrodt/ Leonhardt (2016): Schüler mit Hörschädigung im inklusiven Unterricht.

Zusammenfassung

Die inklusive Beschulung von Kindern und Jugendlichen mit und ohne sonderpädagogischem Förderbedarf ist eine gleichberechtigte, alternative Form zur Beschulung im Förderzentrum, Förderschwerpunkt Hören. Die meisten Förderzentren haben sich inzwischen auch gegenüber Schülern ohne sonderpädagogischem Förderbedarf „geöffnet", d.h. sie nehmen Schüler ohne Förderbedarf in ihre Einrichtung auf und beschreiten so alternative Wege der schulischen Inklusion.

13.3 Übungsaufgaben zu Kapitel 13

Was war der Auslöser der gegenwärtigen Inklusionsdiskussion?   **Aufgabe 85**

Was sind die Hauptargumente der Eltern für einen inklusiven Kindergarten-   **Aufgabe 86**
oder Schulbesuch?

Erklären Sie die verschiedenen Modelle inklusiver Beschulung und arbeiten Sie   **Aufgabe 87**
jeweils deren Vorzüge und Grenzen heraus!

14 Jugend- und Erwachsenenalter

14.1 Berufliche Eingliederung, Aus-, Fort- und Weiterbildung

Der Übergang von der Schule in das Arbeitsleben ist für die Jugendlichen mit einer Hörschädigung, wie auch für alle anderen, ein entscheidender Schritt. Die Wahl des Berufes und der Ausbildungsweg erfordern bereits im Vorfeld weitreichende Überlegungen und Entscheidungen. So sollte sichergestellt werden, dass der Jugendliche eine Ausbildung aufnimmt, die seinen Berufswünschen, seinen Fähigkeiten und seinen individuellen Möglichkeiten entspricht.

Ausbildung
Fortbildung
Weiterbildung

Von Ausbildung soll im Folgenden dann gesprochen werden, wenn für einen Basisberuf qualifiziert wird (Kap. 12.6). Die Fortbildung soll dagegen die Kenntnisse dieses Berufes aktualisieren und auf den jeweils neuesten Stand bringen. Die Weiterbildung kann darauf aufbauen und zu einer Spezialisierung oder zu einem gänzlich neuen Berufsfeld führen.

Die berufsbezogene Ausbildung erfolgt in der Bundesrepublik nach dem monalen und dem dualen System (Kap. 12.6). Die meisten der gehörlosen und zahlreiche der schwerhörigen Schulabsolventen erhielten bisher ihre berufsbezogene Ausbildung in gesonderten Einrichtungen für Hörgeschädigte. Nach dem Verlassen dieser Einrichtungen, in der die sprachlich-kommunikativen Auswirkungen der Hörschädigung ständig berücksichtigt wurden, bildete das Arbeitsleben den Prüfstein für das Gelingen der Integration Hörgeschädigter in die Welt der Hörenden. Hier erwies es sich, ob und inwieweit die schulischen Bemühungen erfolgreich waren. Es zeigte sich aber auch, ob der rechtliche Anspruch einer gleichberechtigten Eingliederung in die Gesellschaft umgesetzt werden konnte (Schweitzer / Kemper 1995). So wie zahlreiche Schüler mit Hörschädigung inzwischen inklusiv beschult werden, wählen auch viele Auszubildende eine Ausbildung auf dem ersten Arbeitsmarkt.

Die berufliche Arbeit nimmt im Leben eines Menschen eine zentrale Stellung ein. Sie vermittelt soziale Kontakte und Anerkennung, ermöglicht das Erleben sozialer Existenz als Teil der Gemeinschaft, bestimmt Status und gesellschaftliche Identität, strukturiert das Zeiterleben u.a. (Jahoda 1983 und 1985).

Um den heutigen und den künftigen Anforderungen der Arbeit zu genügen, ist nicht nur eine qualifizierte Ausbildung erforderlich, sondern auch stetige Fort- und Weiterbildung, durch die die erreichten Kompetenzen aktualisiert und weiterentwickelt werden.

In den fünfziger und sechziger Jahren des 20. Jahrhunderts konzentrierte sich die Erwachsenenbildung für Menschen mit einer Hörschädigung zunächst auf Schwerpunkte wie Spracherhaltung und Pflege des Sprechens, des Sprachverständnisses und des Absehens sowie auf die Ausweitung der Allgemeinbildung. Seit den siebziger Jahren wurden dann auch integrative Aspekte zur Entwicklung sozialer, beruflicher und persönlicher Kompetenzen verstärkt in die Fortbildung mit einbezogen. Als Qualitätsmerkmale der über den Basisberuf hinausführenden Weiterbildung wurden berufliche Qualifizierung und Umschulung, politische, freizeitorientierte und die Kreativität fördernde Bildung und persönliches Wachstum zur Förderung und Entfaltung aller verfügbaren Kompensationsmöglichkeiten genannt (nach Schweitzer/Kemper 1995).

Mit Beginn der 1980er Jahre wandte man sich im Rahmen wissenschaftlicher Untersuchungen verstärkt der sozialen und beruflichen Situation von gehörlosen und schwerhörigen Arbeitnehmern zu. Diese ergaben ein erhebliches Maß an Verhaltensunsicherheiten und Störungen in den Beziehungen zwischen den Hörgeschädigten und ihren Bezugspartnern (Jussen 1997, 73), so dass man der Fort- und Weiterbildung von Arbeitnehmern mit Hörschädigung seither deutlich mehr Aufmerksamkeit schenkt.

Aus Forschungen zu Beginn der 1990er Jahre wurde deutlich, dass eingeschränkte Berufsfähigkeit und in den Betrieben festzustellende Schwierigkeiten und Störungen im Arbeitsablauf vor allem durch sprachliche Verständigungsschwierigkeiten, aber auch durch mangelndes soziales Verständnis zwischen den hörgeschädigten, insbesondere den gehörlosen, und hörenden Arbeitskollegen verursacht werden.

Daraus lassen sich zwei Aufgabenstellungen für die Fort- und Weiterbil-   **Aufgaben**
dung ableiten:

1. Berufsbezogene Fortbildung, d.h. Vermittlung von berufsspezifischem Wissen und technischem Können sowie Einführung in moderne Arbeitsmethoden.
2. Sozial-kommunikative (Interaktive) Weiterbildung, d.h. die Befähigung der Arbeitnehmer mit und ohne Hörschädigung zu einem teambereiten und kooperativen Verhalten.

Der Erfolg derartiger Maßnahmen sollte durch eine Verbesserung der psychosozialen Vorbedingungen der Betroffenen und ihres privaten Umfeldes gesichert sein. Hilfreich erscheinen dabei interaktive Fort- und Weiterbildungsmaßnahmen, an denen beide Personengruppen (Hörgeschädigte und Hörende) gleichermaßen beteiligt sind.

In Industrie, Handel und Dienstleistung werden zunehmend neue Formen sozialen Verhaltens und erweiterte berufsbezogene Kenntnisse, Fähigkeiten und Arbeitshaltungen verlangt.

Ziele   Als Schwerpunkte für die Fort- und Weiterbildung speziell von gehörlosen Arbeitnehmern werden in der Fachliteratur am Ende des 20. Jahrhunderts genannt:

- Verbesserung, Nutzung und Neuerschließung von Kommunikationsmöglichkeiten; Heranführung an Informationsquellen;
- Förderung der Interaktionskompetenz; Sensibilisierung dafür, dass das Aufeinander-Wirken zum Teil durch bewusst eingesetzte Verhaltensweisen gesteuert werden kann;
- Abbau von Insuffizienzgefühlen und Stabilisierung des Selbstbewusstseins;
- Kompensation von Erfahrungsdefiziten; Anpassung an den allgemeinen Bildungsstand;
- Erweiterung der Sprachkompetenz;
- Stabilisierung der Ich-Identität und die Entwicklung gesunder Persönlichkeitsstrukturen;
- Aktive Auseinandersetzung mit der Lebens- und Arbeitswelt;
- Unterstützung zur Entwicklung von Eigeninitiative und Selbstbildung (Rammel 1987, 229–231; Schweitzer/Kemper 1995, 30).

Im Rahmen einer Diskussion der beruflichen Bildungsmaßnahmen schwerhöriger und ertaubter Personen bestätigte Claußen, dass das angestrebte Ziel, dass auch Jugendliche mit Hörschädigung eine ähnlich breite berufliche Wahlmöglichkeit haben sollen wie ihre nicht behinderten Altersgenossen, weitgehend erreicht wurde. Er verweist in diesem Zusammenhang aber auf ein neu entstandenes Problem:

„Die Vielfalt der Berufe, in denen schwerhörige und ertaubte Personen tätig sind, hat eine große Vielfalt der nachgefragten Themen beruflicher Weiterbildung zur Folge. Diese Tendenz wird noch verstärkt durch die Unterschiede in der beruflichen Stellung der Nachfragenden. Es zeigt sich, daß berufliche Informationen nicht nur in sehr unterschiedlichen Berufsfeldern, sondern auch auf recht verschiedenem Niveau gewünscht werden. Neben Kursen, die dem Vermitteln aktueller beruflicher Informationen dienen sollen – auch über veränderte Rahmenbedingungen, wie bei den Versicherungen oder Tarifverträgen –, werden auch Veranstaltungen für die Vorbereitung auf eine Meisterprüfung oder zur Begleitung eines Studiums erbeten" (1997, 84).

Eine von Claußen herangezogene Fragebogenaktion des Deutschen Schwerhörigenbundes (DSB) ergab zu dieser Zeit, dass selbst schwerhörige Personen eine gewisse Skepsis hatten, ein übliches Bildungsangebot für Hörende für sich nutzen zu können.

Eine bundesweite Bestandsaufnahme der Fort- und Weiterbildungslandschaft für gehörlose, schwerhörige und spätertaubte Erwachsene zwischen 1994 und 1996 ist in Tabelle 19 dargestellt.

Damit sind keineswegs alle Fort- und Weiterbildungsmöglichkeiten für Erwachsene mit Hörschädigung aufgezeigt. So bieten Volkshochschulen,

Tab. 19: Fort- und Weiterbildungslandschaft für gehörlose, schwerhörige und spätertaubte Erwachsene (IHK = Industrie- und Handelskammer, HWK = Handwerkskammer, AFG = Arbeitsförderungsgesetz) (nach: Lehmann-Tremmel 1997)

Art der Maßnahme	Ziel der Maßnahme
Aufstiegsweiterbildung	Beruflicher Aufstieg
Umschulung mit Fach(hoch)schulabschluss Umschulung mit IHK-, HWK-Abschluss u. a.	Umschulung in neuen Zweitberuf
Lehrgänge für besonders Benachteiligte, Qualifizierung, Einarbeitung	Reintegration, Einarbeitung
Anpassungsfortbildung nach AFG (Bundesanstalt) Sonstige Kurse zu neuen Technologien; nicht nach AFG (über andere Träger)	Anpassung der Qualifikation an neue Technologien
Kommunikative Weiterbildung Sonstige berufsrelevante Weiterbildung	Schlüsselqualifikationen und allgemeine berufsübergreifende Qualifikationen
Allgemeine Fort- und Weiterbildung	Kulturelle und politische Bildung

die Kirchen (meist im Rahmen der Gehörlosen- oder Schwerhörigenseelsorge), Selbsthilfeinitiativen von Hörgeschädigten (z. B. die in zahlreichen Städten bestehenden Kommunikationsforen), Gehörlosenvereine, Schwerhörigenvereine und andere Institutionen zahlreiche Veranstaltungen zu sehr unterschiedlichen Themenbereichen an. Mit diesen Angeboten ist im Regelfall zwar keine unmittelbare berufliche Fort- und Weiterbildung verbunden, sie bieten jedoch vielfältige Möglichkeiten der Erweiterung des allgemeinen Wissens und des Erwerbs spezifischer Kompetenzen.

Berichte und Beispiele zur Aus-, Fort- und Weiterbildung: Landschaftsverband Rheinland (1993): Gehörlose im Arbeitsleben. – Landschaftsverband Westfalen-Lippe (1995): Weiterbildungsmaßnahmen für gehörlose Arbeitnehmer und Arbeitnehmerinnen. – Schulte, E. (1998): Wege in den Beruf und in das Studium. – Schulte, E. (2004): Lebenslanges Lernen für Hörgeschädigte. – Schulte, K. et al. (1997): Verbesserung der beruflichen Weiterbildung für gehörlose und schwerhörige Erwachsene.

14.2 Erwachsene mit Hörschädigung

Wie Kapitel 4 zu entnehmen ist, werden die Auswirkungen einer Hörschädigung in hohem Maß dadurch mitbestimmt, wann der Hörschaden eingetreten ist. Betrachtet man die Gruppe der erwachsenen Menschen mit

Hörschädigung, so ist zwischen denen zu unterscheiden, die bereits seit der frühen Kindheit oder während der Schulzeit hörgeschädigt waren (a), und denen, die erst im Erwachsenenalter, also etwa ab Abschluss der Berufsausbildung, hörgeschädigt wurden (b). Letztgenannter Personenkreis wird auch als Spätbetroffene (oder Späthörgeschädigte) bezeichnet.

a) Erwachsene mit angeborenem oder früh erworbenem Hörschaden

Die im Jahr 2018 erwachsenen Personen mit angeborener oder frühzeitig erworbener Hörschädigung haben zumeist noch eine Schwerhörigen- oder Gehörlosenschule, die jüngeren ein Förderzentrum, Förderschwerpunkt Hören besucht und ihre Berufsausbildung in Einrichtungen für Hörgeschädigte erworben, wenn auch ein Teil von ihnen bereits integrativ beschult wurde.

Erwachsene mit angeborener oder früh erworbener mittelgradiger und insbesondere hochgradiger oder an Taubheit grenzender Schwerhörigkeit und Gehörlosigkeit, die ihre Schullaufbahn in der allgemeinen Schule absolviert haben, sind von der Anzahl her noch überschaubar. Ihre Zahl wächst jedoch aufgrund des allgemeinen Trends zur schulischen Inklusion. Folglich wächst auch die Zahl der Schulabsolventen, die inklusiv beschult wurden und im Anschluss oder auch nach erfolgreicher Beendigung eines Förderzentrums, Förderschwerpunkt Hören auf inklusivem Weg ihre Berufsausbildung absolvieren.

Die von Jussen (1987, 160) getroffene Aussage, dass 75 % der schwerhörigen Schüler in der allgemeinen Schule gefördert werden, schloss alle Arten und Grade von Schwerhörigkeit mit ein, ebenso auch diejenigen Schüler, die aufgrund ihrer geringfügigen Hörschädigung wenig oder kaum sonderpädagogischen Förderbedarf haben, und solche, die z. T. (als Schwerhörige) unerkannt, oft ohne jegliche Unterstützung am Unterricht der allgemeinen Schule teilnahmen. Dieser Personenkreis wird in den weiteren Ausführungen nicht berücksichtigt.

Nach erfolgreicher Berufsausbildung und einer ersten beruflichen Eingliederung sind die ehemaligen Schüler der Schwerhörigen- und Gehörlosenschulen sowie Förderzentren, Förderschwerpunkt Hören beruflich und sozial meist gut integriert und haben eine Identität als „Gehörlose" oder „Schwerhörige" entwickelt. Trotz ihrer weiterhin bestehenden Kommunikationsprobleme kommen sie im Alltagsleben oft gut zurecht und sind entsprechend lebenstüchtig.

Ihre Freizeit verbringen sie nicht selten in Gehörlosen- und Schwerhörigenvereinen. Diese Vereine sind als Selbsthilfegruppen organisiert.

Leben in beiden Welten　Lange Zeit vertrat man die Auffassung, dass Gehörlose *entweder* in der Welt der Hörenden *oder* in der Welt der Gehörlosen leben, bestenfalls auf der Suche nach einem Ausgleich zur Anspannung im Lautsprachkontakt, zwischen zwei relativ geschlossenen Sprachwelten pendeln. Untersuchungen von Voit belegen, dass gehörlose Menschen weit weniger als angenommen eine Entweder-oder-Entscheidung zwischen der Welt der Hörenden und der Welt der Gehörlosen treffen, u. U. wechseln sie Bezugsgruppe und/oder Sprache von Lebensbereich zu Lebensbereich und von Situation zu Situation. Das gilt offensichtlich „nicht nur für Gehörlose, sondern auch für gut Resthörige und Schwerhörige. Insgesamt werden größere Freiräume für die Selbstgestaltung entdeckt und flexibel genutzt" (1998, 265). Diese Überlegungen werden ausgebaut in Voit (2001). Dort werden auch unterschiedliche Bewältigungsstrategien des „Hörgeschädigtseins" reflektiert, die das grundsätzliche Miteinander von Menschen mit und ohne Hörschädigung erleichtern können.

Sowohl die Gehörlosenvereine als auch zeitlich nachfolgend die Schwerhörigenvereine entwickeln seit einigen Jahren umfangreiche politische Aktivitäten. Vorrangiges Ziel dabei ist es, die Öffentlichkeit auf ihre besonderen Kommunikationsbedingungen und auf ihre speziellen Kommunikationsbedürfnisse aufmerksam zu machen. Durch Bereitstellung hörgeschädigtenspezifischer Hilfen sollen die Lebensbedingungen der Betroffenen verbessert werden. **Politische und kulturelle Ziele**

Die Gruppe der gehörlosen Menschen hat sich insbesondere für die Anerkennung der Gebärdensprache als vollwertige Sprache engagiert. Ausgebildete Gebärdensprachdolmetscher sollen die Brücke zur hörenden Umwelt ermöglichen bzw. eine Hilfe zur Verständigung mit der Umwelt sein. Zu deren Ausbildung sind in den letzten Jahren verstärkt Schulungseinrichtungen entwickelt worden bis hin zum Schaffen von Studiengängen zum Gebärdensprachdolmetschen an Fachhochschulen und Hochschulen.

In analoger Weise bemüht sich der Deutsche Schwerhörigenbund, kompetente Fachleute (mit und ohne Hörschädigung) zum Kommunikationstrainer/Kommunikationstherapeuten (Audiotherapeuten) fortzubilden. Diese sollen nach Abschluss der Ausbildung befähigt sein, Einzel- und Gruppenunterricht für hörende Personen mit und ohne Hörgeräte auszuüben.

b) Erwachsene mit spät erworbenem Hörschaden

Die Lebenssituationen von Menschen mit Hörschädigung, bei denen die Schwerhörigkeit oder Ertaubung erst im Erwachsenenalter eingetreten ist, unterscheiden sich deutlich von derjenigen von Menschen mit prälingualer Hörschädigung. Die Personen der erstgenannten Gruppe werden aus einer für sie bisher als „normal" geltenden und gesichert empfundenen Lebensumwelt herausgerissen und sind durch die mit der Hörschädigung einhergehende Kommunikationsbehinderung häufig in ihrem Selbstverständnis schwer getroffen (Wisotzki 1994, 139). Trotz der Beherrschung von Laut- und Schriftsprache können sie am Leben der Sprach- und Kulturgemeinschaft nicht mehr uneingeschränkt teilhaben. Je nach Ausmaß des Hörverlustes, aber insbesondere auch nach individuellem Erleben, kommt es oft zu einer tiefen Lebenskrise. Zum Zeitpunkt des Eintretens der Hörschädigung **Hörverlust als Lebenskrise** ist die berufliche Ausbildung abgeschlossen, man hat sich in einer bestimmten beruflichen Position etablieren können und einen gewissen Sozialstatus erreicht. Diese scheinbaren „Vorteile" sind jedoch zugleich auch Ursache von ihrer spezifischen psychosozialen Problematik (Pöhle 1994, 29). Erschwerend kommt hinzu, dass „von den Betroffenen … die Hörstörung vor allem als Grundlage vieler privater wie beruflicher Lebenserschwernisse verkannt" wird, „was zu manchen überflüssigen Leidensentwicklungen und sozialen Benachteiligungen führt" (Richtberg 1986 nach Claußen 1989, 23). Der gleiche Autor fand bei einer Untersuchung, „daß jeder zweite erwachsene Schwerhörige und Ertaubte unter häufigen psychovegetativen Störungen zu leiden hat" und „sich mehr als 60 % der Untersuchten in ständiger ärztlicher Behandlung befanden" (Richtberg 1986 nach Claußen 1989, 23).

Eine im Auftrag des Bundesministeriums für Arbeit und Sozialordnung von Richtberg in den 1970er Jahren durchgeführte Studie hat im Vergleich mit Hirnverletzten und Blinden die schwerwiegenden psychosozialen Auswirkungen von Schwerhörigkeit und Taubheit aufgezeigt. Überraschend war zum damaligen Zeitpunkt die Feststellung, dass Späthörgeschädigte in fast allen analysierten Bereichen größere psychosoziale Leidens- und Konfliktbelastungen aufweisen als von Geburt an Gehörlose, obwohl nach früher vorherrschender Meinung die angeborene Gehörlosigkeit als die schwerere Behinderung aufgefasst wurde. Die Studie zeigte auch, dass die erworbene Taubheit zum Teil gravierendere psychosoziale Auswirkungen hat als die erworbene Blindheit (Richtberg 1980; Feldmann 2006).

Für den Späthörgeschädigten bedeutet eine Ertaubung oder hochgradige Schwerhörigkeit oft eine abrupte Veränderung seiner bisherigen Lebensgewohnheiten und Lebensbedingungen. Er verfügt über die Lautsprache, kann diese aber nur noch bedingt nutzen. Für die Sprachperzeption muss er sich auf das Absehen umstellen bzw. dieses ergänzend zu Hilfe nehmen. Sein erreichter Sozialstatus ist häufig in Frage gestellt, oftmals kann der erlernte Beruf nicht weiter ausgeübt werden, so dass eine Umschulung erforderlich wird. Eventuell möglich gewesene berufliche Entwicklungsperspektiven sind plötzlich verschlossen oder nur unter erheblich erschwerten Bedingungen – wenn überhaupt noch – erreichbar. Neben beruflichen Einschränkungen kommt es zu massiven Erschwernissen im privaten Bereich: Gewohnte und vertraute soziale Kontakte sind plötzlich beendet oder erleben eine erhebliche Einschränkung.

Menschen mit einer spät erworbenen Hörschädigung (sog. „Späthörgeschädigte") bilden eine noch weniger geschlossene Gruppe als jene mit prälingualer Hörschädigung (Kap. 4.1). Ebenso wie der Zeitpunkt des Eintretens der Hörschädigung eine Rolle spielt (z. B. im Jugendalter, mitten im Erwerbsleben oder erst im späten Lebensalter; Kap. 14.3), ist bedeutsam, ob die Hörschädigung mehr oder weniger plötzlich (z. B. durch Hörsturz, durch Unfalltrauma oder als postoperative Folge bei Hirntumor) eintritt oder ob sie progredient verläuft, d. h., das Hörvermögen kontinuierlich abnimmt. Der Entwicklungsweg von Personen, die im Erwachsenenalter einen Hörschaden erleiden, ist zu diesem Zeitpunkt bereits vorangeschritten. Sie verkörpern vom Lebensalter, von der sozialen Situation, vom erreichten Bildungsstand, der individuellen geistig-kulturellen Interessenlage und der beruflichen Situation Einzelschicksale, die in sehr differenzierter Weise Unterstützung und Förderung bedürfen, um die Auswirkungen der Hörschädigung zu bewältigen.

Die außerordentliche Problematik und die Schwere der aus einer (späten) Hörschädigung resultierenden Beeinträchtigung und Lebenserschwernis zeigt sich auch darin, dass ein erhöhter Anteil von Personen mit psychosomatischen Störungen und mit Selbstmordgefährdung unter den ertaubten und schwerhörig gewordenen Erwachsenen nachgewiesen ist (Richtberg 1980).

Seit Beginn der 1980er Jahre wurden für den genannten Personenkreis Angebote zur Rehabilitation geschaffen. So besteht seit 1983 eine Rehabilitationseinrichtung für Hörgeschädigte in Rendsburg, seit 1987 eine in Bad Berleburg und seit 1997 eine weitere in Bad Grönenbach. Später kamen die Bosenberg Klinik in St. Wedel und die Kaiserberg-Klinik in Bad Nauheim hinzu.   **Reha-Angebote**

Reha-Zentrum für Hörgeschädigte in Rendsburg
Die dort erbrachten Leistungen werden von den Kostenträgern als Rehabilitationsmaßnahme anerkannt. In den vierwöchigen Reha-Maßnahmen, die vorrangig der psychischen Stabilisierung der Betroffenen dienen, werden Kommunikationstechniken sowie soziale und psychologische Fähigkeiten zur Bewältigung der Hörschädigung trainiert. Die angebotenen Maßnahmen zeichnen sich durch einen ganzheitlichen und praxisbezogenen Charakter aus, d. h. die Teilnehmer kommen häufig mit gestärktem Selbstbewusstsein und Lebensmut in ihre berufliche und häusliche Umgebung zurück und können vieles von dem Erlernten sofort anwenden.

Baumrainklinik Bad Berleburg
Seit 1987 besteht eine spezielle Kurmaßnahme für Hörgeschädigte an der Kurklinik der Baumrainklinik Bad Berleburg. Die Klinik ist auf die Behandlung von Menschen mit verschiedenen Formen von Hörschädigungen (Gehörlosigkeit, Schwerhörigkeit, chronischem Tinnitus, Hyperakusis und Schwindel z.B. bei Morbus Meniere) spezialisiert. Es können zugleich internistische oder orthopädische Begleiterkrankungen und psychosomatische Störungen behandelt werden.

Klinik „Am Stiftsberg" Bad Grönenbach
Hörgeschädigten und/oder Tinnitus-Betroffenen steht seit 1997 auch die Klinik „Am Stiftsberg" in Bad Grönenbach/Allgäu zur Verfügung. Einer ihrer Behandlungsschwerpunkte ist Hörschädigung, Tinnitus und Schwindel (Morbus Meniere). Es werden alle mit einer Hörschädigung einhergehenden und hiermit mit verursachten Krankheitsbilder behandelt. Auch hier ist es Ziel, den Menschen mit Hörschädigung Hilfe zur Selbsthilfe zu vermitteln, damit sie nach ihrer Entlassung mit den Auswirkungen ihrer Hörschädigung besser zurechtkommen, um deren Lebensqualität zu erhöhen.

Bosenberg Kliniken St. Wedel
Zu den Bosenberg Kliniken gehört eine Fachklinik für Hals-Nasen-Ohren-Heilkunde mit den Indikationen für Tinnitus und Hörschädigung, Cochlea Implantat (CI) und HNO Onkologie (insbesondere Kopf-Hals-Tumore). Seit 2016 werden im Bereich der Cochlea Implantat-Rehabilitation auch Kinder und Jugendliche behandelt.

Kaiserberg-Klinik Bad Nauheim
Die Kaiserberg-Klinik hat eine Abteilung für Hörschädigungen, Tinnitus, Schwindel und Cochlea Implantate. Sie bietet unterschiedliche therapeutische Konzepte für CI-Träger, Schwerhörige, Ertaubte, für von Tinnitus und Hyperakusis sowie Schwindel (Morbus Meniere) betroffene Personen an.

Kennzeichnend für die genannten Einrichtungen ist, dass in ihnen immer auch Fachpersonal mit Hörschädigung arbeiten, z. B. als Arzt, Psychologe, Pädagoge oder Therapeut.

Weitere Angebote:

Abteilung für Hörgeschädigte in der Klinik für Psychiatrie und Psychotherapie des Klinikums am Europakanal Erlangen
Ein spezielles Angebot für psychisch kranke Menschen mit Hörschädigung wurde 1988 im Klinikum am Europakanal in Erlangen, in der Klinik für Psychiatrie und Psychotherapie geschaffen. Ursprünglich unter Leitung einer gehörlosen Ärztin entstand eine Abteilung für hörgeschädigte (teilweise auch für hör-sehgeschädigte) Menschen mit psychiatrischen Krankheitsbildern oder psychischen Verhaltensauffälligkeiten. Die Station ist besonders für Gehörlose eingerichtet; sie nimmt aber auch Schwerhörige und CI-Träger auf. Neben einer stationären sind auch ambulante Behandlungen möglich. Die Behandlung erfolgt nach individuellen Plänen in Form von Einzel- (z. B. psychologische und psychotherapeutische Gespräche, Entspannungsverfahren und Körpertherapie, Licht- und Ergotherapie, Kommunikationsförderung) und Gruppentherapien (z. B. Informations- und Kommunikationsgruppe, Muskelentspannung nach Jacobson, Sport, Freizeitstrukturierung). Die Krankenkassen übernehmen die Kosten für die Behandlung.
Die Einrichtung versorgt Personen mit Hörschädigung aus dem süddeutschen Raum.

Behandlungszentrum für Hörgeschädigte in der LWL(Landschaftsverband Westfalen-Lippe)-Klinik Lengerich
Bereits 1985 wurde dort eine Station für psychisch kranke Menschen mit Hörschädigung eingerichtet. 1988 kam dort eine Abteilung für suchtkranke Personen (mit Hörschädigung) hinzu. 2015 wurde das Behandlungszentrum für Hörgeschädigte organisatorisch integriert in die Abteilung Psychiatrie und Psychotherapie und seither in einen ambulanten und einen stationären Bereich getrennt.
Die Leitung des ambulanten Bereichs hat eine Ärztin, die ebenfalls hörgeschädigt ist.

Eine Auswahl aus der Literatur zu hörgeschädigten Erwachsenen: Claußen/Schuck (1989): Pädagogische Hilfen für schwerhörige und ertaubte Erwachsene. – Fengler (1990): Hörgeschädigte Menschen. Kap. 8–10, 137–206. – Fink (1995): Schwerhörigkeit und Ertaubung. – Kongreßbericht (1989): 3. Internationaler Kongreß der Schwerhörigen, Montreux, Schweiz. – Richtberg (1980): Hörbehinderung als psychosoziales Leiden. – Voit (1998): Multiple Sprachwelten – Selbstdeutungen Hörgeschädigter und ihre Relevanz für die Gehörlosenpädagogik.– Voit (2001): Individuelle Wege der Integrationsannäherung. Eine Herausforderung an die Hörgeschädigtenpädagogik.

14.3 Altersschwerhörige

Abbildung 21 und Tabelle 9 (Kap. 3.4) ist zu entnehmen, dass ein nicht unerheblicher Teil der Menschen mit Hörschädigung im fortgeschrittenen Alter ist. Die Mehrzahl von ihnen hat eine Altersschwerhörigkeit (auch: Presbyakusis).

> Die Altersschwerhörigkeit ist eine Schwerhörigkeit im Rahmen des normalen Alterungsprozesses: Etwa ab dem 30. Lebensjahr nimmt die Hörfähigkeit bei allen Menschen ab. Diese physiologische Altersschwerhörigkeit geht von den höchsten Frequenzen allmählich auch auf die mittleren Frequenzen über. Etwa zwischen 55 und 65 Jahren zeigt sich die Hörschädigung auch im Sprachbereich. Natürlich vorkommende Geräusche im Hochtonbereich, wie Grillenzirpen oder Vogelgezwitscher, können dann ebenfalls nicht mehr gehört werden.

Altersschwer-hörigkeit

Die Altersschwerhörigkeit ist eine sensorineurale Schwerhörigkeit, die im Allgemeinen etwa seitengleich auftritt. Besonders bei Störgeräuschen (also Lärm in der näheren Umgebung) sinkt das Sprachverständnis der Betroffenen.

    Die Ursachen sind degenerative Prozesse im Cortischen Organ, möglicherweise beschleunigt durch Lärmexposition, Durchblutungsstörungen, Stoffwechselerkrankungen, Kreislaufstörungen oder ototoxische Substanzen. **Ursachen**

    Die physiologische Altersschwerhörigkeit ist als Zivilisationskrankheit aufzufassen. In den hochentwickelten Ländern setzt sie zunehmend bereits in sehr jungen Jahren ein. Die ständige Lärmbelastung des Alltags und verändertes Freizeitverhalten (stundenlanges Hören von überlauter Musik, häufiger Besuch von extrem lauten Diskotheken oder beispielsweise Hardrock- und Metal-Konzerten) scheinen neben den bereits genannten Ursachen dazu beizutragen, dass es zu einer über das Maß der „normalen" Altersschwerhörigkeit hinausgehenden sensorineuralen Schwerhörigkeit kommt.

    Höreinbußen im Alter (das betrifft ebenso die Seheinbußen) wurden lange Zeit als „normal" angesehen, ohne sich die psychologischen Konsequenzen für die Betroffenen zu vergegenwärtigen. Das verwundert umso mehr, weil jeder Alternde irgendwann von einer Verschlechterung des Hör- (und auch des Seh-)vermögens betroffen sein wird. Erst in den letzten Jahren rückten derartige Überlegungen auch ins Bewusstsein der Hörgeschädigtenpädagogen.

    Die Einschränkungen des Hörens berühren vor allem zwei Bereiche: 1. Die lautsprachliche Kommunikation mit anderen Menschen und 2. die Orientierung in der (akustischen) Umwelt. **Folgen der Höreinbußen**

    Menschen mit Altersschwerhörigkeit berichten oft, dass sie den Gesprächspartner hören, aber nicht verstehen: Die Äußerungen der Mitmenschen werden als undeutlich, genuschelt und schwer verständlich beschrieben. Ebenso schwerwiegend ist der allmähliche Verlust der Möglichkeit, sich in der Umwelt auditiv zu orientieren. Alltägliche Hintergrundgeräusche wie der surrende Kühlschrank, spielende Kinder im Hof oder auch Türklingel und Telefon werden zunehmend schlechter wahrgenommen. Im Straßenverkehr fühlen sich ältere schwerhörige Menschen häufig unsicher, da sie herannahende Autos und Fahrräder nicht mehr hören. Auch die Fähigkeit, sich im Raum auditiv zu orientieren und Geräuschquellen lokalisieren zu können, verringert sich.

Eine besondere Problematik der Altersschwerhörigkeit zeigt sich auch darin, dass der Abbau der Hörfähigkeit oft sehr, sehr langsam (über Jahrzehnte) fortschreitet. Dem Betroffenen wird dadurch die Höreinbuße erst relativ spät bewusst. Eine Versorgung mit Hörgeräten wird häufig abgelehnt (Wisotzki 1996, 18) oder erst sehr spät in Betracht gezogen, wenn nämlich bereits erhebliche Schwierigkeiten in der Kommunikation und Interaktion bestehen.

Höreinbußen im Alter zeigen charakteristische Besonderheiten, die dem Betroffenen zumeist nur langsam bewusst werden. Zu diesen gehören:

- Es muss lauter gesprochen werden, damit der ältere Mensch verstehen kann.
- Sprache wird insgesamt nicht mehr so klar wie früher verstanden, insbesondere treten Hörprobleme in Räumen mit schlechter Akustik auf. Veränderte Sprache (z. B. Kleinkindersprache, Dialektsprache, schnelles Sprechen) wird nicht mehr so gut wie früher oder nur bei großer Konzentration verstanden.
- Hintergrund- und Störgeräusche beeinträchtigen das Verstehen erheblich.
- Um Sprache im Radio oder Fernsehen zu verstehen, muss eine größere Lautstärke eingestellt werden. Die Verständnisschwierigkeiten verstärken sich, wenn die Sprache im Hörspiel oder Film von Musik oder anderen Hintergrundgeräuschen begleitet wird.

Eine Altersschwerhörigkeit bedeutet nicht nur eine Einschränkung der Wahrnehmung akustischer Erscheinungen, sondern sie greift in erheblicher Weise auch in personale und soziale Bereiche des Betroffenen ein (Claußen 1989; Fengler 1990; Fink 1995; Richtberg 1980; Tesch-Römer/Wahl 1996b; Wisotzki 1993 und 1996). Dabei sind das Privatleben und das Berufsleben gleichermaßen betroffen. Sollte die Person mit Altersschwerhörigkeit bereits nicht mehr berufstätig sein, wirkt sich das nicht minder negativ aus, da eine erhöhte Gefahr einer Isolierung und des sozialen Rückzugs besteht.

Für den älteren Menschen stellt die Einschränkung (oder im Extremfall der Ausfall) des Hörens einen Eingriff in das Kontinuum des bisherigen Lebens dar. Die funktionale Einschränkung und Behinderung kann in alle Lebensbereiche eingreifen und als umfassende Lebenserschwerung und psychosoziale Leidens- und Konfliktbelastung erlebt werden. In welchem Umfang der Altersschwerhörige seine Schwerhörigkeit als Behinderung erlebt – viele ältere Menschen akzeptieren ihre Hörprobleme auch, weil diese im Prozess des Älterwerdens erwartbar sind (Tesch-Römer/ Nowak 1996, 122f) – ist individuell sehr verschieden und von zahlreichen Faktoren abhängig. Diese näher zu untersuchen, fand lange Zeit keine wissenschaftliche Aufmerksamkeit. So schreibt Richtberg (1980, 59f), dass in Deutschland die Altersschwerhörigkeit in gerontopsychologischen Arbeiten wegen ihrer scheinbaren Selbstverständlichkeit meist nur beiläufig erwähnt wurde, ohne dass ihr Stellenwert im Erlebniswandel des alternden Menschen besonders analysiert wurde. Erst in jüngerer Zeit zeigt man an den Auswirkungen einer Schwerhörigkeit im Alter vermehrt psychologisches, psychiatrisches, medizinisches und pädagogisches Interesse.

Der Andragogik und Geragogik kommt die Aufgabe zu, den Senioren flexible und personenbezogene Unterstützung anzubieten, die es ihnen ermöglicht, die sozialen Folgen ihrer häufig erst im höheren Alter eingetretenen Hörschädigung zu bewältigen und weiterhin ein sinnerfülltes Leben zu führen. Dabei spielt die audiologische Rehabilitation die entscheidende Rolle. Sie umfasst die technische Versorgung (Hörgeräte plus weitere Zusatztechnik, wie Telefonverstärker, Kopfhörer beim Fernsehen, Lichtklingel) und die Vermittlung psychosozialer Bewältigungs- und Kommunikationsstrategien (Beachtung von Gesprächsregeln; Erlernen einer Hör- bzw. Kommunikationstaktik). Entsprechende Angebote könnten in Volkshochschulen und Seniorenzentren geschaffen werden, die die Kommunikationsstrategien und Hörtaktiken älterer Menschen verbessern, damit sie in Kommunikationssituationen aktiv ihre Bedürfnisse einzufordern lernen. Der Einbezug der (Ehe-)Partner und Familienangehörigen in derartige Rehabilitationsmaßnahmen ist angebracht, da diese die Hörprobleme des schwerhörigen Familienmitglieds häufig unterschätzen, in deren Folge es zu Problemen in der Partnerschaft und den Familienbeziehungen kommt. Ebenso scheint eine Einführung und Einweisung in die Bedienung der erstmalig benötigten Hörgeräte angebracht. Fengler (1990, 211) beschreibt mit Bezugnahme auf Publikationen von Ward/Gowers, dass eine Gruppe von über 65-Jährigen, die sich einem diesbezüglichen Training unterzog, hinterher wesentlich besser über ihre Geräte Bescheid wusste als eine Kontrollgruppe. Auch sechs Monate später bestand dieser Informationsvorsprung noch, und die trainierte Gruppe trug ihre Hörgeräte regelmäßiger. Generell sollte die Bedeutung von Hörsystemen für die Aufrechterhaltung der Selbstständigkeit sowie für die Erhöhung der Lebensqualität nicht unterschätzt werden.

Forderungen an Andragogik und Geragogik

Auch Hellbrück (1996, 74) empfiehlt für die älteren Menschen ein Hörtraining, um das Hören und Verstehen in komplexen akustischen Situationen zu üben. Das Hören, Zuhören und Verstehenkönnen ist auch von Leistungen des kognitiven Apparates abhängig. Die Aufmerksamkeit muss über eine bestimmte Zeit aufrechterhalten werden können. Dies wiederum impliziert psychische Anspannung, schnellen Zugriff auf Gedächtnisinhalte, Flexibilität bei der Einstellung auf wechselnde Gesprächspartner sowie -themen usw. Diese mentalen Faktoren dürfen die bedeutendsten Unterschiede zwischen den älteren und jüngeren schwerhörigen Menschen ausmachen.

Eine Längsschnittstudie (zur Schwerhörigkeit im Alter) von Tesch-Römer (2001) bestätigt, dass bereits ein gering- bis mittelgradiger Hörverlust oft zu erheblichen Kommunikationsproblemen führt. Demgegenüber ist nur ein geringer Prozentsatz der schwerhörigen alten Menschen mit

Hörgeräten versorgt (etwa ein Viertel). Viele tragen zudem nur ein Hörgerät, obwohl eine binaurale Versorgung angezeigt ist. Auch in dieser Untersuchung zeigte sich, dass nur selten eine psychosoziale Begleitung der „Hörgeräte-Neulinge" stattfindet. Oftmals gingen sie nicht über wenige Besuche beim zuständigen Hörgeräteakustiker hinaus. Abzuleiten ist ein Handlungsbedarf in der Hörgeräteversorgung und in der sich anschließenden Begleitung und Beratung. Es ist notwendig, dass ältere Hörgerätebesitzer mit ihren Hörgeräten auch so umgehen können, dass sie einen optimalen Nutzen von der Technik haben. Das zentrale Rehabilitationsziel muss die Wiedererlangung und Erhaltung der kommunikativen Kompetenz sein.

Eine Untersuchung von Müller (2018) zur subjektiven Hörfähigkeit und Hörgeräteversorgung hochaltriger – älter als 80 Jahre – Personen belegt, dass die subjektive Hörbeeinträchtigung sich negativ auf die Lebensqualität auswirkt. Die Hörgeräteversorgung und -nutzung ist unterschiedlich; nur ein Teil der Hörgerätebesitzer nutzt die Geräte auch täglich. Hör- bzw. Kommunikationstaktik wird nur teilweise (bewusst) zur Verbesserung der Kommunikationssituation angewandt. Im Ergebnis fordert Müller zielgruppenspezifische Programme, die „die alterstypischen Komorbiditäten sowie interventionsgerontologische und geragogische Erkenntnisse / Prinzipien berücksichtigt" (22). Da die Gruppe der Hochaltrigen rasch anwächst, zeichnet sich dringender Handlungsbedarf ab.

Insgesamt ist anzumerken, dass es für die Einführung wirksamer Bewältigungsstrategien keine Altersgrenze gibt.

Ein besonderes Problem stellen altersschwerhörige demenzkranke Menschen dar. Fortführend sei hier auf Böhme (2008) verwiesen.

Ausgewählte Literatur zur Altersschwerhörigkeit: Fengler (1990): Hörgeschädigte Menschen. Kap. 11, 207–213. – Lindner (1999): Absehen – der andere Weg zum Sprachverstehen. Tesch Römer / Wahl (1996): Seh- und Höreinbußen älterer Menschen. – Tesch-Römer (2001): Schwerhörigkeit im Alter. – Wisotzki (1996): Altersschwerhörigkeit.

14.4 Übungsaufgaben zu Kapitel 14

Aufgabe 88   Welche Fort- und Weiterbildungsmöglichkeiten gibt es für gehörlose und schwerhörige Erwachsene?

Aufgabe 89   Umreißen Sie die besondere Lebenssituation von Personen, die erst im Erwachsenenalter hörgeschädigt wurden!

Aufgabe 90   Was ist Altersschwerhörigkeit?

Aufgabe 91   Worin zeigt sich die besondere Problematik der Altersschwerhörigkeit?

15 Überblick über die Geschichte der Hörgeschädigtenpädagogik

Beschäftigt man sich mit der Geschichte der Hörgeschädigtenpädagogik, stellen sich alsbald verschiedene Fragen: Seit wann gibt es Schulen für Hörgeschädigte? Seit wann gibt es überhaupt Menschen mit Hörschädigung? Wie sahen die ersten Bildungsversuche aus? usw.

Ohne es mit gesicherten Daten belegen zu können, kann man davon ausgehen, dass es Hörgeschädigte gibt, seit es Menschen gibt. Hörschäden gab es zu allen Zeiten der Menschheitsgeschichte. Sobald die schriftliche Überlieferung einsetzt, wird von Gehörlosen (unter verschiedensten Bezeichnungen, am häufigsten wurde wohl der Begriff Taubstumme verwandt) berichtet.

Bis zu Beginn des 20. Jahrhunderts war die Geschichte der Hörgeschädigtenpädagogik letztendlich eine Geschichte der Taubstummenbildung. Der Taubstumme stand nominell im Vordergrund der Betrachtungen, zumeist waren hier – aus vielerlei Gründen, z.B. aufgrund mangelnder diagnostischer Möglichkeiten – die Schwerhörigen und die Sprachbehinderten mit einbezogen. Erst im Lauf der Zeit haben sich die Gehörlosen-, Schwerhörigen- und Sprachbehindertenpädagogik separiert und zu eigenständigen Disziplinen entwickelt.

Die Geschichte der Erziehung taubstummer Kinder hat nach Möckel (2007, 13) eine gründliche Bearbeitung – in der Auflage von 1988 wird noch von „gründlichste(r) Beachtung" (15) gesprochen – in der historischen Betrachtung der Geschichte einzelner sonderpädagogischer Fachrichtungen erfahren. Die Ursachen liegen vermutlich darin, dass die Taubstummenschulen die ersten institutionalisierten Einrichtungen (Schulen) für Behinderte waren. Erst nach deren Entstehung gründen sich weitere „spezielle" Schulen für Kinder und Jugendliche mit unterschiedlichen Behinderungen. So liegen zahlreiche Beiträge und Monographien zur Geschichte der Erziehung von Kindern mit Taubstummheit vor.

Beispielhaft seien genannt: Walther (1882): Geschichte des Taubstummen-Bildungswesens. – Karth (1902): Das Taubstummenbildungswesen im XIX. Jahrhundert. – Emmerig (1927): Bilderatlas zur Geschichte der Taubstummenbildung. – Werner (1932): Geschichte des Taubstummenproblems bis ins 17. Jahrhundert. – Schumann (1940): Geschichte des Taubstummenwesens, vom deutschen Standpunkt aus dargestellt. – Blau (1966): Gehörlosenschule. – Kröhnert (1966): Die sprachliche Bildung des Gehörlo-

sen. – Kröhnert (1982): Geschichte. – Löwe (1983): Gehörlosenpädagogik. – Heese (1983): Schwerhörigenpädagogik. – Brand (1990): Überblick über die Geschichte der Hörgeschädigtenpädagogik. – Löwe (1992a): Hörgeschädigtenpädagogik international.

15.1 Erziehung Hörgeschädigter von den Anfängen bis zum Mittelalter

Das Verhältnis zu Kindern, die missgestaltet (also behindert) waren, war bis zum Mittelalter zwiespältig. Es reichte von besonderer Verehrung über Fürsorge und Duldung, auch Unfruchtbarmachung, bis hin zur Verstoßung und physische Vernichtung. Da ein Hörverlust die Kinder nicht entstellt und dieser nicht optisch sichtbar wird, bleibt er über längere Zeit unbemerkt. Daher ist anzunehmen, dass gehörlose Kinder nicht getötet wurden, was in einigen Stämmen bei Neugeborenen mit Missbildungen durchaus üblich war. Infantizid war im Normalfall nur unmittelbar nach der Geburt zulässig. Mit der ersten Nahrungsaufnahme war die soziale Geburt vollzogen, das Kind war in die Sippe, also in die Gemeinschaft, aufgenommen.

Altertum Im Altertum konnten Kinder und Jugendliche mit hochgradiger Hörschädigung keinem überlieferten Bildungsideal entsprechen. Sie konnten weder Priester noch Krieger noch Verwaltungsbeamter oder Kaufmann werden. Das traf selbst für Kinder und Jugendliche mit (hochgradiger) Hörschädigung aus königlichen Familien zu (Löwe 1992a, 20f). Derselbe Autor vermutet, dass die erste Erwähnung eines tauben und stummen Menschen in der Weltliteratur die Einstellung gegenüber gehörlosen Menschen bis gegen Ende des Mittelalters nachhaltig geprägt hat. Er bezieht sich hier auf Herodot (um 490 bis etwa 425/20 v. Chr.), der als „Vater der Geschichte" gilt und von König Krösus von Lydien (er regierte von etwa 560–546 v. Chr.) berichtet, dass dieser einen tauben und stummen Sohn gehabt habe, über den er sich gegenüber Athis, seinem anderen Sohn, einmal wie folgt geäußert haben soll: „Du bist mein einziger Sohn, denn den anderen kann ich gar nicht rechnen."

Griechenland Im antiken Griechenland erfährt die Auseinandersetzung um die Bildbarkeit von Menschen mit Hörschädigung eine gewisse Zuspitzung. Die Ärzte der damaligen Zeit kannten das äußere Ohr, das Trommelfell und z. T. auch die Paukenhöhle. Das Innenohr hingegen war ihnen unbekannt. Entsprechend schwer fiel ihnen die Beschreibung des Hörvorgangs.

Hippokrates (460 bis ca. 377 v. Chr.) schrieb fälschlicherweise die Stummheit einem Fehler der Zunge zu. Der Zusammenhang von Hörschaden und Stummheit war noch nicht erkannt. Hippokrates ließ sich von der Beobachtung leiten, dass der Gehörlose zwar Laute ausstößt, aber die Zunge nicht zur richtigen Artikulation führt.

Aristoteles (384–322 v. Chr.) griff diesen Gedanken auf und verglich den Gehörlosen ohne Lautsprache mit Tieren:

„Die Sprache beruht auf der Gliederung der Stimme mittels der Zunge ... Alle Tiere, welche entweder gar keine oder keine freie Zunge haben, entbehren der Sprache. ... Alle Taubgeborenen sind auch stumm, daher haben sie zwar eine Stimme, aber keine Sprache" (zit. n. Schumann 1940, 9).

Aristoteles hielt zugleich das Gehör für das wichtigste Organ der Belehrung. Da seiner Meinung nach Bewusstseinsinhalte nur über die Sinnesorgane aufgenommen werden, äußerte er sich dahingehend, dass im Allgemeinen taube Menschen schwerer zu erziehen seien als Blinde. In späteren Zeiten ist diese Aussage des Aristoteles dann so interpretiert worden, dass Taube gänzlich bildungsunfähig seien (Stichnoth 1986, 36). Diese Auffassung hielt sich beharrlich, obwohl wiederholt auf den kausalen Zusammenhang von Hörschaden und Stummheit hingewiesen wurde, so z.B. von Alexander von Aphrodisias, einer der antiken, in vieler Beziehung selbstständig denkenden Aristoteleskommentatoren, der von 198–211 n. Chr. den Lehrstuhl der peripatetischen Philosophie zu Athen inne hatte. Er erkannte, dass Gehörlose nicht sprechen, weil sie nicht hören.

Auch hinsichtlich der Intelligenz von gehörlosen Menschen ist die Haltung der griechischen Gelehrten uneinheitlich. Sprache wurde gleich Lautsprache gesetzt. Die Einsicht Platons (427–347 v. Chr.), dass sich der Gehörlose mittels Gebärde verständigt und diese von Intelligenz zeugt, blieb unbeachtet (Schumann 1940, 10).

Informationen gibt es auch über die Lage der taubstummen Menschen in der Gesellschaft im alten Israel. Sowohl die Bücher des Alten Testaments wie auch die spätere jüdische Literatur, insbesondere der Talmud, bieten Belege. Im dritten Buch Moses steht u. a. folgendes Gebot: „Du sollst einen Tauben nicht schmähen!" (zit. n. Löwe 1992a, 21). Schumann (1940, 8) verweist darauf, dass dem Talmud zu entnehmen ist, dass die Taubstummen bei den Juden als bildungsfähig galten. Auch spricht er die Vermutung aus, dass die Juden ebenfalls die Beziehung zwischen Taubheit (Gehörlosigkeit) und Stummheit erkannt hatten und die Gehörlosen nicht mit den Geistigbehinderten gleichsetzten (7). Außerdem unterschieden sie zwischen Taubstummen (Menschen mit angeborener Gehörlosigkeit) und Menschen, die nachsprachlich (also im Sprachbesitz) ertaubt waren. Wer nicht sprechen konnte, war in der jüdischen Gesetzgebung einem Kind gleichgestellt. Die Ertaubten besaßen dagegen den Rechtsstatus eines gut hörenden Menschen.

Jüdische Tradition

Im alten Rom wurde die rechtliche Stellung der taubstummen Menschen im Codex Justinianus (auf Veranlassung des Kaisers Justinian 482–565[2] n. Chr.) und seiner Nachfolgegesetze fixiert. Es wurde zwischen von Geburt an Gehörlosen, die als rechts- und geschäftsunfähig galten, und Ertaubten, die Rechtsschutz genossen, unterschieden.

Rom

Schumann (1940, 13) verweist unter Bezug auf Plinius den Älteren (23–79 n. Chr.) auf einen Bildungsversuch mit einem Taubstummen. Dies

---

[2] In verschiedenen Quellen sind unterschiedliche Jahreszahlen zu finden.

muss aber eine absolute Seltenheit gewesen sein. Der berühmte Arzt Roms, Galen (ca. 129 bis ca. 201 n. Chr.), der nach Jetter (1992, 103) als „Höhepunkt der alten Medizin" gilt und aufgrund seines beeindruckenden Gesamtwerkes zu den einflussreichsten Ärzten aller Zeiten gehört, hob die Schwerhörigen und Spätertaubten von den von Geburt Gehörlosen (Taubstummen) ab. Letztere seien für die Anforderungen des täglichen Lebens völlig unbrauchbar. Auch er empfahl die Lösung des Zungenbändchens zur Beseitigung der Stummheit. Er übernahm damit die irrige Auffassung, wonach die Zunge für die Sprachlosigkeit verantwortlich sei.

15.2 Hörgeschädigte im Mittelalter

Die mittelalterliche Geisteshaltung war zunächst geprägt von einer unabdingbaren Anerkennung der Lehren Aristoteles'. Aristoteles war nach und nach zur unbedingten Autorität geworden, besonders, nachdem seine Lehre mit der Lehre der Kirche vereinigt worden war. Fast gleicher Autorität erfreuten sich Hippokrates und Galen, aber auch die römische Rechtsprechung.

Wie erwähnt, schrieb man Aristoteles zu Unrecht die Aussage zu, dass Taubstumme bildungsunfähig seien. Diese Fehlinterpretation unterband lange Zeit jeden Versuch einer Bildung von Menschen mit einem Hörverlust von einem solchen Ausmaß, der ihnen das Erlernen der gesprochenen Sprache unmöglich machte. Bedeutungsvoll war auch die ständige Bezugnahme des irrtümlichen Zusammenhangs von einem Fehler der Zunge mit der mangelnden Sprache, was auf Hippokrates zurückgeht und wiederholt von anderen übernommen wurde (z. B. durch Galen). Diese ausschließliche Orientierung verhinderte zunächst neue Erkenntnisse.

Der kirchliche Einfluss Die auf die antike Philosophie gestützte christliche Lehre (Scholastik) vermochte nicht, eine naturwissenschaftliche Klärung des Zusammenhangs von Hörschaden und Sprachlosigkeit zu geben. Andererseits war die Kirche durch Konzilienbeschlüsse und päpstliche Anordnungen verpflichtet, den Taubstummen die Sakramente nicht vorzuenthalten. Aus diesem sowie aus karitativen Gründen entstand das Anliegen, auch Taubstummen die christliche Lehre zu vermitteln, um ihnen so die elementaren religiösen Weihen (Kommunion, Abendmahl, Sterbesakramente usw.) zukommen zu lassen.

Nachweislich wurden von Mönchen in Klöstern die ersten Bildungsversuche mit Menschen mit Taubstummheit vorgenommen. Beispielhaft sei auf den angelsächsischen Bischof Hagulstad (640–721), bekannt als John of Beverley, verwiesen. Nach einem Bericht soll er im Kloster Hexham einen Taubstummen unterrichtet haben (Rieder 1976, 93; Löwe 1992a, 23).

Bekannt ist auch die Unterrichtung eines tauben Mädchens durch die Äbtissin Scholastica (1451–1504) – Tochter des Fürsten Georg I. von Anhalt –, die 1469, im Alter von 18 Jahren, die Leitung des kaiserlich freiweltlichen Stiftes Gernrode (Harz) übernahm. Sie unterwies dieses Mädchen in den Hauptlehren des Christentums durch Zeichen und Bilder (Emmerig 1927, 12; Schumann 1940, 23).

Mit dem Übergang zur Renaissance (14.–16. Jh.) veränderte sich auch die Stellung der tauben Menschen allmählich. Dabei war es keineswegs so, dass man sich sofort von Vorurteilen und negativen Einstellungen löste – die über Jahrtausende geprägten Auffassungen waren nicht sofort zu überwinden.

Die scholastischen Universitäten wurden unter erbitterten Kämpfen im Sinne des Humanismus umgestaltet, die Lateinschulen reformiert und erweitert sowie allgemeine Volksschulen errichtet. Es kam zu einem Aufblühen von Handwerk und Handel in den Städten. Insbesondere die Medizin konnte einen deutlichen Aufschwung nehmen.

Äbtissin Scholastica

Die Menschen der damaligen Zeit befanden sich im Widerspruch zwischen Wissensdrang und bestehendem Aberglauben. Man fühlte sich zudem den kirchlichen Glaubenssätzen – mehr oder weniger stark – verpflichtet. So sah Martin Luther (1483–1546) die Taubheit wie die Blindheit und andere Gebrechen als Werke des Teufels an. Das schloss aber nicht aus, dass Luther den tauben Menschen die kirchliche Weihe zubilligte. So wurde die Tochter eines Christian Cotta zu Eisenach auf ausdrückliches Geheiß Luthers zum Abendmahl zugelassen (Schumann 1940, 34).

Die Medizin blieb trotz neuer anatomischer Erkenntnisse der aristotelisch-galenischen Lehre zunächst verhaftet. Was sie jedoch lieferte, war die Sammlung von Nachrichten und Berichten über taube Menschen. Unterstützt wurde sie dabei von Naturforschern und Chronisten. So berichten u. a. Rudolf Agricola (1442 od. 43–1485), Felix Platter (1530–1614) und Philipp Camerarius (1537–1624) von gebildeten tauben Menschen, die lesen, schreiben und selbst sprechen konnten. Nach und nach änderte sich auch ihre Rechtsstellung zu ihren Gunsten, so wurden sie erbberechtigt und das Strafrecht veränderte sich (zu Gerichtsverhandlungen gegen sie wurden Sachverständige und Dolmetscher herangezogen).

Rudolf Agricola

Ein wesentlicher Fortschritt in Richtung einer Bildung Hörgeschädigter wurde durch Hieronymus Cardanus (1501–1576) erzielt. Cardanus, italienischer Mathematiker, Arzt und Philosoph, erkannte den ursächlichen Zusammenhang zwischen Taubheit (Gehörlosigkeit) und Stummheit. Zugleich unterteilt er in verschiedene Formen (Arten) von Hörschädigungen:

Erkenntnis: Taubheit und Stummheit hängen zusammen

„Manche sind so beschaffen von Geburt. Sie sind folgerichtig auch stumm, denn wir lernen durch Hören sprechen, wer nicht hören kann, kann auch nicht sprechen. Andere werden nach der Geburt taub, aber bevor sie sprechen lernen. Sie werden aus der gleichen Ursache stumm und sind den ersteren ähnlich, weshalb man sie einer Art und Behandlungsweise zuweisen kann. Die übrigen sind die, welche taub werden, nachdem sie entweder nur sprechen oder auch zugleich schreiben gelernt haben" (zit. n. Schumann 1940, 37).

Damit kommt er aktuellen pädagogischen Sichtweisen (Kap. 2 und 4) ausgesprochen nah. Aus seinen Erfahrungen mit tauben Menschen sowie aus Erkenntnissen aus der Literatur schlussfolgert Cardanus des Weiteren, dass diese bildungsfähig seien. Damit widersprach er eindeutig der bis dahin vorherrschenden Meinung.

Die italienische Medizin der Zeit erarbeitete zudem die physiologischen Grundlagen für die Entwicklung der späteren Taubstummen(Hörgeschädigten-)bildung. So wandte sich Hieronymus Mercurialis (1530–1606) der Beziehung zwischen Gehör und Sprache sowie der Atemlehre zu und nahm zu Atemübungen Stellung. Von Fabricius ab Aquapendente (1537–1619) erschien die erste umfangreiche Monographie über Anatomie und Physiologie der Sinneswerkzeuge und Sprechorgane.

Anfänge einer Hörgeschädigtendidaktik

Zusammenfassend lässt sich feststellen, dass zu dieser Zeit die Möglichkeit des Unterrichtens von tauben Personen endgültig erkannt wurde. Cardanus lieferte zugleich den Grundsatz der Didaktik (die Taubheit bedingt nicht einen Intelligenzmangel) und er hat den Grundsatz einer Methode des Unterrichts mit tauben Schülern (auf der Grundlage des Schriftbildes) entwickelt. (Weiterführende Informationen diesbezügl. sind Schumann 1940, 36–38 zu entnehmen.)

Gehörlosenbildung als Einzelerscheinung

Zur Umsetzung der in Italien gewonnenen Erkenntnisse und Ergebnisse kam es in Spanien. In Spanien gab es zu jener Zeit, vermutlich infolge der durch Standesvorurteile geförderten Inzucht (Schumann 1940, 41), eine auffallende Häufigkeit von Hörschäden. Um den tauben Familienmitgliedern eine standesgemäße Bildung und Erziehung, und damit die Erb- und Lebensrechte zu sichern, bestand Interesse an einer entsprechenden Erziehung. Die ersten überlieferten Bildungsversuche erfolgten daher mit jungen Adligen mit Hörschädigung. Während frühere Bildungsversuche immer nur an einem tauben Kind, Jugendlichen oder Erwachsenen unternommen worden sind, war Pedro Ponce de León (1510–1584) der erste, von dem überliefert ist, dass er nicht nur einen, sondern etwa zwölf Schüler mit Hörschädigung unterrichtet hat, darunter auch Mädchen.

Ponce de León entstammte selbst einer Familie des Hochadels der Provinz León. Nachdem er 1526 das Ordensgelübde abgelegt hatte, übersiedelte er 1540 in das Kloster San Salvador zu Ona. Dem Kloster wurden zwei taube Jungen aus der hochadeligen Familie de Velasco zur Erziehung übergeben. Später folgten deren ebenfalls taube Schwestern und weitere Schüler aus adligen und vornehmen bürgerlichen Familien.

Ponce de León

Im Unterricht mit den Schülern ließ sich Ponce zunächst von den Traditionen des Klosters leiten, die ihm die Hilfsmittel der Mönchsgebärde, des Handalphabets und der Schrift in die Hand gaben.

Niederschriften von seinem Unterricht hat er nicht angefertigt. Die Kenntnisse, die man über seinen Unterricht hat, gewann man vorzugsweise durch Darstellungen seiner ehemaligen Schüler sowie von Personen, die von seinem Unterricht Kenntnis besaßen:

1. Der Ausgangspunkt und die Grundlage des Verfahrens war die Schriftsprache, die durch ein Fingeralphabet gegliedert wurde. Der Erwerb des Schreibens und der Fingersprache war das erste Unterrichtsziel.

Älteste Darstellung eines Handalphabets

2. Unmittelbar nach dem Gegenstand oder Vorgang wurde das geschriebene Wort

oder die natürliche Gebärde eingesetzt, um die Verbindung von Name und Begriff zu schaffen.

3. Nach Erwerb eines gewissen Wort- und Begriffsvorrates begann er die Lautsprache zu entwickeln, wobei er vom Einzellaut ausging.
4. Das Absehen wird nicht erwähnt. Eine gewisse Praxis des Absehens wird sich jedoch aus dem Sprechunterricht ergeben haben.
5. Die Zusprache erfolgte mittels Fingeralphabet, in Gebärden oder in der Schriftform. Die Schüler antworteten in der Lautform oder schriftlich. So entstand eine enge Verflechtung von Fingeralphabet, Schrift- und Lautsprache mit den verdeutlichenden Gebärden.
6. Das schriftsprachliche Verstehen war die Grundlage der weiteren Sprach- und Verstandesbildung und des Wissenserwerbs.
   (nach Schumann 1940, 43).

Interessant dabei war, dass er nicht vom Buchstaben ausging, sondern vom Bild ganzer Wörter. Die so Unterrichteten konnten schon eine Reihe von Wörtern schreiben, bevor eine Auflösung derselben im Alphabet erlernt wurde (Werner 1956). Ähnliches Vorgehen war dann auch wieder bei den Schriftbildmethodikern (Kap. 15.4) zu Beginn des 20. Jahrhunderts zu beobachten.

Schumann (1940) sah Ponces Bedeutung weniger in der Aufstellung eines Lehrverfahrens, sondern darin, dass er mit seinen Schülern der Welt Beispiele gebildeter und sprechender tauber Menschen gab.

Aus dem Umfeld von Klöstern heraus führt Manuel Ramirez de Carrión (1579 bis nach 1652), der etwa 50 Jahre nach Ponce wirksam wurde. Väterlicher- und mütterlicherseits aus edlen Familien stammend, war er später als Elementarlehrer tätig. Dabei unterrichtete er auch einen tauben Schüler im Sprechen nach einem eigenen Verfahren, welches sich wahrscheinlich an die Lautiermethode anlehnte, die er im Sachunterricht der Elementarschule anwandte. Etwa ab 1600 unterrichtete er dann als Hauslehrer nacheinander mehrere gehörlose adlige Kinder. Dabei kam er u. a. auch als Lehrer in das Haus der Familie de Velasco, für die bereits Ponce gearbeitet hatte. Seine letzte Stelle hatte er am Hofe in Madrid inne, um dort den gehörlosen Prinzen Emanuel Philibert von Carignano zu unterrichten. Carrión war überaus erfolgreich. Seine Schüler erlangten eine hohe Sprach- und Geistesbildung. Er lehrte sie lesen, schreiben und sprechen, pflegte das Absehen, ohne es methodisch zu lehren, und bediente sich des Handalphabets.

Schumann (1940, 49) vermutete, dass Carrión der erste Taubstummenlehrer war, der bei seinen Schülern Hörreste erkannte und für den Unterricht nutzbar machte. Carrión bezeichnete sich als Erfinder seiner Leselehrmethode und des Taubstummenunterrichts. Man kann ihm nicht nachweisen, dass er von Ponces Verfahren Kenntnis hatte.

Er verpflichtete seine Schüler, über das Unterrichtsverfahren Stillschweigen zu bewahren. Eine von ihm verfasste Schrift enthielt zwar Ausführungen über Taubheit und Stummheit, aber keine Beschreibung seines Verfahrens.

Titelblatt Bonet

Die „Spanische Methode" wurde neben den zwei bereits genannten Persönlichkeiten noch von einer dritten geprägt: Juan Pablo Bonet (1579–1633). Er war Sekretär der Familie, in der Carrión den von Taubheit betroffenen Don Luis de Velasco unterrichtete. Nach dessen vorübergehendem Ausscheiden aus dem Dienst der Familie versuchten mehrere Personen erfolglos, darunter Bonet, den Unterricht fortzusetzen. Dennoch legte Bonet 1620 die erste umfassende Darstellung zur Unterrichtung von tauben Schülern vor. Obwohl Bonet Carrión nicht erwähnt, müssen sie einander bekannt gewesen sein. In diesem Werk war ganz offensichtlich Carrións Verfahren dargestellt. Dennoch: Mit seiner Publikation lag das erste Lehrbuch der Hörgeschädigtenpädagogik vor. Damit war das Wissen um die Unterrichtung von tauben Personen erstmalig zusammengefasst und einer breiteren Öffentlichkeit zugänglich. Das Buch hatte den Titel „Reduction de las letras, y arte para enseñar a ablar los mudos" und erschien 1895 in deutscher Übersetzung als „Vereinfachung der Buchstaben und die Kunst, Stumme sprechen zu lehren".

Die Spanische Methode

In der Geschichte der Hörgeschädigtenpädagogik werden die drei Spanier als eine Einheit gesehen. Sie haben sich in ihrem Wirken ergänzt, so dass ein geschlossenes Verfahren entstand, welches als „Spanische Methode" bezeichnet wird. Ponce gilt dabei als Erfinder, Carrión als Methodiker und Bonet als Theoretiker. Zugleich legten alle drei ihrem Verfahren den gleichen Stufengang zugrunde, der durch die Stationen der Schrift, des Handalphabets und der Lautsprache gekennzeichnet ist. Zugleich erkannten alle drei noch nicht die Bedeutung des Absehens.

Der Weg zur institutionalisierten Bildung gehörloser Menschen – Übergang zur Neuzeit

Versuche, Hörgeschädigte zu unterrichten, wurden in den folgenden Jahren auch in anderen Ländern unternommen, zu nennen wären hier vorzugsweise England, die Niederlande und auch das deutschsprachige Mitteleuropa.

1644 veröffentlichte Sir Kenelm Digby (1603–1665), englischer Staatsmann, ein Buch, in dem er seine Beobachtungen beschrieb, die er während eines Besuches in Spanien bei der Unterrichtung von Don Luis de Velasco durch Carrión erlebt hatte. Der Bericht fand in England aufmerksame Beachtung. Die einsetzende Diskussion führte u. a. dazu, dass John Bulwer (1614–1684), englischer Arzt und Schriftsteller, eine Art „Akademie" für „Taubstumme" forderte. Er hatte auch schon Geldmittel zur Durchführung und ein Gebäude in Aussicht. Aber alle Persönlichkeiten, mit denen er verhandelte, fanden seinen Plan aufgrund der hergebrachten Meinung so absurd, dass sie ihm jede Förderung versagten (Schumann 1940, 59).

Während Bulwer sich theoretisch mit Verfahren der Unterrichtung Gehörloser beschäftigte, gelten John Wallis (1616–1703) und William Holder (1615–1696/97) als die ersten, die in England gehörlose Kinder unterrichtet haben. Wallis war Phonetiker. Auf der Grundlage seiner Erkenntnisse, dass die verschiedenen Laute durch genau zu bestimmende Veränderungen der Sprechwerkzeuge erzeugt werden und gegeneinander abzugrenzen sind, kam ihm der Gedanke, dass es auf dieser Grundlage möglich sein müsse, tauben Personen das Sprechen zu lehren. Für ihn war aber auch ein

John Bulwer

Unterricht denkbar, ohne das Sprechen auszubilden. Er selbst hat einigen seiner Schüler einen solchen Unterricht, der sich auf unmittelbarer Schriftsprachassoziation gründete, erteilt. Wallis setzte die von Bonet angebahnte Methode, Sprache stufenweise aufzubauen, fort und lehrte sie auf der Basis der grammatischen und logischen Kategorien.

Holder war ein in vielen Bereichen hochbegabter Mann. Seine nur auf wenige praktische Erfahrungen beruhenden Aussagen zeigten neue Wege beim Sprechunterricht. Zudem setzte er sich kritisch mit dem Absehen auseinander. Er verwies bereits darauf, dass Absehen Sprachkenntnis voraussetzt; das Schriftbild des Lautes müsse dem Sprechen vorangestellt werden.

George Dalgarno (1626–1687), aus einer angesehenen Familie stammend, arbeitete als Privatlehrer in Oxford. Es ist nicht genau bekannt, ob er taube Schüler unterrichtet hat oder sich nur theoretisch mit deren Unterrichtung auseinandersetzte. Allgemein weiß man aber von seinen sprachphilosophischen und lautphysiologischen Interessen, die entsprechende Basis boten. Er verglich das blinde mit dem gehörlosen Kind und stellte einen Sprach- und Bildungsrückstand des Letzteren fest. Bei entsprechender Förderung seien diese Rückstände jedoch vermeidbar. Er entwickelte ein (beidseitiges) Handalphabet, mit dessen Hilfe Sprache erlernt werden sollte.

Im Reigen der Fachleute, die sich im Rahmen der englischen Hörgeschädigtenpädagogik der damaligen Zeit verdient gemacht haben, wären noch Henry Baker (1698–1774)[3] und Thomas Braidwood (1715–1806) zu nennen. Aufgrund seiner Erfolge bei der Unterrichtung von drei tauben Kindern eröffnete Baker 1720 eine Art Privatschule für gehörlose und stammelnde Kinder von Eltern, die das geforderte hohe Schulgeld bezahlen konnten. Auch er verheimlichte sein Vorgehen vor Besuchern, ebenso hat er keine Veröffentlichungen hinterlassen. Bekannt ist, dass ihm Schreiben, Zeichnen, Sprechen und Absehen als Unterrichtsmittel dienten. Tagesereignisse, Ereignisse in der Schule und im Elternhaus, Beobachtungen auf Spaziergängen wurden zum Sprachaufbau genutzt und durch ein grammatisches System gestützt und gesichert.

Auch Braidwood eröffnete (1760) eine Privatschule für gehörlose Kinder in Edinburgh. Nach seinem Tod führte seine Witwe bis 1816 die Anstalt fort. Sprechen und Absehen standen im Vordergrund des Lehrzieles seiner Schule.

Die niederländische Hörgeschädigtenbildung ist mit dem Namen Johann Conrad Amman(n)[4] (1669–1724) verbunden. Ammann stammte aus der Schweiz. Nach Abschluss seines Medizinstudiums in Basel führte ihn eine Studienreise nach Holland, wo es ihm so gefiel, dass er sich in Amsterdam ansiedelte. Ihm wurden mehrmals taube Menschen zur Heilung

Johann Conrad Ammann

---

[3] Baker war Schwiegersohn von Daniel Defoe. Er arbeitete sich vom Buchhändlerlehrling zum angesehenen Wissenschaftler hoch.

[4] In der Fachliteratur werden beide Schreibweisen verwendet.

vorgestellt. Für damalige Verhältnisse traf er die maßgebliche Entscheidung, dass nach (seinerzeitigem) Kenntnisstand diesem Personenkreis mit
medizinischen Mitteln nicht zu helfen ist. Er suchte einen Ausweg über die
Physiologie des Sprechens. Dazu beobachtete er die Verschiedenheit der
die Sprache bildenden Laute sowie die Verschiedenheit der ihnen zugrunde liegenden Bewegungen und die Verschiedenheit der Sprechbilder. Ein
Versuch vor dem Spiegel überzeugte ihn davon, dass die Verschiedenheit
der Mundbilder die Grundlage einer Verständigung für Nichthörende sein
könnte (Schumann 1940, 76).

**Franz Mercurius
van Helmont und
Johann Conrad
Ammann.**
Die Abbildung zeigt
eine Untersuchung des
Sprechbewegungs-
ablaufes 1697, in der
van Helmont und
Ammann die Möglich-
keit der Sprachanbil
dung bei Gehörlosen
prüften.

Theoretische Abhandlungen hatte zuvor u. a. Anton Deusing (1612–
1666) geliefert. Er verfasste Schriften, die sich u. a. auch mit tauben Personen beschäftigten. Die rein theoretischen Schriften orientierten auf eine
Förderung der tauben Menschen mit Mitteln der Schrift, Gebärde und
Lautsprache. Auch Franz Mercurius van Helmont (1614 1699), der ebenfalls nie selbst taube Schüler unterrichtet hatte, entwickelte Vorstellungen,
wie die Betroffenen durch Imitation über das Absehen und den Tastsinn
zur Lautsprache geführt werden soll. Neben Tasten / Fühlen empfahl er,
den Spiegel einzubeziehen.

Die zentrale Stellung in der niederländischen Hörgeschädigtenbildung
nimmt – wie erwähnt – jedoch Ammann ein. Etwa ab 1690 lehrte er auf
der Basis seiner theoretischen Überlegungen mehreren tauben Personen
das Sprechen, offensichtlich mit großem Erfolg. Sein Vorgehen beschrieb
er in den Schriften „Surdus loquens" (Der sprechende Gehörlose) (1692)
und „Dissertatio de loquela" (Abhandlung über das Sprachvermögen)
(1700), wobei letztere eine ausführliche Darstellung seines Vorgehens be-
inhaltete. Beide Schriften waren in lateinischer Sprache verfasst.

Im Gegensatz zu einigen seiner Vorgänger machte Ammann aus seiner
Methode kein Geheimnis, sondern sprach sogar die Bitte aus, dass recht
viele seine Methode versuchen sollten (Schumann 1940, 76). Zahlreiche
Personen versuchten dies auch; zuerst fand das Vorgehen Nachahmer in
England, dann in Deutschland und Frankreich sowie nach und nach auch
in anderen Ländern.

Mit Bezug auf Schumann (1940, 82) lässt sich Folgendes festhalten:
Ammann war vom überragenden Wert der Lautsprache überzeugt. Ausgehend von der Überlegung, dass die Lautsprache nicht nur hörbar, sondern
auch sichtbar und fühlbar ist, lehrte er den Gehörlosen, auf der Basis seiner Lautlehre Sprechen und Gesprochenes abzusehen. Sein Vorgehen lässt
sich wie folgt verdichten:

1. Im Mittelpunkt des Verfahrens stand die Absehbarkeit der Sprache.
2. Die Formen und die Sachinhalte der Sprache wurden gezielt eingeführt. Sprache
   sollte als Werkzeug gebraucht werden.
3. Das Schriftbild war Unterrichtsmittel. Sowohl beim Sprech- als auch beim Sprachunterricht ging er vom Schriftbild aus und bediente sich seiner als Gedächtnishilfe.
4. Die Gebärde erwähnte er nicht als Unterrichtsmittel, da er ihre Anwendung für
   selbstverständlich hielt.

Im Vergleich zu seinen Vorgängern benutzte er das Handalphabet nicht. Die Aneignung und Verwendung der Lautsprache durch den tauben Menschen war die Grundlage seines Verfahrens. Ammann begründet das Absehen, nutzte die Vibrationen für die Artikulation, führte den Artikulationsspiegel ein und verwendete die Schriftsprache für die Lautsprachentwicklung seiner Schüler. In seinen theoretischen Arbeiten entwickelte er eine Einteilung der Laute.

Angeregt durch Ammanns Buchveröffentlichungen, versuchten sich insbesondere Vertreter aus dem deutschsprachigen Mitteleuropa und Frankreich, sich ebenfalls der Bildung von Personen mit Hörschädigung zuzuwenden. In Deutschland waren es vor allem evangelische Pastoren, die den Versuch unternahmen, gehörlosen Kindern Unterricht zu erteilen. Beispielhaft wären hier zu nennen Georg Raphel, Superintendent in Lüneburg (1673–1740), Vater von sechs Kindern, davon drei gehörlos, die er selbst unterrichtete. Im Gegensatz zu Ammann ging er bei seinem Sprechunterricht nicht vom Einzellaut, sondern von der Sprechsilbe aus. Johann Ludwig Ferdinand Arnoldi, Pfarrer in Großlinden bei Gießen (1737–1783), hatte in seinem Pfarrhaus eine kleine Taubstummenschule eingerichtet, in die er Kinder mit Hörschädigung wohlhabender Eltern aufnahm. Nach Löwe (1992a, 35) kann diese Einrichtung als erste deutsche Gehörlosenschule angesehen werden.

Aus der französischen Hörgeschädigtenbildung sollen exemplarisch **Frankreich** Jacob Rodriguez Pereira (1715–1780) und R. Ernaud (1740–1800) erwähnt werden.

Der in Frankreich lebende Spanier Pereira hatte sich, um seiner Schwester, die taub war, helfen zu können, an die Akademie in Bordeaux gewandt, deren Sekretär ihm die Schriften von Bonet, Wallis, Holder und Ammann empfahl. Auf der Grundlage dieses Wissens unterrichtete er nach seiner Schwester noch mehrere andere Personen mit Hörschädigung. Im Mittelpunkt stand für Pereira die Lautsprache. Dem Taubstummenunterricht kommt die Aufgabe zu, den tauben Schülern Sprechen und Sprache zu lehren. Aufgrund physiologischer Studien stellte er fest, dass seine Schüler Hörreste hatten. Nach ihrer Hörfähigkeit teilte er sie in drei Gruppen ein. Die Gebärde verwendete Pereira zur Einführung in das Wortverständnis und zur Begriffserarbeitung. Sobald er sich mit seinen Schülern über gewöhnliche Dinge unterhalten konnte, gebrauchte er die Gebärde nicht mehr. Er entwickelte das einhändige spanische Handalphabet weiter und passte es dem französischen an.

R. Ernaud (1740–1800) ging ähnlich wie Pereira vor, verzichtete aber auf das Handalphabet. Er versuchte, die Hörreste seiner Schüler durch systematische Hörübungen unter Benutzung eines Hörrohrs zu beleben und zu stärken.

Jacob Rodriguez Pereira

15.3 Aufklärung und Neuzeit: Die Entstehung einer institutionalisierten Bildung Gehörloser

Wie dargestellt gab es vereinzelt immer wieder (private) Taubstummenschulen. Sie existierten zumeist nur wenige Jahre und gingen spätestens mit dem Tod ihres Gründers ein. (Die einzige Ausnahme scheint die Schule von Thomas Braidwood gewesen zu sein, dessen Witwe die Schule noch 10 Jahre weiterführte.)

Entscheidenden Einfluss auf die Entwicklung der institutionalisierten Bildung und Erziehung Hörgeschädigter übten erst folgende zwei Schulgründungen für Taubstumme aus:

Abbé de l'Epée

1770 eröffnete Abbé de l'Epée (1712–1789) in Paris ein privates Taubstummeninstitut. 1778 folgte Samuel Heinicke (1727–1790) in Leipzig mit der Gründung des „Kurfürstlich-Sächsischen Institutes für Stumme und andere mit Sprachgebrechen behaftete Personen".

Fachlich gesehen standen sie sich als Kontrahenten gegenüber: Charles Michel de l'Epée weihte sich – entgegen den Vorstellungen seiner Eltern – bereits mit 17 Jahren der Kirche. Etwa 1760 lernte er durch Zufall zwei Mädchen, die taub waren, kennen, deren Unterrichtung er übernahm. Zu diesen beiden Schülerinnen kamen bald andere hinzu. Er unterrichtete sie zuerst in seinem Hause. So entstand eine Taubstummenschule, die er dann nach dem Montmartre verlegte und – offensichtlich angeregt durch die Pädagogik Rousseaus – in eine Erziehungsanstalt verwandelte, die auch auswärtige taube Schüler aufnahm. Abgesehen von privaten Unterstützungen und Geschenken leistete er die Unterhaltung der Anstalt aus eigenen Mitteln und schränkte seinen Lebensbedarf aufs Äußerste ein. Erst vier Jahre vor seinem Tod erhielt die Anstalt einen jährlichen Betrag von 3 400 Franken aus der Schatulle Ludwig XVI.; einige Mittel kamen noch von der Regierung, die ebenfalls Räumlichkeiten zur Verfügung stellte.

Die Französische Methode

Die Methode de l'Epées wird von Gebärdenzeichen und der Schrift bestimmt. Beide waren gleichermaßen Mittel und Ziel des Unterrichts. Sein Vorgehen war beeinflusst durch die sprachphilosophischen Auffassungen seiner Zeit und dem Gedanken, dass die Gebärde von der Natur des tauben Menschen ausgehe. Die Schrift sollte gleichermaßen zur Kultursprache des Hörenden hinführen. Für das Erlernen der Buchstaben, später auch zum Diktieren von Eigennamen, trat ein Fingeralphabet als Hilfsmittel hinzu. Laut Schumann (1940, 126) hielt de l'Epée das Sprechen lernen für möglich, erstrebenswert und erreichbar. De l'Epée unterschätzte aber die Zeit, die zum Vermitteln der Lautsprache benötigt würde. (Er ging von vier Lektionen aus.) Er hielt das Sprechen für etwas Mechanisches und schloss für den von ihm unterrichteten Personenkreis die Möglichkeit aus, „in artikulatorischer Sprache denken" zu können (vgl. Kröhnert 1966, 50). In der Praxis de l'Epées trat die Lautsprache sehr zurück.

Es lässt sich festhalten, dass Handalphabet, Schrift und Gebärde die wesentlichen Bestandteile seines Unterrichtsverfahrens waren, wenngleich auch mit unterschiedlicher Bedeutung.

Begonnen wurde der Unterricht mit der Vermittlung des Handalphabets. Es sollte das Einprägen und Schreiben von Buchstaben unterstützen. Außerdem diente es zur Erfassung von Wörtern, die durch Zeichen erklärt wurden. Die Zeichen bildeten den eigentlichen Schwerpunkt seiner Methode. Sein Zeichensystem setzte sich zusammen aus

– Wurzelzeichen (zum Erschließen von Grundbegriffen) und
– methodischen Zeichen (zum Vermitteln von lexikalischen, grammatikalischen und syntaktischen Gesetzlichkeiten der Sprache). Später kamen für fortgeschrittene Schüler noch sog. „verkürzte Zeichen" hinzu.

Nach de l'Epées Tod wurde seine Methode von Abbé Sicard (1742–1822) ausgestaltet; dies bezog sich sowohl auf die praktisch-methodische Umsetzung als auch auf den Versuch einer wissenschaftlichen Begründung.

Der von de l'Epée praktizierte Unterricht einschließlich der Erweiterungen durch Sicard wird in der Fachwelt als „Französische Methode" bezeichnet.

Abbé Sicard

Als Vater der „Deutschen Methode" gilt Samuel Heinicke. Heinicke, Sohn wohlhabender Bauern, sollte ursprünglich das Gut seines Vaters übernehmen. Nach Unstimmigkeiten mit seinem Vater verließ er das Elternhaus, wurde zunächst Soldat, studierte und ließ sich 1758 zunächst in Altona, dann in Hamburg nieder und arbeitete als Privatlehrer. Nach Erhalt einer Stelle als Küster und Schulhalter in Eppendorf bei Hamburg begann er 1769, einen Taubstummen (nachfolgend kamen weitere hinzu) zu unterrichten, nachdem er bereits während seiner Zeit in der Leibgarde in Dresden einen Taubstummen mittels einer Art Fingeralphabet unterrichtet hatte. 1778 siedelte Heinicke nach Leipzig über und eröffnete mit neun mitgebrachten Schülern seine Schule. Sie wurde staatlich unterstützt und beaufsichtigt. Der Staat übernahm das Pflegegeld für arme Zöglinge und setzte Stipendien für Personen aus, die sich in der Methode des Unterrichts mit Taubstummen ausbilden lassen wollten. Dadurch erhielt die Einrichtung den Charakter eines öffentlichen Institutes (Schumann 1940, 146).

Samuel Heinicke

Heinickes Leben und Wirken vollzog sich in einer Epoche, die durch das Gedankengut der Aufklärung bestimmt wurde. Zugleich nahm er als Zeitgenosse von Kant (1724–1804) und Herder (1744–1803) verschiedene philosophische Anregungen auf. Die Wurzeln der sprachphilosophischen Positionen von Immanuel Kant und Johann Gottfried Herder gehen auf die Antike zurück, die den Menschen als sprechendes und daher Verstand besitzendes Lebewesen kennzeichnet. Lautsprache und Denken bilden für sie eine untrennbare Einheit.

Heinicke „stellte das Prinzip des in der Lautsprache sprechenden und in dieser Sprache denkenden Taubstummen auf" (Schumann 1940, 147). Sein

Die Deutsche Methode

Ziel war es, den taubstummen Menschen entsprechend auszubilden, da sie nach seiner Ansicht nur so zu nützlichen Mitgliedern der Gesellschaft werden könnten. Er ging davon aus, dass bei diesen – im Unterschied zum Vollsinnigen, der die Sprache auf normalem Weg erlernt – der fehlende Sinn durch einen anderen ersetzt werden müsse. Heinicke kam auf den Gedanken, die Vokale mit Hilfe bestimmter Flüssigkeiten anzubilden, so z.B. scharfer Essig für i, Zuckerwasser für o, Wermutextrakt für e, reines Wasser für a und Baumöl für u. Die Anbildung der Laute über unterschiedliche Geschmacksempfindungen hatte Heinicke im sog. „Arcanum" festgehalten.

Das Arcanum ist eine nur acht Seiten umfassende Schrift, die seine ganz persönliche Lehrmethode und „Erfindung" darstellt, artikulierte Laute bei Taubstummen durch essentielle Mittel über den Geschmackssinn zu befestigen und zu stabilisieren (Winkler 1993, 329; auch Schumann 1940, 150).

Neben dem Geschmackssinn nutzte Heinicke noch den Tastsinn. Er erkannte, dass die Sprechbewegungsempfindungen für den Erwerb und die Wiedergabe der Sprache genutzt werden können. Aus dem Arcanum ist zudem zu entnehmen, dass er

„– von der angenäherten Artikulation einfacher Wörter aus der Erlebniswelt
der Kinder ausging,
– den Schülern die Lautbildung bewußt machte,
– dem Absehen und Schriftbild keine große Bedeutung beimaß und
– das Lesenlernen nach der Ganzheitsmethode vornahm" (Große, K.-D. 1988, 26f).

 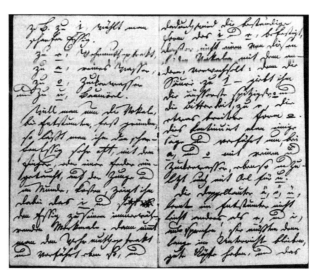

Abb. 43 (links): Titelblatt des Arcanums von 1772 (aus: Winkler 1993, 328)

Abb. 44 (rechts): Doppelseite aus dem Arcanum, auf der die Artikulation von Vokalen mittels des Geschmackssinns erläutert wird (aus: Winkler 1993, 329)

Nach einigen Querelen um das Arcanum (nachzulesen bei Schumann 1940; Kröhnert 1966; Winkler 1993) ist es – letztendlich aufgrund seiner Bedeutungslosigkeit – in Vergessenheit geraten. Das Original kann jedoch noch heute in der Sächsischen Landesschule für Hörgeschädigte, Förderzentrum Samuel Heinicke Leipzig, besichtigt werden.

Nach Heinickes Tod leitete seine Frau Anna Catharina Elisabeth Heinicke die Schule bis Ende 1829 weiter. (Nach ihrem Ausscheiden übernahm ihr Schwiegersohn die Schule.) Die Schule bestand zu dieser Zeit über 50 Jahre. Frau Heinicke führte, trotz zahlreicher widriger Umstände, die Schule fort, entwickelte jedoch Heinickes Methode, ebenso wie andere Taubstummenlehrer, nicht weiter.

Catharina Heinicke

Zusammenfassend lässt sich festhalten: Abbé de l'Epée entwickelte und verwendete in seinem Unterricht ein gebärdensprachliches Zeichensystem. Der Lautsprache maß er keine Bedeutung bei. – Heinicke dagegen forderte für den Taubstummen die Lautsprache. Die Vermittlung der Lautsprache sah er als Aufgabe des Taubstummenunterrichts an.

Der Methodenstreit

Diese Auseinandersetzung ist als der sog. „Methodenstreit" in die Geschichte der Hörgeschädigtenbildung eingegangen. Noch bis zum Ende des 20. Jahrhunderts teilte er die Gehörlosenpädagogen in zwei Lager. Lange Zeit konnte das Problem „Gebärdensprache – Lautsprache" – so Schott (1995, 79) – nie allgemein zufriedenstellend gelöst werden.

Tab. 20: Beispiele für weitere Gründungen von Gehörlosenschulen (zusammengestellt aus: Karth 1902; Statistische Nachrichten 1927/28; Brand 1989; Löwe 1992a; Schott 1995)

Jahr	Schulgründung
1779	Wien
1784	Karlsruhe
1786	Prag, Krefeld, Staufen
1787	Schleswig
1788	Berlin, Lübeck
1799	Kiel
1802	Vács (= Weizen)
1804	München
1805	Mailand
1812	Linz
1817	Warschau, Gmünd
1818	Königsberg
1820	Camberg, Würzburg, Aschaffenburg, Wildeshausen
1822	Erfurt, Ansbach
1825	Frankenthal
1829	Dresden, Halberstadt, Weißenfels, Hildesheim
1830	Lemberg (Lwów), Brixen
1832	Graz, Salzburg, Nürnberg
1833	Preßburg
1835	Halle/S., Bamberg, Straubing
1847	Dillingen
1858	Gotha

Weitere Schulgründungen Mit der Etablierung der Einrichtungen in Paris und Leipzig war der Durchbruch für eine institutionalisierte Bildung und Erziehung Taubstummer geschafft: In rascher Folge entstanden weitere Bildungseinrichtungen für Taubstumme (Tab. 20).

Bereits 1779 eröffnete das k. und k. Taubstummeninstitut zu Wien. Es entstand auf Veranlassung von Kaiser Joseph II, der 1777 in Paris weilte und dort das Wirken von de l' Epée kennenlernte. Er sandte den aus Böhmen stammenden Juristen und Sprachlehrer Joseph May (1755–1820) und den Priester Dr. Friedrich Stork (1746–1823) nach Paris, um von de l'Epée die Theorie und Praxis des Unterrichtens Taubstummer zu erlernen.

Die Wiener Schule Nach anfänglichem Verwenden der französischen Methode bürgerte sich relativ rasch das „gemischte Lehrverfahren" ein. Bei diesem liegt die Schriftsprache dem gesamten Unterricht zugrunde, Gebärden und Lautsprache sind nachgeordnet. Im Gegensatz zu den Vertretern der französischen Methode wurden in der Wiener Schule möglichst natürliche Gebärdenzeichen verwendet. Der Sprechunterricht (Artikulationsunterricht) baute auf der Schriftsprache auf. Dieses Vorgehen verschaffte sich besonders in Österreich-Ungarn und in Süddeutschland Geltung (Lechta et al. 2008).

Alle weiteren Neugründungen orientierten sich in der methodischen Arbeit und damit zugleich in der Wahl des Kommunikationsmittels an den drei Einrichtungen. Dabei setzte sich zuerst das gebärdensprachlich orientierte Vorgehen durch. Etwa in der 2. Hälfte des 19. Jh. fand zunächst in den deutschsprachigen, dann aber auch in zahlreichen weiteren Ländern Europas der lautsprachlich orientierte Taubstummenunterricht Anwendung. Die Anzahl der bestehenden Taubstummenanstalten in Europa im Jahr 1800 und kurz vor 1900 stellt Tabelle 21 gegenüber.

Die Verallgemeinerungsbewegung Wie aus Tabelle 20 zu entnehmen ist, kam es zu einem relativ raschen zahlenmäßigen Ansteigen der „Taubstummenanstalten". Dennoch reichten die vorhandenen Einrichtungen bei weitem nicht aus, wenn man bedenkt, dass die gesamte Anstalt oftmals aus weniger als 10 Schülern bestand. Einige Pädagogen begannen, sich Gedanken zu machen, wie die nicht beschulten Taubstummen unterrichtet werden könnten. In den vorhandenen Einrichtungen lebten die Taubstummen aufgrund des Anstaltscharakters isoliert von der Außenwelt, was wiederum Kritik auslöste. Wilhelm Harnisch (1787–1864), der selbst kein Taubstummenpädagoge, aber Direktor eines Lehrerseminars mit einer damit verbundenen Seminar-Taubstummenschule (keine Anstalt!) war, sprach, nachdem er mehrere Taubstummenanstalten besucht hatte, von „Verheimlichungs- und Einkerkerungsanstalten" (1832). „Verheimlichungsanstalten" bezog er darauf, dass „bei jeder Erziehungsanstalt in Hinsicht des Geschlechtstriebes" zu sagen sei „wachet und betet"; im Weiteren spricht er von „Einkerkerungsanstalten für die Zöglinge", die zu viel Geld verbrauchen (Harnisch 1832, 313).

Als Reaktion auf o. g. Erscheinungen kam die Forderung auf, die tauben Kinder und Jugendlichen in den heimatlichen Volksschulen zu unterrichten. Geeignete Volksschullehrer sollten während ihrer Ausbildung an den Lehrerseminaren in zusätzlichen Lehrgängen und durch Schulbesuche in

Tab 21: Anzahl der Gehörlosenschulen in Europa im Vergleich 1800 und 1900 (aus: Schumann 1940, 468, basierend auf Karth 1902, 421)

	1800	1900	Schüler:
Deutschland	3 Anstalten	91 Anstalten	6458
Belgien	—	12 „	926
Dänemark	1 „	3 „	400
Finnland	—	8 „	483
Frankreich	2 „	63 „	3834
Großbritannien	1 „	65 „	3073
Holland	1 „	4 „	504
Italien	2 „	47 „	2299
Kroatien	— „	1 „	46
Norwegen	—	5 „	309
Österreich	2 „	25 „	1784
Ostseeprovinzen	—	6 „	269
Rußland	—	20 „	885
Schweden	—	12 „	803
Schweiz	—	16 „	732
Spanien	—	11 „	475
Ungarn	—	8 „	492

Insgesamt: 12 Anstalten   397 Anstalten   23772 Schüler

benachbarten Taubstummenanstalten oder in den an den Lehrerseminaren angegliederten Übungsschulen mit Klassen gehörloser Kinder vorbereitet werden. Dabei sollten die Seminaristen mit den Besonderheiten des Taubstummenunterrichts und seiner Methodik vertraut gemacht werden. Das trug dazu bei, dass eine systematische und strukturierte Ausbildung der Taubstummenlehrer begann, die zunächst im Rahmen von Jahreskursen umgesetzt wurde (Leonhardt 2017a) und aus der im 20. Jahrhundert die universitäre Gehörlosen- und Schwerhörigenbildung erwuchs.

Diese Bewegung setzte gegen Ende der 1. Hälfte des 19. Jahrhunderts ein und wird in Fachkreisen als „Verallgemeinerungsbewegung" oder „Verallgemeinerungspädagogik" bezeichnet. Unter „Verallgemeinerung" ist die Verbreitung der Kenntnisse zu verstehen, welche ein Lehrer nach damaligem Verständnis haben musste, um gehörlose (und blinde) Kinder, zusammen mit vollsinnigen Kindern, zu unterrichten (vgl. Müller 1996, 27). Die Methodik sollte „verallgemeinert", also jedem (zumindest jedem Volksschullehrer) zugänglich werden. Sie sollte nicht mehr – wie oft geschehen – geheimgehalten, sondern mit den Methoden des Volksschulunterrichts verknüpft werden.

Verallgemeinerung

Die Verallgemeinerungsbewegung wurde durch das progressive bürgerlich-pädagogische Gedankengut des 19. Jahrhunderts hervorgerufen und inhaltlich getragen. Als ihre Vertreter seien beispielhaft genannt:

- Heinrich Stephani (Augsburg, 1761–1850),
- Johann Leonhard Alle (1777–1857),
- David Christian Ortgies (Bremen, 1786–1859),
- Johann Friedrich Jencke (Dresden, 1812–1893),
- Karl Wilhelm Saegert (tätig in verschiedenen Orten, 1809–1879) und
- Johann Baptist Graser (Bamberg, 1766–1841), der bekannteste Vertreter.

Johann Baptist Graser

Aber auch bei staatlichen Instanzen fand diese Bewegung Interesse und Unterstützung: Trotz der deutlich gewachsenen Anzahl an Taubstummenanstalten konnte nur ca. ein Fünftel der tauben Kinder und Jugendlichen erfasst werden. Sie entstammten zudem größtenteils der ärmeren Bevölkerung, so dass der Staat (oder Verbände) nicht nur für die Beschulung, sondern auch für die Kosten der Unterhaltung und Verpflegung aufkommen musste (vgl. Schumann 1929b, 68). So sah man in der Verallgemeinerung eine Möglichkeit, den taubstummen Kindern und Jugendlichen mit möglichst geringen Kosten ein Mindestmaß an Bildung zukommen zu lassen.

Ziele der Verallgemeinerung

Mit der Verallgemeinerung wurden (pädagogisch gesehen) im Wesentlichen zwei Ziele verfolgt:

1. Das taubstumme Kind sollte nicht mehr von der hörenden Umwelt isoliert werden. Es sollte im Kreis seiner Familie aufwachsen und wohnortnah beschult werden.
2. Das taubstumme Kind sollte auf natürlichem Weg über das Absehen die Lautsprache erwerben können. Dieser auf Graser zurückführende Gedanke überschätzte jedoch die tatsächlichen Möglichkeiten des Absehens.

Die Verallgemeinerungsbewegung hatte ihre Blüte im ersten Drittel des 19. Jahrhunderts. Sie war von der Idee getragen, taubstumme Kinder zusammen mit Kindern, die gut hören, in den Volksschulen zu unterrichten. Allein im Obermainkreis (Vorläufer des späteren Oberfranken) entstanden so über 100 kleine Taubstummenanstalten (Walther 1882).

Die Pädagogik der Verallgemeinerung kann als erster bewusster Versuch einer schulischen Integration, aus der sich später die schulische Inklusion entwickelte (für die Beschulung von Schülern mit Hörschädigung jeweils beschrieben in Leonhardt 2009b und 2018b), angesehen werden.

Trotz zahlreicher Bemühungen kam es letztlich zum Scheitern der Verallgemeinerungsbewegung (mehrere Umsetzungsbeispiele werden in Leonhardt 2018b beschrieben). Neben methodischen Unzulänglichkeiten dürften auch die äußeren Rahmenbedingungen Schuld gewesen sein (Klassen von 130 bis 150 Schülern, fehlende Frühförderung sowie vorschulische Bildung und Erziehung, selten bis keine zusätzliche individuelle Förderung). Zugleich standen keine technischen Kommunikationshilfen oder Gebärdensprachdolmetscher zur Verfügung. Ein individuelles und optimales Eingehen auf die spezifischen Belange eines taubstummen Schülers war in den damaligen Volksschulen objektiv nicht möglich.

Mit Beginn der 60er Jahre des 19. Jahrhunderts verselbständigten sich die an den Lehrerseminaren gegründeten Übungsschulen, so dass zunehmend eigenständige Einrichtungen zur Verfügung standen, in denen die taubstummen Schüler beschult werden konnten.

Die Verallgemeinerungsbewegung brachte auch eine Diskussion um Internate, Externate und gemischte Anstalten (Karth 1902) mit sich. Die ersten Unterrichts- und Erziehungsstätten für Taubstumme waren Einrichtungen mit Internaten. Erst mit den Übungsschulen an den Seminaren kam die Idee der Externate auf. Die Kinder weit entfernt wohnender Familien wurden in Pflegefamilien untergebracht, die dafür einen finanziellen Zuschuss erhielten.

Der Wert der Verallgemeinerungsbewegung besteht darin, dass der „Taubstummenunterricht" bzw. die „Taubstummenbildung" nicht mehr „heimlich" und im Verborgenen stattfand. Die Bevölkerung erfuhr so, dass und wie Taubstumme unterrichtet werden können. Die Seminare absolvierten Lehrer, aber auch Geistliche, die dann Kenntnisse über deren Unterrichtung besaßen und dieses Wissen weitertrugen (Leonhardt 2009b).

Zur Verallgemeinerungsbewegung informiert umfassend: Leonhardt 2009b, Leonhardt 2018b.

Am Ende der Verallgemeinerungsbewegung stand Friedrich Moritz Hill (1805–1874), der Reformator der Gehörlosenbildung. Nach Besuch des Lehrerseminars und kurzer Tätigkeit als Hilfslehrer erhielt er ein Stipendium zu Studienzwecken in Berlin bewilligt. Hier hoffte er auf eine Stelle als Seminarmusiklehrer. Er wurde jedoch aufgefordert, sich mit dem „Blinden- und Taubstummenunterricht" vertraut zu machen. Ab 1830 übernahm er dann die Stelle des ersten Lehrers an der Seminartaubstummenschule in Weißenfels. Tat er sich anfänglich ausgesprochen schwer, seine Tätigkeit als Taubstummenlehrer zu akzeptieren, sollte er später zum „Reformator der Taubstummenbildung" werden. Hill erlangte Weltruhm. Nach Löwe (1992a, 57) gehört Hill zu den beiden bedeutendsten Gehörlosenlehrern (der andere ist aus seiner Sicht Johannes Vatter), die es bisher in Deutschland gegeben hat.

Friedrich Moritz Hill

Hill war geprägt durch das Gedankengut von Johann Heinrich Pestalozzi. Nach Hills Auffassung ist der Taubstumme mit allen Anlagen des Vollsinnigen ausgestattet. Er hat deshalb die gleiche allgemeine Bestimmung wie alle anderen Menschen. Auch der Taubstumme hat die Disposition, sich lautsprachlich zu äußern. Mit seinem Wirken in Weißenfels trug er entscheidend zur Überwindung der inzwischen erstarrten, nur formales Wissen vermittelnden, aber zum Teil auch konzeptionslosen Unterrichtsweise an der Taubstummenschule bei.

Hills wichtiger Leitsatz war: „Entwickle die Sprache in dem taubstummen Kinde, wie sie das Leben in dem vollsinnigen Kinde erzeugt" (zit. n.

Leitsatz 1

Schumann 1940, 312). Der Leitsatz gewinnt Inhalt und Bestimmtheit durch sieben aus ihm abgeleitete Regeln, die sich jedoch teilweise überschneiden:

1. Erwecke in den Schülern das Sprachbedürfnis überhaupt und das Bedürfnis nach unserer Sprache insbesondere.
2. Soll dies gelingen, so führe deinen Kindern Sachen vor und schließe daran unmittelbar unsere Sprachzeichen an.
3. Sowohl bei der Vorführung des Sprachstoffes als auch bei der Einführung der Sprachformen, lasse dich von dem Bedürfnisse des Schülers und von dem natürlichen Entwicklungsgange des Kindes überhaupt leiten.
4. Verfolge im Sprachunterricht des Taubstummen stets folgende vier Zwecke gleichmäßig nebeneinander:
   a) die Ausbildung der Geisteskräfte,
   b) die Aneignung von Sachkenntnissen,
   c) die Ausbildung der Sprachfertigkeit, wozu auch
   d) die Steigerung der mechanischen Fertigkeit im Sprechen, Absehen, Schreiben und Lesen gehört.
5. Verweile vorzüglich bei den Elementen und gehe oft wieder auf dieselben zurück.
6. Zerlege den gesamten Unterricht in kleine Ganze, übe die durchgemachten Pensa vollständig ein und stelle häufig Wiederholungen an.
7. Wende die Lautsprache stets und überall an und fordere die Anwendung derselben auch vom Schüler in diesem Grade.
(Vgl. Schumann 1940, 313–315)

Leitsatz 2 Hill fasst seine Grundregeln in einem weiteren Leitsatz zusammen: „In allem ist Sprachunterricht."

Mit diesem Leitsatz kündigte sich eine weitere für den lautsprachlich orientierten Unterricht bedeutsame Kontroverse an, nämlich die Auseinandersetzung um das Verhältnis von Allgemeinbildung und Sprachunterricht sowie um die inhaltliche Gestaltung des Sprachunterrichts.

Die „reine" deutsche Methode: Lautsprachmethode In der 2. Hälfte des 19. Jahrhunderts hatte sich in den deutschsprachigen Ländern der lautsprachlich orientierte Taubstummenunterricht durchgesetzt. Die Auseinandersetzung darüber, ob der lautsprachlich oder der gebärdensprachlich geführte Unterricht bei tauben Schülern der „richtige" Weg in der Bildung und Erziehung sei, wurde z. T. ebenso erbittert wie grotesk geführt. Nicht selten kam es zu gegenseitigen Angriffen und Beschimpfungen (vgl. Schumann 1940, 345–357), nur wenige versuchten den Weg des Kompromisses (wie Otto Friedrich Kruse, 1801–1879, mit sechs Jahren ertaubt und als Lehrer an der Gehörlosenschule Schleswig tätig).

Mailand 1880: Proklamation der Lautsprache Die Diskussion fand ein (vorläufiges) Ende mit dem II. Internationalen Taubstummenlehrerkongress in Mailand 1880, auf dem empfohlen wurde, die Anwendung der Lautsprache im Unterricht mit Taubstummen vorzuziehen. Der Beschluss wurde von den 164 Teilnehmern[5] nahezu einstimmig gefasst, „nur von seiten der Amerikaner und des Schweden Eckborn machte sich Widerspruch geltend" (Schumann 1940, 409). In Deutschland

---

[5] 80 % der Teilnehmer stammten aus Italien und Frankreich. Aus Deutschland nahmen zwei (nach Schumann 1940, 407) oder drei (nach Löwe 1992 a, 302) Personen teil.

wurde dieser Beschluss gleichsam als nationaler Sieg ausgelegt. Der Kongress verabschiedete acht Resolutionen, von denen zwei in ihrer Tragweite bedeutsam waren:

> *„I. In der Überzeugung der unbestrittenen Überlegenheit der Lautsprache gegenüber der Gebärdensprache, insofern jene die Taubstummen dem Verkehr mit der hörenden Welt wiedergibt und ihnen ein tieferes Eindringen in den Geist der Sprache ermöglicht, erklärt der Kongreß: daß die Anwendung der Lautsprache bei dem Unterricht und in der Erziehung der Taubstummen der Gebärdensprache vorzuziehen sei…*
>
> *II. In der Erwägung, daß die gleichzeitige Anwendung der Gebärdensprache und des gesprochenen Wortes den Nachteil mit sich führt, daß dadurch das Sprechen, das Ablesen von den Lippen und die Klarheit der Begriffe beeinträchtigt wird, ist der Kongreß der Ansicht: daß die reine Artikulationsmethode vorzuziehen ist" (Treibel, zit. n. Schumann 1940, 407).*

Damit hatten sich in Europa nicht nur die Taubstummenlehrer, die die Lautsprache für Taubstumme im Unterricht forderten, durchgesetzt, sondern es wurde auch allgemein die Anwendung der reinen Artikulationsmethode empfohlen.

Die Beschlüsse der Konferenz waren jedoch schon allein aufgrund der schulorganisatorischen Verhältnisse zu dieser Zeit nicht umzusetzen. Auf einem 1884 in Berlin stattfindenden Kongress der Taubstummenlehrer forderte Eduard Rößler (1828–1896; zunächst Hilfslehrer bei Hill, dann Lehrer und ab 1878 Direktor der Taubstummenschule Hildesheim):

Eduard Roßler

1. Einführung des Schulzwanges vom 7. Lebensjahr an,
2. achtjährige Schulzeit mit aufsteigenden Klassen,
3. max. 10 Schüler pro Klasse sowie 1 Lehrer für 10 Schüler,
4. mehr Lehrkräfte für die Artikulationsklasse,
5. schwach befähigte Schüler sollten einen ihren Fähigkeiten und Bedürfnissen entsprechenden Unterricht erhalten,
6. gründliche Ausbildung der jungen Lehrer.
   (Nach Schumann 1940, 410)

Die Überspitzung der Forderungen des Mailänder Kongresses zeigte sich aber auch in einem didaktischen Verbalismus. Die Taubstummenschule wurde zur Sprech- und Sprachschule, die die Aneignung des Bildungsgutes vernachlässigte. Das „Maß der Dinge" wurde die Qualität des Sprechens der Schüler. So sagte Johannes Vatter (1842–1916): „Ich werde die Leistungen einer Taubstummenanstalt und des einzelnen Taubstummenlehrers in erster Linie danach beurteilen, wie die Zöglinge sprechen" (zit. n. Schumann 1940, 411).

Einseitige Ausrichtung auf Artikulation

Der Unterricht war einseitig auf Sprechen, Lautsprachassoziation und Sprechdenken orientiert. An Bildungsinhalten wurde nur das angeboten, was vom taubstummen Schüler auch sprechtechnisch (artikulatorisch) in der Lautsprache beherrscht wurde.

Der Ausschluss der Gebärde war zum Kriterium der Methode geworden. Selbst vor Maßnahmen, die jeder Pädagogik widersprechen, schreckte man nicht zurück. An einigen Beispielen soll das verdeutlicht werden (412):

– Dem Gehörlosen wurde beim Sprechen jede körperliche Bewegung untersagt.
– Während des Unterrichts sollten die Kinder die Hände auf dem Rücken halten.
– Bei Gebärdengebrauch waren Strafen angedroht.
– Der Lehrer sollte die Hände in seine Rocktaschen halten.

Johannes Vatter

Nicht weniger bezeichnend war die Zurückdrängung der Schrift. Die Schriftsprache trat in den Hintergrund. Auf den Wert der Schriftsprache für die Sprachentwicklung wurde man erst durch die sog. Schriftbildmethodiker (s. dort) (wieder) aufmerksam.

Vatter, der als Hauptvertreter der reinen Lautsprachmethode gilt, war sechster Sohn einer Webersfamilie. Nach seiner Ausbildung in Nürtingen war er zunächst Lehrer und dann Direktor an der Taubstummenschule in Frankfurt/M. Die Schule trug den Charakter eines Familienheimes, wodurch es ihm möglich wurde, sich jedem Schüler individuell zuzuwenden. Er war ein erfolgreicher Praktiker, der auch publizistisch sehr umfänglich und zugleich nachhaltig wirksam geworden ist.

Das taubstumme Kind durchlief bei Vatter während der Schulzeit drei Sprachanbildungsstufen (Löwe 1992a, 67):

– anbildende, grundlegende Elementarstufe (1.–3. Schuljahr)
– ausbildende, grammatisch erweiternde Mittelstufe (4.–5. Schuljahr)
– einbildende, praktisch anwendende Oberstufe (6.–8. Schuljahr).

Durch Vatter wurden im Prinzip die bis dahin gemachten Erfahrungen bei der Ausbildung Taubstummer und die theoretischen Einsichten zusammengefasst und vertieft. Die Taubstummenpädagogik wurde endgültig in eine Richtung geführt, die sich vorwiegend an der Entwicklung der Lautsprache orientierte. Durch die starke Betonung der Lautsprache gewann die Entwicklung der Sprechfertigkeiten einen besonderen Stellenwert.

15.4 Konzeptionen und Bewegungen Ende des 19./Anfang des 20. Jahrhunderts

Ende des 19./Anfang des 20. Jahrhunderts lassen sich verschiedene Entwicklungen beobachten. Als solche waren zu nennen:

– die (erste) Gebärdenbewegung
– die Schrift- und Mutterschulmethodik
– der Einfluss der Pädagogik der Ganzheitlichkeit und die Methoden der Artikulation
– die (erste) Hörerziehungsbewegung.

Seit der 2. Hälfte des 19. Jahrhunderts formierten sich die Taubstummen als eine zunehmend organisierte Kraft:

Die (erste) Gebärdenbewegung

1848 erfolgte in Berlin die Gründung des ersten (deutschen)[6] Taubstummenvereins. Die erste Zeitschrift für Taubstumme erschien ab 1853 (auf Anregung der 1846 stattfindenden ersten Taubstummenlehrerversammlung). Beide standen zunächst noch stark unter dem Einfluss der Taubstummenlehrer.

Ab 1872 gab der taubstumme Eduard Fürstenberg aus Berlin die Zeitschrift „Taubstummenfreund" heraus. Derselbe lud 1873 die Vorsitzenden der deutschen Taubstummenvereine zu einer Versammlung nach Berlin ein, die als 1. Deutscher Taubstummenkongress gilt. Ihm folgten weitere Kongresse mit zum Teil internationalem Gepräge: 1874 in Wien, 1875 in Dresden, 1878 in Leipzig, 1881 in Prag, 1884 in Stockholm. Damit schafften sich die Gehörlosen ein Forum und begannen, immer selbstbewusster mit der Forderung aufzutreten, zu den sie betreffenden Fragen gehört zu werden und eigenständig entscheiden zu können. Dazu gehörten u. a.

– für alle taubstummen Kinder die gleichen Ausbildungsmöglichkeiten wie für die Kinder, die gut hören (Kindergarten, Taubstummenschulen, Fortbildungseinrichtungen);
– neben vollsinnigen Lehrern sollten an den Taubstummenschulen auch taubstumme Personen (als Aufseher, Handwerksmeister, Lehrer, Erzieher) tätig sein;
– an den Taubstummenschulen sollten Beiräte von Taubstummen gebildet werden, die die Aufgabe haben sollten, die Verbindung zwischen Schule und erwachsenen Taubstummen herzustellen;
– Pflege und Vereinheitlichung der Gebärdensprache.
(Vgl. Schumann 1940, 416 und 420)

Verschiedene Taubstummenlehrer traten als Anwälte der Taubstummen auf, insbesondere was das Recht der Taubstummen auf Gebärde betraf. Zu ihnen gehörten Johann Heidsiek (1855–1942, Taubstummenlehrer in Breslau), Joseph Heinrichs (1845–1919, Direktor der Taubstummenschule Brühl) und Mathias Schneider (1869–1949, Schüler von Vatter, später an der Taubstummenschule Braunschweig tätig). Sie unterstützten den Einbezug der Gebärde in den Unterricht.

Mit dieser Einstellung haben sich die Anhänger dieser Bewegung die Sympathie einer großen Anzahl von Taubstummen eingebracht. Unter der Lehrerschaft gerieten sie jedoch in eine Außenseiterrolle.

Heidsiek gilt als entschiedenster Vertreter dieser Bewegung. Er forderte (Schumann 1940, 424):

„Wir haben die Methode dem Wesen des Schülers anzupassen ..., das Umgekehrte ist nicht nur unpädagogisch, sondern im höchsten Grade inhuman ...

---

[6] Bereits 1834 gründete sich in Frankreich ein Taubstummenverein. Die Initiative zur Gründung hatte der gehörlose Gehörlosenlehrer Ferdinand Berthier (1803–1886) ergriffen. Er gilt heute als der eigentliche Begründer der Gehörlosenkultur.

Wir tun der Natur des Taubstummen Gewalt an, wenn wir von ihm akustische Sprachäußerungen fordern."

Johann Heidsiek

Schneider forderte, „jeden Wortausdruck gebärdenmäßig zu unterbauen und gebärdenmäßig zu fixieren" (Schumann 1929, 171).

Mit ihren Standpunkten fanden die Taubstummenlehrer in den Ländern Verständnis, in denen das gebärdensprachliche System Verwendung fand (z. B. USA). Heidsiek folgte 1898 einer Einladung von Eduard Miner Gallaudet (1837–1917, Sohn von Thomas Gallaudet, der der Gründer der ersten amerikanischen Taubstummenschule war) in die USA. Dort dominierte bis in die 1870er Jahre der gebärdensprachlich geführte Taubstummenunterricht an den Schulen. In seinem Bericht „Das Taubstummenbildungswesen in den Vereinigten Staaten. Ein Reisebericht und weiterer Beitrag zur Systemfrage" von 1899 wog er die verschiedenen Sprachmittel gegeneinander ab und setzte sie ins Verhältnis.

Das Wirken der Anhänger dieser Bewegung ist historisch gesehen aus zweierlei Sicht bedeutsam: 1. Sie brachte wieder Bewegung in die Reihen der Lautsprachmethodiker. 2. Es wurde deutlich, dass man das taubstumme Kind und seine Bedürfnisse, seine Sprache und sein Denken zu wenig beachtet hatte (Schumann 1940, 429).

Aus aktueller Sicht ist festzuhalten, dass eine Vielzahl der (berechtigten) Forderungen der Taubstummen erst zu Beginn des 21. Jahrhunderts weitestgehend erfüllt wurden. Die Diskussion um das Für und Wider der Gebärdensprache und ihr Einsatz im Unterricht der Schule hat lange Zeit die Hörgeschädigtenpädagogik, insbesondere die Gehörlosenpädagogik, geprägt.

Die Schrift- und Mutterschulmethodik

Ausgelöst wurde diese methodische Richtung durch Karl Emil Göpfert (1851–1906), einem Taubstummenlehrer aus Leipzig. Sie verlief etwa zeitgleich mit der (ersten) Gebärdenbewegung und war ebenfalls Ausdruck einer Kritik an der reinen Lautsprachmethode.

Göpfert wählte das geschriebene Wort zum Ausgangspunkt und zur Grundlage des Sprachunterrichts. Er betrachtete die reine Lautsprachmethode als den denkbar schwierigsten Weg zur Aneignung der Lautsprache, da sie der natürlichen Sprachentwicklung des Kindes widerspräche. Bei einem Ausgehen von der Schrift – die er als Ersatz für das fehlende Gehör betrachtete – erwartete er, die Lautsprache zuverlässiger und sicherer „zur organischen Geistestätigkeit zu machen und die unmittelbare Lautsprachassoziation zu erreichen" (vgl. Schumann 1940, 431f). Nach seiner Auffassung sollte das Kind zunächst ganze Wörter und dann bald auch vollständige Sätze kennenlernen, die es schreiben, lesen und absehen lernte. Als prinzipieller Anhänger der Lautsprache lehnte er die Gebärde für die taubstummen Schüler ab.

Karl Emil Göpfert

Auch der Däne Georg Forchhammer (1861–1938) ging von der Schrift aus. Er propagierte den imitativen Sprachunterricht, bei dem die Betonung nicht so sehr auf der Sprachproduktion (wie bei den konstruktiven oder sprachaufbauenden Verfahren) liegt, sondern mehr auf dem sinnerfassenden Lesen. Dem taubstummen Kind soll zuerst die Sprache vermittelt werden, bevor ihm das Sprechen beigebracht wird. Zur Unterstützung entwickelte er ein Mund-Hand-System (Kap. 8.3), das insbesondere als Gliederungshilfe beim Absehen dienen sollte.

Göpfert wie auch Forchhammer griffen Hills Grundsatz von der Natürlichkeit und Lautsprachassoziation wieder auf.

Anfangs stieß Göpfert auf starke Ablehnung der reinen Lautsprachmethodiker. Zu der Taubstummenlehrerversammlung in Dresden 1897 hatte Göpfert ein Referat zum Thema „Die Stellung der Schriftform im Sprachunterricht der eigentlichen, insbesondere der schwachbefähigten Taubstummen" eingereicht. Der Vortrag gelangte jedoch nicht auf die Tagesordnung, „da das Thema zu neu an die Taubstummenlehrerschaft heranträte" (zit. n. Schumann 1940, 431). Göpfert veröffentlichte jedoch seinen Vortrag. Damit kam eine lebhafte Aussprache unter den Taubstummenlehrern und in den Fachblättern des In- und Auslandes in Gang. Auf der Taubstummenlehrerversammlung 1900 konnte Göpfert dann zum Thema „Die Stellung der Schrift in der Taubstummenschule" referieren.

Die Ideen von Göpfert wurden von Rudolf Lindner (1880–1964), der mit Forchhammer in Kontakt stand, aufgegriffen. Lindner wich insofern von Göpfert ab, als er den Unterricht nicht auf dem Schreiben, sondern auf dem Lesen aufbaute.

Ein weiterer Vertreter dieses Vorgehens war Walter Querll (1882–1947). Er betonte einen mutterschulgemäßen Unterricht bei Schülern mit Taubstummheit. Seine Unterrichtsweise kennzeichneten folgende Grundsätze:

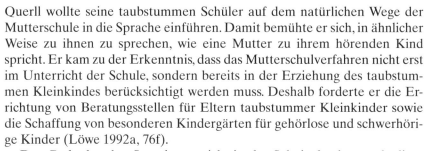

Rudolf Lindner

– Das Kind ist nicht zum Sprechen zu zwingen.
– Es ist eine möglichst normale Sprechweise zu verwenden.
– Die Perzeption erfolgt durch das Absehen.
– Die Sätze werden zur Anschauung auf Schriftstreifen gegeben.
– Die Inhalte werden mit natürlichen Gebärden erläutert.
  (Schumann 1940, 542f und 557f; Große, K.-D. 1988, 37)

Querll wollte seine taubstummen Schüler auf dem natürlichen Wege der Mutterschule in die Sprache einführen. Damit bemühte er sich, in ähnlicher Weise zu ihnen zu sprechen, wie eine Mutter zu ihrem hörenden Kind spricht. Er kam zu der Erkenntnis, dass das Mutterschulverfahren nicht erst im Unterricht der Schule, sondern bereits in der Erziehung des taubstummen Kleinkindes berücksichtigt werden muss. Deshalb forderte er die Errichtung von Beratungsstellen für Eltern taubstummer Kleinkinder sowie die Schaffung von besonderen Kindergärten für gehörlose und schwerhörige Kinder (Löwe 1992a, 76f).

Der Gedanke, den Sprachunterricht in der Schule für hörgeschädigte **Ganzheits-** Kinder mutterschulgemäß und erlebnisnah zu gestalten, hat große Reso- **pädagogik** nanz gefunden. Er fand durch die Anhänger der Pädagogik der Ganzheitlichkeit zusätzliche Unterstützung.

Die Forderung nach ganzheitlicher Betrachtungsweise fand sich neben der Pädagogik u. a. auch in der Philosophie, Anthropologie und Psychologie (Ganzheitspsychologie) wieder. In der Pädagogik zeigte sich die ganzheitliche Sichtweise in der Betrachtung des Menschen als personale Einheit, verbunden mit der Forderung nach einer harmonischen Ausbildung aller Kräfte. Man wollte der ganzheitlichen Erlebniswelt und Auffassungsgabe des Kindes entsprechen, indem man vom Ganzen einer Sache anstelle einer elementenhaften Betrachtungsweise ausging.

Karl Kroiß

Constantin Malisch

Im Rahmen des Sprachunterrichts an der Taubstummenschule, der nach wie vor Dreh- und Angelpunkt der Unterrichtung der tauben Schüler war, zeigte sich schon bei Querll und Schneider eine gewisse Beeinflussung durch o. g. Ideen. Deutlicher war es noch bei Constantin Malisch (1860–1925, Taubstummenlehrer in Ratibor), Karl Kroiß (1861–1945, Direktor der Taubstummenschule Würzburg) und Wilhelm Paul (1851–1927, Taubstummenlehrer in Camberg) zu beobachten. Ihr jeweiliges Vorgehen basierte auf der reinen Lautsprachmethode, sie setzten jedoch recht verschiedene individuelle Akzente.

Constantin Malisch veröffentlichte 1919 eine Arbeit mit dem Thema „Sprechempfindungen und Sprechunterricht". Er traf damit einen günstigen Augenblick. Die Umstellung auf Ganzheitsbezug und Gestalterfassung war von der Psychologie weitestgehend vollzogen. Er löste sich von der Vorstellung, dass die stete und klare Bewusstheit der Sprechempfindungen den Taubstummen die Sprechäußerungen ermögliche. Gemäß dem imitativen Spracherwerb wollte er die Sprechbewegungen den taubstummen Schülern nicht bewusst machen, da dies den Ablauf derselben hätte stören können. Die Assoziation der Wortbedeutung soll den motorischen Ablauf auslösen und automatisch die Sprechbewegung führen.

Er begann den Sprechunterricht mit Vorübungen (4 bis 6 Wochen), die auch Lallübungen enthielten. Ausgehend von Lallwörtern ging er zu aphoristischen Sätzen und dann zu vollständigen Satzstrukturen über. Technische Artikulationshilfen sollten möglichst vermieden werden. Kritik lösten vor allem seine eigenartigen Satzbildungen wie Papa pah (=ist fort), Papa paff (=raucht), Papa papp (=isst) aus. Ob diese Redeformeln die Anfänge einer entwicklungsfähigen Sprache darstellen, ist mehr als anzuzweifeln (Schumann 1940, 540).

Kroiß ging ebenfalls vom Erlebnisganzen und Satzformeln im Sprachunterricht aus, benutzte aber sogleich korrekte Sätze, z. B. Papa sah, Anna gab usw. Im Gegensatz zu Malisch wollte er von bewussten Sprechbewegungen zu automatisierten gelangen. Damit wandte er sich gegen den imitativen Spracherwerb.

Paul forderte, von den Silben auszugehen und diese den Artikulationsübungen zugrunde zu legen. Beim Lesenlernen sollte dann vom Einzellaut ausgegangen werden. Seine grundsätzlichen Überlegungen zur Artikulation legte er in dem 1908 erschienenen Buch „Die Silbenmechanik als Grundlage des Artikulationsunterrichts" nieder.

All die hier genannten Vertreter der einzelnen Richtungen – seien es die der Gebärdenbewegung, die der Schrift- und Mutterschulmethodik oder die der Artikulationsmethoden – hatten Vorbehalte gegen die reine Lautsprachmethode. Ihre Auseinandersetzung und Kritik führte „im Laufe der Zeit zu einem kindgemäßeren Sprechunterricht, zu einer vermehrten Hineinnahme der Schrift in den Erstsprachunterricht und zu einem Sprachaufbau, der den Bedürfnissen des Kindes mit Hörschädigung mehr entsprach als viele der früheren Verfahren" (Löwe 1992a, 78).

Erwähnt werden soll an dieser Stelle noch der *Sprachformenunterricht*. Als Reaktion auf den in seinen Ergebnissen nicht überzeugenden imitativen mutterschulgemäßen Sprachunterricht kam es alsbald zu einer Überbetonung des Sprachformenunterrichts. Er hatte seine Vorläufer bei den Grammatisten (z.B. Victor August Jäger [1794–1864], Leiter der Taubstummenschule Schwäbisch-Gmünd, „Alles ist im Sprachunterricht") und nahm methodische Anleihen beim Fremdsprachenunterricht. Der Sprachunterricht wurde nach einem systematischen Grammatiklehrgang durchgeführt. In diesem wurden den taubstummen Schülern die grammatischen Regeln, verbunden mit entsprechenden Übungen, vermittelt. Einer ihrer bekanntesten Vertreter war Franz Ruffieux (1889–1964), Taubstummenlehrer an verschiedenen Taubstummenschulen. Er veröffentlichte zahlreiche Übungs- und Lehrbücher, die in ihrer Systematik eine adaptierte Grammatik für Taubstumme darstellten. Er ging davon aus, dass für den (Alltags-)gebrauch eine Sprache in den einfachsten Sprachformen genügt; das Verstehen müsse sich auch auf komplexere Formen erstrecken. Er forderte, „durch Stoff- und Formbeschränkung Zeit zu schaffen zur Festmachung einer vereinfachten Ausdrucksweise" (Schumann 1940, 565).

Sprachformen-unterricht

Ende des 19./Anfang des 20. Jahrhunderts kam es zu einer weiteren Bewegung, der sog. (ersten) Hörerziehungsbewegung. Bei den Lautsprachverfahren, die bis gegen Ende des 19. Jahrhunderts Einsatz fanden, lernten die Kinder Absehen und in einem Artikulationsunterricht, der auf einer Kombination von visueller Nachahmung sowie taktiler und kinästhetischer Empfindungen beruhte, Sprechen. Zu dieser Zeit wurde man auf Hörreste zahlreicher Schüler in den Taubstummenschulen aufmerksam.

Die (erste) Hörerziehungs-bewegung

Bereits früher hatten einzelne Pädagogen auf Hörreste verwiesen und auch versucht, diese nutzbar zu machen. Zu nennen wären hier Ramirez de Carrión, Pereira und Ernaud (Kap. 15.2). Es wäre hier noch Jean Marc-Gaspard Itard (1775–1838), Arzt am Taubstummeninstitut in Paris unter Leitung von Sicard, dem Nachfolger de l'Epées, zu nennen. Itard kam aufgrund systematischer Hörübungen mit den taubstummen Schülern zu der Auffassung, dass sich durch Übungen die Hörfähigkeit steigern lasse (Emmerig 1927, 41).

Einen wesentlichen Impuls erhielt die Hörerziehung durch die sich konstituierende HNO-Heilkunde und der weiteren wissenschaftlichen Aufarbeitung der Physiologie des Hörens.

Die Erforschung der Physiologie des Hörens wurde möglich, da Alfonso Corti 1851 das Cortische Organ in den Schneckenwindungen des Innenohres entdeckte. Die Funktion des Cortischen Organs untersuchte Hermann Helmholtz (1821–1894) in seiner „Lehre von den Tonempfindungen" (1863). Seine Arbeiten über die Möglichkeiten der Frequenzanalyse und ihrer Lokalisation im Innenohr brachten das Tonhöhen-Hörvermögen in den Mittelpunkt des Interesses der Otologie. Es entstanden so

Abb. 45: Artikulationsunterricht in den 1920er Jahren an der Landestaubstummenanstalt in München – Lautentwicklung im Einzelunterricht: Absehen und Abfühlen (aus: Das Bayerland 1926, 420)

neue Möglichkeiten der Untersuchung des Hörvermögens, damals noch mit Stimmgabeln verschiedener Frequenzen. Die detaillierte Erforschung des Hörvermögens wurde möglich (Canis et al. 2017). 1899 wurde die Otologie, die Rhinologie und Laryngologie erstmalig in einem eigenen Lehrstuhl (an der Universität Rostock) zu dem Fach Hals-Nasen-Ohrenheilkunde zusammengeführt (a. a. O.). Besetzt wurde der Lehrstuhl mit Otto Körner (1858–1935).

Letztendlich lösten die Forschungsergebnisse von zwei HNO-Ärzten und deren Bemühen um angemessene pädagogische Berücksichtigung dieser Ergebnisse die Hörerziehungsbewegung aus: Viktor Urbantschitsch (1847–1921) aus Wien und Friedrich Bezold (1842–1908) aus München. Beide lenkten ihre Aufmerksamkeit auf das Restgehör Taubstummer und die nichtgenutzten Potenzen im Taubstummenunterricht. In ihrer wissenschaftlichen Begründung vertraten sie allerdings unterschiedliche Ansätze.

Urbantschitsch ging von der Überlegung und dem physiologischen Ansatz Itards aus. Aufgrund seiner Untersuchungen (1888 und 1889) nahm er an, dass nur etwa 3 von 100 Gehörlosen vollständig taub sind. Das Nicht-in-Erscheinung-Treten der tatsächlich vorhandenen Hörfähigkeit beruhe auf einer Inaktivitätslethargie der Hörfunktion, deren Tätigkeit aber durch akustische Reize und durch planmäßige akustische Übungen zu steigern ist. Um die Lethargie des Hörens nicht wirksam werden zu lassen, sind

Viktor Urbantschitsch

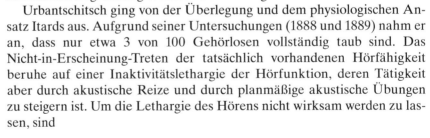

– bei tauben und ertaubten sowie „taub erscheinenden" Kleinkindern akustische Eindrücke durch Spieldosen, Klingeln und Pfeifen zu erregen,
– bei Drei- und Vierjährigen Sprech- und Sprachhörübungen durchzuführen,
– bei Sechsjährigen mit dem planmäßigen orthophonischen und orthoakustischen Unterricht zu beginnen (nach Schumann 1940, 444).

Abb. 46: Artikulationsunterricht in den 1920er Jahren an der Landestaubstummenanstalt in München – Gemeinsame Lautentwicklung: Stimmbildungsübung durch Übertragung der Tonschwingungen am Sprechtisch (aus: Das Bayerland 1926, 421)

Aus der Darstellung seiner Überlegungen wird deutlich, dass er bereits vor dem Eintritt in die Schule mit der Hör- und Sprecherziehung einsetzen wollte. Eine vorschulische Erziehung war zur damaligen Zeit noch nicht üblich. Mittels methodischer Hörübungen sollte die Erweckung der Hörspur erfolgen. Der Übungsverlauf sah folgendermaßen aus:

1. Einzelvokale laut und gedehnt ins Ohr rufen;
2. fand sich eine erste Hörspur nach wiederholter Übung noch nicht, sollte ein entsprechender Harmonikaton längere Zeit auf das Ohr einwirken;
3. sobald einzelne Vokale richtig aufgefasst und wiedergegeben wurden, wurde zu leicht auffassbaren Wörtern übergegangen;
4. durch wiederholtes Einsprechen von Wörtern und kurzen Sätzen sollten Hörbilder vermittelt werden (Schumann 1940, 444; Große, K.-D. 1988, 46).

Unter den Taubstummenlehrern fand er Befürworter und Kritiker gleichermaßen. Es hatte sich gezeigt, dass gewisse Erfolge zu erreichen waren, doch die Hörfähigkeit wieder verfiel, sobald die Übungen ausblieben. Kraft- und Zeitaufwand der Lehrer und Schüler – so meinte man – stand in keinem Verhältnis zum Erfolg (Schumann 1940, 444). Die Kritiker erreichten, dass Hörerziehung letztlich nicht in die Stundenplanung der Taubstummenschule aufgenommen wurde. Die Mehrzahl der Taubstummenlehrer war immer noch davon überzeugt, dass ihre Schüler keine verwertbaren Hörreste hätten.

Der Fehler von Urbantschitsch lag darin, dass er meinte, dass durch die Hörübungen das Gehör physiologisch aktiviert würde. Das somatische Substrat des Ohres würde praktisch verbessert. Damit hätte es sich tatsächlich um ein Heilen im medizinischen Sinne gehandelt.

Ermittlung und Nutzung der Hörreste

Nicht unerwähnt bleiben soll aber auch sein Verdienst. Es bestand darin, die „Hörreste als erster an einer größeren Zahl von Taubstummen systematisch durch ein eigens ausgebildetes Verfahren für den Unterricht verwertet und damit zweifellos ausgezeichnete Erfolge erzielt zu haben" (Wanner 1927, 503, zit. n. Heese 1983, 302).

Friedrich Bezold

Bezold schlug in Zusammenarbeit mit dem Physiker Edelmann als Prüfmittel eine kontinuierliche Tonreihe vor, die aus einer Zusammenstellung von möglichst obertonfreien Stimmgabeln und Pfeifen bestand. Die Überprüfung sämtlicher Schüler der Landestaubstummenanstalt München in den Jahren 1883 bis 1889 ergab: Was an Gehör nicht vorhanden oder verlorengegangen ist, kann durch keine Therapie, auch nicht durch Hörübungen, wiedergewonnen werden, und ungefähr ein Drittel der in der Anstalt untergebrachten Schüler besitzt noch so viel Hörreste, dass ein Erlernen der Sprache auf auditivem bzw. visuell-auditivem Weg möglich ist (Schumann 1940, 445).

Für diese Schüler forderte er einen sog. „Hörergänzungsunterricht" oder „Hörsehunterricht" in besonderen „Hörklassen" oder „Anstalten für partiell Taube".

Im Gegensatz zu Urbantschitsch vertrat Bezold den Standpunkt, dass das Gehör nicht aus einer Lethargie physiologisch erweckt werden könne, sondern dass die Schüler durch spezielle Hörübungen lernen können, die verbliebenen Hörreste, die er bei seinen Stimmgabelüberprüfungen gefunden hatte, zu nutzen. Auf dieser Position beruht im Wesentlichen die wissenschaftliche Begründung der gegenwärtigen Auffassungen zur Hörerziehung: Nutzung der noch vorhandenen Hörkapazität, keine Aktivierung des sog. lethargischen Hörnervs.

Der pädagogisch interessierte Bezold unterbreitete aufgrund seiner Forschungsergebnisse konkrete schulorganisatorische Vorschläge. Er empfahl die Einteilung der Schüler in „1. absolut Taube, 2. im späteren Kindesalter Ertaubte mit in Erinnerung gebliebenen Sprachresten und 3. Taubstumme mit partiellem Hörvermögen" (Bezold 1896, 154, zit. n. Heese 1983, 303). Für die erste Gruppe forderte er Artikulationsklassen, für die Gruppen 2 und 3 „Hörklassen".

Die Erkenntnisse von Urbantschitsch und Bezold lösten eine umfangreiche gemeinsame Debatte von HNO-Ärzten und Taubstummenlehrern aus, nachzulesen in den „Verhandlungen deutscher Ohrenärzte und Taubstummenlehrer in München" 1899/1900.

Anfänge der gezielten Hörerziehung

Die von Bezold gegebene Anregung, den „hörrestigen" Schülern „Sprachunterricht durchs Ohr" (später „Hörergänzungsunterricht") anzubieten, fand aus pädagogischer Sicht vor allem von Karl Kroiß Beachtung. In seinem 1903 erschienenen Buch „Zur Methodik des Hörunterrichts" stellte er eine an der Assoziationspsychologie seinerzeit orientierte wissenschaftliche Begründung der Hörerziehung vor. Dieses Buch war das erste pädagogische Werk, das sich mit der Hörerziehung hörgeschädigter Kinder auseinandersetzte (Löwe 1992a, 81).

Abb. 47: Ohren-ärztliche Hörprü-fung durch Wanner (Assistent von Bezold, Bildmitte) mit Hilfe der Bezold-Edelmann-schen Tonreihe in der Landestaub-stummenanstalt München, etwa 1922 (aus: Das Bayerland 1926, 429)

Die Hörbewegung fand ihre Fortsetzung durch den ungarischen Heilpäd-agogen und Mediziner Gusztáv Bárczi (1890–1964). Als Schularzt initiierte er ab 1923 an der Taubstummenanstalt in Budapest seine Methode des „Hörerweckens und Hörerziehens". 1936 erschien sein gleichnamiges Buch („Hörerwecken und Hörerziehen"). Zu diesem Zeitpunkt existierten be-reits Schwerhörigenschulen, so dass die Bedeutung vor allem in der Wir-kung für die Taubstummenschulen liegt. Bárczi hatte die Aufmerksamkeit wiederum auf die geringen Hörreste der taubstummen Schüler gelenkt. Die von ihm praktizierte Zusprache direkt ans Ohr nutzte den Grenzbereich zwischen Hören und der Wahrnehmung von Vibrationen. Bei den so geför-derten Schülern kam es zu einer beachtenswerten Verbesserung des Sprech-rhythmus, der Sprechmelodie und zu einem verständlicheren Sprechen.

Etwa 1925 wurde in der Taubstummenanstalt in Nürnberg (Abb. 46) die erste Vielhöreranlage in Betrieb genommen. Der entscheidende Durchbruch in der Hörerziehung auch für Schüler mit hochgradiger Hör-schädigung vollzog sich seit den 1950er Jahren mit der Entwicklung hoch-wertiger Hörgeräte. (Weiterführende Informationen diesbezüglich sind Löwe 1996 zu entnehmen.)

Wie oben beschrieben, ging die Initiative um die Trennung der taub-stummen und harthörigen Schüler sowie um einen speziellen Hörunter-richt vorzugsweise von den HNO-Ärzten aus. Die 7. Versammlung der Otologischen Gesellschaft 1898 in Würzburg unterbreitete den Unter-richtsministerien der deutschen Staaten die Bitte, zu einer 1899 in Mün-chen stattfindenden Tagung „die Vorstände und Leiter der Taubstummen-anstalten sowie eine Anzahl der Lehrer zu entsenden, um sie von den durch die Hörmethode erzielten Ergebnissen zu überzeugen und sie mit der Einrichtung des Hörunterrichts bekannt zu machen. Die Versamm-

Die ersten Schwerhörigen-schulen

lung fand unter Teilnahme von 51 Ärzten aus dem In- und Ausland und 87 Taubstummenlehrern statt" (Schumann 1940, 446). Seitens der Pädagogen konnte man sich nur der Forderung nach regelmäßigen ohrenärztlichen Untersuchungen der taubstummen Kinder und stetigen ohrenärztlichen Beratung der Taubstummenschulen anschließen. Zu einem Beschluss über die generelle Einführung des Hörunterrichts an den Taubstummenschulen konnte man sich nicht durchringen. Auch die Notwendigkeit „besonderer Einrichtungen für den Unterricht über das Ohr" hielt man für nicht nachgewiesen.

Differenzierte Beschulung   Dennoch gab es bereits zu dieser Zeit (und auch schon zuvor) vereinzelt Pädagogen, die sich für eine Trennung von taubstummen und harthörigen Schülern aussprachen. In den „Taubstummenanstalten" befanden sich von Anfang an auch solche, die als „harthörig" oder als „uneigentlich Taubstumme" bezeichnet wurden (Kröhnert 1982, 62), also Schüler, die vom heutigen Verständnis her mittel- oder hochgradig schwerhörig waren.

Schwerhörigenbildung als Einzelerscheinung   Bereits 1816 gründete der bayerische Privatlehrer Gotthard Guggenmoos (1775–1838) in Hallein (Österreich) eine „Lehranstalt für schwerhörende und schwersprechende Kinder", die 1829 nach Salzburg umzog. Aufgrund finanzieller Schwierigkeiten musste die Einrichtung 1835 schließen. In Berlin kam es 1836 durch den Privatlehrer Tappe, der eine Ausbildung zum Taubstummenlehrer erhalten hatte (die Lebensdaten sind nicht bekannt), zur Gründung einer privaten Anstalt für Taubstumme mit Hörresten. Unterstützt wurde seine Initiative von Ludwig Graßhoff (1770–1851; Direktor der Taubstummenanstalt Berlin), der die Abtrennung der „Halbhörigen" (Schumann 1940, 442) für sinnvoll hielt. Die Anstalt bestand bis 1842, als sie wegen ungenügenden Zuspruchs wieder aufgelöst wurde (Blätter für Taubstummenbildung, Jg. 1887/88, 332).

Abb. 48: Die erste Vielhöreranlage in Nürnberg (aus: Das Bayerland 1926, 430)

Ähnliche Versuche privater Einrichtungen gab es in Weimar seit 1825, in Eisenach seit 1839 und in Baden (bei Wien) von 1856 bis 1863 (Heese 1983, 297).

Von 1835–1841 sind in Hamburg nachweislich „teilhörige" Schüler von den taubstummen Schülern getrennt unterrichtet worden. Johann H. Ch. Behrmann (1775–1856) unterrichtete an der Hamburger Taubstummenanstalt sechs schwerhörige Kinder in einer eigenen Klasse. Die Begründung war einerseits, dass „die Unterweisung solcher Individuen ... große Mühe und Aufmerksamkeit erfordert, welche ihnen in den gewöhnlichen Schulen ... schwerlich gewidmet werden dürfte" und andererseits „ihr ununterbrochener Umgang mit Taubstummen aber ihrer Vervollkommnung in der artikulierten Sprache und der damit verknüpften Übung und Schärfung des Gehörs nachteilig sein würde" (Schär 1920, 244).

1891 leitete Friedrich Rau (1868–1957; späterer Direktor der Moskauer Taubstummenanstalt) die Forderung nach „besonderen Hilfsschulen" für Schwerhörige ein, wobei er damit Schulen meinte, in „denen dem schwerhörigen Kind Hilfe zuteil werden konnte und nicht Hilfsschulen im Sinne der Schulen für Lernbehinderte" (Friedrich 1966, 131). In seinem Artikel verwies er auf Kinder, die „als Faule oder Unaufmerksame bestraft, als geistig Zurückgebliebene nicht versetzt oder gar der Hilfsschule für schwachbefähigte Kinder überwiesen..." (1891, 254ff) wurden. Die Forderung nach einem besonderen Schwerhörigenunterricht und den schulorganisatorischen Konsequenzen gehen damit auf Rau zurück (Heese 1953, 36).

Aufgrund seiner Forschungsergebnisse forderte Bezold 1900:

Friedrich Rau

„Als die wichtigste Forderung...muß bezeichnet werden: eine vollständige Trennung der Zöglinge, welche begründete Aussicht auf einen erfolgreichen Unterricht vom Ohre aus geben, und derjenigen, welche auf Grund ihrer geringen Hörreste resp. ihrer absoluten Taubheit einen solchen von vornherein ausschließen lassen, in zwei verschiedene und vollkommen voneinander getrennte Anstalten" (zit. n. Heese 1983, 303).

Etwa zeitgleich zeichnete sich ein weiteres Problem ab: 1872 verwies der Würzburger Mediziner Anton von Tröltsch (1829–1890) erstmals auf den Zusammenhang von Schwerhörigkeit und Schulleistung. 1880 führte Weil in Stuttgart eine direkte Erhebung der Hörfähigkeit der Volksschulschüler durch. Er untersuchte 5.909 Schulkinder und stellte bei 32,6 % eine Hörminderung fest. 1898 veröffentlichte der HNO-Arzt Arthur Hartmann (1849–1931, HNO- und Schularzt in Berlin) zwei Fälle von verkannter Schwerhörigkeit. Der eine Schüler hatte vier, der andere fünf Jahre in den untersten Volksschulklassen gesessen.

Damit lässt sich die Situation der Schüler mit Hörschädigung Ende des 19./Anfang des 20. Jahrhunderts wie folgt verdichten:

1. In den Taubstummenschulen befand sich eine Reihe von Schülern, die nicht im eigentlichen Sinne gehörlos waren, sondern über ein ausreichendes Hörvermögen verfügten, um Lautsprache – bei entsprechender Förderung – auf auditivem Weg zu erlernen.

2. In den Volksschulen saß eine nicht unerhebliche Anzahl von Schülern, die den Unterricht aufgrund ihrer Höreinbuße (resp. Schwerhörigkeit) nicht ausreichend verfolgen konnten. Da ihre Schwerhörigkeit unerkannt blieb, galten sie als Schulversager.

Letzteres verdeutlicht noch einmal folgendes Fallbeispiel: Der Arzt Traugott Pilf (1866–1940) beschrieb 1908 in der Zeitschrift für Schulgesundheitspflege einen Fall von verkannter Schwerhörigkeit, der ihm bei einer Schulbesichtigung vorgekommen war:

„Auf meine Frage an den Dorfschullehrer, ob er schwerhörige Kinder in seiner stark besetzten Klasse habe, erhielt ich eine verneinende Antwort. Auch meine Frage an die Kinder selbst blieb erfolglos. Ich tat bald danach die Frage an den Lehrer, ob der Stock häufig in Tätigkeit käme. Der Lehrer antwortete halb stolz, halb verlegen, daß er dieses ‚Erziehungsmittel‘ allerdings sehr häufig anwenden müsse, da er sonst nicht ‚durchkäme‘. Ich fragte weiter, wer denn am häufigsten Schläge bekäme; er zeigte auf einen stämmigen polnischen Jungen mit der Bemerkung, der Junge sei so schwerfällig und verstockt und gleichgültig, daß er fast jeden Tag durch eine ‚tüchtige Tracht‘ aufgeweckt werden müsse. Ich untersuchte den so überaus bevorzugten Jüngling und fand bald …, daß er ausgesprochen schwerhörig war, wodurch seine Schwerfälligkeit, seine Verstocktheit und seine Gleichgültigkeit sogleich in einem anderen Lichte erschienen. Weder er noch der Lehrer hatten von der bestehenden Harthörigkeit eine Ahnung … Er wurde sogleich in die Nähe des Lehrers gesetzt …" (Pilf 1908, 239).

Eine nicht unerhebliche Anzahl von schwerhörigen Schülern befand sich offensichtlich auch in den sich um die Jahrhundertwende rasch entwickelnden Hilfsschulen. Auf dieses wies bereits 1897 der Plauener Bezirksarzt Dr. Franz Ferdinand Dillner hin. 1893 erfasste man in Plauen (Vogtl.) 38 Kinder an Volksschulen, die in „Schwachsinnigenklassen" gefördert werden sollten. Dillner fand unter ihnen 9 mit Schwerhörigkeit. Im darauffolgenden Jahr wurden 18 Kinder ausgesondert, von denen ebenfalls 9 schwerhörig waren. Alle 18 Kinder waren als „geistig minderwertig" u. Ä. bezeichnet worden, keines war als schwerhörig erkannt worden (Dillner 1897, zitiert nach Heese 1953, 44).

Obwohl es bereits vorher immer wieder Versuche gab, schwerhörige Schüler gesondert zu unterrichten, gelang erst mit den beiden nachfolgend genannten Schulgründungen der Durchbruch für eigenständige Schwerhörigenschulen.

Die erste bedeutsamere Schulgründung für Schwerhörige erfolgte 1894 in Jena durch Karl Brauckmann (1862–1938), zuvor Gehörlosenlehrer in Langenhorst. Seine private „Lehr- und Erziehungsanstalt für Schwerhörige und Ertaubte" dürfte jedoch mit einem Schulgeld von durchschnittlich 200 Mark im Monat (Pöhle 1965, 22) nur wenigen Kindern begüterter Eltern zugänglich gewesen sein. Von Brauckmann gingen wesentliche pädagogische Impulse für die sich allmählich profilierende Schwerhörigenpädagogik aus. Seine Methode ist unter dem Namen „Jenaer Verfahren" bekannt (Brauckmann 1936; Brauckmann/Limpricht 1933, auch Brauckmann 1931).

Karl Brauckmann

Arthur Hartmann (1849–1931) besaß als Universitätslehrer und Mitglied der Berliner Schuldeputation großen Einfluss auf die Schulverwaltung. Auf sein Bestreben hin entstand 1902 die erste öffentliche Klasse für Schwerhörige in Berlin. Die Klasse übernahm der Taubstummenlehrer Dionys Reinfelder (1865–1939). 1907 entwickelte sich daraus die erste öffentliche Schwerhörigenschule, deren Rektor Reinfelder wurde. Damit war der Durchbruch für eigenständige Schwerhörigenschulen geschafft. In rascher Folge kam es zu weiteren Gründungen von Schwerhörigenklassen und Schwerhörigenschulen. Sie entwickelten sich aus Absehkursen, Sonderklassen an Volks- und Hilfsschulen (z. B. in Berlin 1907 und Chemnitz 1924), aber auch aus Hörklassen der Taubstummenschulen (Hamburg 1911 und Dresden 1911, die 1915 vom Ministerium für selbstständig erklärt wurden) (vgl. Schumann 1940, 619f; Heese 1983, 306–315). In vielen um die Jahrhundertwende ebenfalls entstandenen Hilfsschulen waren Kinder eingewiesen worden, deren Schulversagen offensichtlich durch Schwerhörigkeit bedingt war. Auf diesen Sachverhalt wiesen zahlreiche Schulärzte hin. Unterstützend wirkte hier, dass in den letzten Jahrzehnten des 19. Jahrhunderts die größeren Stadtgemeinden Ärzte dazu verpflichtet hatten, den Gesundheitszustand der Schuljugend zu überwachen. Diese waren es, die wiederholt auf die Missstände aufmerksam machten und so die Einrichtung von Schwerhörigenklassen förderten (vgl. Heese 1969).

Dionys Reinfelder

Die Situation der Schwerhörigenbeschulung zu Beginn des 1. Weltkrieges zeigt Tabelle 22.

In den 1920er Jahren kamen weitere Schwerhörigenschulen hinzu, so z. B. in Nürtingen (1920), Gelsenkirchen-Buer (1921), Bremen und Karlsruhe (1923), Freiburg i. B. (1925) oder Frankfurt a. M. (1926).

Die Schwerhörigenschule konstatierte sich hauptsächlich als Schule für schwerhörige Kinder und Jugendliche der Großstädte. In ländlichen Gebieten gab es nur wenige derartige Einrichtungen. Die vorhandenen Schwerhörigenschulen bildeten hauptsächlich den Volksschulteil aus. Nur in Berlin gab es eine private Realschule („Höhere Privatschule für Schwerhörige und Ertaubte"), die nach den Lehrplänen der für Realschulen gearbeitet haben soll (1926) und eine Berufsschule (1916), die zugleich für

Tab. 22: Stand der Sonderbeschulung für schwerhörige Kinder bis zu Beginn des 1. Weltkrieges (zusammengestellt aus: Statistische Nachrichten 1927/28; Heese 1983)

Jahr	Aufbau von Schwerhörigenschulen bzw. -klassen in:
1894	Jena
1902	Berlin
1906	Chemnitz
1908	Berlin-Charlottenburg
1910	Berlin-Neukölln
1911	Dortmund, Dresden, Hamburg, Straßburg
1912	Mannheim
1913	Berlin, Essen, Köln, München
1914	Berlin, Hannover, Magdeburg, Stuttgart

taubstumme Jugendliche zuständig war. In größeren Schwerhörigenschulen wurde eine Differenzierung der Schüler nach Schulleistung eingerichtet (A-, B- und C-Klassen).

Ausbau der Schwerhörigenbildung

Nach Etablierung der Schwerhörigenschule galt es, diese pädagogisch zu legitimieren. Reinfelder arbeitete die Spezifika des Unterrichtsmodus heraus. Er ging davon aus, dass schwerhörige Kinder, um Sprache aufzufassen, sich sowohl des Hörens als auch des Absehens bedienen. Diese Sinnesleistungen gilt es so miteinander zu verbinden, dass daraus eine optimale Sprachauffassung resultiert. Das methodische Vorgehen, das dies zu erreichen suchte, wurde „Hör-Seh-Methode" genannt. Damit sollte der Vielfalt der nach Art und Grad unterschiedlichen Hörschäden der schwerhörigen Schüler im Klassenunterricht entsprochen werden. Je nach Bedürfnis sollte sich der Schüler auf Hör- und Absehbild stützen, bruchstückhaft Wahrgenommenes ergänzen und ggf. richtigstellen.

Hör-Seh-Methode

Die „Schwerhörigenbildung" wurde Hauptthema der 1919 stattfindenden ersten Bundesversammlung des Bundes Deutscher Taubstummenlehrer nach dem Ersten Weltkrieg. Auf dieser referierte Ernst Schorsch (1869–1943) inhaltliche Fragen der Schwerhörigenbildung. Er grenzte die Begriffe „Volltaubheit", „Taubheit mit Hörresten" und „Schwerhörigkeit" gegeneinander ab.

Ernst Schorsch

Schwerhörigkeit unterteilte er noch einmal in hochgradige (Hörweite für Umgangssprache am Ohr bis 2,5 m), mittlere (2,5 – 7,5 m) und leichte Schwerhörigkeit (mehr als 7,5 m). Diese Hörweiten sollten als Orientierung, nicht jedoch als Maßstab für die pädagogische Wertung des Hörschadens sein. Ob ein Kind als schwerhörig oder taub einzustufen sei, ergebe sich „in erster Linie durch das Verhalten der gesprochenen Sprache gegenüber"(Schorsch z.n. Heese 1969, 15). Eine Hörweite von 2,5 – 3 m für Umgangssprache wurde als Grenze für die Notwendigkeit einer Umschulung zwischen Volks- und Schwerhörigenschule gesehen, wobei auch das Alter bei Eintritt der Schwerhörigkeit und die Schulleistungen zu berücksichtigen seien. Schorsch empfahl regionale Schwerhörigenschulen mit Internaten für auswärtige Schüler. Die Internatskosten sollten vom Staat getragen werden.

Auf den Kongressen für Heilpädagogik 1922 und 1924 (beide in München) und 1927 (in Berlin) wurden weitere wichtige Probleme der Schwerhörigenbildung erörtert. Auf dem Kongress von 1924 kennzeichnete Reinfelder „Die Eigenart der Schwerhörigenschule" und stellte damit schulorganisatorische Forderungen zur Schwerhörigenbildung auf (Reinfelder 1925). Sie wurden von Heese (1969) wie folgt zusammengefasst:

„1. Die Schwerhörigenschule hat mit der Volksschule gemeinsam: Unterrichts- und Erziehungsziel, Schulaufbau, Unterrichtsfächer, Anzahl der Unterrichtsstunden.
2. Die Schülerzahl pro Klasse soll 7 bis 12 Schüler betragen. Koedukation ist zweckmäßig.
3. Bei Bedürfnis sollen Berufs-, Real- und höhere Schulen für Schwerhörige eingerichtet werden.

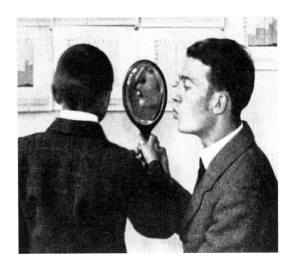

Abb. 49:
Hör-Seh-Methode:
Direktes Einspre-
chen ins Ohr
verbunden mit
Absehen im Spiegel
bei einem Kind
(aus: Das Bayerland
1926, 428)

4. Der Schwerhörigenunterricht muß das verbliebene Gehör, den Gesichts-
und den Tastsinn besonders pflegen" (16).

Die Abgrenzung zur Volksschule bzw. zur Taubstummenschule nahm Reinfelder wie folgt vor: Die Hörreste der schwerhörigen Schüler sind „so gering
oder so wenig geschult, daß die in der Volksschule vorwiegend gebrauchte
Hörmethode für einen erfolgreichen Unterricht der Schwerhörigen nicht
ausreicht, sie bleiben zurück. Dagegen sind diese Hörreste zu groß, um die
reine Absehmethode der Taubstummenschule anwenden zu können... Der
Unterricht erfolgt deshalb, der Natur der Schwerhörigkeit entsprechend,
durch die Hörsehmethode, eine Methode, die die Schüler lehrt, absehend
hören und hörend absehen zu lernen, Gehör- und Gesichtssinn ergänzen
und unterstützen sich zu einer Tätigkeit..." (1925, 36).

Eine Bereicherung der von Reinfelder favorisierten Hör-Seh-Methode
erfuhr der Schwerhörigenunterricht durch Brauckmanns „Jenaer Verfahren" (1925; 2. A. 1936). In diesem verknüpfte er im Unterricht die Allge-
meinmotorik mit der Sprechmotorik und bediente sich der Rhythmik. Zur
rhythmischen Übung der Sprachformen diente das „Silben- und Formenspiel" (1933). Brauckmann ging mit diesem Verfahren neue Wege, indem er
Kinästhetik und Sprechmotorik in die Ausbildung des Absehens einbezog.

1926 erschien der erste amtliche Lehrplan für Schwerhörigenschulen.
Er basierte auf Reinfelders Hör-Seh-Methode. Der Lehrplan lehnte sich
eng an den der Volksschule an und charakterisiert das *Ziel* der Schwerhörigenschule wie folgt:

„Die Schwerhörigenschule ist die Volksschule für alle normalbegabten schwerhörigen Kinder. Sie erstrebt dasselbe Ziel wie die Volksschule und versucht, die
hemmenden Folgen der Schwerhörigkeit durch die Eigenart ihres Unterrichts
auszugleichen" (Lehrplan für die Berliner Schwerhörigenschulen, genehmigt

vom Prov.-Schulkollegium unter dem 5.7.1926 – Aktenzeichen II B 1819, zitiert nach Heese 1953, 66).

Somit hatte sich Ende der 1920er Jahre die Schwerhörigenbildung als eigenständige Disziplin neben der Taubstummenbildung durchgesetzt. Die Schwerhörigenschule konsolidierte sich pädagogisch und schulorganisatorisch. Selbst die Weltwirtschaftskrise um 1930 brachte keinen Rückgang im Aufbau der Schwerhörigenbildung.

Bis 1933 hatte sich die „besondere" Beschulung von schwerhörigen Schülern in Deutschland weiter ausgedehnt. In 24 Städten wurden in 187 Klassen etwa 2.100 schwerhörige Schüler beschult (Reinfelder 1934, Sp. 2474).

Erst mit der Machtergreifung des Nationalsozialismus kam es zum Stillstand.

15.5 Hörgeschädigtenpädagogik im Dritten Reich

Die Zeit des Nationalsozialismus läutete auch für die Hörgeschädigtenpädagogik in Deutschland ein besonders dunkles Kapitel ihrer Geschichte ein. Zu Beginn des Jahres 1933 wurde der Berufsverband der Taubstummenlehrer aufgelöst. Am 14.7.1933 wurde das „Gesetz zur Verhütung erbkranken Nachwuchses" erlassen. Diesem folgte am 10.10.1935 das „Gesetz zum Schutze der Erbgesundheit". Nach diesen Gesetzen konnten Personen mit erblicher Taubheit zwangsweise sterilisiert werden.

Das Sonderschulwesen wurde durch den Aufbau des „Referates für negative Schülerauslese und Sonderschulfragen im Rassenpolitischen Amt (RPA)" Anfang 1937 bewusst einbezogen. Bereits 1934 hatte der Mediziner und Leiter des Stuttgarter Gesundheitsamtes Gastpar auf einer Gautagung der Reichsfachschaft Sonderschulen den „Wunsch" geäußert, Sonderschulen nicht nur als Teil der Schulorganisation und Schultechnik zu sehen, sondern sie weit mehr als „eine Einrichtung der Gesundheitspflege und ganz besonders der Rassenhygiene" zu verstehen (Gastpar 1934, zit. n. Meyer 1983, 109). Mit der Gründung des Referates sollten die noch bestehenden Widersprüche bzw. Hemmnisse gegen die „vollbiologische Aufgabe" endgültig beseitigt werden.

Die Sonderschulen waren zur Meldung offiziell nicht verpflichtet, es gab aber eine nicht unerhebliche Anzahl von Lehrern, die von sich aus Schüler meldeten und durch ihre aktive Mitarbeit die Umsetzung der Gesetze unterstützten. Eindrucksvoll wird das in den Publikationen von Biesold (1984, 1988) beschrieben.

Das insgesamte Ausmaß der Verbrechen an gehörlosen Menschen dieser Zeit lässt sich an den Forschungsergebnissen von Biesold ungefähr ableiten. Nach Angaben von Nowak (1984, 65) wurden in Deutschland zwischen 1933 und 1945 bis zu 350.000 Sterilisationen vorgenommen; ca. 200.000–275.000 Behinderte fielen der „Euthanasie" zum Opfer. Wie viele gehörlose Menschen darunter waren, lässt sich im Einzelnen nicht mehr ermitteln. Biesold (1988, 43) hat in seiner Untersuchung 662 gehörlose Frauen, die zwangsweise sterilisiert wurden, ermittelt. Bei knapp 9 % von ihnen erfolgte zugleich ein Abbruch der Schwangerschaft, zum Teil während des 6. oder nach dem 6. Monat ihrer Schwangerschaft.

Es wird geschätzt, dass in damaligen deutschen Reichsgebieten dem „Gesetz zur Verhütung erbkranken Nachwuchses" etwa bis 15.000 Personen zum Opfer fielen, die als „erbliche Taubstumme" sterilisiert worden sind (Nowak 1984, 102).

Einiges deutet auch darauf hin, dass zwischen 1933–1945 an einzelnen Taubstummenschulen keine besonderen Förderprogramme mehr für Schwachbegabte angeboten wurden. Archivstudien ergaben, dass Schüler „wegen Bildungsunfähigkeit abgegeben an…" (es folgte der Name einer Heil- und Pflegeanstalt) oder „nicht bildungsfähig, abgegeben an…" (es folgte der Vermerk „Elternhaus", „Eltern" oder der Name einer Heil- und Pflegeanstalt) wurden (Biesold 1988, 176). Vieles deutet darauf hin, dass ein nicht unerheblicher Teil von ihnen ermordet worden ist.

Nicht zu vergessen sind die 146 Schüler der ehemaligen Israelitischen Taubstummen-Anstalt (seit 1938 trug sie den Namen Jüdische Gehörlosenschule) in Berlin-Weißensee, die 1942 verschleppt und ermordet wurden. Die Geschichte dieser Einrichtung ist nachzulesen bei Bendt/Galliner (1993).

Die (sonstigen) Taubstummen- und Schwerhörigenschulen waren geduldet, sie fanden aber keine weitere Förderung und Unterstützung. Die Hörgeschädigtenpädagogik und das Bildungswesen für Gehörlose und Schwerhörige stagnierten bzw. erlitten eher Rückschläge.

15.6 Entwicklungen nach dem Zweiten Weltkrieg bis zur Gegenwart

Zu innovativen Fortschritten im Bereich der pädagogischen Förderung von Kindern und Jugendlichen mit Hörschädigung kam es erst wieder Anfang der 1950er Jahre. Zu dieser Zeit hatte man sich von den unmittelbaren Folgen des Zweiten Weltkrieges (ein Teil der Schulgebäude waren zweckentfremdet oder zerstört worden) etwas erholt.

Die zu diesem Zeitpunkt bereits bestehende juristische Teilung Deutschlands wirkte sich einerseits auf die Fortentwicklung der Gehörlosen- und Schwerhörigenpädagogik aus (zentral geleitetes Schulwesen in der DDR, Bundesländerhoheit in der BRD), andererseits gab es in den Jahren des Bestehens zweier deutscher Staaten viele Gemeinsamkeiten, die teils in der verbindenden Tradition und teils in der Gleichartigkeit der Aufgabe wurzeln.

Ganz spezifische Auswirkungen zeigten sich hingegen in der mit der Gehörlosen- und Schwerhörigenpädagogik auf das engste verbundenen Taubblinden-/Hörsehgeschädigtenpädagogik. Auf die Förderung von Taub-

Abb. 50: Artikulationsunterricht in den 1950er Jahren an der Gehörlosenschule Leipzig (mit freundlicher Genehmigung der Bibliothek für Hör- und Sprachgeschädigtenwesen, Leipzig).

blinden bzw. Hörsehgeschädigten hatte sich mit der Gründung des Taubstummenblindenheims 1912 das Oberlinhaus in Nowawes (Potsdam-Babelsberg) spezialisiert. Mit dem Mauerbau musste sich dann der westliche Teil Deutschlands eigene Einrichtungen schaffen, in denen dieser Personenkreis betreut werden konnte. So entstand dadurch beispielsweise das Bildungszentrum für Taubblinde in Hannover.

In der Gehörlosen- und Schwerhörigenpädagogik selbst waren jedoch in den 1960er bis 1980er Jahren in beiden deutschen Staaten trotz ihrer Abschottung voneinander und der einseitigen Ausrichtung der DDR auf die sowjetische Defektologie wiederholt vergleichbare Entwicklungen zu beobachten. Beispielhaft sei die schrittweise Etablierung einer Frühförderung für alle Kinder mit Hörschädigung ab etwa den 1960er Jahren genannt. Man denke des Weiteren an den Übergang von deduktiven Methoden zu induktiven Verfahren des Sprachunterrichts, die stärkere Ausrichtung auf eine handlungsorientierte Unterrichtsgestaltung, an den mit der Entwicklung der Hörgerätetechnik einhergehenden und möglich werdenden hörgerichteten Spracherwerb sowie an die seit den 1980er Jahren wieder verstärkt geführten Diskussionen um den Einbezug der Gebärdensprache im Unterricht. Letztlich sei auf die ersten ebenfalls in den 1980er Jahren in beiden Ländern stattfindenden Cochlea Implantationen verwiesen, die zunächst bei Personen mit Ertaubung und ab Ende der 1980er Jahre auch bei Kindern mit Ertaubung und mit angeborenen hochgradigen Hörschäden durchgeführt wurden.

Die seit Anfang der 1990er Jahre wieder gesamtdeutsche Gehörlosen- und Schwerhörigenpädagogik orientiert sich an den bildungspolitischen Strukturen der alten Bundesländer, die nun für alle gelten. Für die gegenwärtigen Entwicklungen sind die Empfehlungen der Kultusministerkonferenz (KMK) zur sonderpädagogischen Förderung (KMK-Empfehlungen) von 1994 maßgebend. Die KMK-Empfehlungen für den Förderschwerpunkt Hören erschienen 1996 (Empfehlungen... 1996; Drave et al. 2004). Diese Empfehlungen der Kultusministerkonferenz zur sonderpädagogischen Förderung leiteten einen Paradigmenwechsel in der Sonderpädagogik ein, indem sie sich von einer institutsbezogenen Sichtweise lösten und die kindbezogene in den Mittelpunkt stellten. Seit 2011 werden die Empfehlungen der Kultusministerkonferenz ergänzt durch die Empfehlungen zur „Inklusive(n) Bildung von Kindern und Jugendlichen mit Behinderung in Schulen" (KMK 2011).

Parallel zu diesen Entwicklungen vollzog sich eine gravierende äußere Wandlung: In den Jahren vor und um die Jahrhundertwende vom 20. zum 21. Jahrhundert – und damit nahezu exakt 100 Jahre nach der Herausbildung selbstständiger Schwerhörigenschulen sowie einer jeweils eigenständigen Profilierung der Gehörlosen- und Schwerhörigenbildung – kam es bundesweit zu Zusammenlegungen von Gehörlosen- und Schwerhörigenschulen zu Schulen bzw. Förderzentren für Hörgeschädigte bzw. Förderzentren, Förderschwerpunkt Hören als für alle Schüler mit Hörschädigung zuständige Kompetenzzentren. Ursächlich wirkte hier die deutlich gestiegene Anzahl frühzeitig mit Cochlea Implantat versorgter Kinder, einhergehend mit einer über die Jahre kontinuierlich verbesserten Frühförderung sowie einer immer früheren Diagnose einer Hörschädigung, die mit der Einführung des flächendeckenden universellen Neugeborenenhörscreenings (2009) ein von Medizin und Pädagogik lang angestrebtes Ziel erreicht.

Der allgemeine Trend zunächst in Richtung schulischer Integration und spätestens seit der Ratifizierung der UN-Behindertenrechtskonvention (2007) in Richtung schulischer Inklusion tat das Übrige. Die Zahl der Schüler an den Gehörlosenschulen war so weit gesunken, dass sie nicht mehr als eigenständige Einrichtungen geführt werden konnten. Neben diesen äußeren Faktoren wirkte die mit dem Paradigmenwechsel vollzogene Loslösung von der institutsbezogenen Sicht hin zu einer kindbezogenen. Das Kind mit seinen auszubauenden Fähigkeiten und Kompetenzen steht im Vordergrund. Die individuelle Förderung soll sich noch stärker als bisher am Bedarf des Kindes orientieren.

Ausgelöst durch die Diskussionen um Bildungsstandards in der allgemeinen Pädagogik kam es Anfang des 21. Jahrhunderts dann auch in der Sonderpädagogik zur Formulierung von Standards der sonderpädagogischen Förderung. Diese wurden vom Verband Sonderpädagogik e. V. Ende 2007 auf seiner Hauptversammlung in Potsdam verabschiedet, so auch die Standards zum Förderschwerpunkt Hören (Standards der sonderpädagogischen Förderung 2008). Eine Kommentierung dieser wurde von Leonhardt (2009c) vorgenommen.

Ein neuer Impuls ging von der UN-Konvention über die Rechte von Menschen mit Behinderungen aus, die Ende 2008 auch von Deutschland ratifiziert wurde. Das Leitbild des Artikels 24 („Bildungsartikel") ist das gemeinsame Lernen von Kindern und Jugendlichen mit und ohne Behinderung. Damit wird dem Gedanken der inklusiven Bildung ein hoher Stellenwert zugeordnet. Die Inklusionsquoten – die noch nichts über die Qualität der Umsetzung der schulischen Inklusion aussagen, sondern zunächst eine rein qualitative Erfassung darstellen – haben sich seither in den einzelnen Förderschwerpunkten sehr unterschiedlich entwickelt. Auch gibt es erhebliche Abweichungen der einzelnen Bundesländer untereinander. Für den Förderschwerpunkt Hören sei beispielhaft auf die Bundesländer Bayern, Bremen und Schleswig-Holstein verwiesen: So wurden im Schuljahr 2015/16 (nach KMK 2016a, b) in Bayern 32,8 %, in Bremen 40,8 % und in Schleswig-Holstein 67,85 % der Schüler mit dem Förderschwerpunkt Hören inkludiert beschult (fortführend s. auch Leonhardt 2018c). Bundesweit wurden im genannten Schuljahr 45,1 % der Schüler mit Hörschädigung inklusiv und 54,9 % in Schulen mit dem Förderschwerpunkt Hören beschult.

(Anmerkung: Auf die jüngere Geschichte wird auch im Rahmen der einzelnen Kapitel Bezug genommen. Dort sind ergänzende Informationen zu finden.)

 Ergänzende Informationen können entnommen werden: Heese (1983): Schwerhörigenpädagogik. – Jussen (1974): Schwerhörige, ihre Bildung und Rehabilitation. – Löwe (1974): Gehörlose, ihre Bildung und Rehabilitation. – Löwe (1983): Gehörlosenpädagogik. – Löwe (1992a): Hörgeschädigtenpädagogik international.
Spezielle Ausführungen zum Bildungswesen für Hörgeschädigte in der ehemaligen DDR sind zu finden bei: Brand (1990): Überblick über die Geschichte der Hörgeschädigtenpädagogik. – Göbel (1992): Zur Historiographie der Sonderpädagogik in der DDR. – Göbel (1995): Zum Neubeginn im Sonderschulwesen in der sowjetischen Besatzungszone 1945–1949. – Leonhardt (1994): Die Wende in der DDR – gewendete Hörgeschädigtenpädagogik? Pöhle (1995): Rückblick, nach vorn gerichtet. – Schubert (1995): Früh- und Vorschulerziehung in der ehemaligen DDR (durchgängig aus der Sicht ehemaliger Bürger der DDR und damit als „Zeit- und Augenzeugen"). – Löwe (1992a): Hörgeschädigtenpädagogik international (aus Sicht eines Bürgers der BRD).
Allgemein zur Geschichte der Hörgeschädigtenpädagogik kann empfohlen werden: Heese (1953): Kurzer Abriß der geschichtlichen Entwicklung der Schwerhörigenbildung in Deutschland. – Blau (1966): Gehörlosenschule. – Ellger-Rüttgart (2008): Geschichte der Sonderpädagogik. – Friedrich (1966): Schwerhörigenschule. – Heese (1983): Schwerhörigenpädagogik. – Löwe (1983): Gehörlosenpädagogik. – Löwe (1992a): Hörgeschädigtenpädagogik international. – Möckel (2007): Geschichte der Heilpädagogik. – Schott (1995): Das k. k. Taubstummen-Institut in Wien 1779–1918.

Die aktuell umfassendste Aufbereitung der Gehörlosen- und Schwer-
hörigenpädagogik in der Zeit 1950 bis zur Gegenwart ist Wisotzkis
„Hörgeschädigtenpädagogik" (2008) zu entnehmen.

15.7 Übungsaufgaben zu Kapitel 15

Wann und wo begann die Entwicklung einer Gehörlosenbildung?   **Aufgabe 92**

Welche Schulgründungen übten entscheidenden Einfluss auf die Entwicklung   **Aufgabe 93**
der institutionalisierten Bildung und Erziehung Hörgeschädigter aus?

Was versteht man unter „Spanischer Methode", „Französischer Methode",   **Aufgabe 94**
„Deutscher Methode" und unter „Wiener Schule"?

Nennen Sie die philosophischen, pädagogisch-psychologischen Anstöße und   **Aufgabe 95**
die sozialen Ursachen für die Verallgemeinerungsbewegung! Charakterisieren
Sie das humanitäre Grundanliegen der Verallgemeinerungsbewegung! Warum konnte ihr zur damaligen Zeit kein Erfolg beschieden sein?

Nennen Sie Konzeptionen und Bewegungen Ende des 19./Anfang des   **Aufgabe 96**
20. Jahrhunderts! Was waren die jeweiligen Ziele und Absichten?

Setzen Sie sich mit dem jeweiligen Anliegen von Hill, Vatter und Heidsiek aus- **Aufgabe 97**
einander!

Was versteht man unter Hör-Seh-Methode?   **Aufgabe 98**

Kennzeichnen Sie äußere und innere Anlässe der Umstrukturierung von Ge-   **Aufgabe 99**
hörlosen- und Schwerhörigenschulen zu Förderzentren, Förderschwerpunkt
Hören!

Was war der Auslöser für die zunehmende inklusive Beschulung von Schülern   **Aufgabe 100**
mit Hörschädigung?

Anhang

Glossar

Akquisition: Erwerb

Akustik: Lehre der Schallerscheinungen und der Schallwirkungen

Akustiker: Fachmann für Fragen der Akustik

Akustikusneurinom: Tumor am Hörnerv

akustisch: durch das Gehör wahrnehmbar; das Gehör, den Schall betreffend

Akzentuierung: verbale Hervorhebung bzw. Betonung einer bestimmten Stelle im Wort bzw. eines Wortes

Aminoglykoside: gehören zur Gruppe der Antibiotika; haben ausgeprägtes ototoxisches Potenzial

Anatomie: Lehre vom Bau des (menschlichen) Körpers und seiner Organe

Andragogik: Wissenschaft von der Erwachsenenbildung

Anomalie: Unregelmäßigkeit; geringgradige Entwicklungsstörung; körperliche Fehlbildung

Anotie: angeborene Anomalie des äußeren Ohres mit ein- oder beidseitig fehlender Ohrmuschel

Ansatzrohr: Ort der Lautbildung, Resonanzraum der Stimme, bestehend aus Rachenraum, Mundhöhle, z. T. Nasenhöhle

Antibiotikum (Pl.: Antibiotika): Stoffe, die entwicklungshemmend oder abtötend auf Bakterien, Viren, Pilze wirken

Aplasie: Gewebe- oder Organanlage vorhanden, aber Entwicklung ausgeblieben

Artikulation: Lautbildung

Artikulationsorgan: Organ oder Organteil, das an bzw. mit der Artikulationsstelle die lautbildende Hemmstelle erzeugt

Asphyxie: Atemstillstand

Assoziation (in Abgrenzung zum Syndrom): Begriff der medizinischen Genetik, bedeutet „Verbindung", wird für Fehlbildungen unbekannter Ursache verwendet

Ätiologie: Lehre von den Krankheitsursachen

Atresie: angeborener Verschluss von Hohlorganen oder natürlichen Körperöffnungen

Audiogramm: graphische Darstellung des Ergebnisses einer Audiometrie

Audiologie: Wissenschaft vom Hören und der Hörwahrnehmung, Teilgebiet der Akustik

Audiometer: elektroakustisches Messgerät zur Bestimmung der Hörschwelle; besteht aus Generator, Regelwerk und (Kopf- bzw. Knochenleitungs-)Hörer

Audiometrie: Gehör-Messung

auditiv: fähig, Klänge, Geräusche und Sprachlaute wahrzunehmen und zu analysieren (in Bezug auf das menschliche Gehör); das Hören, das Gehör betreffend

auditive Verarbeitungs- und Wahrnehmungsstörungen (AVWS): zentrale Prozesse des Hörens sind gestört

auditorisches System: auch auditives System genannt; dient der Aufnahme und Verarbeitung von Schallereignissen. Zu ihm gehören äußeres Ohr und Gehörgang, Mittelohr, Innenohr (als peripherer Hörapparat) sowie Hörbahn und Hörzentren (als zentrales auditorisches System)

Aussonderungsuntersuchung: hat das Ziel, ein Kind als hörauffällig zu erkennen und als hörbeeinträchtigt verdächtig „auszusondern"

BERA: Brainstem Evoked Response Audiometry – ist die Messung der elektrischen Aktivität des Hirnstammes nach akustischer Reizung (= Hirnstammaudiometrie)

Bestimmungsuntersuchung: die durch die Aussonderungsuntersuchung (s. dort) erfassten Kinder werden näher untersucht, um zu überprüfen, ob der Verdacht zu Recht besteht und, falls sich dieser bestätigt, um Art und Ausmaß des Hörschadens zu bestimmen

BiCROS: Bilateral Routing of Signals (engl.); (s. auch CROS); wenn beidseitiger Hörverlust vorliegt, aber nur eine Seite mit Hörgerät versorgt werden kann; das schlecht hörende, aber bessere Ohr bekommt ein eigenes Hörgerät und nimmt gleichzeitig den verstärkten Schall vom tauben Ohr auf

bilateral: beidseitig; beide Seiten (hier: Ohren) betreffend

bilingual: zweisprachig

bimodal: Tragen eines CIs und eines zusätzlichen Hörgerätes am kontralateren Ohr

binaural: für beide Ohren; beide Ohren betreffend

bisensorisch: zwei Sinnesorgane betreffend, Wahrnehmung mit Hilfe zweier Sinnesorgane

Cerebralparese: durch Schädigung des kindlichen Gehirns prä-, peri- oder postnatal auftretende motorische Bewegungsstörung

Cerumen obturans: Ohrenschmalzpfropf

Cerumen: Ohrenschmalz

Cholesteatom: Perlgeschwulst (gutartiger Tumor)

Chromosom: sog. Erbkörperchen; sichtbarer Träger der genetischen Information

chromosomal: das Chromosom betreffend

Cochlea: Schnecke, Teil des Innenohres, in dem das Hörorgan liegt, hat Form eines Schneckenhauses mit 2 ½ Windungen

Cochlea Implantat: technische Hörsystem; Innenohrprothese, die gehörlosen und ertaubten Menschen operativ eingesetzt wird

cochleäre Schwerhörigkeit: s. sensorische Schwerhörigkeit

Cortisches Organ: Sinneszellen der Schnecke, umfasst äußere und innere Haarzellen mit Stützzellen, Basilar- und Deckmembran (benannt nach Alfonso Corti, 1822–1876, italienischer Anatom)

cranio-: knöchernen Schädel betreffend

CROS: Contralateral Routing Of Signals (engl.); Herüberleiten eines Schallsignales auf die gegenüberliegende Kopfseite; klassische Hörgeräte-Versorgung bei einseitiger Taubheit, dabei wird ein Mikrophon am tauben Ohr getragen, und die dort empfangenen Signale werden dem normal hörenden Ohr zugeführt

Daktylologie: Zeichensprache mit Hilfe der Hände (vom griech. Daktylos = Finger)

Degeneration: Verfall von Zellen, Geweben oder Organen; sog. Entartung zellulärer Strukturen oder Funktionen infolge Schädigung der Zelle

degenerativ: rückbildend, abbauend (z.B. bei Organen)

Demenz: auf organischen Hirnschädigungen beruhender dauernder Intelligenzdefekt

Demographie: Bevölkerungswissenschaft

Deprivation: Mangel, Verlust, Entzug von etwas Erwünschtem (z.B. fehlende Zuwendung der Mutter)

Deprivation, auditorische: Mangel an Höreindrücken

Diskrimination: Unterscheidung

Diskriminationsfähigkeit: Unterscheidungsfähigkeit

Diskriminationsverlust: Anzahl der falsch wiederholten Testwörter, ausgedrückt in Prozent

Dynamik: Lautstärke; Merkmal der Prosodie

Dynamikbreite: umfasst den vom menschlichen Ohr verarbeiteten Schallpegelbereich

Dysgrammatismus: ungrammatische Sprech- und Schreibweise; Störung der Fähigkeit, sich sprachlich durch deklinatorisch und konjugatorisch richtig gebrauchte Wörter auszudrücken

Dyslalie: (auch Stammeln) fehlerhafte Bildung eines Phonems

Dyslalie, audiogene: durch Hörschaden verursachter Lautbildungsfehler; betrifft insb. die hochfrequenten Zischlaute

Dysplasie: Fehlbildung oder Fehlentwicklung eines Gewebes oder Organs

Dystrophie: chronische Ernährungsstörung bei Säuglingen

edukativ: erzieherisch

Encephalitis: Gehirnentzündung

endogam: die Endogamie betreffend

Endogamie: Heiratsordnung, nach der nur innerhalb eines bestimmten sozialen Verbandes (hier: innerhalb der Gehörlosengemeinschaft) geheiratet werden darf

endogen: von innen kommend

endokrinologisch: die Lehre der Endokrinologie (Lehre von den Hormonen) betreffend

Endolymphe: visköse (= klebrige) Flüssigkeit im häutigen Labyrinth

Epidemiologie: Wissenschaft von der Entstehung, Verbreitung und Bekämpfung und den sozialen Folgen von Epidemien, zeittypischen Massenerkrankungen und Zivilisationsschäden

essentiell: wesentlich, in Heinickes Konzept des Arcanums dem Geschmackssinn eine besondere Bedeutung zuweisendes Mittel

Eustachische Röhre: auch Ohrtrompete oder Tube; 3 bis 4 cm lange Röhre; Verbindungsgang vom Mittelohr (Paukenhöhle) zum Rachenraum, dient dem Druckausgleich, der Belüftung der Paukenhöhle und dem Schutz vor aufsteigenden Infektionen (benannt nach Bartolomeo Eustachio, um 1520–1574, italienischer Anatom)

Exsudat: durch Entzündung bedingter Austritt von Flüssigkeit und Zellen aus den Blut- und Lymphgefäßen

Externat: Lehranstalt, deren Schüler außerhalb der Schule wohnen

extracochleär: außerhalb der Schnecke

facial: zum Gesicht gehörend, Gesichts-

Formant: die Klangfarbe bestimmender, stark hervortretender Teilton, der durch die Eigenschwingung von Hohlräumen gebildet wird

funktionales Hören: Ausnutzen vorhandener (z. T. äußerst geringer) Hörkapazitäten mit Hilfe elektronischer Hochleistungshörgeräte (in jüngster Zeit mit Hilfe von Hörsystemen); Voraussetzung ist eine frühzeitige – möglichst bereits im ersten Lebensjahr, besser noch in den ersten sechs Lebensmonaten – (bewusste) Stimulation der Hörreste (= Hörkapazitäten) und eine gezielte hörgeschädigtenspezifische Förderung

Ganglien: Ansammlungen von Nervenzellen, in denen die Nervenfasern ihren Ursprung haben

Ganglion spirale cochlea: Nervenzellen, die in ihrer Gesamtheit einen Nervenknoten bilden, der sich an der knöchernen Längsachse der Cochlea befindet

gastroenterologisch: Magen und Darm betreffend

Gaulledet-University: geisteswissenschaftlich ausgerichtete Universität für Gehörlose in Washington, D.C.

Gebärdensprache: Gebärdensprachliche Systeme (z. B. American Sign Language [= ASL], Deutsche Gebärdensprache [= DGS]), die über eine eigenständige Lexik und Grammatik verfügen und bis auf die Schriftsprache alle Sprachfunktionen erfüllen. Die Gebärdensprache wird als Grundlage für eine eigene Sprachgemeinschaft Gehörloser und zugleich als Kern der Gehörlosenkultur gesehen.

Gehörgangsatresie: angeborener Verschluss des Gehörgangs

Geragogik: Theorie und Praxis der Bildung, Anleitung und Förderung im Alter

Gerontologie: Altersforschung

Graph: Schriftzeichen, kleinste, nicht bedeutungskennzeichnende Einheit in schriftlichen Äußerungen

Graphem: kleinstes bedeutungsunterscheidendes Symbol, das ein oder mehrere Phoneme wiedergibt

haptisch: den Tastsinn betreffend

Hauptsprachbereich: liegt zwischen 500 und 4.000 Hz

hereditär: erblich

Hörfeld: jene Töne, die der Mensch wahrnimmt (Begrenzungslinien beim Normalhörenden: Hörschwelle [0 dB], Schmerzschwelle [120 dB], 16 Hz, 20.000 Hz) Hörgeräteakustiker; s. Akustiker

Hörschwelle: Punkt, bei dem ein Schall vom Unhörbaren zum Hörbaren wird

Hörtaktik: Fähigkeit des Hörgeschädigten, soziale Situationen so zu gestalten oder zu beeinflussen, dass im Rahmen der gegebenen Möglichkeiten die eigene Teilhabe möglich bzw. erleichtert wird

Hyperakusis: Geräuschempfindlichkeit

hyperkinetisch: mit unwillkürlich ablaufenden Bewegungen einhergehend (oft synonym zu hyperaktiv gebraucht)

Hypotonie (der Muskulatur): Herabsetzung des Ruhetonus eines Muskels oder der Muskulatur

Hypoxie: Sauerstoffmangel

Ikterus: Gelbsucht

imitativ: nachahmend

Impedanz: Schallwiderstand

Implementierung: (Software, Hardware u. Ä.) in ein bestehendes Computersystem einsetzen oder einbauen und so ein funktionsfähiges Programm erstellen

indifferent: gleichgültig, unbestimmt, teilnahmslos

Indikation: aus der ärztlichen Diagnose sich ergebende Veranlassung, ein bestimmtes Heilverfahren anzuwenden, ein Medikament zu verabreichen

Infantizid: Kindesmord

Insuffizienz: Unzulänglichkeit, Schwäche

Intensität: (bes. gesteigerte) Kraft, (konzentrierte) Stärke

Interaktion: Austausch, Kommunikation

interaktiv: zur Interaktion bereit, Interaktion ermöglichend

interdisziplinär: gemeinsam von mehreren wissenschaftlichen Disziplinen; mehrere wissenschaftliche Disziplinen betreffend

Interferenz: Überlagerung

Intonation: Tongebung, Veränderung nach Höhe und Stärke beim Sprechen von Silben oder ganzen Sätzen

intrauterin: innerhalb der Gebärmutter; auch: innerhalb der Gebärmutter erfolgend (oder liegend)

Inzidenz: Häufigkeit neuer Fälle

Kinästhesie: Fähigkeit, Bewegungen der Körperteile unbewusst zu kontrollieren und zu steuern; Bewegungssinn, -empfindung

kinästhetisch: die Kinästhesie betreffend

Knochenleitung: Übertragung des Schalls über den Schädelknochen zum Innenohr

Koedukation: gemeinsame Erziehung von Jungen und Mädchen

kognitiv: die Erkenntnis betreffend; erkenntnismäßig

kognitive Entwicklung: Entwicklung all der Funktionen beim Kind, die zum Wahrnehmen eines Gegenstandes oder zum Wissen über ihn beitragen

Kolobom: angeborene Spaltbildung, besonders im Bereich der Regenbogenhaut, der Augenlider oder des Gaumens

konduktive Schwerhörigkeit: Schallleitungsschwerhörigkeit

kongenital: angeboren

konnatal: angeboren, pränatal erworben

konstitutiv: grundlegend, bestimmend

kontralateral: zur gegenüberliegenden Seite gehörend

kortikal: von der Gehirnrinde ausgehend, in der Gehirnrinde lokalisiert

Komorbiditäten: weiteres, diagnostisch abgrenzbares Krankheitsbild oder Syndrom, das zusätzlich zu einer Grunderkrankung vorliegt (kann auch als Begleiterkrankung bezeichnet werden)

kutan: die Haut betreffend

Labyrinth: Innenohr; enthält Hörorgan und Gleichgewichtsorgan; es ist zwischen häutigem Labyrinth (System von Blasen und Kanälen) und das sie umgebende knöcherne Labyrinth (=Knochenkapsel) zu unterscheiden

Labyrinthitis: bakterielle Entzündung des Labyrinths

Lärmexposition: Grad der Gefährdung, der sich aus der Häufigkeit und Intensität des Lärms ergibt, dem der Organismus ausgesetzt ist

lateral: seitlich; an der Seite gelegen

Lautsprachassoziation: s. unmittelbare Lautsprachassoziation

Lautsprache: die Bezeichnung Lautsprache wird in der Hörgeschädigtenpädagogik in Abgrenzung zur Gebärdensprache verwendet. Der Terminus wurde von der Hörgeschädigtenpädagogik selbst geprägt; erstmalig 1822 von Neumann. Nach Schumann (1929c, 141) ist die Lautsprache „eine aus Lauten zusammengesetzte oder in Laute gegliederte Sprache". Jussen (1982b, 219) definiert sie als „ein konventionalisiertes Symbolsystem von gelauteten und geschriebenen Zeichen". Demzufolge war ursprünglich die gesprochene („gelautete") Sprache gemeint. Heute umfasst die Bezeichnung die mündliche und schriftliche Modalität.

Linguist: Sprachwissenschaftler

Linguistik: Sprachwissenschaft

Logopäde: Beruf; zum Tätigkeitsfeld gehören Diagnostik und Therapie von Hör-, Stimm-, Sprech- und Sprachgestörten

Lues: Geschlechtskrankheit

Luftleitung: natürlicher Weg des Schalls (Umwelt › Gehörgang › Trommelfell und Mittelohr › Innenohr)

Lyme-Borreliose: Erkrankung infolge eines Zeckenstichs; akut auftretender, manchmal in Schüben verlaufender Hörverlust auf einem oder beiden Ohren (mit unterschiedlichem Ausmaß) möglich

Makrostoma: angeborene, abnorme, überwiegend einseitige Vergrößerung der Mundspalte infolge einer queren Gesichtsspalte

marginalisieren: herunterspielen, bagatellisieren, verharmlosen

Markscheidenreifung: (=Myelinisierung), Umhüllung der Axone (Nervenfasern, die von den Nervenzellen wegleiten) mit einer „Schutzschicht", dem Myelin (Gemisch fettähnlicher Stoffe) erfolgt nach einem charakteristischen für einzelne Bahnen unterschiedlichen Zeitplan. Manche Nervenbahnen sind bei der Geburt bereits myelinisiert, andere brauchen einen längeren Zeitraum dafür

medial: in der Mitte liegend; die Mitte bildend

Mediävist: Wissenschaftler auf dem Gebiet der Geschichte, Kunst, Literatur usw. des europäischen Mittelalters

Medikation: Verordnung, Anwendung eines Medikaments (einschließlich Auswahl und Dosierung)

Melodie: Zusammentreffen von Rhythmus und verschiedenen Frequenzen

Meningitis: Hirnhautentzündung

mental: geistig; den Bereich des Verstandes betreffend

Mikrotie: angeborene Kleinheit der Ohrmuschel

Mneme: Gedächtnis, Erinnerung, Fähigkeit des Menschen, für die Lebensvorgänge wichtige Funktionen zu speichern

mnestisch: die Mneme betreffend

Modalität: Ausführungsart, Art und Weise

Modulation: Abstufung des Sprechens nach Klangfarbe und Lautstärke

mono-: allein-

Morbus: Krankheit

Morbus Meniere: anfallsweiser Drehschwindel mit Übelkeit und Erbrechen, einseitigen Ohrgeräuschen und Schwerhörigkeit

Mukopolysaccharidosen: (auch Mukopolysaccharid-Speicherkrankheiten, Abk.: MPS) Stoffwechselanomalien auf der Grundlage eines erblichen Enzymdefekts

Mumps: sog. Ziegenpeter, ansteckende Ohrspeicheldrüsenentzündung

Mythe: Sage; Geschichte, Erzählung von Helden, Göttern, Geistern und Ereignissen aus der Vorzeit

neoplastisch: Gewebe neu bildend (beruht auf Störung oder Verlust der Wachstumsregulation)

neurale Schwerhörigkeit (auch retrocochleäre Schwerhörigkeit): Funktionsstörung der Hörnerven; Kap. 3.2

Neurologie: Lehre vom Aufbau und von der Funktion des Nervensystems

Neuron: Nervenzelle mit allen Fortsätzen

neuronal: die Nervenzellen betreffend

Neurophysiologie: Physiologie des Nervensystems

Nuclei: Plural von Nucleus, also Kerne oder Zellkerne

Nucleus cochlearis: Nervenfaserfortsätze, die sich nach dem Ganglion spirale chochleae zum Hörnerv bündeln

Nucleus: Kern, Zellkern

objektive Audiometrie: Untersuchung des Hörvermögens ohne aktive Mitwirkung des zu Prüfenden

Onkologie: Teilgebiet der Medizin, das sich mit den Tumoren befasst

Ophthalmologe: Augenarzt

Ophthalmologie: Augenheilkunde

Orff: Carl Orff (1895–1982), Komponist; das nach ihm benannte Instrumentarium besteht aus Rhythmusinstrumenten (Klangstäbe, Trommeln, Xylophon usw.)

Orthopädie: Lehre von der Erkennung, Entstehung, Verhütung und Behandlung angeborener und erworbener Fehler des Bewegungsapparates

Otitis: Ohrenentzündung

Otitis externa: Entzündung des äußeren Ohres

oto-: Wortteil mit der Bedeutung „Ohr"

Otosklerose: Knochenveränderung der Gehörknöchelchen, die Folge ist eine Verknöcherung derselben

ototoxisch: das Gehör schädigend

Otoplastik: Ohrpassstück; es ist zwischen individuell gefertigten und vorgefertigten Ohrpassstücken zu unterscheiden

Pädaudiologie: Wissenschaft vom Hören des Kindes und der Hörwahrnehmung von Kindern (fälschlicherweise oft als Kinderaudiometrie bezeichnet)

Pädiater: Kinderarzt

Pädiatrie: Kinderheilkunde

pathologisch: krankhaft (verändert)

pathologische Verdeckung: abnorme auditive Ermüdung, d.h. unter Geräuschbelastung verschlechtert sich die Hörschwelle des Betroffenen

Perforation: Durchbruch; Eröffnung einer geschlossenen Körperhöhle oder Struktur, meist eines Hohlorgans

Perilymphe: wasserklare, eiweißarme Flüssigkeit zwischen knöchernem und häutigem Labyrinth

perinatal: während der Geburt; exakter: den Zeitraum kurz vor, während und nach der Entbindung betreffend

Peripatetiker: Angehöriger der Philosophenschule von Aristoteles (nach dem Peripatos, der Wandelhalle der Schule)

peripatetisch: die Peripatetiker betreffend

peripheres Hören: Hörschädigung, die durch eine Funktionsstörung bis zu den Hörbahnen im Bereich des verlängerten Marks (Nachhirn) hervorgerufen wird

perkutan: durch die Haut hindurch

persistierend: anhaltend, dauernd, bleibend

Phasenspezifität: liegt bei der Anlage zum Hören dann vor, wenn der Erbfaktor regelmäßig in einer abgegrenzten Entwicklungsperiode unter Ausbildung der ihm zugeordneten Merkmale manifest wird

Phonation: Stimm- und Lautbildung

Phonem: kleinste bedeutungsunterscheidende, aber nicht selbst bedeutungstragende sprachliche Einheit (z.B. b in Bein im Unterschied zu p in Pein)

Phonetik: Teilgebiet der Sprachwissenschaft, das sich mit der Lautbildung und den Lauteigenschaften befasst

phonologisch: die Laute betreffend

Physiologie: Lehre von den normalen Lebensvorgängen und Funktionen des menschlichen Organismus

physiologisch: die Physiologie betreffend; die Lebensvorgänge im Organismus betreffend

Plastizität: Formbarkeit

poly: viel

postnatal: nach der Geburt (auftretend), nachgeburtlich

postoperativ: einer Operation nachfolgend

pragmatisch: das Sprachverhalten betreffend; auch: anwendungs- und sachbezogen

prälingual: vor Abschluss des Spracherwerbs

pränatal: vor der Geburt, vorgeburtlich

Prävalenz: Vorherrschen

Presbyakusis: Altersschwerhörigkeit

progredient: fortschreitend

Prosodie: Sprechausdrucksmerkmale wie Dynamik, Melodie, Stimmklang, Rhythmus, Dauer

prozessimmanent: im Prozess enthalten oder innewohnend

Psychiatrie: Teilgebiet der Medizin, das sich mit der Erkennung, den Ursachen, der Systematik und der Behandlung psychischer Störungen befasst

psychiatrisch: die Psychiatrie betreffend, zu ihr gehörend

Psychosomatik: medizinisch-psychologische Krankheitslehre, die psychischen Prozessen bei der

Entstehung körperlicher Leiden wesentliche Bedeutung beimisst

psychosomatisch: die Psychosomatik betreffend, auf psychisch-körperlichen Wechselwirkungen beruhend

psychotherapeutisch: die Psychotherapie betreffend

Psychotherapie: psychotherapeutische Behandlung; psychologische Krankenbehandlung mittels wissenschaftlich fundierter Methoden

Recruitment: Lautheitsausgleich; Leises wird wegen der Schwerhörigkeit nicht oder schlecht gehört; etwas Lauteres wird angenehm laut gehört, wenn es dann aber noch lauter wird, empfindet es der Schwerhörige trotz seines Hörverlustes ebenso laut wie ein Normalhörender. Mitunter besteht sogar Überempfindlichkeit gegen laute Töne und Geräusche

Rehabilitation: Eingliederung eines Hörgeschädigten in das gesellschaftliche und berufliche Leben (allgemein oft auch als [Wieder]eingliederung, z.B. eines Kranken oder körperlich Behinderten, verstanden)

reine Lautsprachmethode: Verfolgen des Prinzips der unmittelbaren Lautsprachassoziation mit letzter Konsequenz (keine Gebärde, kein Fingeralphabet, Schriftbild erst nach Festigung des gesprochenen Wortes)

Renaissance: geistige und künstlerische Bewegung (14.–16. Jh.) auf wissenschaftlichem und literarisch-künstlerischem Gebiet, die versuchte, mittelalterliches Denken und dessen Dogmen zu durchbrechen, und zugleich versuchte, bewusst an ältere Traditionen, bes. an die griechisch-römische Antike, anzuknüpfen

Respiration: Atmung

Retinitis pigmentosa (korrekt eigentlich Retinopathia pigmentosa): meist erblicher, selten erworbener degenerativer Prozess in der Netzhaut, der von der Peripherie her bis zum Zentrum fortschreitet; Folge: Gesichtsfeldeinschränkung, Erblindung

Retraktion: Zurück- oder Zusammenziehen eines Organs oder Gewebes

retrocochleäre Schwerhörigkeit: s. neurale Schwerhörigkeit

Revisionsoperation: Wiederholung (oder Erweiterung) eines zuvor durchgeführten Eingriffs

Rhythmus: Gleichmaß, gleichmäßig gegliederte Bewegung; auch: Gliederung des Sprachablaufs durch den Wechsel von langen und kurzen, betonten und unbetonten Silben, durch Pausen und Sprachmelodie

Sacculus: eines der beiden Säckchen (s. Utriculus) im Vorhof des Gleichgewichtsorgans

Schmerzschwelle: Töne werden schmerzhaft empfunden

Scholastik: philosophisch-theologische Lehre des Mittelalters (etwa 9.–14. Jh.), die versuchte, die christlichen Dogmen vernunftmäßig zu begründen und sie mit der überlieferten antiken Philosophie in Übereinstimmung zu bringen

Screening (auch Screeningtest): Verfahren zur Reihenuntersuchung; Aussonderungsuntersuchung

segmentale Merkmale der Sprache: Art (Explosivlaute, Frikativlaute usw.) und Ort (labial, dental usw.) der Produktion

Sensomotorik: durch Reize bewirkte Gesamtaktivität in sensorischen und motorischen Teilen des Nervensystems und des Organismus

sensomotorisch: die Sensomotorik betreffend

sensorineurale Schwerhörigkeit: Zusammenfassung von sensorischer und neuraler Schwerhörigkeit zu einem Begriff; weitere Informationen Kap. 3.2

sensorische Schwerhörigkeit (auch cochleäre Schwerhörigkeit): Funktionsstörung im Innenohr; weitere Informationen Kap. 3.2

Sepsis: Blutvergiftung

Sinnesepithel: enthält Sinneszellen oder besteht vorwiegend aus solchen; fächerförmiger, gefäßfreier Zellverband, der die äußeren oder inneren Oberflächen auskleidet

somatisch: körperlich

Spiralganglion = Ganglion spirale cochlea, s. dort

sporadisch: gelegentlich

Sprachfeld: Frequenz- und Intensitätsbereich, in dem sich menschliches Sprechen bewegt

Stapediusreflexmuskel: einer der beiden Binnenohrmuskeln (s. Trommelfellspannmuskel)

statisches Organ: Gleichgewichtsorgan, Vestibularapparat des Innenohrs

statomotorisch: gleichgewichtsmotorisch; motorische Auffälligkeit aufgrund einer Gleichgewichtsstörung

Stigma: Zeichen, Mal, Merkmal

Struma: Vergrößerung der Schilddrüse

subjektive Hörmessverfahren: aktive Mitarbeit des zu Prüfenden ist erforderlich

suprasegmentale Merkmale der Sprache: prosodische Sprachmerkmale, wie Betonung, Intonation und Tonlage

Symptom: 1. Kennzeichen, Merkmal; 2. für eine bestimmte Krankheit charakteristische, zu einem bestimmten Krankheitsbild gehörende krankhafte Veränderung

Synapse: Umschaltstelle zwischen Nervenfortsätzen, an der nervöse Reize von einem Neuron auf ein anderes weitergeleitet werden

Syndrom: Krankheitsbild, das sich aus dem Zusammentreffen verschiedener charakteristischer Symptome ergibt (Symptomenkomplex); Gruppe von gleichzeitig zusammen auftretenden Krankheitszeichen

syntaktisch: die Syntax betreffend

Syntax: in einer Sprache übliche Verbindung von Wörtern zu Wortgruppen und Sätzen

Talmud: hebr. „Lehre", Sammlung der Gesetze und religiösen Überlieferungen des Judentums

therapieresistent: auf keine mögliche Therapie ansprechend

Tinnitus: Ohrgeräusche; von den Betroffenen subjektiv wahrgenommenes Rauschen, Klingeln oder Pfeifen in den Ohren

toxisch: giftig

Toxoplasmose: Infektionskrankheit (zwischen Wirbeltier und Mensch übertragen)

transkutan: durch die Haut hindurch

Trias: Dreizahl, Dreiheit

Trommelfellspannmuskel: einer der beiden Binnenohrmuskeln (s. Stapediusreflexmuskel)

überschwellig: über der Hörschwelle

Unbehaglichkeitsschwelle: Töne werden unangenehm laut empfunden

unmittelbare Lautsprachassoziation: Methode des Gehörlosenunterrichts (Kröhnert 1966, 85) Ende des 19. Jahrhunderts, die besagte, dass „Sachvorstellungen" (also Begriffe), die man den Schülern vermittelt, von „vornherein" (also unmittelbar) mit den „Zeichenvorstellungen" des „lauten Wortes" (also mit dem Zeichen der gesprochenen Sprache) zu verknüpfen sind; Vorstellungen und Gedanken kann man mit dem gesprochenen Wort „assoziieren" (d. h. verknüpfen), sie sind von der Gebärde oder dem Schriftbild unabhängig (Hauptvertreter: Vatter).

Die wissenschaftliche Basis bildete die im 19. Jh. führende Assoziationspsychologie, die komplexe psychische Vorgänge (Gefühle, Wahrnehmung, Gedanken) auf Assoziationen (Verknüpfungen) zurückführte.

Utriculus: eines der beiden Säckchen (s. Sacculus) im Vorhof des Gleichgewichtsorgans

Vestibulum: Vorhof, zentrales Mittelstück des knöchernen Labyrinths

vestibular: das Vestibulum betreffend, vom Vestibulum ausgehend

Vibration: Materialschwingungen unterhalb des hörbaren Bereiches; werden von speziellen Fühlorganen erfasst

Visitation: Besuchsdienst

visuell: das Sehen bzw. den Gesichtssinn betreffend

volitiv: willentlich

vulnerabel: verletzbar, verletzlich

Wahrnehmung: Aufnahme von Sinnesreizen; Sinnesleistung des Hörens, Sehens, Schmeckens usw., die nicht nur Reizaufnahmen, sondern immer auch zentrale Reizverarbeitungen sind

zentrale Schwerhörigkeit: Schäden im Bereich der Hörbahnen

Zoster oticus: Viruserkrankung im Versorgungsgebiet des Nervus facialis und Nervus vestibulocochlearis mit Beteiligung der Ohrmuschel und des äußeren Gehörgangs, Ohrenschmerzen, Schwerhörigkeit, auch Gehörlosigkeit, Fazialislähmung

Zytomegalie: Speicheldrüsenviruskrankheit; häufigste Pränatalinfektion, Neugeborene sind z. T. bei der Geburt unauffällig und entwickeln nach Jahren Innenohrschwerhörigkeit, Sprachstörungen und neurologische Zeichen eines frühkindlichen Hirnschadens

Zytostatikum (Pl.: Zytostatika): Substanzen, meist chemischer Natur, die die Entwicklung und Vermehrung schnell wachsender Zellen hemmen

Literatur

Alich, G. (1977): Sprachperzeption über das Absehen vom Munde. Sprache – Stimme – Gehör 1, 90–96

Anstötz, Ch. (1992): Schwerstbehindertenpädagogik. In: Klauer, 149–162

Arnade, S. (2018): Inklusion als Menschenrecht … und wie sie verhindert wird. In: Leonhardt, A., Pospischil, M. (Hrsg.), 67–79

Arnold, W., Ganzer, U. (2011): Hals-Nasen-Ohrenheilkunde. 5. Aufl. Thieme, Stuttgart/New York

Aschendorff, A., Arndt, S., Maier, W., Kröger, St., Wesarg, Th., Schild, Ch., Laszig, R. (2009): Aktuelle Trends in der Cochlear Implant-Chirurgie. In: Leonhardt, A., Vogel, A. (Hrsg.), 61–69

Aschendorff, A., Laszig, R. (2012): Frühe Cochlea-Implantat-Versorgung. In: Leonhardt, A. (Hrsg.) (2012a), 126–135

Bach, H. (1995): Sonderpädagogik im Grundriß. Ed. Marhold, Berlin

Batliner, G. (2016): Hörgeschädigte Kinder spielerisch fördern. 4. Aufl. Ernst Reinhardt, München/Basel

Batliner, G. (2018): Kinder mit Hörgerät und Cochlea Implantat in der Kita. Ein Ratgeber für den Gruppenalltag. 3. Aufl. Ernst Reinhardt, München/Basel

Bauer, N., Vogel, A. (2009): Basistherapie bei CI-versorgten Kindern gehörloser bzw. hochgradig hörgeschädigter Eltern: Besonderheiten und Grenzen. In: Leonhardt, A., Vogel, A. (Hrsg.), 53–60

Baumann, U. (2018): Hörimplantate. In: Kießling, J., Kollmeier, B., Baumann, U., 167–236

Bayer, E. (1979): Zielsetzung und Methode in der Pädoaudiologischen Beratungsstelle. In: Bericht über die Arbeitstagung des Bundes Deutscher Taubstummenlehrer Friedberg 1978. Groos, Heidelberg, 41–49

Becker, C. (2012): Bilinguale Frühförderung. In: Leonhardt, A. (Hrsg.) (2012a), 209–225

Becker, K.-P., Sovák, M. (1983): Lehrbuch der Logopädie. 3. Aufl. Volk und Gesundheit, Berlin

Begall, K. (1995): Versorgung Gehörloser mit dem Cochlear Implant. In: Stiftung zur Förderung körperbehinderter Hochbegabter Vaduz (Hrsg.): Das Cochlear Implant, eine (neue) Möglichkeit der Begabungsentfaltung bei Hörgeschädigten? Hohenems, 60–90

Bendt, V., Galliner, N. (Hrsg.) (1993): Öffne deine Hand für die Stummen. Die Geschichte der Israelitischen Taubstummen-Anstalt Berlin-Weissensee 1873 bis 1942, Transit, Berlin

Bertram, B. (1998a): Cochlear Implant für Kinder. Eine interdisziplinäre Herausforderung. Groos, Heidelberg

Bertram, B. (1998b): Rehabilitationskonzept bei Kindern. In: Lenarz, Th. (Hrsg.): Cochlea Implantat. Springer, Berlin/Heidelberg/New York, 108–121

Berufsverband Deutscher Hörgeschädigtenpädagogen (Hrsg.) (2004): Wer? Wo? Was? in der Hörgeschädigtenpädagogik. Median, Heidelberg

Berufsverband Deutscher Hörgeschädigtenpädagogen (Hrsg.) (2008): Pädagogische Audiologie. Grundsatzpapier

BHSA Studienführer (2010): Ein Handbuch für Behinderte. Herausgeg. von der Bundesarbeitsgemeinschaft Hörbehinderter Studenten und Absolventen e. V. 5. Aufl.

Biesalski, P. (1994): Pädaudiologie. In: Biesalski, P. u. Frank, F. (Hrsg.), 48–137

Biesalski, P., Frank, F. (Hrsg.) (1994): Phoniatrie – Pädaudiologie in 2 Bänden, Bd. 2: Pädaudiologie. 2. Aufl. Thieme, Stuttgart/New York

Biesalski, P., Collo, D. (1991): Hals-Nasen-Ohren-Krankheiten im Kindesalter. Thieme, Stuttgart/New York

Biesold, H. (1984): Sterilisation im Hitler-Reich. Hörgeschädigtenpädagogik 38, 107–119

Biesold, H. (1988): Klagende Hände. Jarick Oberbiel, Olms

Biewer, G. (2017): Grundlagen der Heilpädagogik und Inklusiven Pädagogik. 3. Aufl. Klinkhardt, Bad Heilbrunn

Biewer, G., Luciak, M., Schwinge, M. (Hrsg.) (2008): Begegnung und Differenz: Menschen –

Länder – Kulturen. Beiträge zur Heil- und Sonderpädagogik. Klinkhardt, Bad Heilbrunn

Blankenhahn, R. (1993): Hörgeräte – Ratgeber. Gustav Fischer, Stuttgart/Jena/New York

Blätter für Taubstummenbildung (1887/88)

Blau, A. (1966): Gehörlosenschule. In: Lesemann, G. (Hrsg.): Beiträge zur Geschichte und Entwicklung des deutschen Sonderschulwesens. Marhold, Berlin, 19–54

Bleidick, U. (1974): Pädagogik der Behinderten. Grundzüge einer Theorie der Erziehung behinderter Kinder und Jugendlicher. Marhold, Berlin

Bleidick, U. (1999): Behinderung als pädagogische Aufgabe. Behinderungsbegriff und behindertenpädagogische Theorie. Kohlhammer, Stuttgart

Bleidick, U. et al. (1998): Einführung in die Behindertenpädagogik, Bd. I. Kohlhammer, Stuttgart/Berlin/Köln

Bleidick, U., Ellger-Rüttgardt, S. (2008): Behindertenpädagogik – eine Bilanz. Bildungspolitik und Theorieentwicklung von 1950 bis zur Gegenwart. Kohlhammer, Stuttgart

Boenninghaus, H.-G., Lenarz, Th. (2001): Hals-Nasen-Ohren-Heilkunde für Studierende der Medizin. 11. Aufl. Springer, Berlin/Heidelberg/New York

Böhme, G. (2006): Auditive Verarbeitungs- und Wahrnehmungsstörungen. Huber, Bern

Böhme, G. (2008): Förderung der kommunikativen Fähigkeiten bei Demenz. Huber, Bern

Böhme, G., Welzl-Müller, K. (2005): Audiometrie. Hörprüfungen im Erwachsenen- und Kindesalter. 5. Aufl. Huber, Bern

Bogner, B. (2010): Hörtechnik für Kinder mit Hörschädigung. Median, Heidelberg

Bogner, B., Diller, G. (2009): Hörschädigungen: Prävalenz, Frühdiagnostik, technische Versorgung. Frühförderung interdisziplinär 28, 147–157

Boyes Braem, P. (1995): Einführung in die Gebärdensprache und ihre Erforschung. 3. Aufl. Signum, Hamburg

Brand, E. (1990): Überblick über die Geschichte der Hörgeschädigtenpädagogik. In: Pöhle et al., 26–35

Brauckmann, K. (1931): Das gehörleidende Kind. Fischer, Jena

Brauckmann, K. (1936): Absehunterricht nach dem Jenaer Verfahren. Fischer, Jena

Brauckmann, K., Limpricht, M. (1933): Das Silben- und Formenspiel der deutschen Sprache. Fischer, Jena

Braun, A. (1969): Hören als Lernproblem für resthörige Kinder im Vorschulalter und Schulalter. hörgeschädigte Kinder, Kettwig/Ruhr

Braun, O. (1999): Integrative Pädagogik bei Kindern und Jugendlichen mit Hörstörungen. In: Myschker, N., Ortmann, M. (Hrsg.): Integrative Schulpädagogik. Grundlagen, Theorie und Praxis. Kohlhammer, Stuttgart, 83–111

Breiner, H.L. (Hrsg.) (1992): Lautsprache und Integration für Gehörlose und Schwerhörige. Beiträge zum Internationalen Kongreß Frankenthal des Bundesverbandes Lautsprache und Integration für Gehörlose und Schwerhörige e.V. (BLGS), Pfalzinstitut Frankenthal

Brunner, R., Nöldeke, I. (2001): Das Ohr. 2. Aufl. Thieme, Stuttgart/New York

Bunck, D. (1998): Das Usher-Syndrom – Diagnostik, pädagogische Einflußnahme und Maßnahmen bei Betroffenen. In: Leonhardt (Hrsg.) (1998a), 178-187

Bundesgemeinschaft der Eltern und Freunde hörgeschädigter Kinder e.V. (Hrsg.) (2004): Schule – Ausbildung – und dann …? Tagungsbericht. Eigenverlag Hamburg

Bundesgemeinschaft der Eltern und Freunde hörgeschädigter Kinder e.V. (Hrsg.) (2006): „Früh"erkennung?: Memorandum zum Stand der Erkennung und Förderung hörgeschädigter Kleinkinder in der Bundesrepublik Deutschland. 6. Aufl. Eigenverlag Hamburg

Bundesjugend im DSB e.V. (2009): Inklusion/Integration: Netzwerke für hörgeschädigte Kinder und Jugendliche in Regelschulen. Median, Heidelberg

Bundesministerium für Arbeit und Sozialordnung (Hrsg.) (1998): Vierter Bericht der Bundesregierung über die Lage der Behinderten und die Entwicklung der Rehabilitation, Bonn

Bundesministerium für Gesundheit (2008): Bekanntmachung eines Beschlusses des Gemeinsamen Bundesausschusses über eine Änderung der Kinder-Richtlinien: Einführung eines Neugeborenen-Hörscreenings vom 19. Juni 2008. In: http://www.g-ba.de/downloads/40-268-641/2008-06-19-Kinder-H%C3%B6rscreening_TrG.pdf, 17.6.2010

Busch, K. (2013): Die Familiensituation gehörloser bzw. hochgradig hörgeschädigter Eltern mit Cochlea implantierten Kindern. Kovač, Hamburg

Busch, K., Leonhardt, A. (2013): „... wenn das nämlich erfolgreich wird mit der Implantation ...". Eine qualitative Studie mit 13 Familien. Schnecke 24 (79), 34–35

Canis, M., Müller, J., Schuster, M. (2017): Die HNO-Heilkunde und die pädagogische (Re-)

Habilitation von Menschen mit Hörstörungen. In: Leonhardt, A., Ludwig, K. (Hrsg.), 61–68

Clark, M. (2009): Interaktion mit hörgeschädigten Kindern. Der Natürlich Hörgerichtete Ansatz in der Praxis. Ernst Reinhardt, München/Basel

Claußen, W. H. (1989): Schwerhörigenandragogik. In: Claußen/ Schuck, 14-125

Claußen, W. H. (1995): Schwerhörigenpädagogik. In: Bleidick, U. et al.: Einführung in die Behindertenpädagogik, Bd. III. 3. Aufl. Kohlhammer, Stuttgart/Berlin/Köln, 9–42

Claußen, W. H. (1997): Zur beruflichen Weiterbildung schwerhöriger und ertaubter Personen – Auswertung einer Umfrage des Deutschen Schwerhörigenbundes. In: Schulte et al., 82–89

Claußen, W. H., Isstas, M., Arbeitsgruppe (1993): Empfehlungen zur pädagogischen Förderung von Kindern mit einem Cochlear Implant (CI). Hörgeschädigtenpädagogik 47, 294–304

Claußen, W. H., Schuck, K. D. (Hrsg.) (1989): Pädagogische Hilfen für schwerhörige und ertaubte Erwachsene, Forschungsbericht. Bd. 1: Grundlegung und empirische Untersuchung, Bd. 2: Inhalte und Methoden. Herausgeber: Der Bundesminister für Arbeit und Sozialordnung, Bonn

Cortina, K. S., Baumert, J., Leschinsky, A., Mayer, K. U., Trommer, L. (Hrsg.) (2003): Das Bildungswesen in der Bundesrepublik Deutschland. Strukturen und Entwicklungen im Überblick. Rowohlt, Reinbek

Cortina, K. S., Baumert, J., Leschinsky, A., Mayer, K. U., Trommer, L. (Hrsg.) (2008): Das Bildungswesen in der Bundesrepublik Deutschland. Strukturen und Entwicklungen im Überblick. Rowohlt, Reinbek

Das Bayerland (1926): Illustrierte Halbmonatsschrift für Bayerns Land und Volk 14, 37. Jg., 2. Juliheft

Dederich, M., Beck, I., Bleidick, U., Antor, G. (Hrsg.) (2016): Handlexikon der Behindertenpädagogik. Schlüsselbegriffe aus Theorie und Praxis. 3. Aufl. Kohlhammer, Stuttgart

Der Beauftragte der Bundesregierung für die Belange der Behinderten informiert (1994): Vorsorge – Früherkennung – Frühförderung. Herausgegeben vom Beauftragten der Bundesregierung für die Belange der Behinderten O. Regenspurger, Bonn

Deutscher Gehörlosen-Bund e. V. (o.J.): http:// www.gehoerlosen-bund.de/chronik/dgb%20 1950%20-%202002, 24.5.2018

Deutscher Schwerhörigenbund e. V. (o.J.): https:// www.schwerhoerigen-netz.de/informationen/ wir-ueber-uns/wir-ueber-uns/, 22.5.2018

Deutsches PISA-Konsortium (Hrsg.) (2001): PISA 2000. Basiskompetenzen von Schülerinnen und Schülern im internationalen Vergleich. Leske und Budrich, Opladen

Diller, G. (1991): Hörgerichtete Spracherziehung in der Frühförderung gehörloser bzw. hochgradig hörgeschädigter Kinder unter Berücksichtigung neurologischer Erkenntnisse. In: Jussen/Claußen, 250–257

Diller, G. (1997): Rehabilitation mit Hörgeräten. In: Kießling et al., 131–180

Diller, G., Graser, P. (2012): Entwicklung der Schriftsprachkompetenzen bei Kindern mit CI Teil 3. Hörgeschädigtenpädagogik 66, 50–62

Diller, G., Graser, P., Schmalbrock, C. (2000): Hörgerichtete Frühförderung hochgradig hörgeschädigter Kleinkinder. Winter, Heidelberg

Diller, G., Horsch, U. (1997): In der Diskussion: Neue Wege des Spracherwerbs Hörgeschädigter. Hörgeschädigtenpädagogik 51, 145–214

Diller, S. (2009a): Integration hörgeschädigter Kinder in allgemeinen und integrativen Kindergärten. Eine Untersuchung mit den Schwerpunkten Sprache und Interaktion. Kovač, Hamburg

Diller, S. (2009b): Integration hörgeschädigter Kinder in allgemeinen und integrativen Kindergärten. In: Leonhardt, A. (Hrsg.), (2009a), 274–296

Dimpflmeier, M. (2009): Als hörgeschädigter Schüler in allgemeinen Schulen. In: Leonhardt, A. (Hrsg.), (2009a), 230–233

Dörr, G., Günther, H. (2003): Sonderpädagogik. Schneider, Hohengehren

Drave, W., Rumpler, F., Wachtel, P. (Hrsg.) (2000): Empfehlungen zur sonderpädagogischen Förderung. Ed. Bentheim, Würzburg

DSB (Deutscher Schwerhörigenbund) (2009). In: www.schwerhoerigen-netz.de/MAIN/dsb_intern. asp, 17.6.2010

DSB (Deutscher Schwerhörigenbund) (2017): In: https://www.schwerhoerigen-netz.de/informationen/ wir-ueber-uns/wir-ueber-uns/, 21.5.2018

Dumanski, J. (2014): Wortschatzentwicklung CI-versorgter Kinder gehörloser und hochgradig hörgeschädigter Eltern in Laut- und Gebärdensprache. Kovač, Hamburg

Edwards, C., Estabrooks, W. (1994): Learning Through Listening: A Hierarchy. In: Estabrooks, W. (Ed.): Auditory Verbal Therapy. Alexander Graham Bell Association for the Deaf, Washington, 55–74

Eichmann, H., Hansen, M., Heßmann, J. (Hrsg.) (2012): Handbuch Deutsche Gebärdensprache. Sprachwissenschaftliche und anwendungsbezogene Perspektiven. Signum, Hamburg

Eitner, J. (2009): Zur Psychologie und Soziologie von Menschen mit Hörschädigung. 3. Aufl. Median, Heidelberg

Ellger-Rüttgardt, S. (2008): Geschichte der Sonderpädagogik. Ernst Reinhardt, München/Basel

Emmerig, E. (1927): Bilderatlas zur Geschichte der Taubstummenbildung. Maidl, München

Empfehlungen zum Förderschwerpunkt Hören (1996). In: Amtsblatt des Bayerischen Staatsministeriums für Unterricht, Kultus, Wissenschaft und Kunst, Teil I, Nr. 19, Ausgegeben in München am 31. Oktober 1996

Erber, N. (1982): Auditory Training. Alexander Graham Bell Association for the Deaf, Washington

Ernst, A., Battmer, R.-D., Todt, I. (Hrsg.) (2009): Cochlear Implant heute. Springer, Heidelberg

Estabrooks, W. (1998a): Die auditiv-verbale Praxis. In: Leonhardt (1998b), 121–149

Eysholdt, U. (2015): Soziale Integration schwerhöriger Kinder. In: Wendler, J., Seidner, W., Eysholdt, U. (Hrsg.), 435–445

Feger, B. (1990): Der unterschiedliche Status der Hochbegabtenpädagogik in den USA und der Bundesrepublik. In: Feger, H. (Hrsg.): Wissenschaft und Verantwortung. Festschrift für K.J. Klauer. Verlag für Psychologie, Göttingen, 31–45

Feger, B. (1992): Hochbegabtenpädagogik. In: Klauer, 75–93

Feldmann, H. (2003): Bilder aus der Geschichte der Hals-Nasen-Ohrenheilkunde. Median, Heidelberg

Feldmann, H. (2006): Das Gutachten des Hals-Nasen-Ohren-Arztes. 6. Aufl. Thieme, Stuttgart/New York

Fengler, J. (1990): Hörgeschädigte Menschen. Kohlhammer, Stuttgart/Berlin/Köln

Finckh-Krämer, U., Hess, M., Gross, M., Wienke, A. (1998): Datenschutz innerhalb des länderübergreifenden Deutschen Zentralregisters für kindliche Hörstörungen. HNO 46, 339–345

Fink, S. (1989): Gib mir ein hörendes Ohr. 4. Aufl. Evangelische Verlagsanstalt, Berlin

Fink, V. (1995): Schwerhörigkeit und Spätertaubung. ars una, Neuried

Fischer, R., Lane, H. (Hrsg.) (1993): Blick zurück. Signum, Hamburg

Forum besser Hören (o.J.): Moderne Hörsysteme

Franke, U. (2016): Logopädisches Handlexikon. 9. Aufl. Ernst Reinhardt, München/Basel (UTB)

Frerichs, H. (1995): Die „Philosophie" der hörgerichteten Erziehung. In: Frerichs, H., Neppert, J.: Grundlagen und Modelle für den Hörgerichteten Spracherwerb. Neckar, Villingen-Schwenningen, 7–24

Friedrich, G., Bigenzahn, W., Zorowka, P. (Hrsg.) (2008): Phoniatrie und Pädaudiologie. Einführung in die medizinischen, psychologischen und linguistischen Grundlagen von Stimme, Sprache und Gehör. 4. Aufl. Huber, Bern

Friedrich, N. (1966): Schwerhörigenschulen. In: Lesemann, G. (Hrsg.): Beiträge zur Geschichte und Entwicklung des deutschen Sonderschulwesens. Marhold, Berlin, 129–138

Frucht, A. (2008): Die gemeinsamen Welten. Schnecke 19 (59), 25

Ganster, M. (1979): Zielsetzung und Methode der Arbeit in der Hausspracherziehung. In: Bericht über die Arbeitstagung des Bundes Deutscher Taubstummenlehrer Friedberg 1978. Groos, Heidelberg, 50–59

Gerdes, N., Weis, J. (2000): Zur Theorie der Rehabilitation. In: Bengel, J., Koch, U. (Hrsg.): Grundlagen der Rehabilitationswissenschaften. Springer, Berlin/Heidelberg/New York, 41–68

Gerrig, R.J. (2016): Psychologie. 20. Aufl. Pearson, Hallbergmoos

Gerspach, M. (1989): Einführung in die Heilpädagogik. Jugend und Politik, Frankfurt a.M.

Glorig, A., Nixon, J. (1960): Distribution of hearing loss in various populations. Ann. Otol., St. Louis, 69, 497f

Göbel, J. (1992): Zur Historiographie der Sonderpädagogik in der DDR. In: Leonhardt, A. (Hrsg.): Einblicke und Ausblicke. Groos, Heidelberg, 121–128

Göbel, J. (1995): Zum Neubeginn im Sonderschulwesen in der sowjetischen Besatzungszone 1945 bis 1949. In: Leonhardt, A., Mehnert, D. (Hrsg.): Begegnungen. Groos, Heidelberg, 58–77

Goldberg, D.M. (1993): Auditory-Verbal Philosophy: A Tutorial. The Volta Review, Vol. 95, No. 3, 181–186

Goldberg, D.M., Flexer, C. (1993): Outcome Survey of Auditory-Verbal Graduates: Study of Clinical Efficacy. Journal of the American Academy of Audiology, 189–200

Goldstein, E.B. (2002): Wahrnehmungspsychologie. 2. Aufl. Spektrum, Heidelberg

Goppelt, M. (2015): Inklusion gehörloser Kinder in frühkindlichen Bildungseinrichtungen – Anforderungen an die Kindergartenassistenz. Median, Heidelberg

Gotthardt, U. (1995): Erfahrungen zur psychischen Entwicklung nach Cochlear-Implant. Das Zeichen 9, 311–317

Götte, K. (2010): Anatomie, Physiologie und Embryologie des Ohrs. In: Götte, K., Nicolai, T. (Hrsg.): Pädiatrische HNO-Heilkunde. Urban & Fischer, München, 25–41

Gräfen, C., Wessel, J. (2018): 1.3 Organisationsformen der Erziehung und Rehabilitation. In: Leonhardt, A. (Hrsg.) (2018a), 36–51

Gross, M. (1981): Differentialdiagnose der Syndrome mit Schwerhörigkeit und Retinopathia. Laryngo-Rhino-Otologie 60, 446–449

Gross, M., Finckh-Krämer, U., Spormann-Lagodzinski, M.-E. (1999): Deutsches Zentralregister für kindliche Hörstörungen. Deutsches Ärzteblatt 96 (1–2), 8. Januar 1999, 45–50

Gross, M., Finckh-Krämer, U., Spormann-Lagodzinski, M.E. (2000): Angeborene Erkrankungen des Hörvermögens bei Kindern. HNO 48, 879–886

Große, G. (1989): Probleme der Kommunikation in der Früherziehung hochgradig hörgeschädigter Kleinkinder. In: 200 Jahre Gehörlosenbildung in Berlin. Humboldt-Universität zu Berlin, Gesellschaftswiss. Studien 10, 64–66

Große, K.-D. (1988): Geschichte der Bildung und Erziehung Hörgeschädigter. Lehrbrief, Berlin

Große, K.-D. (2001): Systemisch-handlungsorientierte Pädagogik für Hörbehinderte. Theorie und Methodik der Förderung. Luchterhand, Neuwied/Kriftel/Berlin

Große, K.-D. (2003): Das Bildungswesen für Hörbehinderte in der Bundesrepublik Deutschland. Daten und Fakten zu Realitäten und Erfordernissen. Edition S, Winter, Heidelberg

Grunert, G., Lischka, E. (1998): Psychisch kranke hörgeschädigte Kinder und Jugendliche. In: Leonhardt, A. (Hrsg.) (1998a), 61–81

Grunert, G. (2001): Bedeutung und Erwerb der Schriftsprache für gehörlose und (hochgradig) schwerhörige Kinder. hörgeschädigte kinder 38, 67–83

Grunert, G. (2002): Erwerb und Ausdifferenzierung der Schriftsprache bei hochgradig hörgeschädigten Kindern – theoretisch-konzeptionelle Grundlagen für eine kompensatorisch-alternative Förderpraxis. Sprache – Stimme – Gehör 26, 71–79

Grunert, G., Hänel-Faulhaber, B., Hennies, J. (2009): Bilinguale Frühförderung hochgradig hörgeschädigter Kinder – Entwicklungstheore-

tische Grundlagen und frühpädagogische Bildungspraxis. Frühförderung interdisziplinär 28 (4), 179–186

Gutachten zur Ordnung des Schulwesens (1960). Erstattet vom Schulausschuß der Ständigen Konferenz der Kultusminister in der Bundesrepublik Deutschland, Bonn

Haeberlin, U. (1998): Allgemeine Heilpädagogik. Haupt, Bern/Stuttgart/Wien

Haeberlin, U. (2005): Grundlagen der Heilpädagogik. Haupt, Bern/Stuttgart/Wien

Hänel, B. (2005): Der Erwerb der Deutschen Gebärdensprache als Erstsprache. Gunter Narr, Tübingen

Hamann, K.-F., Hamann, K. (2006): Schwerhörigkeit und Hörgeräte. W. Zuckerschwerdt, München/Wien/New York

Harnisch, W. (1832): Aus dem Reisetagebuche des Seminardirektors Harnisch, auf seiner Reise in Norddeutschland im August 1831 geführt. In: Rheinische Blätter für Erziehung und Unterricht mit besonderer Berücksichtigung des Volksschulwesens. Der neuen Folge fünfter Band, Januar – Juni 1832, Essen, 253–318

Hartmann, N. (1969): Die Früherziehung des hörgeschädigten Kindes. Schindele, Neuburgweier/Karlsruhe

Hatzak, W. (2001): Integrationspraxis an den Samuel-Heinicke-Schulen, In: Leonhardt, A. (Hrsg.), 67–70

Hauff, R. von, Kern, W. (1991): Unterricht in Klassen mit hörgeschädigten und hörenden Schülerinnen und Schülern. Ehrenwirth, München

Häußinger, C. (2017): Sprachtherapie mit hörgeschädigten Kindern und Jugendlichen. Die Wortschatzlupe. Elsevier, München

Haverland, J. (2008): Mit CI versorgt und trotzdem Gebärde. Schnecke 19 (59), 20

Hedderich, I., Biewer, G., Hollenweger, J., Markowetz, R. (2016): Handbuch Inklusion und Sonderpädagogik. Julius Klinkhardt, Bad Heilbrunn

Heese, G. (1953): Kurzer Abriß der geschichtlichen Entwicklung der Schwerhörigenbildung in Deutschland. Carl Marhold, Halle/S.

Heese, G. (1961): Die Rehabilitation der Gehörlosen. Ernst Reinhardt, München/Basel

Heese, G. (1962): Die Rehabilitation der Schwerhörigen. Ernst Reinhardt, München/Basel

Heese, G. (1983): Schwerhörigenpädagogik. In: Solarová, 297–331

Heese, G. (1995): Gehörlosenpädagogik. In: Bach, 85–90

Heese, G. unter Mitarbeit von Friedrich, N., Pöhle, K.-H., Stolle, H., Thume, S. (1969): Grundlagen der Schwerhörigenbildung. Marhold, Berlin

Hellbrück, J. (1996): Psychologie des Hörens im Alter. In: Tesch-Römer, C., Wahl, H.-W. (Hrsg.): Seh- und Höreinbußen älterer Menschen. Steinkopff, Dortmund, 53–76

Hermann-Röttgen, M. (Hrsg.) (2014): Cochlea- und Mittelohrimplantate. Ein Ratgeber für Betroffene und Therapeuten. 2. Aufl., TRIAS, Stuttgart

Hess, E. H. (1975): Prägung. Kindler, München

HörEltern – die Elternvereinigung zur Förderung hörgeschädigter Kinder in Oberfranken e. V. (1998): Lebensläufe hörgeschädigter Kinder. Eigenverlag

Hoffmann, V. (2018): Hörstörungen bei Kindern. Ein Ratgeber für Eltern, Pädagogen und (Sprach-)Therapeuten. Schulz-Kirchner, Idstein

Honka, M. (2016): Unterstützung durch den Mobilen Sonderpädagogischen Dienst – Förderschwerpunkt Hören – aus Sicht der betreuten Schülerinnen und Schüler. Dissertation, LMU München: Fakultät für Psychologie und Pädagogik. https://edoc.ub.uni-muenchen.de/21030/1/Honka_Marion.pdf, 26.8.2018

Horsch, U. (2003): Pädagogische Interventionen bei Beeinträchtigungen der auditiven Wahrnehmung. In: Leonhardt, A., Wember, F. B. (Hrsg.), 324–348

Horsch, U. (Hrsg.) (2004): Frühe Dialoge. Früherziehung hörgeschädigter Säuglinge und Kleinkinder. Ein Handbuch. hörgeschädigte kinder, Hamburg

Horsch, U. (2006): Erziehung zur Dialogfähigkeit als unterrichtliche Lernprozesse. In: Leonhardt, A. (Hrsg.): Unterricht mit schwerhörigen Schülern – ein Reader zur Didaktik. Median, Heidelberg, 61–86

Horsch, U., Ding, H. (1979/1989): Sensomotorisches Vorschulprogramm für behinderte Kinder. Groos, Heidelberg

Hoyningen-Süess, U. (1989): Was hat die Sonderpädagogik mit Hochbegabten zu tun? Vierteljahresschrift für Heilpädagogik und ihre Nachbargebiete 58, 375–389

Jacobs, H. (Hrsg.) (2008): Eine Schule für Hörgeschädigte auf dem Weg zur Inklusion. Außenklassen – Erprobung neuer Formen der Beschulung Hörgeschädigter. Median, Heidelberg

Jacobs, H., Schneider, M., Weishaupt, J. (2004): Hören – Hörschädigung. Herausgeg. vom Paritätischen Wohlfahrtsverband Hessen. 3. Aufl.

Jahoda, M. (1983): Wieviel Arbeit braucht der Mensch? Beltz, Weinheim

Jahoda, M. (1985): Die sozialpsychologische Bedeutung der Arbeit und Arbeitslosigkeit. In: Keupp, H., Kleiber, D., Scholten, B. (Hrsg.): Im Schatten der Wende, Tübingen, 95–98

Jahrestagung (1995): Schwerhörigenseelsorge der Evang.-Luth. Kirche in Bayern. Pappenheim (Eigenverlag)

Jegminat, Ch. (2008): Bunter hören mit dem CI. Schnecke 19 (59), 24

Jetter, D. (1992): Geschichte der Medizin. Thieme, Stuttgart/New York

Jussen, H. (1974): Schwerhörige, ihre Bildung und Rehabilitation. In: Deutscher Bildungsrat. Gutachten und Studien der Bildungskommission, Sonderpädagogik 2. Klett, Stuttgart, 185–316

Jussen, H. (1982a): Ziele, Aufgaben und Organisationsformen der Gehörlosenpädagogik und der Schwerhörigenpädagogik. In: Jussen/Kröhnert, 81–131

Jussen, H. (1982b): Sprache. In: Jussen/Kröhnert, 219–259

Jussen, H. (1987): Möglichkeiten und Grenzen der gemeinsamen Unterrichtung behinderter und nichtbehinderter Kinder und Jugendlicher unter besonderer Berücksichtigung der Hörgeschädigten. Sonderpädagogik 17, 158–169

Jussen, H. (1995): Schwerhörigenpädagogik. In: Bach, 113–121

Jussen, H. (1997): Planung und Gestaltung von Weiterbildungsmaßnahmen für Gehörlose – Ergebnisse einer Untersuchung. In: Schulte et al., 73–81

Jussen, H., Claußen, W. H. (Hrsg.), (1991): Chancen für Hörgeschädigte. Ernst Reinhardt, München/Basel

Jussen, H., Kloster-Jensen, M., Wisotzki, K. H. (1994): Lautbildung bei Hörgeschädigten. 3. Aufl. Marhold, Berlin

Jussen, H., Kröhnert, O. (Hrsg.) (1982): Handbuch der Sonderpädagogik, Bd. 3: Pädagogik der Gehörlosen und Schwerhörigen. Marhold, Berlin

Karth, J. (1902): Das Taubstummenbildungswesen im XIX. Jahrhundert. Korn, Breslau

Kaschke, O. (2012): Ohr. In: Behrbom, H., Kaschke, O., Nawka, T.: Kurzlehrbuch Hals-Nasen-Ohren-Heilkunde. 2. Aufl. Thieme, Stuttgart/New York, 2–68

Kaul, Th. (2018): Unterricht und Förderung gebärdensprachlich kommunizierender Schüler. In: Leonhardt, A. (Hrsg.) (2018a), 179–193

Kaul, Th., Ludwig, K. (2018): Mehrsprachigkeit. In: Leonhardt, A. (Hrsg.) (2018a), 82–87

Keller, F. (1999): Stichwörter aus Akustik, Audiologie und Hörgerätekunde. 2. Aufl. Median, Heidelberg

Kellermann, G. (1998a): Als geistigbehindert diagnostiziert – heute Studentin der Schwerhörigenpädagogik. In: Leonhardt (Hrsg.) (1998a), 213–225

Kellermann, G. (1998b): Nicht für die Schule, sondern für's Leben lernen wir... In: Leonhardt, A. (Hrsg.) (1989b), 185–188

Kern, W. (2001): Begleitende Maßnahmen zur Unterstützung der schulischen und unterrichtlichen Integration Hörgeschädigter. In: Leonhardt, A. (Hrsg.), 74–78

Keßler, E., Krätzschmar, Ch. (1993): Schulpädagogisches Repetitorium. Luchterhand, Neuwied/Kriftel/Berlin

Kessler, L. (1989): Fehlbildungen in der Otolaryngologie. Springer, Berlin

Kießling, J., Kollmeier, B., Diller, G. (1997): Versorgung und Rehabilitation mit Hörgeräten. Thieme, Stuttgart/New York

Kießling, J., Kollmeier, B., Baumann, U. (2018): Versorgung mit Hörgeräten und Hörimplantaten. 3. Aufl. Thieme, Stuttgart/New York

Kinder-Richtlinie (2017): Richtlinie des Gemeinsamen Bundesausschusses über die Früherkennung von Krankheiten bei Kindern (Kinder-Richtlinie) in der Fassung vom 18. Juni 2015, zuletzt geändert am 19. Oktober 2017, in Kraft getreten am 16. März 2018. https://www.g-ba.de/downloads/62-492-1537/RL_Kinder_2017-10-19_-iK-2018-03-16.pdf, 21.5.2018

Klauer, K.J. (Hrsg.) (1992): Grundriß der Sonderpädagogik. Ed. Marhold, Berlin

Klinke, R. (1989): Hörentwicklung beim Kleinkind. In: Stiftung zur Förderung körperbehinderter Hochbegabter Vaduz, 73–81

Klinke, R. (1995): Das Hören als zentralnervöser Verarbeitungsprozeß. Meggen/Zürich

Klinke, R. (1997): Hören als zentralnervöser Verarbeitungsprozeß. Hörgeschädigtenpädagogik 51, 355–370

Klinke, R. (1998): Hören lernen: Die Notwendigkeit frühkindlicher Hörerfahrungen. In: Leonhardt, A. (Hrsg.) (1998b), 77–95

Klinke, R., Kral, A., Hartmann, R. (2001): Sprachanbahnung über elektronische Ohren – So früh wie möglich. Deutsches Ärzteblatt 98 (46), A 3049-A 3053

KMK (2011): Inklusive Bildung von Kindern und Jugendlichen mit Behinderungen in Schulen. Beschluss der Kultusministerkonferenz vom 20.10.-2011, https://www.kmk.org/fileadmin/Dateien/veroeffentlichungen_beschluesse/2011/2011_10_20-Inklusive-Bildung.pdf, 19.5.2018

KMK (2016a): Sekretariat der Ständigen Konferenz der Kultusminister der Länder in der Bundesrepublik Deutschland IVC/Statistik: Sonderpädagogische Förderung in allgemeinen Schulen (ohne Förderschulen) 2015/16. http://www.kmk.org/statistik/schule/statistische-veroeffentlichungen/sonderpaedagogische-foerderung-in-schulen.html, 24.06.2017

KMK (2016b): Sekretariat der Ständigen Konferenz der Kultusminister der Länder in der Bundesrepublik Deutschland IVC/Statistik: Sonderpädagogische Förderung in Förderschulen (Sonderschulen) 2015/17. http://www.kmk.org/statistik/schule/statistische-veroeffentlichungen/sonderpaedagogische-foerderung-in-schulen.html, 24.06.2017

Kneißl, S. (2000): Frühe bilinguale und bikulturelle Prägung. In: Deutsche Gebärdensprache in Schulen für Hörgeschädigte. Fortbildungssequenz der Akademie für Lehrerfortbildung und Personalführung Dillingen in Zusammenarbeit mit dem Berufsverband Bayerischer Hörgeschädigtenpädagogen BBH e.V., Akademiebericht 350, Dezember 2000, 65–70

Kobi, E.E. (2004): Grundfragen der Heilpädagogik. 6. Aufl. BHP, Berlin

Köhler-Krauß, R. (2001): Der neue Lehrplan zum Förderschwerpunkt Hören und Kommunikation für die bayerische Grundschulstufe des Förderzentrums für Hörgeschädigte. Hörgeschädigtenpädagogik 55, 178–184

Koelkebeck, M.L., Detjen, C., Calvert, D.R. (1984): Historic Devices for Hearing. The CID-Goldstein Collection. The Central Institute for the Deaf, Saint Louis

Kompis, M. (2016): Audiologie. 4. Aufl. Huber, Bern

Kongreßbericht (1989): 3. Internationaler Kongreß der Schwerhörigen, Montreux, Schweiz. Herausgeb. Vom BSSV-Bund Schweizerischer Schwerhörigen-Vereine, Zürich

Kral, A. (2009a): Frühe Hörerfahrung und sensible Entwicklungsphasen. HNO, 9–16

Kral, A. (2009b): Hörerfahrung so früh wie möglich: Die Entkopplungs-Hypothese. In: v. Specht, H. (Hrsg.): Frühes Hören – gutes Hören. Materialsammlung vom 14. Multidisziplinären Kolloquium der Geers-Stiftung, 15–25

Kral, A. (2012): Frühe Hörerfahrung und sensible Phasen. In: Leonhardt, A. (Hrsg.) (2012a), 26–46

Krauskopf, S. (2009): Meine schulische Integration ohne Mobilen Sonderpädagogischen Dienst. In: Leonhardt, A. (Hrsg.) (2009a), 219–230

Kröhnert, O. (1966): Die sprachliche Bildung des Gehörlosen. Beltz, Weinheim

Kröhnert, O. (1982): Geschichte. In: Jussen/Kröhnert, 47–77

Kron, F. W., Jürgens, E., Standop, J. (2013): Grundwissen Pädagogik. 8. Aufl. Ernst Reinhardt, München/Basel (UTB)

Krüger, M. (1982): Der Personenkreis. In: Jussen/Kröhnert (Hrsg), 3–26

Krüger, M. (1982): Häufigkeit (Statistik). In: Jussen/Kröhnert (Hrsg), 37–43

Krüger, M. (1991): Häufigkeitsstatistische und demographische Angaben zum Personenkreis hörgeschädigter Menschen. In: Jussen/Claußen (Hrsg), 25–30

Kugelstadt, S., Nawka, T., Caffier, Ph., Wohlfarth, F., Ko, S.-R., Gross, M. (2017): 20 Jahre Deutsches Zentralregister für kindliche Hörstörungen (DZH) – Ein Rückblick. http://www.egms.de/static/en/meetings/dgpp2017/17dgpp28.shtml 21.5.2018

Ladd, P. (2008): Was ist Deafhood? Gehörlosenkultur im Aufbruch. Signum, Seedorf

Landschaftsverband Rheinland (Hrsg.) (1993): Gehörlose im Arbeitsleben. Forschungsbericht, Bd. 1 und Bd. 2

Landschaftsverband Westfalen-Lippe (Hrsg.) (1995): Weiterbildungsmaßnahmen für gehörlose Arbeitnehmer und Arbeitnehmerinnen, Bd. I: Voraussetzungen und Bedingungen für Weiterbildungsmaßnahmen, Bd. II: Weiterbildungsmodelle für Gehörlose und ihr berufliches Umfeld. O. O.

Lassahn, R. (2000): Einführung in die Pädagogik. 9. Aufl. Quelle und Meyer, Heidelberg/Wiesbaden (UTB)

Laszig, R. (1997): Gegenwärtiger Stand der Cochlear Implant-Therapie einschließlich des Konzeptes der „Soft surgery". In: Leonhardt, 31–47

Lechta, V., Leonhardt, A., Lindner, B., Schmidtová, M. (2008): Die historische Entwicklung der Hörgeschädigten- und Sprachbehindertenpädagogik in Bayern und der Slowakei – Ergebnisse einer vergleichenden Studie einer deutsch-slowakischen Forschergruppe. In: Biewer, G., Luciak, M., Schwinge, M. (Hrsg.), 166–183

Lehmann-Tremmel, G. (1997): Die Weiterbildungslandschaft für gehörlose, schwerhörige und spätertaubte Erwachsene. Erste Ergebnisse aus der bundesweiten Bestandsaufnahme im Projekt WBH (1994–1996). In: Schulte, K. et al. (Hrsg.), 96–107

Lehnhardt, E. (1991): Cochlear Implant – Chirurgische Aspekte und Ergebnisse. In: Lehnhardt, E., Bertram, B. (Hrsg.): Rehabilitation von Cochlear-Implant-Kindern. Springer, Berlin/Heidelberg/New York, 53–62

Lehnhardt, E. (1998a): Hereditäre Hörstörungen und Syndrome. In: Leonhardt, A. (Hrsg.) (1998a), 162–177

Lehnhardt, E. (1998b): Entwicklung des Cochlea Implantats und das Cochlea Implantat-Projekt in Hannover. In: Lenarz, Th. (Hrsg.): Cochlea Implantat. Springer, Berlin/Heidelberg/New York, 1–8

Lehnhardt, E., Laszig, R. (Hrsg.) (2009): Praxis der Audiometrie. 9. Aufl. Thieme, Stuttgart/New York

LehrplanPlus Bayern (2017): www.lehrplanplus.bayern.de, Anhörungsfassung (12.8.2018)

Leiber, B. (1996): Die klinischen Syndrome. 8. Aufl. Herausgegeben von Adler, G., Burg, G., Kunze, J., Pongratz, D., Schinzel, A., Spranger, J. Band 1: Krankheitsbilder. Urban und Schwarzenberg, München/Wien/Baltimore

Leist, A. (2009): Autonom gehörlos sein. In: Leonhardt, A., Vogel, A. (Hrsg.), 78–98

Lenarz, Th. (1998): Cochlea Implantate – Physiologische Grundlagen und klinische Anwendung. In: Lenarz, Th.: Cochlea Implantat. Springer, Berlin/Heidelberg/New York, 9–51

Lenarz, Th., Boenninghaus, H.-G. (2012): HNO. 14. Aufl. Springer, Heidelberg

Lenhardt, E., Laszig, R. (2009): Praxis der Audiometric. 9. Aufl. Thieme, Stuttgart/New York

Lenzen, D. (Hrsg.) (2004): Erziehungswissenschaft. Ein Grundkurs. 6. Aufl. Rowohlt, Reinbek

Lenzen, D. (1989): Stichwort „Pädagogik – Erziehungswissenschaft". In: Lenzen, 1105–1117

Lenzen, D. (Hrsg.) (1989): Pädagogische Grundbegriffe, Bd. 2: Jugend bis Zeugnis. 8. Aufl. Rowohlt, Reinbek

Leonhardt, A. (1994): Die Wende in der DDR – gewendete Hörgeschädigtenpädagogik? In: Bleidick, U., Ellger-Rüttgart, S. (Hrsg.): Behindertenpädagogik im vereinten Deutschland. Deutscher Studien Verlag, Weinheim, 185-194

Leonhardt, A. (1996): Didaktik des Unterrichts für Gehörlose und Schwerhörige. Luchterhand, Neuwied/Kriftel/Berlin

Leonhardt, A. (Hrsg.) (1997): Das Cochlear-Implant bei Kindern und Jugendlichen. Ernst Reinhardt, München/Basel

Leonhardt, A. (Hrsg.) (1998a): Mehrfachbehinderte mit Hörschäden. Luchterhand, Neuwied/Kriftel/Berlin

Leonhardt, A. (Hrsg.) (1998b): Ausbildung des Hörens – Erlernen des Sprechens. Luchterhand, Neuwied/Kriftel/Berlin

Leonhardt, A. (2000): Cochlea Implantat aus pädagogischer Sicht. Schnecke, Sonderausgabe zur EXPO 2000, 25–28

Leonhardt, A. (Hrsg.) (2001): Gemeinsames Lernen von hörenden und hörgeschädigten Schülern. 2. Aufl. hörgeschädigte kinder, Hamburg

Leonhardt, A. (2003): Störungen der Sprachentwicklung durch Hörschäden. In: Grohnfeldt, M. (Hrsg.): Lehrbuch der Sprachheilpädagogik und Logopädie, Bd. 4 Beratung, Therapie und Rehabilitation. Kohlhammer, Stuttgart, 193–201

Leonhardt, A. (2008): Gehörlose Eltern und Kinder mit CI. Schnecke 19 (59), 12–15

Leonhardt, A. (Hrsg.) (2009a): Hörgeschädigte Schüler in der allgemeinen Schule. Theorie und Praxis der Integration. Kohlhammer, Stuttgart

Leonhardt, A. (2009b): Von der Verallgemeinerungsbewegung zur Gegenwart schulischer Integration. In: Leonhardt, A. (Hrsg.) (2009a), 9–22

Leonhardt, A. (2009c): Förderschwerpunkt Hören: Zeigt sich der Erfahrungsvorsprung eines Vierteljahrtausends? In: Wember, F.B., Prändl, St. (Hrsg.), 173–186

Leonhardt, A. (2009d): Erziehung und Bildung im Grundschulbereich. Allgemeine Schule. In: Opp, G., Theunissen, G. (Hrsg.): Handbuch schulische Sonderpädagogik. Klinkhardt, Bad Heilbrunn, 188–192

Leonhardt, A. (2009e): Psychosoziale Aspekte der frühen Diagnostik – Folgen des Neugeborenen-Hörscreenings für Kinder, Eltern und Frühförderer. In: v. Specht, H. (Hrsg.): Frühes Hören – gutes Hören. Materialsammlung vom 14. Multidisziplinären Kolloquium der Geers-Stiftung, 179–193

Leonhardt, A. (2009f): Gehörlose bzw. hochgradig hörgeschädigte Eltern und Kinder mit CI. In: Leonhardt, A., Vogel, A. (Hrsg.), 7–19

Leonhardt, A. (2009g): Cochlea-Implantate für gehörlose Kinder gehörloser Eltern. In: Ernst, A., Battmer, R.-D., Todt, I. (Hrsg.): Cochlear Implant heute. Springer, Heidelberg, 63–71

Leonhardt, A. (2009h): Pädagogische Aspekte der einseitigen und minimalen Hörschädigung. Sprache – Stimme – Gehör 33, 121–125

Leonhardt, A. (2011a): Inklusion als fachspezifische Aufgabe der Gehörlosen- und Schwerhörigenpädagogik. Sprache – Stimme – Gehör 35, 222–223

Leonhardt, A. (2011b): Hörgeschädigte als Eltern von CI-Kindern. hörgeschädigte kinder – erwachsene hörgeschädigte 48, 112–117

Leonhardt, A. (2012a): Frühes Hören. Hörschädigungen ab dem ersten Lebenstag erkennen und therapieren. Ernst Reinhardt, München/Basel

Leonhardt, A. (2012b): Hörenlernen mit hörgeschädigten Eltern. In: Leonhardt, A. (Hrsg.) (2012a), 311–321

Leonhardt, A. (2013): Schüler mit Hörschädigung in der Grundschule. Sache – Wort – Zahl. Lehren und Lernen in der Grundschule 41 (135), 50–53

Leonhardt, A. (2014): Schlaglichter auf die interdisziplinäre Frühförderung (Kurzstatements) hörgeschädigter Kinder. Sonderpädagogische Förderung heute 59, 131

Leonhardt, A. (2017a): 200 Jahre Gehörlosen- und Schwerhörigenpädagogen(aus)bildung in Bayern – Vom Jahreskurs zum Modellstudiengang „Prävention, Inklusion und Rehabilitation (PIR) bei Hörschädigung" an der Universität. In: Leonhardt, A., Ludwig, K. (Hrsg.) (2017), 15–58

Leonhardt, A. (2017b): Wenn gehörlose Kinder hörend werden – Auswirkungen der CI-Versorgung von gehörlosen Kindern gehörloser Eltern auf deren Familiensituation. Sprache – Stimme – Gehör 41, 34–40

Leonhardt, A. (Hrsg.) (2018a): Inklusion im Förderschwerpunkt Hören. Kohlhammer, Stuttgart

Leonhardt, A. (2018b): Vergangenheit, Gegenwart und Zukunft der Inklusion. In: Leonhardt, A. (Hrsg.) (2018a), 194–229

Leonhardt, A. (2018c): Schulische Inklusion aus nationaler und internationaler Sicht. In: Leonhardt, A., Pospischil, M. (Hrsg.) (2018), 11–32

Leonhardt, A. (2018d): Förderbereich Hören. In: Kahlert, J. (Hrsg.): Inklusionssensible Perspektiven für die Grundschule. Kohlhammer, Stuttgart, 176–196

Leonhardt, A., Ludwig, K. (2002): Überlegungen zur Qualität und Effektivität in der Frühförderung hörgeschädigter Kinder. Die neue Sonderschule 47, 255–267

Leonhardt, A., Ludwig, K. (Hrsg.) (2017): 200 Jahre Gehörlosen- und Schwerhörigenpädagogen-(aus)bildung in Bayern – Vom Jahreskurs zum interdisziplinären Studium an der Universität. Median, Heidelberg

Leonhardt, A., Müller, M. (2008): Neugeborenen-Hörscreening: Weichenstellung für das Leben. Sprache – Stimme – Gehör 32, 12–17

Leonhardt, A., Pospischil, M. (Hrsg.) (2018): Internationale Ansätze zur schulischen Inklusion. Klinkhardt, Bad Heilbrunn

Leonhardt, A., Siebeck, A. (2002): „Da bin ich eigentlich schon sehr zufrieden ...". Über die Problematik von Zufriedenheitserhebungen in sozialen Einrichtungen am Beispiel der Frühförderung für hörgeschädigte Kinder. Die neue Sonderschule 47, 268–276

Leonhardt, A., Steiner, K. (2014): Einzelfallbasierte Begleitung von gehörlosen Kindern mit Muttersprache Deutsche Gebärdensprache an der allgemeinen Grundschule mit Unterstützung eines Gebärdensprachdolmetschers. Interner Forschungsbericht. Ludwig-Maximilians-Universität München (unveröffentlicht)

Leonhardt, A., Vogel, A. (Hrsg.) (2009): Gehörlose Eltern und CI-Kinder – Management und Support. Median, Heidelberg

Leonhardt, A., Wember, F.B. (Hrsg.) (2003): Grundfragen der Sonderpädagogik. Bildung – Erziehung – Behinderung. Beltz, Weinheim/Basel/Berlin

Leonhardt, A., Wendels, S. (2007): Auf zu neuen Ufern – wie das Neugeborenenhörscreening die Früherziehung hörgeschädigter Kinder verändert. Sonderpädagogische Förderung 52, 87–98

Lindauer, M. (Hrsg.) unter Mitarbeit von Girardet, U., Reul, J., Rudat, A. (2009): Schülerinnen und Schüler mit Auditiven Verarbeitungs- und Wahrnehmungsstörungen (AVWS). Ed. Bentheim, Würzburg

Lindner, B. (2009): „Soviel Integration wie möglich – so viele Sondereinrichtungen wie nötig." Warum wechseln hörgeschädigte Schüler von der allgemeinen Schule an das Förderzentrum, Förderschwerpunkt Hören? In: Leonhardt, A. (Hrsg.) (2009a), 180–217

Lindner, G. (1992): Pädagogische Audiologie. 4. Aufl. Ullstein/Mosby, Berlin

Lindner, G. (1994): Entwicklung von Sprechfertigkeiten. 2. Aufl. Luchterhand, Neuwied/Kriftel/Berlin

Lindner, G. (1997): Artikulation im technischen Zeitalter. Luchterhand, Neuwied/Kriftel/Berlin

Lindner, G. (1999): Absehen – der andere Weg zum Sprachverstehen. Luchterhand, Neuwied/Kriftel/Berlin

Löwe, A. (1974): Gehörlose, ihre Bildung und Rehabilitation. In: Deutscher Bildungsrat. Gutachten und Studien der Bildungskommission, Sonderpädagogik 2. Klett, Stuttgart, 15–183

Löwe, A. (1983): Gehörlosenpädagogik. In: Solarová (Hrsg.), 12–48

Löwe, A. (1992a): Hörgeschädigtenpädagogik international. Schindele, Heidelberg

Löwe, A. (1992b): Früherfassung, Früherkennung, Früherziehung hörgeschädigter Kinder. 3. Aufl. Marhold, Berlin

Löwe, A. (1996a): Hörprüfungen in der kinderärztlichen Praxis. 2. Aufl. Schindele, Heidelberg

Löwe, A. (1996b): Hörerziehung für hörgeschädigte Kinder. 2. Aufl. Schindele, Heidelberg

Löwe, A. (2001): Schriftsprachkompetenz ist heute für hochgradig hörgeschädigte Kinder notwendiger denn je. Hörgeschädigtenpädagogik 55, 267–274

Ludwig, K. (2012): Die Pädagogisch-Audiologische Beratungsstelle. In: Leonhardt, A. (Hrsg.) (2012a): Frühes Hören. Hörschädigungen an dem ersten Tag erkennen und therapieren. Ernst Reinhardt, München/Basel, 180–188

Ludwig, K., Kaul, Th. (2018): Schriftspracherwerb. In: Leonhardt, A. (Hrsg.) (2018a), 87–97

Lüdtke, K. (1989): Besseres Hören. Germa Press, Hamburg

Markides, A. (1986): Age at fitting of hearing aids and speech intelligibility. British Journal of Audiology 20 (2), 165–167

Marschark, M., Knoors, H. (2012): Sprache, Kognition und Lernen – Herausforderungen an die Inklusion gehörloser und schwerhöriger Kinder. In: Hintermair, M. (Hrsg.): Inklusion und Hörschädigung. Median, Heidelberg, 129–176

Marx, R. (2001): Stichwort „Sonderpädagogik". In: Lenzen, 1392–1408

Matulat, P. (2018): Neugeborenen-Hörscreening. Rechtliche, medizinische, organisatorische, finanzielle, strukturelle und technische Aspekte zum Neugeborenen-Hörscreening in Deutschland. Frühförderung interdisziplinär 37, 3–13

Meyer, H. (1983): Geistigbehindertenpädagogik. In: Solarová (Hrsg.), 84–119

Meyer-Odorfer, Ch. (2008): Wie kamen wir zum CI? Schnecke 19 (59), 22–23

Meyer-Odorfer, Ch. (2009): Wie kamen wir zum CI? In: Leonhardt, A., Vogel, A. (Hrsg.), 38–41

Milz, I. (1999): Neuropsychologie für Pädagogen. 3. Aufl. borgmann, Dortmund

Ministerium für Arbeit, Gesundheit und Soziales des Landes Nordrhein-Westfalen (Hrsg.) (1992): Frühförderung hörgeschädigter Kinder. Ergebnisse einer Arbeitsgruppe

Möckel, A. (1988): Geschichte der Heilpädagogik. Klett-Cotta, Stuttgart

Möckel, A. (2007): Geschichte der Heilpädagogik. 2. Aufl. Klett-Cotta, Stuttgart

Moser, V., Sasse, A. (2008): Theorien der Behindertenpädagogik. Ernst Reinhardt, München/Basel

Mrowinski, D., Scholz, G., Steffens, T. (2017): Audiometrie. Eine Anleitung für die praktische Hörprüfung. 5. Aufl. Thieme, Stuttgart/New York

Müller, K. (2018): Subjektive Hörfähigkeit und Versorgung hochaltriger Personen. Sprache – Stimme – Gehör 42, 18–23

Müller, M. (2009): Frühförderung und Sprachentwicklung von durch das Neugeborenenhörscreening hörauffällig gewordenen Kindern. mensch und buch, Berlin

Müller, R.J. (1996): … ich höre – nicht alles! Hörgeschädigte Mädchen und Jungen in Regelschulen. 2. Aufl. Schindele, Heidelberg

Nagel, P., Gürkov, R. (2009): Hals-Nasen-Ohren-Heilkunde. 2. Aufl. Urban u. Fischer, München

Naumann, H.H., Scherer, H. (Hrsg.) (1998): Differentialdiagnostik in der Hals-Nasen-Ohren-Heilkunde. Thieme, Stuttgart/New York

Neudecker, M. (2014): Jims Knopf. In: Süddeutsche Zeitung vom 13. Dezember 2014

Neimann, N.W. (1978): Klassifizierung Hörgeschädigter. Die Sonderschule 23 (2. Beiheft), 18–23

Neumann, K. (2009): Neugeborenen-Hörscreening „State of the art". Überblick zu Methoden und Organisation. In: v. Specht, H. (Hrsg.): Frühes Hören – gutes Hören. Materialsammlung vom 14. Multidisziplinären Kolloquium der Geers-Stiftung, 29–42

Neumann, K. (2012): Neugeborenen-Hörscreening. In: Leonhardt, A. (Hrsg.) (2012a), 80–93

Neumann, K., Nawka, T., Wiesner, T., Hess, M., Böttcher, P., Gross, M. (2009): Qualitätssicherung eines universellen Neugeborenen-Hörscreenings – Empfehlung der Deutschen Gesellschaft für Phoniatrie und Pädaudiologie. HNO 57 (1), 17–20

Neppert, J. (1999): Elemente einer Akustischen Phonetik. 4. Aufl. Buske, Hamburg

Newport, E.L. (1988): Constraints on learning and their role in language acquisition: Studies of the acquisition of American sign language. Language Sciences 10, 147–172

Nickisch, A. (2010): Auditive Verarbeitungs- und Wahrnehmungsstörungen (AVWS). In: Götte, K., Nicolai, T. (Hrsg.): Pädiatrische HNO-Heilkunde. Urban u. Fischer, München, 201–210

Nowak, K. (1984): „Euthanasie" und Sterilisierung im „Dritten Reich". 2. Aufl. Vandenhoeck u. Ruprecht, Göttingen

Otto, K., Streicher, B. (2011): Cochlea Implantat (CI) bei Erwachsenen. Ein Ratgeber für Betroffene, Angehörige und (Sprach-)Therapeuten. Schulz-Kirchner, Idstein

Padden, C., Humphries, T. (1991): Gehörlose. Eine Kultur bringt sich zur Sprache. Signum, Hamburg

Papoušek, M. (1995): Vom ersten Schrei zum ersten Wort. Huber, Bern

Papaspyrou, Ch., von Meyenn, A., Matthaei, M., Herrmann, B. (2008): Grammatik der Deutschen Gebärdensprache aus der Sicht gehörloser Fachleute. Signum, Hamburg

Penteker-Wolfheimer, U. (2000): Rhythmisch-musikalischer Unterricht. In: Diller, G. (Hrsg.): Hörgerichtetheit in der Praxis. 2. Aufl. Schindele, Heidelberg, 176–195

Petersen, A. (1989): Absehen. In: Claußen/Schuck, Bd. 2, 33–89

Pétursson, M., Neppert, J.M.H. (2002): Elementarbuch der Phonetik. 3. Aufl. A. Buske, Hamburg

Pietsch, F. (1998): Was mir die Lautsprache bedeutet. In: Leonhardt (1998b), 189–193

Pietsch, F. (2009): Mein Weg. In: Leonhardt (Hrsg.), 233–237

Pietsch, M. (1998): Mein Leben – normal, nur ein bißchen anders. In: Leonhardt (1998b) (1986b), 194–197

Pilf, T. (1908): Die körperliche Züchtigung der Schulkinder. Zeitschrift für Schulgesundheitspflege 21, 238–246

Plath, P. (1992): Das Hörorgan und seine Funktion. 5. Aufl. Edition Marhold, Berlin

Plath, P. (Hrsg.) (1995): Lexikon der Hörschäden. 2. Aufl. Gustav Fischer, Stuttgart/Jena/New York

Pöhle, K.-H. (1965): Karl Brauckmann und die moderne Schwerhörigenpädagogik. Die Sonderschule 10, 285–292

Pöhle, K.-H. (1967): Zur Spezifik der Sinnerfassung bei schwerhörigen Kindern. Die Sonderschule 14 (1. Beiheft), 13–55

Pöhle, K.-H. (1990): Methodik der Hörerziehung und der rhythmisch-musikalischen Erziehung bei Gehörlosen und bei Schwerhörigen. Lehrbrief, Berlin

Pöhle, K.-H. et al. (1990): Rehabilitationspädagogik für Hörgeschädigte. 2. Aufl. Volk und Gesundheit, Berlin

Pöhle, K.-H. (1994): Grundlagen der Pädagogik Hörbehinderter. Potsdamer Studientexte – Sonderpädagogik

Pöhle, K.-H. (1995): Rückblick; nach vorn gerichtet. In: Leonhardt, A., Mehnert, D. (Hrsg.): Begegnungen. Groos, Heidelberg, 145–157

Pöhle, K.-H., Reuß, E.M. (1982): Das hörgeschädigte Kind. In: Breitsprecher, A.u.a.: Welches Kind muß sonderpädagogisch betreut werden. Volk und Wissen, Berlin, 54–86

Pollack, D. (1985): Educational Audiology for the Limited-hearing Infant and Preschooler. Charles C. Thomas, Springfield, Il.

Poulin, V. (2015): Worte, die man mir nicht sagt. Mein Leben mit gehörlosen Eltern. 2. Aufl. Ullstein, Berlin

Prause, M.-C. (2007): Musik und Gehörlosigkeit. Therapeutische und pädagogische Aspekte - der Verwendung von Musik bei gehörlosen Menschen unter besonderer Berücksichtigung des anglo-amerikanischen Forschungsgebietes. 2. Aufl. Dohr, Köln

Prillwitz, S. (Hrsg.) (1991): Zeig mir deine Sprachen! Elternbuch Teil 2: Vorschulische Erziehung gehörloser Kinder in Laut- und Gebärdensprache. Signum, Hamburg

Prillwitz, S., Leven, R., von Meyenn, A., Zienert, H., Schmidt, W. (1985): Skizzen zu einer Grammatik der Deutschen Gebärdensprache. Hamburg: Forschungsstelle Deutsche Gebärdensprache

Prillwitz, S., Wisch, F.-H., Wudtke, H. (1991): Zeig mir deine Sprache! Elternbuch Teil 1: Zur Früherziehung gehörloser Kinder in Lautsprache und Gebärden. Signum, Hamburg

Probst, R. (2008a): Anatomie und Physiologie des Ohres. In: Probst, R., Grevers, G., Iro, H. (Hrsg.) (2008), 144–153

Probst, R. (2008b): Kindliche Hörstörungen – Pädaudiologie des Ohres. In: Probst, R., Grevers, G., Iro, H. (Hrsg.) (2008), 181–189

Probst, R., Grevers, G., Iro, H. (Hrsg.) (2008): Hals-Nasen-Ohren-Heilkunde. 3. Aufl. Thieme, Stuttgart

Pschyrembel Klinisches Wörterbuch (1997). 258. Aufl. de Gruyter, Berlin/ New York

Ptok, M. (2009): Ursachen und entwicklungsphysiologische Diagnostik kindlicher Schwerhörigkeiten. In: Ernst, A., Battmer, R.-D., Todt, I. (Hrsg.), 11–25

Rammel, G. (1987): Zur Praxis der Erwachsenenbildung für Gehörlose. In: Gegner, U. (Hrsg.): Orientierungen der Hörgeschädigtenpädagogik, Groos, Heidelberg, 225–237

Rath, W. (1998): Ausgewählte Aspekte zur pädagogischen Förderung von hörgeschädigten Kindern und Jugendlichen mit Sehschädigung. In: Leonhardt (Hrsg.) 1998a, 153–161

Rau, F. (1891): Über die Beseitigung lautsprachlicher Fehler in der Volksschule. Organ der Taubstummen-Anstalten in Deutschland und den deutschredenden Nachbarländern 37, 254–271

Reich, C.G. (1828): Samuel Heinicke, Director des Taubstummen-Institutes zu Leipzig. o.V.

Reimers, J. (2008): Möglichkeiten für die Zukunft. Schnecke 19 (59), 26

Reinfelder, D. (1925): Die Eigenart der Schwerhörigenschulen. In: Bericht über den Zweiten Kongreß für Heilpädagogik in München, 29. Juli bis 1. August 1924. Im Auftrag der Gesellschaft für Heilpädagogik, herausgegeben von Erwin Lesch (München), Springer, Berlin

Reinfelder, D. (1934): Schwerhörige und Schwerhörigenschulen. In: Enzyklopädisches Handbuch der Heilpädagogik, Bd. II, Halle

Renzelberg, G. (2004): Lauter Laute. Eine Handreichung zu den phonetischen Grundlagen der Hör-Sprecherziehung. hörgeschädigte kinder, Hamburg

Reuter, G. (2001): Flächendeckendes Neugeborenen-Hörscreening – Wo gibt's denn das? Schnecke 11 (33), 16–19

Richtberg, W. (1980): Hörbehinderung als psychosoziales Leiden. Forschungsbericht. Herausgeber: Der Bundesminister für Arbeit und Sozialordnung, Bonn

Rieder, K. (1976): Zur Geschichte des englischen Sonderschulwesens. Heilpädagogik, Beiblatt der Zeitschrift Erziehung und Unterricht 19, 93–95

Rohloff, I. (1985): Rhythmisch-musikalische Erziehung mit Gehörlosen. In: Straumann, J. (Hrsg.): Lernen der Bewegung – Lernen durch Bewegung. Teil 1, Groos, Heidelberg, 60–87

Rosanowski, F., Hoppe, U. (2004): Einseitige Innenohrschwerhörigkeit bei Kindern und Jugendlichen: Diagnostik und Intervention. Sprache – Stimme – Gehör 28 (2), 60–69

Rost, U., Strauß-Schier, A. (1998): Rehabilitations- und Testkonzepte bei Erwachsenen. In: Lenarz, Th.: Cochlea Implantat. Springer, Berlin/Heidelberg/New York, 136–145

Rutherford, S.D. (1989): Die Kultur der amerikanischen Gehörlosen. Das Zeichen 3 (8), 19–27

Sacks, O. (2001): Stumme Stimmen. 6. Aufl. Rowohlt, Reinbek

Salmon, S. (Hrsg.) (2006): Hören – Spüren – Spielen. Reichert, Wiesbaden

Salz, W., Breitinger, M. (Hrsg.) (1985): Neue Aspekte in der Frühförderung gehörloser und schwerhöriger Kinder. Groos, Heidelberg

Salz, W., Graebke, E., Markward, R. (1997): Erfahrungen mit CI-Kindern am Pfalzinstitut. Ein

Zwischenbericht. In: Leonhardt, A. (Hrsg.), 97–127

Sander, A. (1973): Die statistische Erfassung von Behinderten in der Bundesrepublik Deutschland. In: Muth, J. (Hrsg.): Behindertenstatistik, Früherkennung, Frühförderung. Klett, Stuttgart, 13–109

Sander, A. (2003): Von Integrationspädagogik zu Inklusionspädagogik. Sonderpädagogische Förderung, 48 (4), 313–329

Schär, A. (1920): Erster Schwerhörigenunterricht. Blätter für Taubstummenbildung 33, 242–246

Schäfke, I. (2005): Untersuchungen zum Erwerb der Textproduktionskompetenz bei hörgeschädigten Schülern. Signum, Hamburg

Scheiblauer, M. (1929): Rhythmik im Taubstummenunterricht. Blätter für Taubstummenbildung 12, 265–267

Schell, B., Wehrmann, B. (2014): Hörgeschädigte Kinder und Jugendliche – zwischen CI und Gebärdensprache. Kinder- und jugendpsychiatrische Impressionen. Sonderpädagogische Förderung heute, 59 Jg., 295–307

Schlote, W. (1989): Grundlagen der neurophysiologischen Entwicklung von Kindern im Vorschulalter. In: Stiftung zur Förderung körperbehinderter Hochbegabter Vaduz, 38–60

Schmidt, R.F., Lang, F. (Hrsg.) (2007): Physiologie des Menschen mit Pathophysiologie. 30. Aufl. Springer, Berlin/Heidelberg/New York

Schmitz, R. (1983): Die groß waren durch ihr Herz. Pioniere der Sozialarbeit für Behinderte. Evangelische Verlagsanstalt, Berlin

Schnecke Nr. 70, 2010: Titelthema: Hören ohne Verstehen – können Geräusche ein Gewinn sein?

Schößer, H., Brill, St. (2017): Technische Hörhilfen als Möglichkeit der Rehabilitation von Menschen mit Hörschädigung. In: Leonhardt, A., Ludwig, K. (Hrsg.) (2017), 153–164

Scholler, Ch., Scholler, C. (2005): Ich wünsche mir zu Weihnachten ein CI. Schnecke, 16 (49), 35–36

Schorn, K. (1998a): Differentialdiagnose der Hörstörungen. In: Naumann, H.H., Scherer, H. (Hrsg.), 62–144

Schorn, K. (1998b): Screening zur Selektion von Hörstörungen Neugeborener. In: Plath, P. (Hrsg.): Frühe Erkennung und Behandlung von Hörschäden bei Säuglingen. Materialsammlung vom 9. Multidisziplinären Kolloquium der -GEERS-Stiftung, 91–95

Schott, W. (1995): Das k.k. Taubstummen-Institut in Wien 1779–1918. Böhlau, Wien/Köln/Weimar

Schröder, H. (1992): Grundwortschatz Erziehungswissenschaft. Ehrenwirth, München

Schubel, B., Linß, W. (1990): Grundriß der Anatomie. 6. Aufl. Gesundheit GmbH, Berlin

Schubert, I. (1995): Früh- und Vorschulerziehung in der ehemaligen DDR. In: Leonhardt, A., Mehnert, D. (Hrsg.): Begegnungen. Groos, Heidelberg, 185–198

Schulte, E. (1991): Organisation der beruflichen Aus- und Fortbildung. In: Jussen, H. u. Claußen, W.H., 172–176

Schulte, E. (1998): Wege in den Beruf und in das Studium für Hörgeschädigte in Deutschland – Ein Beispiel. Die neue Sonderschule 43, 463–469

Schulte, E. (2004): Lebenslanges Lernen für Hörgeschädigte. In: Bundesgemeinschaft der Eltern und Freunde hörgeschädigter Kinder e.V., 68–74

Schulte, K. (1974): Phonembestimmtes Manualsystem (PMS). Neckar, Villingen-Schwenningen

Schulte, K., Strauß, H.-Ch., Lehmann-Tremmel, G. (1997): Verbesserung der beruflichen Weiterbildung für gehörlose und schwerhörige Erwachsene. Neckar, Villingen-Schwenningen

Schumann, P. (1929a): Das taubstumme Kind. Die Taubstummheit. In: Handbuch des Taubstummenwesens. Herausgegeben vom Bunde Deutscher Taubstummenlehrer. Staude, Osterwieck a. Harz, 3–57

Schumann, P. (1929b): Die Bildungseinrichtungen. In: Handbuch des Taubstummenwesens. Herausgegeben vom Bunde Deutscher Taubstummenlehrer, Staude, Osterwieck a. Harz, 61–130

Schumann, P. (1929c): Die Bildungslehre. In: Handbuch des Taubstummenwesens. Herausgegeben vom Bunde Deutscher Taubstummenlehrer, Staude, Osterwieck a. Harz, 131–197

Schumann, P. (1940): Geschichte des Taubstummenwesens vom deutschen Standpunkt aus dargestellt. Diesterweg, Frankfurt a.M.

Schunk, K. (1998): Wie habe ich sprechen gelernt? In: Leonhardt, A. (Hrsg.) 1998b, 198–201

Schweitzer, M., Kemper, U. (1995): Gehörlosigkeit und ihre Auswirkungen im Arbeitsleben – Aufgaben der Erwachsenenbildung. In: Landschaftsverband Westfalen-Lippe (Hrsg.): Weiterbildungsmaßnahmen für gehörlose Arbeitnehmer und Arbeitnehmerinnen, Bd. I, 7–40

Schwerpunktheft „Studium der Sonderpädagogik in Zeiten der Inklusion" (2018). Sonderpädagogische Förderung heute 63 (3)

Seidler, H. (1996): Schwerhörigkeit: Ursachen, Diagnostik, Therapie, Hörgeräteversorgung. Kaden, Heidelberg

Sekretariat der Ständigen Konferenz der Kultusminister (2018): Statistische Veröffentlichungen der Kultusministerkonferenz. Dokumentation Nr. 214 – Juni 2018. Sonderpädagogische Förderung in Schulen 2007 bis 2016. In: https://www.kmk.org/fileadmin/Dateien/pdf/Statistik/Dokumentationen/Dok_214_SoPaeFoe_2016.pdf 9.8.2018

Senn, V.A. (1995): Cochli-Tagebuch. Ein Erfahrungsbericht Januar 1994 – April 1995. In: Stiftung zur Förderung körperbehinderter Hochbegabter. Vaduz, 283–314

Siebeck, A. (2012a): Elternberatung und Elternbegleitung. In: Leonhardt, A. (Hrsg.) (2012), 226–235

Solarová, S. (Hrsg.) (1983): Geschichte der Sonderpädagogik. Kohlhammer, Stuttgart/Berlin/Köln/Mainz

Speck, O. (2008): System Heilpädagogik. 6. Aufl. Ernst Reinhardt, München/Basel

Spormann-Lagodzinski, M.E., Gross, M., Lange, K. (2002): Deutsches Zentralregister für kindliche Hörstörungen – permanente Hörstörungen bei Kindern. Hören Heute 3 (1), 4–10

Spormann-Lagodzinski, M.E., Nubel, K., König, O., Gross, M. (2003): Ätiologie und Prävalenz permanenter kindlicher Hörstörungen in Deutschland. 20. Wissenschaftliche Jahrestagung der DGPP Deutsche Gesellschaft für Phoniatrie und Pädaudiologie. Rostock, 12.–14.9.-2003. In: www.egms.de/en/meetings/dgpp2003/03dgpp085.shtml, 17.6.2010

Standards der sonderpädagogischen Förderung. Anträge der Hauptversammlung Potsdam 2007 (2008): Zeitschrift für Heilpädagogik 2, 59

Statistische Nachrichten über die deutschen Taubstummenanstalten (1927–1928), Staude, Osterwieck a. Harz

Statistisches Bundesamt (Hrsg.) (2007): Sozialleistungen, Fachserie 13, Reihe 5.1 Schwerbehinderte 2005, Wiesbaden. In: www.ec.destatis.de, 17.6.2010

Statistisches Bundesamt (Hrsg.) (2017): Sozialleistungen, Fachserie 13, Reihe 5.1 Schwerbehinderte 2015, Wiesbaden. In: www.destatis.de, 11.8.2018

Stecher, M. (2011): Guter Unterricht bei Schülern mit einer Hörschädigung. Median, Heidelberg

Stelzig, A., Jacob, R. (2007): Cochlea Implantation bei einseitiger Taubheit: CI bei einem gesunden Ohr der Gegenseite. Schnecke 18 (55), 16

Stichnoth, T. (1986): Taubstummheit. Die medizinische Behandlung der Gehörlosigkeit vom 17. Jahrhundert bis zur Gegenwart. Dissertation, Köln

Stiftung zur Förderung körperbehinderter Hochbegabter. Vaduz (Hrsg.) (1989): Aufgaben und Probleme der Frühförderung gehörloser und schwerhöriger Kinder unter dem Aspekt der Begabungsentfaltung. Hohenems

Stiftung zur Förderung körperbehinderter Hochbegabter. Vaduz (Hrsg.) (1990): Modelle interdisziplinärer Frühförderung zur Begabungsentfaltung auf der Grundlage eines hörgerichteten Spracherwerbs. Hohenems

Stiftung Warentest (Hrsg.) (2005): Spezialheft Wieder besser hören, 69–108

Stokoe, W.C. (1960): Sign Language Structure. Linstok Press, Silver Spring

Straumann, J. (Hrsg.) (1985): Lernen der Bewegung – Lernen durch Bewegung. Teil 1: Bewegungs- und Entwicklungsförderung, Rhythmik, Tanz, Musik. Teil 2: Sprechen und Sprechunterricht. Groos, Heidelberg.

Streppel, M., Walger, M., v. Wedel, H., Gaber, E. (2006): Hörstörungen und Tinnitus. Gesundheitsberichterstattung des Bundes 29. Robert-Koch-Institut, Berlin

Strutz, J. (2002): Bayerisches Hörscreening-Programm – eine neue Chance für eine frühzeitige Rehabilitation. Die neue Sonderschule 47, 248–254

Strutz, J., Steffens, Th., Richter, E., Ugurlu, B. (2001): Flächendeckendes Hörscreening in Bayern. Schnecke 11 (32), 12–13

Stumpf, P. (2007): Die phonologische Informationsverarbeitung bei Kindern mit Hörhilfen. In: kups.ub.uni-koeln.de/2197/1/Doktorarbeit_PStumpf.pdf

Szagun, G. (2001): Spracherwerb bei Kindern mit Cochlea Implantat im Vergleich mit normal hörenden Kindern. Sprache – Stimme – Gehör 25 (3), 124–131

Tesch-Römer, C. (2001): Schwerhörigkeit im Alter. Median, Heidelberg

Tesch-Römer, C., Nowak, M. (1996): Höreinbußen im Alter: Belastung und Bewältigungsmöglichkeiten. In: Tesch-Römer, C., Wahl, H.-W. (Hrsg.) 1996b, 107–126

Tesch-Römer, C., Wahl, H.-W. (1996a): Was es bedeutet, (nicht) hören und sehen zu können. In: Tesch-Römer, C./Wahl, H.-W. (1996b), 1–12

Tesch-Römer, C., Wahl, H.-W. (Hrsg.) (1996b): Seh- und Höreinbußen älterer Menschen. Steinkopff, Darmstadt

Täuber, E. (2007): Förderung der Lesekompetenz von mittel- und hochgradig hörbehinderten Schülern aus Migrantenfamilien. mensch und buch, Berlin

Thiel, M.M. (2000): Logopädie bei kindlichen Hörstörungen. Ein mehrdimensionales Konzept für Therapie und Beratung. Springer, Berlin/ Heidelberg

Thurnher, D., Grasl, M., Erovic, B., Lercher, P. (2011): HNO-Heilkunde. Ein symptomatisches Lehrbuch. Springer, Wien/New York

Truckenbrodt, T., Leonhardt, A. (2016): Schüler mit Hörschädigung im inklusiven Unterricht. 2. Aufl., Ernst Reinhardt, München/Basel

Ullrich, D. (1994): HNO-Erkrankungen im Kindesalter. Thieme, Stuttgart

UN-Behindertenrechtskonvention (UN-BRK): https://www.behindertenrechtskonvention.info/ uebereinkommen-ueber-die-rechte-von-menschen-mit-behinderungen-3101/, 25.8.2018

Verhandlungen deutscher Ohrenärzte und Taubstummenlehrer in München (1899/1900) In: Blätter für Taubstummenbildung 12, 22, 338–358, 12, 23, 369–379, 12, 24, 386–392, 13, 1, 1–12, 13, 2, 17–23, 13, 8, 119–124

Vogel, A. (2009): CI-Versorgung bei Kindern gehörloser bzw. hochgradig hörgeschädigter Eltern im Cochlear Implant Centrum Schleswig-Kiel – Konzept, Erfahrungen und Ergebnisse. In: Leonhardt, A., Vogel, A. (Hrsg.) (2009), 44–52

Vogel, A. (2012): Das Cochlear-Implant-Zentrum. In: Leonhardt, A. (Hrsg.) (2012a), 189–193

Vognsen, S. (1976): Hörbehindert. Median, Heidelberg

Voit, H. (1980): Gesichtspunkte der Lesedidaktik bei hörgeschädigten Schülern. In: Europäische Föderation von Taubstummenlehrerverbänden (Hrsg.): Lesen/Lire/Reading. Kongressbericht Oslo 1979. Groos, Heidelberg

Voit, H. (1992): Vor neuen Weichenstellungen in der Gehörlosenpädagogik? Entscheidende Überlegungen. In: Leonhardt, A.: Einblicke und Ausblicke. Groos, Heidelberg, 167–185

Voit, H. (1998): Multiple Sprachwelten – Selbstdeutungen Hörgeschädigter und ihre Relevanz für die Gehörlosenpädagogik. In: Gogolin, I., Graap, S., List, G. (Hrsg.): Über Mehrsprachigkeit. Stauffenburg Tübingen, 253–271

Voit, H. (2000): Zur Geschichte der Gebärdensprachbewegung. In: Deutsche Gebärdensprache in Schulen für Hörgeschädigte. Fortbildungssequenz der Akademie für Lehrerfortbildung und Personalführung Dillingen in Zusammenarbeit mit dem Berufsverband Bayerischer Hörgeschädigtenpädagogen BBH e. V., Akademiebericht 350, Dezember 2000, 13–26

Voit, H. (2001): Individuelle Wege der Integrationsannäherung. Eine Herausforderung an die

Hörgeschädigtenpädagogik. In: Leonhardt, A. (Hrsg.), 123–134

von Stechow, E. (2016): Sonderpädagogik als Pädagogik für besondere Schulen. In: Hedderich, I., Biewer, G., Hollenweger, J., Markowetz, R.: Handbuch Inklusion und Sonderpädagogik. Julius Klinkhardt, Bad Heilbrunn, 32–36

Wachtlin, B., Bohnert, A. (2018): Kindliche Hörstörungen in der Logopädie. Grundlagen, Frühintervention, logopädische Diagnostik und Therapie. Thieme, Stuttgart/New York

Walther, E. (1882): Geschichte des Taubstummen-Bildungswesens. von Velhagen und Klasing, Bielefeld/Leipzig

Wasielewski, K. (2009): „Ach wirklich? Du bist schwerhörig? Das hätte ich ja nie gedacht! Du wirkst so…normal!". In: Leonhardt, A. (Hrsg.) (2009a), 237–243

Weber, B. R., Neuburger, J., Lenarz, Th. (1998): Zur Entwicklung und klinischen Erprobung eines magnetfreien Cochlea Implantats. Laryngo-Rhino-Otologie 77, 376–381

Wehrmann, B. (2017): Kinder- und Jugendpsychiatrie und die pädagogische Rehabilitation von Kindern und Jugendlichen mit Hörstörungen. In: Leonhardt, A., Ludwig, K. (Hrsg.) (2017), 147–152

Weiß, H. (1989): Entwicklungen und neue Problemstellungen in der Zusammenarbeit mit den Eltern. In: Speck, O., Thurmair, M. (Hrsg.): Fortschritte in der Frühförderung entwicklungsgefährdeter Kinder. Ernst Reinhardt, München/Basel, 71–96

Welzl-Müller, K. (2001): Früherfassung hörgeschädigter Kinder durch das generelle Hörscreening bei Neugeborenen. In: Referate des 45. Internationalen Hörgeräte-Akustiker-Kongresses vom 5. bis 7. Oktober 2000. Median, Heidelberg, 28–35

Wember, F. B., Prändl, St. (Hrsg.) (2009): Standards der sonderpädagogischen Förderung. Ernst Reinhardt, München/Basel

Wendler, J., Seidner, W., Eysholdt, U. (2015): Lehrbuch der Phoniatrie und Pädaudiologie. 5. Aufl., Thieme, Stuttgart/New York

Werner, H. (1932): Geschichte des Taubstummenproblems bis ins 17. Jahrhundert. Fischer, Jena

Werner, H. (1956): Die Taubstummheit. Ciba-Zeitschrift 81, Wehr (Baden)

Wessel, J. (2005): Kooperation im Gemeinsamen Unterricht. Die Zusammenarbeit von Lehrern in der schulischen Integration hörgeschädigter Kinder und Jugendlicher. Verlagshaus Monsenstein und Vannerdat, Münster

Wessel, J. (2009): Erziehung und Bildung im Sekundarschulbereich. Allgemeine Schule. In: Opp, G., Theunissen, G. (Hrsg.): Handbuch schulische Sonderpädagogik. Klinkhardt, Bad Heilbrunn, 188–192

Wessel, J. (2012): Inklusive Beschulung hörgeschädigter Kinder und Jugendlicher – Anforderungen an eine „Schule für alle". Sonderpädagogische Förderung heute 57, 144–159

Wild, M. (2017): Auszubildende mit Hörschädigung in der Berufsausbildung auf dem ersten Arbeitsmarkt. Dissertation, LMU München: Fakultät für Psychologie und Pädagogik. https://edoc.ub.uni-muenchen.de/20787/1/Wild_Markus.pdf

Winkler, J. (1993): Anna Catharina Elisabeth Heinicke (1757–1840). Erste Direktorin einer deutschen Gehörlosenschule. In: Fischer, R., Lane, H. (Hrsg.): Blick zurück. Signum, Hamburg, 323–342

Wirth, G. (2000): Sprachstörungen, Sprechstörungen, Kindliche Hörstörungen. Lehrbuch für Ärzte, Logopäden und Sprachheilpädagogen. 5. Aufl., überarbeitet von M. Ptok und R. Schönweiler. Deutscher Ärzte-Verlag, Köln

Wisch, F.-H. (1991): Anhang: Manuelle und technische Hilfen. In: Prillwitz, S., 195–215

Wisnet, M. (1998): Sprache lernen in Sprachlerngruppen. Hörgeschädigtenpädagogik 52, 89–95

Wisotzki, K.H. (1993): Kommunikationsbelastung und Kommunikationsstrategien Schwerhöriger. In: Hörbericht. Das Fachthema. Geers, Dortmund

Wisotzki, K.H. (1994): Grundriß der Hörgeschädigtenpädagogik. Ed. Marhold, Berlin

Wisotzki, K.H. (1996): Altersschwerhörigkeit. Kohlhammer, Stuttgart/Berlin/Köln

Wisotzki, K.H. (1998): Gehörlosenpädagogik. In: Bleidick, U. et al.: Einführung in die Behindertenpädagogik, Band II. 3. Aufl. Kohlhammer, Stuttgart/Berlin/Köln, 31–56

Wisotzki, K.H. (2008): Hörgeschädigtenpädagogik. In: Bleidick, U., Ellger-Rüttgardt, S. (Hrsg.), 169–186

World Health Organization (Ed.) (1980): International Classification of Impairments, Disabilities and Handicaps (ICIDH): A Manual of Classification Relating to the Consequences of Disease. Geneva

World Health Organization (Ed.) (1997): International Classification of Impairments, Activities and Participation: A Manual of Dimensions and Functioning (Beta – 1 Draft Version). Geneva

World Health Organization (Ed.) (2000): International Classification of Functioning, Disability and Health. ICIDH – 2. Prefinal Draft. Full Version. Geneva

World Health Organization (Hrsg.) (1998): Internationale Klassifikation der Schäden, Aktivitäten und Partizipation. Ein Handbuch der Dimension von gesundheitlicher Integrität und Behinderung (ICIDH-2). Beta – 1. Entwurf zur Erprobung. Deutschsprachiger Entwurf

Yoshinaga-Itano, C. (1995): Efficancy of early identification and early intervention. Seminars in Hearing 16, 115–123

Zenner, H.P. (2007): Die Kommunikation des Menschen: Hören und Sprechen. In: Schmidt, R.F. u. Lang, F. (Hrsg.) (2007), 343–366

Zimbardo, Ph. G., Gerrig, R.J. (1999): Psychologie, 7. Aufl. Springer, Berlin/Heidelberg/New York

Zimbardo, Ph. G., Gerrig, R.J. (2004): Psychologie 16. Aufl. Springer, Berlin/Heidelberg/New York

Zitate von Immanuel Kant. In: https://www.zitate-welt.de/zitate/autor.php?autor=Immanuel+Kant&id=580 (31.07.2018)

Zorowka, P. (2008): Pädaudiologie. In: Friedrich, G., Bigenzahn, W., Zorowka, P. (Hrsg.), 345–417

Zuckrigl, H., Zuckrigl, A., Helbling, H. (1999): Rhythmik hilft behinderten Kindern. 4. Aufl. Ernst Reinhardt, München/Basel

Bildquellennachweis

Abb. 4–14: Matthias Pflügner

Abb. 25: © MAICO Diagnostics GmbH, www.maico.biz

Abb. 27–30, 35, 36: SONOVA

Abb. 31: © Cochlear Limited

Abb. 32: © 2018 Advanced Bionics GmbH, Fellbach-Oeffingen, Deutschland

Abb. 33, 34, 37: MED-EL GmbH

Abb. 38: © Jörg Koch/Lehrstuhl für Gehörlosen- und Schwerhörigenpädagogik, LMU München

Unnummerierte Abbildungen:

S. 224: John Bulwer; aus: Ciba-Zeitschrift 1956, 2681

S. 229: Abbé Sicard; aus: Bilderatlas 1927, 39

S. 231: Catharina Heinicke; mit freundlicher Genehmigung der Sächsischen Landesschule für Hörgeschädigte Leipzig, FZ Samuel Heinicke

S. 222: Ältestes Handalphabet; aus: Ciba-Zeitschrift 1956, 2700

S. 241: Rudolf Lindner; mit freundlicher Genehmigung der Sächsischen Landesschule für Hörgeschädigte Leipzig, FZ Samuel Heinicke

S. 130: Georg Forchhammer; aus: Emmerig, E. 1927, 132

S. 103: Hörrohr; aus: Koelkebeck, M.L. et al. 1984, 37

S. 143: Karl Hofmarksrichter; Eigentum des Instituts für Hörgeschädigte, Straubing

S. 221: Äbtissin Scholastica; aus: Emmerig, E. 1927, 12

S. 221: Rudolf Agricola; aus: Emmerig, E. 1927, 13

S. 222: Ponce de León; aus: Emmerig, E. 1927, 16

S. 224: Titelblatt des ersten Methodenwerkes über Taubstummenunterricht von Juan Pablo Bonet; aus: Emmerig, E. 1927, 19

S. 225: Johann Conrad Ammann; aus: Emmerig, E. 1927, 30

S. 226: Franz Mercurius van Helmont und Johann Conrad Ammann; aus: Schmitz, R. 1983, 201

S. 227: Jacob Rodriguez Pereira; aus: Fischer, R., Lane, H. 1993, 388

S. 228: Abbé de l'Epée; Stahlstich, im Besitz der Bibliothek Hör- und Sprachgeschädigtenwesen Leipzig

S. 229: Samuel Heinicke; aus: Reich 1928, ohne Seitenangabe

S. 234: Johann Bapt. Graser; aus: Das Bayerland 1926, 447

S. 235: Friedrich Moritz Hill; aus: Emmerig, E. 1927, 82

S. 237: Eduard Rößler; aus: Emmerig, E. 1927, 90

S. 238: Johannes Vatter; aus: Emmerig, E. 1927, 96

S. 240: Johann Heidsiek; aus: Emmerig, E. 1927, 100

S. 240: Karl Emil Göpfert; aus: Emmerig, E. 1927, 101

S. 242: Karl Kroiß; mit freundlicher Genehmigung von Herbert Dössinger

S. 242: Constantin Malisch; aus: Emmerig, E. 1927, 112

S. 244: Viktor Urbantschitsch; aus: Emmerig, E. 1927, 102

S. 246: Friedrich Bezold; aus: Emmerig, E. 1927, 103

S. 249: Friedrich Rau; aus: Emmerig, E. 1927, 165

S. 250: Karl Brauckmann; Stadtarchiv Jena

S. 251: Dionys Reinfelder; mit freundlicher Genehmigung des Sonderpädagogischen Förderzentrums für Schwerhörige, Reinfelder-Schule, Berlin

S. 252: Ernst Schorsch; aus: Emmerig, E. 1927, 113

Fachzeitschriften

„Hörgeschädigtenpädagogik": Vierteljahresschrift. Herausgeber: Berufsverband Deutscher Hörgeschädigtenpädagogen (BDH). Verbandsorgan, das gleichermaßen Praktiker wie auch Wissenschaftler ansprechen will. Informiert über verschiedene Aspekte der Hörgeschädigtenpädagogik und über die Arbeit des Verbandes. Median-Verlag, Heidelberg

„Sprache – Stimme – Gehör": Vierteljahresschrift. Keine Verbandszeitschrift, wird unter Schriftleitung von St. Brühl herausgegeben von A. Fox-Boyer, A. Leonhardt, M. Ptok und R. Schönweiler. Zeitschrift für Kommunikationsstörungen verschiedener Art, demzufolge nicht eng auf hörgeschädigtenpädagogische Fragestellungen begrenzt; es werden gleichermaßen medizinische, linguistische und sprach- und hörgeschädigtenpädagogische Aspekte einbezogen; interdisziplinäre Fachzeitschrift auf gutem Niveau. Thieme-Verlag, Stuttgart/New York

Des Weiteren können zur Information dienen:

– die Zeitschriften

„Spektrum Hören": Zweimonatsschrift, Median Verlag, Heidelberg (breite Zielgruppe, informiert über Hörprobleme allgemein)

„Schnecke": Vierteljahresschrift, herausgegeben von der DCIG e.V. (informiert über Leben mit Cochlea Implantat und Hörgerät)

„Zeitschrift für Audiologie": Vierteljahresschrift, Median Verlag, Heidelberg (gibt Informationen über das Fachgebiet Audiologie und über angrenzende Fachgebiete, u.a. zu Hörgeschädigtenpädagogik)

„Das Zeichen": erscheint dreimal im Jahr, Signum Verlag Seedorf (informiert über Sprache und Kultur Gehörloser)

„Hörakustik": Monatsschrift, Median Verlag, Heidelberg, (schwerpunktmäßig für Hörgeräteakustiker, aber auch für angrenzende Fachgebiete interessant)

– die allgemein sonderpädagogische Zeitschrift

„Sonderpädagogische Förderung heute", Vierteljahresschrift, Beltz Juventa, Weinheim, bietet in mehr oder weniger regelmäßigen Abständen Beiträge aus dem Bereich der Hörgeschädigtenpädagogik.

„Zeitschrift für Heilpädagogik": Monatsschrift, Verbandsorgan (des vds), Ernst Reinhardt Verlag, München/Basel (bringt in größeren Abständen Veröffentlichungen zur Hörgeschädigtenpädagogik)

Organisationen für Hörgeschädigte

Deutschland

a) Organisationen der Hörgeschädigten

Deutscher Gehörlosenbund e.V., Prenzlauer Allee 180, 10405 Berlin, www.gehoerlosen-bund.de

Deutscher Schwerhörigenbund e.V., Sophie-Charlotten-Str. 23A, 14059 Berlin, www.schwerhoerigen-netz.de

Deutsche Cochlea Implantat Gesellschaft e.V., Hauptstr. 43, 89250 Senden, www. dcig.de

Deutsche Tinnitus-Liga e.V., Am Lohsiepen 18, 42369 Wuppertal, www.tinnitus-liga.de

Bundesarbeitsgemeinschaft Hörbehinderter Studenten und Absolventen e.V., Hinter der Hochstätte 2b, 65239 Hochheim a.M., www.bhsa.de

b) Organisationen der Hörgeschädigtenpädagogen

Berufsverband Deutscher Hörgeschädigtenpädagogen, Hander Weg 95, 52072 Aachen, www.b-d-h.de

Arbeitsgemeinschaft der Leiter der Bildungseinrichtungen für Gehörlose und Schwerhörige (Bundesdirektorenkonferenz), Lachmannstr. 2–14, 74076 Heilbronn, www.budiko.de

Deutscher Fachverband für Gehörlosen- und Schwerhörigenpädagogik, IBAF-Gehörlosenschule, Arsenalstr. 2–10, 24768 Rendsburg, www.dfgs.org

Bundesarbeitsgemeinschaft der SozialarbeiterInnen/SozialpädagogInnen für Hörgeschädigte e.V., Marienstein 3, 37176 Nörten-Hardenberg, www.bvsh.com

c) Organisationen der Eltern hörgeschädigter Kinder

Elternverband Deutscher Gehörlosenschulen e.V., Schenefelder Landstr. 126b, 22589 Hamburg oder:

Bundeselternverband gehörloser Kinder e.V., Wilhelm-Gotsmann-Str. 38, 17258 Feldberger Seenlandschaft/OT Cronow, www.gehoerlosekinder.de

d) Arbeitsgemeinschaften der Seelsorge

Deutsche Arbeitsgemeinschaft für Evangelische Gehörlosenseelsorge e.V. (DAFEG), Ständeplatz 18, 34117 Kassel, www.dafeg.de

Evangelische Schwerhörigenseelsorge in Deutschland e.V., Ständeplatz 18, 34117 Kassel, www. schwerhoerigenseelsorge.de

e) weitere Organisationen für Hörgeschädigte

Deutsche Gesellschaft der Hörgeschädigten-Selbsthilfe und *Fachverbände e V.,* Johannes-Wilhelm-Geiger-Str. 8, 24768 Rendsburg, www.deutsche gesellschaft.de

Österreich

Österreichischer Gehörlosenbund, Waldgasse 13/2, 1100 Wien, www.oeglb.at

Österreichischer Schwerhörigenbund, Dachverband, Bundesstelle Wien, Sperrgasse 8–10/9, 1150 Wien, www.oesb-dachverband.at

Schweiz

pro audito schweiz, Feldeggstr. 69, Postfach, 8032 Zürich, www.pro-audito.ch

sonos Schweizer Hörbehindertenverband, Oberer Graben 48, 8400 Winterthur, www.hoerbehindert.ch

Sachregister